U0562222

我生命里的中国

爱德华·卡伊丹斯基自传

My Life
In China

China
In My Life

[波兰] **爱德华·卡伊丹斯基** 著

赵刚 —————— 译

中国出版集团

中译出版社

▶ 爱德华·卡伊丹斯基（1925—2020 年）

目录
CONTENTS

Edward Kajdański

序言

　　从许多方面来看，爱德华·卡伊丹斯基都是一位特别的人物。他不仅是一位出生、成长、学习在哈尔滨的作家、外交官，还是一位真正拥有"文艺复兴式"的个性与天赋的历史学家。如果非得使用学术术语的话，那么在波中交流史上，卡伊丹斯基的角色首先是一位出色的"文化经纪人"。他凭借自身带有的波中两国文化之根，对波兰人了解中国产生了不可估量的影响。

　　卜弥格是卡伊丹斯基的引路人，或者说是他的赞助人。这位在十七世纪明朝末期从利沃夫到中国传教的耶稣会士和学者，不仅启发了卡伊丹斯基的研究，还成为他最重要的学术作品的主人公。不仅如此，卡伊丹斯基在研究卜弥格在华数十年的经历时，基于对其研究对象的热爱与诚心，以及对钻研其深层意义的渴望，建立了一套具体的研究中国文化的模式。可想而知，这之前担任这样角色的人正是卜弥格。

卡伊丹斯基于2020年9月10日去世，他在世前的最后几天仍未停止工作。然而，他的特殊经历就此随着他的逝世而消失了吗？答案是否定的。他的著作，特别是《我如何发现了波兰的马可波罗》一书，在历史研究的领域引起了不可小觑的关注。今天，这本卡伊丹斯基的回忆录与读者见面了。它不仅仅是一部传记文学，更是一部关于一位学者毕生智慧的总结，相信它将对后辈汉学家们产生一定的启发。

Wojciech Zajączkowski（赛熙军），**波兰共和国驻华大使**
2022年2月

第 1 章

家世点滴

　　说起来也许有些匪夷所思，在我们家的各种文献档案里，关于父亲生平的信息少之又少，除了那张刊登在讣告上的照片外，其它一张照片也没保存下来。

　　关于他与我母亲结婚之前的生活，我所知的一切仅来自三份文件。那是1936年他在哈尔滨去世后家里保存下来的。他去世那年我只有十一岁，对父亲的家世毫无兴趣，而他死后，我也不再有机会了解更多。我从未见过他的出生证明、学校记录、大学毕业证，甚至没见过我父母的结婚证，尽管他们早在1924年就在中国结了婚。关于父亲的父母，也没有任何书面信息保存下来，除了知道祖父的名字叫乌卡什——我在父亲留下的俄文名片上看到过这个名字。我始终不知道祖母的名字，也不知道我父亲的妹妹，也就是我姑姑的名字。据我母亲讲，她嫁给了一个波兰人，然后随他去了美国。

　　三份文件中的第一份标题为"承诺书"，是1935年12月7日在哈尔滨圣斯坦尼斯拉夫天主教堂办事处，亚历山大·埃斯蒙特神父面签署的。当时这位神父承担着民政官的职责，现场有两位见证人，他们宣誓认定，我的父亲爱德华·约瑟夫·卡伊丹斯基于1871年3月19日出生在列季奇夫，时年六十四岁，信奉罗马天主教。

在哈尔滨，承诺书专门颁发给那些无法出具出生证明的人。当时哈尔滨有很多逃离俄罗斯战火而没有任何身份证明的人。在战前，如果某人信仰天主教，差不多就可以确定他的波兰人身份了。父亲的承诺书上只有教堂的印章，说明它不是提供给中国当局的（因为上面没有税票，而此类文件是必须粘贴中国税票的），而是要提供给波兰政府的，肯定是用于办理重获波兰公民身份的相关手续（1920年之前居住在俄占区的波兰人被当作俄罗斯臣民对待）。

第二份文件是我的受洗证明，上面的日期是1926年7月15日，我被写作"波多里亚总督区公民之子"，上面没有注明我的民族，但有一个印章："1927年5月23日在波兰派驻哈尔滨的机构

▶ 我的出生证明副本，用于出示给中国当局（内容为俄语写成，下边粘贴着中国的税票，还有波兰政府派驻哈尔滨的代表康斯坦丁·西莫诺莱维奇[1]的签名）

1　中文名为席蒙叟，东方学家、汉学家，曾任俄国和波兰驻华领事官员。

办公室登记。"这证明父亲当时已经拥有了波兰公民身份。这份证明除了教堂印章和教区神父的签名外，还贴有价值四十分的中国税票，编号为2991。这证明这份文件是用于出示给中国当局的。

然后是第三份文件，是1936年3月父亲去世后在《波兰日报》上发布的讣告。这份讣告对我来说有着珍贵的文献意义，里面写道："逝者E.卡伊丹斯基1871年出生于波多里亚的列季奇夫，毕业于当地中学，后在里加工业大学学习。1914年前往日本，不久在符拉迪沃斯托克[1]开办了一家电镀实验室。1923年来到哈尔滨，在秋林洋行组建了技术部，晚年在阿什河糖厂工作。逝者E.卡伊丹斯基是'波兰之家'协会的长期会员，曾担任理事会成员职务。"

如果不算单独装订成册的1913年莫斯科—巴黎汽车拉力赛总结报告的话，这就是我所知道的关于父亲成年后的一切情况。那次比赛父亲作为美国米切尔牌汽车的选手参赛。除这些零星的书面信息外，还有我母亲为数不多的口头叙述。她只记得我父亲讲过，我的祖父（或许是我祖父的兄弟，母亲对此不

Z żałobnej karty.

Dnia 25 marca b.r. po długiej chorobie zmarł w Harbinie ś. p. Edward Kajdański, przeżywszy lat 65. Ś. p. E. Kajdański urodził się w roku 1871 w miejscu Letyczewie na Podolu, gdzie ukończył średni zakład naukowy; następnie Politechnikę w Rydze. W roku 1914 wyjechał do Japonji i wkrótce otworzył laboratorjum galwaniczne we Władywostoku. W roku 1923 przybył do Harbina, gdzie organizował oddział techniczny w firmie Czuryn i Ko, ostatnie zaś

Ś. p. E. Kajdański.

lata pracował w cukrowni Aszyche. Ś. p. E. Kajdański był wieloletnim członkiem Stowarzyszenia „Gospoda Polska" jak również piastował urząd Członka zarządu. Niech mu lekka będzie ziemia na Obczyznie.

Po zmarłym pozostała żona i syn, uczeń gimnazjum im. H. Sienkiewicza w Harbinie.

▶ 在哈尔滨出版的《波兰周刊》上刊登的我父亲的讣告和他的生平（1936年3月）

---

1 原名海参崴，俄罗斯太平洋沿岸最大港口城市。

很确定）参加了1863年的波兰起义（被称为"一月起义"），那次起义是波兰一系列争取重获独立的不成功尝试之一。当时的波兰被分为三个占领区（分别被俄国、普鲁士和奥地利三国占领），起义主要针对俄国。后来俄国当局将起义领导人判处死刑，而起义参加者则被剥夺财产，流放西伯利亚。根据她的记忆（她甚至不确定，父亲说的是我祖父，还是我祖父的兄弟），他被流放到位于中俄边境的一家银矿。"一月起义"的大部分流放者在1869年因为俄国王储大婚而得到赦免，但他们并不能回到自己之前的居住地。

他本应定居在波多里亚，并成为亚历山大·布拉尼茨基伯爵位于乌克兰白采尔科维庄园的管理人。布拉尼茨基家族在乌克兰有着面积辽阔的庄园。我们还知道，祖父有一位姐妹，在俄国革命后带着自己唯一的儿子移民去了美国。

在里加（拉脱维亚共和国）首都用德语完成了工科大学学业后，我父亲开始在一家制糖厂工作。在那里，他从制糖工程师干起，兢兢业业，后来当上了厂长。日俄战争结束后，他第一次前往中国，到了哈尔滨，在那里负责监督哈尔滨铁路设备厂里一些大型设备的安装，以及附近阿什河糖厂的设备安装工作。

巧合的是，1943年我从哈尔滨的波兰中学毕业后——那所中学是以伟大的波兰作家亨利克·显克维奇命名的——也去了我父亲几年前曾经工作过的阿什河糖厂工作。最重要的是，我所在的设计办公室，就是父亲在冬季制糖生产季之外，设备维护期间的办公室。除我以外，在这个办公室工作的还有一位波兰设计师——雅斯特尔先生。雅斯特尔先生是一位优秀的设计师，但不属于那种健谈的人。除了上午茶的一刻钟之外，我已经习惯看到他总是在沉默中计算着什么，或者在绘制设备图纸。那些设备之后将被安装在糖厂或者隔壁的酒厂。有时他兴致高时，也会休息十几分钟，这时他会教我绘图。这对我后来的大学学习大有裨益。基于职位和年龄的差距，我没敢问他任何与我的职责无关的问题。而我的职责非常简单——晒图、编制图表，一句话，做的是些辅助性的、我完全不感兴趣的工作。三个月后，我自愿转到了工具车间，成了一名车工助手。我在设计办公室工作的最后几天中的某一天，雅斯特尔先生突然打开了话匣子。他说他和我父亲一起工作了好几年，他们之间建立了工作友谊。最后一次一起喝茶的时候，我问了一个涉及父亲的问题。他回答说他之前就认识父亲，当他们在阿什河重逢之前就认识。他还知道，我的祖父出生在华沙或者是华沙近郊，在那里有自己的田产。然而按照他的话说，我父亲在去工大学习之前，本应在白采尔科维庄园里的糖厂开启自己的职业生涯。我曾试图验证这些信息是否准确：布拉尼茨基家族确实在乌克兰有多达十家制糖厂，包括白采尔科维制糖厂和中央实验室，后者从事甜菜品种改良和糖业生产的改进。这确认了我从母亲那儿获知的有关父亲的残缺信息，但仍然只是他生平的零散片段。直到几十年后，我才得以更全面地了解父亲的生平。

十八世纪在欧洲被称为"蒸汽时代"，这不无道理。十九世纪常被称为"铁路时代"，而二十世纪则被称为"电气时代"。在十九世纪后半叶，铁路业已成为进步的杠杆，给它们所连接的城市带来了发展和繁荣。除铁路之外，最重要的生产领域之一就是制糖业。在乌克兰，利用甜菜制糖的产业发展最为迅速，制糖工业的先驱之一是在当地被称为"糖业大王"的企业家伊万·哈里托年科。他从一家食品店起家，做起了白糖生意，种植甜菜，建立第一家制糖厂，然后是第二家、第三家。他娶了波兰商人莱什琴斯基的女儿为妻。1869年，伊万·哈里托年科在苏梅[1]建立了俄罗斯最大的制糖厂和炼糖企业，雇用了两千人。他在自己的企业里雇用了大批专业技术人员，其中有很多波兰人，主要是里加和基辅技术类大

---

1 乌克兰城市。

学的毕业生。当时出现了一些之前从未被使用过的新的甜菜切割设备，还有真空旋转蒸发器、高速制糖离心机等。为了吸引最好的人才，他给的工资很高，每年两千五百至三千卢布，并且在工厂旁边的楼房里提供住房。我们不久前才得知，我的父亲也是其中的一员。

至于我的父亲是什么时候受聘于伊万·哈里托年科的，我并不清楚。估计是在1893年他从里加工业大学毕业之后的当年或者次年。后来伊万·哈里托年科的儿子帕维尔成了1896年在苏梅建立的比利时股份集团机器工业企业的主要股东之一。在十九世纪中叶，比利时和法国、德国并列为白糖生产和制糖工业设备的领先国家（我由此推测父亲后来与比利时及其工业的关系）。有比利时人参股公司的成立，使得苏梅开始生产基于比利时专利的制糖设备和铁路设备，然后将它们销往俄罗斯和其他地区。

正是由于在比利时机械制造厂里工作的经历，使父亲在日俄战争结束后，得以第一次前往东北，并在哈尔滨铁路加工总厂里监督蒸汽机车车轮大型加工设备和车厢的组装，以及在附近的阿什河监督制糖设备的安装。

关于我父亲参加1913年莫斯科—巴黎汽车拉力赛的情况，我们了解的信息要多一些，这主要得益于为那次拉力赛出版的画册。那本画册是父亲到哈尔滨之后一直珍藏的为数不多的物品之一。父亲驾驶米切尔牌汽车参加了那次拉力赛，因为估计在1910年他认识了米切尔汽车公司的共同合伙人威廉·刘易斯。后者因为他的公司参加由俄罗斯汽车协会组织的汽车展而暂住在圣彼得堡。一年后，父亲就在苏梅开设了第一家汽车销售厅，销售许可涵盖整个俄罗斯南部地区。销售厅里销售米切尔、福特和法国生产的达拉克牌汽车。父亲的公司在广告材料里被标注为"汽车和运动装备代理及销售商"。除了汽车之外，他也销售自己生产的带汽油发动机的摩托艇。那时米切尔牌汽车大概还在同福特激烈竞争，在圣彼得堡

▶ 位于乌克兰苏梅的比利时机械制造厂，父亲从里加工业大学毕业后在这里开始了自己的职业生涯。
照片摄于二十世纪初

一九○○年九月中東鐵路總工廠圖

▶ 1900 年哈尔滨铁路加工总厂

和华沙有自己的总代理。1913年，父亲开着米切尔汽车参加了莫斯科—巴黎拉力赛。那辆车在当时是最新的型号，产于英国的装配厂，也许正因如此，当时一些人也将米切尔汽车称为英国汽车。

第一次（也是最后一次）莫斯科—巴黎国际汽车拉力赛于1913年6月12日开赛，有二十辆汽车参赛。拉力赛的路线经过特维尔、诺沃格罗德、普斯科夫、里加、加里宁格勒、埃尔布隆格、格但斯克、科沃布热格、什切青、柏林、莱比锡、法兰克福、斯特拉斯堡和南锡。父亲跑完了全程，但毫无斩获，估计是因为他所驾驶的米切尔汽车在抵达格但斯克时发生了事故。

根据我母亲的叙述，父亲的落魄开始于第一次世界大战爆发，当时他的汽车被部队征用了。他大概已经不能从巴黎回苏梅了，因而去了比利时，去了那家在苏梅建立工厂的比利时企业。1906年他曾代表那家企业第一次前往哈尔滨。后来也是因为同该企业合作，他从安特卫普启程，乘船前往日本，并在那里从1914年待到了1919年。

▼ 1913年莫斯科—巴黎汽车拉力赛开赛时，父亲坐在米切尔1913款汽车里。
右侧是那次比赛的奖章

必须承认，在年轻的时候，我对父亲第一次前往中国之前的生活并不太感兴趣。他去世的时候我差不多十一岁，而后来，尽管有不少认识我父亲的人还在哈尔滨，我也从没想过去向他们询问此事。直到二十一世纪初，寻根问祖才在波兰时兴起来。2009年我的两个女儿卡塔日娜和哈丽娜决定前往波多里亚，去列季奇夫，期望能在当地档案馆里找到一些有关她们的曾祖父和祖父的资料。但她们一无所获。有趣的是，在那次不成功的旅行之后，卡夏（卡塔日娜的昵称）先是在网上找到了一些关于父亲的记述，后来又在乌克兰出版的报刊上找到了一些资料。2010年6月在苏梅出版的一份报纸上刊登了一篇文章，从中我们得知，父亲在那里建造了漂亮的房屋。他痴迷于天文学，甚至在那所房子的一座塔楼里建造了一个天文观测台。

我女儿在苏梅遇到的记者们暗示，父亲作为一名优秀的专家、欧洲最好的大学之一——里加工业大学的毕业生，是被"糖业大王"伊万·哈里托年科亲自邀请来苏梅的。一个事实间接证明了这一点，即卡伊丹斯基发电厂紧邻哈里托年科的企业，在苏梅当时最著名的大街——特洛伊大街的起点。一些富商和企业家都在那里建房。我父亲也把自己的房子建在了那条街上。正如一位乌克兰记者所写的那样："1917年后，卡伊丹斯基的名字和他的命运（正如千百万其他贵族和商贾阶层的姓氏一样），消散于革命的苦涩烟云之中。"

因此我们确认了此前在哈尔滨时就了解到的有关父亲的一些信息。而新的信息是，除了汽车销售厅外，他还在苏梅建造了一座发电厂。母亲早就知道父亲在那里有房子，这在当时没什么稀奇：那时候一位优秀的工程师是盖得起自己的房子的，父亲建的那幢房子肯定很现代，并且很漂亮，但并不奢华。而对于发电厂我们则一无所知。

苏梅的报纸刊登了有关父亲的文章后，我的女儿们又去了一趟乌克兰，并且

▼ 苏梅的第一家电厂，是父亲在 1903—1905 年创建的

找到了很多关于那幢房子和那家发电厂的资料。的确，几乎就在盖房子的同时，父亲在苏梅建设了第一家发电厂。苏梅的档案里保存着他与市政当局的协议，授权他为"企业、工厂、作坊、社会组织和国家机构，以及私人和私人机构的工业、技术和经济目的"提供电力能源。根据签署的协议，父亲应在苏梅的街道上安装几十盏电灯，开始是在城市主要的广场和街道上，包括特洛伊大街，那里有哈里托年科的糖厂办公室和商场。

在爱迪生在纽约建造第一家发电厂约二十年后、圣彼得堡安装最早的电灯五年后，父亲在苏梅的所为，无疑是一项极具开创性的工程。

1913年，父亲按照协议以七万卢布的价格将发电厂出售给了市政当局。根据苏梅历史研究者的资料，父亲把这些钱投入了米切尔和福特汽车代理公司，从事当时城里独家的汽油销售（那时汽油只能在药店里买到）和轮胎销售。他也开设了自己的生产企业，有人偶然保存下来一张父亲企业的宣传页。作为礼物，我们得到了那张宣传页的照片。

在女儿们回到波兰后，我们获得了有关父亲家族最重要的信息。她们与我祖父的弟弟——希拉里·卡伊丹斯基的后人取得了联系。他的女儿索菲亚·卡伊丹斯卡在父亲位于苏梅的房子里住了很多年。从他们那里我们得到了一些老照片和信件，有一些来自于他们居住在华沙的时期。我祖父乌卡什·卡伊丹斯基和信件中提到的希拉里·卡伊丹斯基是亲兄弟。我们仍然不知道他们父母的名字。我们的新亲戚不知道索菲亚·卡伊丹斯卡是哪一年出生的，她是我父亲的表亲。有一些她儿时的照片保存下来，那些照片是在华沙有名的照相馆拍摄的。

我们仍然不知道，父亲是什么时候离开乌克兰的。不排除在他失去了所有汽车，去了比利时之后，他已经不能也不愿意再回到俄罗斯了。我做出这种判断并非毫无根据。在日本，父亲拥有当时最先进的立体照相机（三维照相机），肯定是日本产的。那个相机配有两个镜头，照片也是双重的，可以三维观看，也可以从中裁剪出一张照片贴到相册里。我们家里就有这样一个相册，里边的每张照片下面都有签名和日期：从1915年到1918年，还有拍摄地点。由于翻看次数很多，日本的各处地名至今仍深深印刻在我的脑海里：京都、奈良、名古屋、神户、大阪。除此之外，我们还有一大盒这种重合照片，都贴在厚纸板上，还有一个特殊的装置用于观赏立体照片。相册的最后贴着一些大连和哈尔滨的照片，日期是1919年。这只能证明一点：父亲并非像母亲认为的那样，是坐船从日本前往符拉迪沃斯托克的，因为前往符拉迪沃斯托克的定期班轮只从一个港口起航——北海道的函馆港，而由于西方列强和日本对西伯利亚的武装干涉，这个班轮在当时停运了。然而仍然存在一种可能性，即从日本中部岛屿本州的神户港乘船前往大连，然后从那儿沿中东铁路经哈尔滨前往符拉迪沃斯托克。我们并不清楚父亲究竟在哈尔滨待了多久，但一切信息都显示，他从1921年5月开始待到了"白俄"[1]在"远东共和国"[2]发动叛乱为止。

在二十世纪的第一个十年里，哈尔滨已经有了凯撒全景幻灯，就是一种让人能够欣赏三维照片的装置。既有大街上那种给一两个观众看的，也有那种类似一个小电影厅，里面几十张观众座椅围绕在一个圆形装置周围，装置能让照片自动移动。我们的那个装置就是基于全景幻灯的原理：先调好焦距，把照片放进一个小相框里，然后欣赏立体画面。照片在我家保存到1945年9月，即苏联红军进入哈尔滨的时候。很快，施密尔舒[3]和内务委员会就进了城，他们开始进行搜捕，除了白军军官之外，也包括所有与日本有瓜葛的人。尽管父亲已经不在了，但母亲一个好友的丈夫在某天夜里被从家里带走并押往苏联之后，母亲吓得惊慌失措，就把所有照片都烧掉了。

我的外祖母是意大利人，是大提琴家加埃塔诺·弗兰凯蒂的女儿。他应沙皇亚历山大二世之邀，和一个交响乐团一起来到俄罗斯，抵达圣彼得堡。亚历山大二世就是镇压了波兰1863年"一月起义"、其后1881年在圣彼得堡被波兰暗杀者用炸弹刺杀的那位。他是什么时候在哪儿结的婚，我母亲一概不知，也不记得自己外祖母的娘家姓氏。之后加埃塔诺·弗兰凯蒂就留在了俄罗斯，没有回意大

1　指苏联建国初期支持白军、支持沙皇复辟和反共的俄罗斯人。

2　1920年4月6日成立，虽然名义上是独立的，但主要是受苏俄控制，目的是在苏俄和被日本占领的滨海地区之间建立一个缓冲地带。1922年11月5日，远东共和国被撤销合并到苏俄，成立远东州。

3　苏联国防人民委员部反间谍总局。

利。头几年他住在圣彼得堡，但是我们在叶卡捷琳堡，在俄罗斯的欧洲部分与西伯利亚的交界地带寻觅到了他的足迹。有关他的消息出现在1886年当地城市文化年鉴中，在戏剧板块，叶卡捷琳堡剧院交响乐团的二十四个成员中有他，介绍他是低音提琴手，意大利公民，居住在俱乐部大街28号。他有四个子女：儿子尼古拉和波利斯，女儿维拉和莱阿——我的外祖母。我的外祖母在生我母亲后不久便过早去世了。大母亲十岁的维拉姨妈带大了她。

我的母亲1902年出生在西伯利亚，在叶卡捷琳堡（后来的乌拉尔河畔斯维尔德洛夫斯克）。她的父亲，也就是我的外祖父，从年轻的时就以贩卖中国茶叶为生。有许多年，他在叶卡捷琳堡，然后在西伯利亚的鄂木斯克，拥有俄罗斯最大的中国茶叶进口商维索茨基和斯普卡公司的批发中心。他以专营形式做中国茶的生意，专营范围远达哈萨克斯坦的阿克莫林斯克州，距叶卡捷琳堡超过一千公里。后来他成为该公司的分公司经理和鄂木斯克分公司的股东。鄂木斯克有茶叶批发中心和包装厂。公司的总部位于莫斯科，革命年代又迁往以色列。维索茨基和斯普卡公司的贸易疆域广阔，在圣彼得堡、华沙和远东的符拉迪沃斯托克都有自己的分支机构和批发中心。由于这个原因，外祖父曾几次去过中国。产自中国中部地区的茶叶，被包装在巨大的黄麻布包裹里，经由陆路运输。先用骡子运往长城枢纽地带的张家口，从那里用骆驼穿过蒙古草原，运到中俄边境的交易城和恰克图，然后再用马匹驮运到伊尔库茨克、鄂木斯克、叶卡捷琳堡和莫斯科。从十九世纪末开始，从伊尔库茨克到莫斯科的茶叶已经通过西伯利亚铁路进行运输了。而在中东铁路交付使用之后，通过恰克图的陆路运输也就中断了。发往阿拉木图、伊尔库茨克以及以亚洲本地土著为主的西伯利亚东部地区的茶叶，则是较为劣质的廉价茶叶。那些茶叶被包装成大砖头的样子，或者较小的木板状，被称为"砖茶"。

我母亲晚年写了一本回忆录，详细记述了发生在1914至1923年间的一系列事件，即第一次世界大战初期的战争行动、俄国革命、在中国边境地区诞生的"远东共和国"，以及去往中国的原因。1918年，即我的意大利外祖母去世十二年后，我的外祖父第二次结婚了。我的母亲在回忆录中写道：

鄂木斯克的生活按照自己的方式运转。我们同样在为前线、医院准备慰问品包裹，只是尺寸大得多，而且还有给战俘的，在鄂木斯克有很多战俘。

那么节日呢？圣诞节的时候我们总是布置很大的圣诞树。上面的装饰物都非常漂亮，主要是德国产品，年复一年珍藏起来，只为了圣诞节时展示出来。但它们总是太少，我们就花几天时间在餐厅里糊纸链，给胡桃涂上金粉，把彩色的棉线系到姜饼上。所有这些东西在桌上堆积如山。我们把糖块儿装进糖罐里，把一些礼物用纸包好。这一切要准备好几个晚上。在圣诞前夜，把圣诞树立好，全家一起装饰它。我也常去商贸俱乐部看圣诞树，那里才是真的热闹非凡……

战争没有什么影响，它离西伯利亚那么远。但这一切不久就要结束了，对所有的人，对我来说，这一切如同在童话里一样，不像是真实的。我或许应该感谢爸爸，是他让我短暂地知道，什么叫无忧无虑的生活。

爸爸用蒸汽轮船运送茶叶，那些轮船沿着额尔齐斯河定期航行。它们是什么样的，我已经写过了。爸爸在船上有一间单独的一等舱室给家人住，还有充足的饮食。我们就从鄂木斯克一路航行再返回，这需要两到三周的时间。

临近1918年，周围笼罩着一片不安的情绪。我已经不再和奶奶去乌
拉尔了。情况发生了变化，变得令人忧心忡忡，未来究竟会如何发展的
不确定性令人窒息。伊万（仆人）是个鞑靼人，他开始关闭窗板，之前
他从来没这么做过。我们那儿有一个自卫点。爸爸的办公室里出现了手
枪。不断地有人出出进进，不断地换岗值班。人们逐渐被恐惧笼罩，交
头接耳，说内战爆发了……

这里描述的事件大约发生在1918年下半年。那时在西伯利亚建立了相对稳定
的白军联盟。1919年初，这些部队开始取得胜利，从布尔什维克手中夺取了一些
伏尔加河以东的城市。但这场攻势很快受挫，当年6月，整个乌拉尔地区就落入红
军的手中。鄂木斯克市政府和白军在1919年11月撤出了鄂木斯克，向东撤往伊尔
库茨克方向。

外祖父决定将全家送往东部，送往韦尔赫涅乌丁斯克[1]。而他自己想赶在布尔
什维克到达鄂木斯克，然后以国家名义接管公司之前，结束自己的茶叶生意。

我最后一次纵情起舞大概还是在维拉姨妈的婚礼上。我爸爸给她张
罗了一场漂亮的婚礼。现在国有化显然已经触及了维索茨基和斯普卡公
司，无论是在俄罗斯中部，在莫斯科，还是在车里雅宾斯克。有关这件
事的消息已经传到了鄂木斯克。在很短的时间内，仓库里的所有货物都
被搬运一空。仓库变得空空如也，只挂着门锁。之后不久，挂在房子屋
顶上的牌匾也消失了。对父亲来说，这意味着他二十五年的辛苦付之东

---

1 今俄罗斯城市乌兰乌德。

流。在入口的大门上出现了一个简陋的新牌子：中介办公室。

我就这样和鄂木斯克作别，这里有我的童年，有我的少年时代，我一生的思念都留在了这里！离开时，我们暂时还乘坐一等车厢。我们有两个包厢，路上走了很长时间。这条线路有时会遭到扫射，我们不止一次在夜里被迫趴在地板上，因为森林里有游击队，既有红军的，也有白军的，此外红军的正规军也正日益迫近。没有经历过这一切的人，根本不会知道这意味着什么。我们前往韦尔赫涅乌丁斯克，一路甚至无心欣赏沿途大自然的美景。

按照母亲的记述，她离开鄂木斯克的时间是1919年初秋。当时人们还觉得，完全有可能挡住红军进攻西伯利亚，大规模的国际干涉正在筹备之中。从1918年4月到9月，在符拉迪沃斯托克和附近的港口，各国干涉军陆续从巡洋舰上登陆，有日本的、英国的、法国的、美国的。美国巡洋舰来自马尼拉，因此在美国部队中有很多菲律宾人。这些派干涉军到符拉迪沃斯托克的列强，为了自己的利益勾心斗角，且各怀鬼胎。干涉的主要目的是确保存放在港口里的大量军火和军事装备的安全，以及保卫西伯利亚大铁路的通行安全。在这条线路上有大约八十万名奥地利和德国的战俘。早在1917年12月，日本以有六百名日本公民及领事在尼科利斯克—乌苏里斯克[1]被屠杀为借口，向符拉迪沃斯托克派遣了两条军舰，并先后向西伯利亚地区派遣了十五万名士兵。同时日本当局声明，如果其他国家不参与干涉行动，那么日本军队将独自保卫整个远东地区的和平，而且会推进到伊尔库茨

1　即双城子，位于俄罗斯东南部。

克。在日本的压力下，其他各国同意各派一万多干涉军。布尔什维克被迫中止进攻，期望能等到西伯利亚的外国军队离开后再发起进攻。为此，列宁不顾当地领导人的反对，同意了建立"缓冲国"的计划，为的就是遏制战争行动。这个"缓冲国"就是1920年成立的远东共和国，首都先是设在韦尔赫涅乌丁斯克，后迁往符拉迪沃斯托克。它名义上是一个民主国家，而实际上是由苏俄支持的共和国，旨在防止红军与干涉军直接发生军事冲突，并最终迫使后者离开西伯利亚。1922年10月底，"远东共和国"并入苏联，从而不复存在。

现在我简单介绍一下韦尔赫涅乌丁斯克—乌兰乌德。那时是一个破败的小城，居民主要是一些皮革商，也有一些1825年流放犯（十二月党人起义的参与者）的后代，还有一些"土著民"，即布里亚特人。这个城市有一条主要的街道，两座东正教堂，一个市场，一些裘皮批发市场和仓库，一所医院，一所女子中学和一所男子中学，这就是全部了。

我上的是最高的年级。那里有很多逃难者的孩子。女校长不喜欢我们，而且对此不加掩饰。当地木材工业规模很大，有锯木厂和国营木材采购点。城里谢苗诺夫的军队[1]日益猖獗。晚上我们不敢出门，围坐在油灯周围，没有照明。大家都心烦意乱，我们在等待父亲，而他迟迟未归。

除了烦闷，也有一些快乐的时刻。我有个女同学伊拉，她有个大她两岁的哥哥。我从来不会孤单。伊拉的父母有一所大房子，而她的母亲

---

[1] 谢苗诺夫的白军士兵。

在跳完舞后总是从花园里弄些吃的给我们。有时候甚至很欢乐，那些时刻我就暂时忘记了鄂木斯克。我留在她那里过夜，为的是不回到自己冰冷的房间里受冻。爸爸终于回来了。

谢苗诺夫的部队终于离开了，高尔察克的队伍进了城，红军接踵而至。他们推进缓慢，但非常顽强。1920年，高尔察克在离开鄂木斯克的时候被逮捕。他的军队被打散，所有人都逃往东部——符拉迪沃斯托克和中国。爸爸休息了一段时间，等他状态好些，就开始修整奶奶的坟。我在初中毕业后开始找工作。当时必须这样。我得到一份在林业部的工作，在负责机械化的部门。工作不难，我很快就适应了。部门主管是个波兰人——卡里诺夫斯基。大家都说，他脾气怪异且暴躁，所以都尽量躲着他，但他对我总是和蔼可亲，我甚至从来不怕他。他有一对深蓝色的和善眼睛。这是我有生以来第一份工作，薪水很低，但这些钱我也都交给佐雅贴补家用。"远东共和国"在韦尔赫涅乌丁斯克组建起来。其首任部长是布瓦戈夫，波利斯叔叔曾把他带到我们家里来。这位部长很好笑，几乎是个文盲。差不多在那个时候出现了一些参谋部——有美国的、法国的。在其中一个参谋部，我遇到了一个中学同学，是彼得洛夫将军的女儿。她在参谋部做翻译工作。我告诉她，我生活很困难，她答应帮助我。就是通过这个尼娜，我在这个参谋部里卖掉了随身携带的三件较大的金器。

接下来又得"逃跑"了。某一天爸爸说："你和波利斯叔叔同加利亚一起去趟符拉迪沃斯托克。""干吗？"我不明就里，于是问道。"一切都办好了，得走了。如果你缺什么，我给你。"就是这样，他们给我添了一些内衣，缝了两条棉裙。我把这些东西塞进行李箱，还带上了被单和针织床罩，脚上穿着他给我买的毛靴子，而给我手指戴上了一枚非常漂亮和贵重的钻石戒指。这枚戒指后来我在哈尔滨卖了三百日元（按照当时的汇率那是一大笔钱），还有一百卢布[1]，这就是全部家当了。对了，我还有几封父亲写给他朋友的信，在信里他请求他们帮助我（但我没有从任何人那里得到任何帮助）。

火车停在了备用轨道上。那是可以容纳二十四个人的供暖车厢，里面有一个取暖炉，立在车厢中央。那是晚秋季节，已接近冬天。列车共有三十节车厢，在赤塔得再挂上同样数量的车厢，因为那里有奥地利战俘在等着我们的列车。他们将被运到符拉迪沃斯托克，然后从那里就可以乘船回家了。每个板条床上六个人，一侧墙边堆着烧火炉用的木柴。我甚至连哭都哭不出来。我们沿着阿穆尔铁路前往哈巴罗夫斯克，大概走了三个月，因为到达那里的时候已经是一月初了。车厢里的生存条件极其恶劣：没有水，没有热的食物，没有厕所……每隔一段时间火车在旷野里停几个小时。我们走得非常慢，每到停车的时候，我们所有人就都跑出去方便一下，或者去找水。在车站上提着茶壶到处跑着找热水，在零下十几摄氏度的严寒里方便，然后回到板条床上。每当回忆起那次旅程，我都无法相信自己竟然熬了过来，在几乎没有任何食物，仅凭沿路换点儿东西吃的情况下。

我们就这样抵达了哈巴罗夫斯克，但最糟糕的情况还在前边等着我们。哈巴罗夫斯克附近的大桥被炸毁了，得徒步过去，但火车停在高高

1　俄罗斯货币单位，一百卢布现约合八元人民币。

的峭壁上，而河面在脚下。人们开始往下卸行李，我们也被赶下车。两个人坐一个大篮子往下放，然后得攒足力气走到河（黑龙江）对岸去。那里，在平坦的地带停着另一列冰冷的货车，我们又得爬上板条床，接着前往哈巴罗夫斯克，然后再次换车前往符拉迪沃斯托克。

我们很快到达了符拉迪沃斯托克，我也到要面对接下来的命运安排。一望无际的人流涌到这里，塞满了整个城市。找到一个小房间安身，是一件很困难、很昂贵的事，找工作就更难了。红军还很远，这里除了白军以外还有美国军队、英国军队，还有很多菲律宾人，天晓得还有些什么人。他们不总是遵守军纪，这带来什么——显而易见。晚上不能出家门，白天也不总是安全的。港口人满为患，显然，想离开的人远远超过了那些巡洋舰的运输能力。那些带着全部家财的人不放弃占据的位置。可以花很低的价钱买到很珍贵的、漂亮的裘皮，因为人人都急于出售，好获得路上的盘缠。

有一天我去了大学，但已经迟了——第二学期已经开始了。此外他们也不确定大学是否还继续开办，但是我必须参加考试，可之前学的东西我还记得多少呢？最后，他们允许我去上讲座课。有一次，一个姑娘引起了我的注意。在她面前的桌上放着一个普通的大闹钟，嘀嗒嘀嗒地大声响着。那个场景很可笑。那是劳拉·皮纳耶娃，加林卡·菲利波娃的妈妈。她全家暂时还在哈巴罗夫斯克或者在尼科利斯克—乌苏里斯克，他们也一直在找房。最后我们花四十卢布找到了一间合住的房子，各住一半，我总算有地儿住了。这是出自我那一百卢布的第一笔大开销。皮纳耶夫[1]是一个全权代表，负责一列白军的医疗救护车。同红军作战中受伤的卡普佩尔[2]家人乘坐那列火车。他们全家享受着舒适的旅行，有一整节供暖车厢，里边有他们从家里带来的全部家具、钢琴和一些周围镶满宝石的昂贵的大幅圣像画。

就我从母亲那里了解到的情况来看，皮纳耶夫一家并未把自己的财产带到中国，虽然我不知道他们是在什么情况下失去那些财产的。劳拉是母亲后来很多年的好友，她不得不跟我妈妈合住一个小房间，那个房间位于哈尔滨房租最低的地区之一。

下面是我母亲回忆录里对我来说至关重要的一段：

　　有意思的是，各种机缘巧合彼此纠缠，改变了我后来的命运。一年前从日本来了一批波兰人，大约有十个人，其中有工程师卡伊丹斯基。他们暂时都有工作。因为那时的制度还允许个人想些点子、做一些事，于是三个波兰人——姆维纳尔斯基、切康斯基和扬考夫斯基开了一间很大的食品店。劳拉·皮纳耶娃就职的那间烤面包店是鄂木斯克的难民卡蒂什先生开的。他曾是鄂木斯克最好的照相馆的老板，甚至连我们中学毕业证上的集体照都是在他那里照的。有一段时间，劳拉的父亲从哈巴罗夫斯克过来。就是他开始想办法帮我找到一份工作。如我前面所说，那时各种机缘巧合彼此纠缠在一起，让人惊讶不已。卡蒂什先生拥有那

1　指劳拉的父亲。

2　全称为弗拉基米尔·奥斯卡洛维奇·卡普佩尔，沙俄将军，白军领导人。

家面包店，他把自己的商品送到那家大商店。在与皮纳耶夫先生的谈话中，他听说这家商店的老板们需要一个人当收款员，还听说卡蒂什先生很了解我父亲和他的维索茨基和斯普卡公司。这是因为皮纳耶夫一家来自鄂木斯克附近的城市伊希姆。在那里，皮纳耶夫的石油生意做得很大。那么这到底是纯属偶然，还是命中注定？一个谁也不认识、举目无亲、几乎无家可归的姑娘，依靠两个好心人的帮助，被录用到收银台工作。这是一件我时常想起的往事。接下来：我坐在收银台里，那里的工作对我颇有难度。我是一个手里从未拿过超过十卢布现金的姑娘，在鄂木斯克的时候，爸爸每天给我的零花钱都不超过十卢布。我用这些钱在学校买早点（夹火腿的汉堡四戈比[1]，夹奶酪的三戈比），或者一些其他的支出，比如买本子什么的。

　　劳拉父亲的医疗救护车已清空了，伤员被安置到医院里，但还有很多其他列车停在备用车道上等候卸载。也许，白军在这座城市里还有最后的机会，但会是什么样的机会呢？实际上毫无胜算。他们只想着自己的裘皮。听不到关于梅尔库沃夫兄弟[2]的任何消息，或许已经逃离了城市。有机会走的人都聚集在岸边的轮船附近。我也常去那儿看新鲜，就像从前在韦尔赫涅乌丁斯克去火车站看火车一样。眼下城里还没有红军的队伍，但他们已经在来符拉迪沃斯托克的路上。那些有门路和有钱的人，都聚集在轮船旁边，打算前往更远、更远的地方。没机会的人则想

1　俄罗斯等国的辅助货币，一卢布约合一百戈比。

2　指远东共和国的总理和他的兄弟。

方设法获得通过达利涅列琴斯克和斯帕斯克前往哈尔滨的许可。

那时流通的货币多种多样，价值也各不相同。我每天清晨得到一份"汇率表"，上面注明当天的汇率，我就按照这个汇率收钱。这是一份给专业财务人员的工作。我曾经去面包房给劳拉帮忙的经历，对我大有助益，那仿佛就是一次实习机会。我从早晨八点开始工作，两个小时后吃早午餐，然后一直干到下午六点。一天快结束的时候，姆维纳尔斯基先生会亲自到收银台来待一会儿。节日和星期日放假。工资四十五卢布，其中二十卢布我用来付合租的房租，剩下的钱用来吃饭。有很多次，我饿得不行，但口袋里没有一分钱去买吃的。我卖掉了所有能卖的东西——金项链、手表、手镯，但那个带钻石的戒指我一直没卖。所有这些遭遇都不应该是一个孤独的、阅世不深的姑娘所应该经历的。

有时候一些顾客会在收银台前简单聊几句，其中就有你的父亲。他隔天来买一次吃的东西，非常规律。他有时候会在收银台旁多停留一会儿，这也没有逃脱我那些同事的注意。他们开始开一些让人尴尬的玩笑。但这个高大挺拔，总是笑意盈盈的男人开始让我浮想联翩，因为那时我正倍感孤独。他已经从我的老板那儿了解了许多关于我的事。而我的老板是从卡蒂什先生那儿得到这些消息的。

那是1921年，符拉迪沃斯托克暴发了鼠疫。那是一种非常可怕的致命疾病，主要是在中国人之间流行。有时也有欧洲人患病，但人数要少一些。我从一个熟人那里听说，波利斯叔叔找不到工作，只找到一份鼠疫患者救治中心的护理工作。这很可怕。那些护理人员穿着一种特制的防护服——我看到过他们站在敞篷大卡车里从大街上驶过，手里拿着长长的杆子。他们把病人从发现的地方带到隔离所，所有物品都烧掉。

鼠疫慢慢过去了，疫情也消失了，而波利斯叔叔在长时间隔离后，仍没有回城。大概这时我爸爸明白了，他送我来这里会让我遭遇到什么。有消息说，红军已经越来越近，要重新开始逃亡的恐惧在人群中再次散播开来。有一天，红军从塞丹卡方向攻进了城，而剩余的白军部队从城市的另一个方向撤走。他们乘着火车和轮船前往中国，然后前往欧洲。店铺关了门，老板们也在考虑离开。那大概是在春天。只有生活在那个年代，才能理解我当时的遭遇。我每月拿四十五卢布，但房租差不多就要这些。从爸爸那儿拿来的钱已经用完了。有时候我把三至五卢布暂缓入账，这样在月底还款时就会因为汇率变化而有些亏空。

有一天我在大街上碰到了你父亲，他正散步回来。他对我的境遇感兴趣，所以邀我去当地最好的咖啡馆"金号角"喝热巧克力（竟有这个东西）。我从没去过这样的咖啡馆。我们聊了很长时间。我跟他说了自己的遭遇，因为那时没人会对此感兴趣。那是一个我不希望任何人再次经历的年代。

那一年秋天，红军进了城。天气晴朗温暖，人们走上街头，热情地欢迎他们，因为所有人都已经筋疲力尽。生活在继续，没有任何压制和迫害。我又一次孑然一身生活在一个陌生的城市，举目无亲，身无分文。我必须重新找工作。自然，我首先就是去找卡伊丹斯基先生帮忙。他回答说，他得考虑一下，答应过几天给我答复。我等着。

在约定的时间，我去了我们约定的地点。他有个"电流零件实验室"。有三个中国男人和两个妇女在他那里工作，他现在还想雇我。工资五十卢布，不过他提醒我，不久他将前往中国，而且可以带上我。三个中国男人也愿意一道去，两个女人拒绝了。他说让我好好想想。

我决定离开，但暂时在他那里工作。几周后我已经熟悉了自己的职责，可以独立工作了。实验室运营得很好，所以我无法理解，为什么这个人要把它关掉，然后一走了之。直到多年以后，我才明白了个中缘由。

实验室位于一个面积很大的旧马厩里，分成两个部分。中国人在其中一边熨烫电池板（电池的心脏），在另一边进行组装和包装。角落里有一张工程师办公桌。室内很干净，但有点儿阴暗，因为那里只有一扇位于上方的小窗户。

我在符拉迪沃斯托克一直待到你父亲获得许可——签证，因为他不想无证件逃亡，而是合法地、在当局许可的情况下离开。我也很快获得了签证，尽管我已经成了"苏联公民"。

冬天就这样过去，卡伊丹斯基先生开始关掉自己的实验室，做离开的准备。他建议我和他一起走。这对我又是一次深刻的体验，我甚至没人可以商量自己该怎么办。这次出国会不会铸成大错？那时只有害怕，怕自己再次失业。在这座城市里我已经没有任何人可以倾诉衷肠。

这份回忆录是母亲在1992年写的，但在几年之后，当她的记忆力开始出现问题的时候才拿给我看。她获得了"苏联国籍"，否则她无法在没有有效护照的情况下穿越苏中边境。在嫁给我父亲之后她很快就把苏联护照上交了，而且在以后的证件里一直填写'波兰公民'。但这没能保护她并在1945年不得不重新接受苏联公民身份。遗憾的是我没有立刻仔细阅读这份回忆录，也没有了解

到为什么家里没有任何父亲的证件。出生证、各种证明、证书和他前往符拉迪
沃斯托克以及后来前往哈尔滨的旅行证件，什么也没有。

第2章

中东铁路

不介绍一下十九世纪末二十世纪初远东地区的形势，就很难说清我为什么出生和成长在哈尔滨。大批波兰移民生活在中国东北的三个省份，这些省在俄国文献里被统称为"满洲"。这些波兰人的存在与俄国在"满洲"建设连接俄罗斯的欧洲部分与符拉迪沃斯托克的中东铁路紧密相关。几个世纪以来，东北或者说"满洲"，一直属于中国，而在十九世纪末俄罗斯和日本为争夺此地挑起争端。1895年，中国在中日战争中失败后，失去了台湾、澎湖列岛和辽东半岛的一部分。事实上是由于法国、德国和俄国的干涉，日本才被迫放弃了辽东，而中国担心日本再次入侵，遂在1896年同意由俄国政府在自己领土上建造铁路，那是连接俄罗斯的欧洲部分与太平洋沿海地区的最近路线。与此同时，俄国利用中国的衰落，在一份协议的议定书里确保了自己在东北南部扩建海军基地的权利，具体地点位于中国的辽宁省（旅顺港和达利尼港，即现在的旅顺和大连）。这被称为

一九〇一年中東鐵路公司會辦蓋爾貝次謁晤奉天府尹時之撮影

▼ 1901 年，中东铁路管理局副总裁（时译会办）斯坦尼斯瓦夫·凯尔贝奇（时译盖尔贝次）工程师拜会奉天（今沈阳）府尹

"征用地带"，不受中国管辖，确保俄国在铁路协议涉及区域内拥有全部权利，即治外法权，包括设立自己的行政机构、警察、法庭和铁路护卫部队的权利。形式上铁路是由俄中合资公司建设，但俄国政府是出资建设的唯一股东。

俄中协议签署后不久，在正式开始铁路建设之前，波兰人就大量涌向中国东北。那时波兰不是一个独立国家，它的领土在此前遭到瓜分，被俄国、普鲁士和奥地利分别占领。生活在俄国占领区的波兰人因此成为俄国臣民，他们在此之前就曾大量参与西伯利亚大铁路的建设，该铁路的目的就是将俄国的欧洲部分与符拉迪沃斯托克连接起来。那时这条铁路的建设工作还没有结束，因为在将铁轨铺设到靠近中国边境的斯莱提恩斯克后，由于地形、距离和永久冻土等原因，施工遭遇到巨大的技术困难。在这种情况下，俄国政府决定与中国谈判，让该铁路的最后几段走最近的路线，通过东北地区。

1896年协议签署后不久，在圣彼得堡举行了第一次中东铁路公司股东大会，在会上选举了六人董事会。董事会副主席是一个波兰人——铁路工程师斯坦尼斯瓦夫·凯尔贝奇，华沙凯尔贝奇大桥设计师的侄子。据某些资料说，他也是松花江铁路桥的设计者（在哈尔滨生活的波兰人中，这个桥甚至就叫"凯尔贝奇桥"），他不仅设计了这座桥，而且还参与了项目施工，包括在水下沉箱上建造桥墩。那些沉箱是从华沙运来的，由卡齐米日·鲁茨基公司提供。凯尔贝奇事实上是位于彼得堡的董事会的主席，管理工程建设的技术办公室位于弗拉迪沃斯托克。按照1897年1月中国皇帝的特旨，名义上的主席由中国驻圣彼得堡和柏林的公使许景澄担任。

東省鐵路公司會辦自一八九六年十二月二十七日起至一九〇三年六月十八日止

▼ 凯尔贝奇工程师，（1896—1903年）
中东铁路管理局副总裁

▼ 16孔的"凯尔贝奇大桥"，将位于松花江两岸的哈尔滨市连为一体

石得羅夫斯基

由勘驗鐵路路線工圈工程師繼任建築時代遂陽分段總管

▶ 亚当·什德沃夫斯基工程师，勘察队的负责人和哈尔滨城的创建者之一

1897年初，凯尔贝奇工程师从符拉迪沃斯托克向黑龙江省派遣了两个技术勘察队，负责制订未来铁路建设的两套方案。由于线路难以穿越的北方的针叶林、沼泽地和偏僻山区，主要是每到夏初时节河水就淹没了广阔的土地，设计工作举步维艰。由于难以进入牡丹江和松花江之间的河谷地带，设计勘察工作不得不暂停。未来铁路的行政中心要位于松花江沿岸，有西、东和南三条支线交会，所以必须对那里进行勘察。这个未来的行政中心临时被称为"松花江市"。凯尔贝奇工程师为此又派了一支勘察队，这支队伍于1898年3月8日从符拉迪沃斯托克启程。勘察队的负责人是一个波兰人——亚当·什德沃夫斯基工程师。1898年4月11日，勘察队抵达宽阔的松花江边时，正值这条大河泛滥，周边为数不多的中国居民点大都被淹没了。什德沃夫斯基将未来城市的选址定在了河右岸的一个小渔村。河流两岸都是中国领土，但行政上右岸属于黑龙江省，而左岸，也就是北岸，则属于蒙古北郭尔罗斯公国。

什德沃夫斯基工程师一共花了四百五十公斤特别铸造的五公斤一块的银锭，买下了几栋酒厂建筑。他自己和一同前来的技术员拉文斯基、维索茨基以及骑兵上尉帕夫莱夫斯基，是在勘探工作结束后最早一批在"松花江市"（这是未来城市的最初临时名称）定居的波兰人。在卸下装备后，立刻开始装修房屋，使其适合接纳即将到来的铁路建设管理层及其他人员。一旦黑龙江上的冰雪融化，这些人就将乘船而来。第一艘船叫"圣英诺森号"，1898年5月13日锚泊在临时搭建的码头。三天后，第二艘船"布拉戈维申斯克[1]号"抵达，而这一天——5月16日，被视为是哈尔滨市的建城纪念日。我们还知道，什德沃夫斯基工程师就在这一年与凯尔贝奇一起去对南线建设进行初步勘察，这是一条从哈尔滨一直通到亚瑟港和达利尼港的线路。什德沃夫斯基留在了南线，后来负责在辽阳附近建设中间的一段铁路。无论是在位于符拉迪沃斯托克的整个项目的中枢机关，还是在东北的建设工地上，凯尔贝奇工程师都聘任了很多波兰工程师担任领导。这些人是他在

▼ 哈尔滨的第一座火车站（1903年建成，1959年拆除）

---

1 即海兰泡，俄国人称布拉戈维申斯克。

建设西伯利亚大铁路时认识的，对中东铁路建设贡献最大的是瓦霍夫斯基工程师。他担任铁路建设主管尤格维奇的副手，之前设计了西线最困难也是距离最长的一段铁路，从边境上的满洲里站穿越大兴安岭直到哈尔滨。凯尔贝奇还委任他组建中东铁路货运船队。为此，他被派往比利时去签订合同，购买船队所需船只及用于松花江内河航运的船只。可能我父亲在比利时遇到了瓦霍夫斯基工程师，促使他做出了在1906年作为比利时公司代表前往哈尔滨的决定。

建设哈尔滨城的关键因素是之前的火车站选址，以及弄清是否可在松花江最窄处架设铁路桥。这个地点能够绕开那些沙质小岛和周边的河汊。从火车站往北规划建设码头区和贸易区，定名为道里区，而往南则是南岗区，那里将建设最重要的城市机关，首先是铁路管理局大楼。

波兰人如此乐意参与中东铁路建设并在沿线定居的原因之一，是这里比紧挨着圣彼得堡的俄罗斯中央政府附近有更大的独立性。1903年，迪米特里·霍尔瓦特将军被任命为铁路负责人，他是匈牙利裔，对在哈尔滨的波兰人和其他非俄罗斯族裔都十分热情。在1919年短暂担任西伯利亚临时政府负责人的时候，他立刻宣布接受波兰连同格但斯克港的独

▼ "波兰之家"协会大楼，摄于 1929 年波中签订协议后在哈尔滨开设的领事馆举行升旗仪式之际

立。他最毫无争议的功绩是在哈尔滨建起了"波兰之家"协会大楼（后来波兰领事馆所在地），还有第一座砖砌的天主教堂——位于新城区的圣斯坦尼斯瓦夫教堂，二者都建造在他分配的铁路区域。

铁路确实属于俄国，但除俄国人和波兰人外，还有很多外国人为之工作，既有当时居住在沙俄帝国境内的，也有来自西欧各国的人。西线上大量的隧道建设由一些意大利团队负责。德国人、奥地利人、比利时人、英国人提供和安装铁路运行所需要的机械和设备。在铁路建成后的最初几年里，波兰人继中国人和俄国人之后，在数量上几乎是最少的。造成这一状况有多重原因。除了凯尔贝奇工程师公开招聘波兰人担任铁路建设的一些领导外，定居最多的是那些被迫参军并在日俄战争结束后被遣散的军队士兵，他们大批滞留在东北，加入了铁路保卫团。吸引他们的是丰厚的薪饷和可以获得用于建造自己房屋的土地及建筑材料。其次才是波兰专业技术人员，主要是西伯利亚大铁路沿线车站的一些工作人员和政治

▶ 哈尔滨铁路加工总厂建设者。照片拍摄于 1903 年前后

流放者的后代，他们听到这里比西伯利亚更自由的传闻后蜂拥而来。铁路途经地区的中国政府代表是吉林滨江区的道尹，在这片附属于铁路、拥有治外法权的土地上，承担外交事务代表的职责。

1901年，铁路警卫队并入外阿穆尔特别区边防团。这支队伍迅速扩张，很快就达到了两万五千万人，包括步兵、骑兵和炮兵。铁路警卫队有别于常规的俄国部队，军服上不佩戴肩章，而是代之以黄龙图案。许多波兰作者（也有一些俄国作者）注意到边防团中波兰人比例很高这一现象，并试图解释其起因。

"生活在中国东北的波兰人数量增长，"1928年格罗霍夫斯基工程师写道，"很大程度上是从俄国政府在征用地带的铁路沿线建立独立部队，即所谓边防团开始的。那是1901年，大批波兰军官来到中国东北，原因和铁路员工一样，在遥远的异国比在自己家乡感觉好得多。"

但来到中国东北的成百上千的波兰裔士兵是怎么回事呢？个中原因在于，1863年的起义失败后，俄国在其控制的波兰、立陶宛、白俄罗斯等地所施行的政治制度。数万名波兰普通士兵被发配到俄国境内那些位于亚洲的最遥远的军营。在突厥人生活的地区、西西伯利亚和东西伯利亚，甚至东北最边远地区的军营里，整团、整营的部队全是波兰士兵。

从波兰发往边防团的士兵，可以在服完四年兵役后留在中国东北，并在铁路上工作。遗憾的是这四年兵役不乏各种事件，人们发现在铁路警卫团服役是件艰辛而危险的事。因为很快北京就爆发了起义，并迅速蔓延到东北地区，其锋芒直指中东铁路。起义者自称为"义和团"，但在欧洲的报道里（俄国报道也一样），这场他们引起的叛乱被称为"拳乱"。一些中国军队自发地加入起义军，中国东北的行政官员中也有很多他们的支持者，尽管起义已经指向中国政府，认为其对在中国颐指气使的外国人态度不够坚决。

铁路建设者们不得不从自己的工作地点退到守卫更严密的哈尔滨。颇具讽刺意味的是，中东铁路管理人员中第一个"拳乱"牺牲者是中东铁路公司的督办许景澄，据说义和团的起义者们用木锯将他活活锯死了[1]。在1903年担任铁路领导职务后，霍尔瓦特将军命人在哈尔滨的新城和中国区交界的地方建造了一座方尖碑，以纪念许景澄。后来一条连接这两个区的宽阔大道也被命名为"许公路"。

許景澄 東省鐵路公司首任督辦自一八九七年一月十一日起至一九○○年七月二十八日止

▶ 中东铁路公司督办许景澄

在起义爆发后曾声称要将哈尔滨彻底抹平的寿山将军（其军队实际上最后被俄军击溃了），没有等到胜利者的判决。按照千百年来奉行的荣誉法则（尽管并不总被遵守），对自己队伍失去控制的统帅不得不自裁。然后皇帝命人给他的家属颁发了抚恤金，而他的孩子被授予了官职。沙皇军队对寿山将军的士兵和起义军一律残酷无情。抵抗者被绑在柱子上，然后哥萨克纵马挥刀，将他们的头颅一一砍下，对同情起义者的民众也毫不留情。

---

1 1900年7月28日，许景澄等五人因"勾结洋人，莠言乱政，语多离间"等罪名，被慈禧太后下令押赴菜市口斩首，史称"庚子被祸五大臣"。由于索贿不成，行刑时刽子手故意将刀砍在许景澄的脊椎上，导致其颈椎断裂，但气管犹存，痛苦挣扎许久才死去。

在中国的历史文献里，有很多关于俄军士兵进入中国后在边境城镇残害手无寸铁居民的描述。波兰史料中也可以读到有关村民，包括老人妇女和儿童被溺死在黑龙江江水里的记载，令人唏嘘不已。

"义和团运动"给中东铁路带来巨大损失。约一千公里铁轨被破坏，许多车站被烧毁，而那些侥幸保存下来的也被洗劫一空。周边居民抢走了所有他们觉得有价值的东西。大部分电报杆被挖出、偷走，电线被盗，铁路失去了必不可少的电报通信联系。尽管遭受了这些损失，但是到1901年底，所有铁轨都已修复，通信恢复，被破坏的蒸汽机车和车厢也整修一新。

铁路当局面临的最大困难是给火车供水的问题。在铁路设计之初，中东铁路的单轨通行能力设计为每昼夜十对列车，但因日俄战争的原因，通行量很快就提升了超过一倍。各站之间的距离过于遥远，以至于储水车里的水根本不够用，需要建设辅助补给站。在有条件的地方建造了带压力容器的水塔，但由于经常缺水，需要在山里建设大型雨水池，然后用管道将水引到火车站。

在一些路段，缺水成了主要问题，而另一些路段的问题则是水太多。东北地区河流纵横，河流的宽度经常超过五百米。在这条铁路线上有七条这样的大河。哈尔滨附近的松花江当时有九百六十米宽（如今由于整治河道，深度有所减小，而且很多地方河的宽度也变小了）。其他河流还有第一松花江、第二松花江、嫩江、牡丹江和伊敏河，需要建造七座使用沉箱的大桥。沉箱是一种经过特别强化的水泥构件，可以承受火车高速驶过时激增的压力和时常发生的洪水所造成的压力。在中东铁路沿线共建造了九百一十二座钢结构桥梁和两百五十座较小的石头——水泥拱桥。那七座大桥中有三座是由波兰工程师文托夫斯基负责的，分别是跨越第一松花江、第二松花江和嫩江的桥梁。

第一个比较详细记述哈尔滨和中东铁路的波兰人是约瑟夫·吉耶斯托尔。在

▼ 满洲里边境火车站（1916年）。中俄边境的另一侧有另一个火车站，波兰文原名为马切耶夫卡火车站（后称贝加尔斯克）

日俄战争之前，他用波兰文发表了相关文章。战争爆发前的1903年7月，他被推荐担任一支旨在调查呼伦贝尔地区经济价值的远征队的负责人。吉耶斯托尔是一位自然学家和经济学家，他的报告于1905年在圣彼得堡用俄语出版，题目是《中东铁路区域经济调查》。1913至1916年间，同样是受中东铁路董事会委托，他两次赴日本、朝鲜和中国，目的是同这些国家的铁路当局就这些国家的铁路与中东铁路和西伯利亚铁路连接问题达成协议。后来他担任了华沙经济学院和华沙理工大学的教授。

"俄国境内的最后一站，"他写道，"是马切耶夫斯卡（后被称为'后贝加尔斯克'），这个词的发音更像波兰语而非俄语，而在几俄里之外，火车就穿越了中俄边境，边界上有一根柱子，一侧镶着双头鹰的标志，而另一侧则装饰着龙的标志。所以我们已经到了中国！但这里是满洲里，中东铁路的第一站。站台上有成群的中国挑夫，工人们聚集在新建的火车站旁，铁路员工的帽子上，在官方表单上都有中国龙，这一切证明，我们已经置身于天子的领地！"

吉耶斯托尔这样描写哈尔滨和从北面将其与蒙古北郭尔罗斯公国隔开的松花江：

我们的面前是一条波光粼粼的大河—松花江，满语叫作白花江，这一名称源于富含石灰的河水像牛奶一样白。我们驶过一座长长的铁桥，就到了哈尔滨—铁路和这片地区的行政中心。该地区因为铁路的原因被区别对待，在协议期内，该地区在政治上被认为是一片有治外法权的地方。

哈尔滨由三个独立的部分组成，其中每部分都有着完全不同的特点。历史最悠久的是老哈尔滨，该居民区位于以前的中国白酒厂，尤格维奇工程师领导的铁路建设管理局就设在这里。建筑主要是一些中式的土坯房，它们或多或少满足了欧洲人的需求……

在离老哈尔滨四俄里远的地方，是真正的哈尔滨或者说是新哈尔滨，目前是铁路当局所在地和所有铁路职员驻地。因为铁路职员们可从管理局获得房屋，所以除了少量土地提供给个人外，所有房屋都是由铁路基金出资建造的，因而风格大致相同，都是些平房。只有一到两套住宅用砖石建造，上面覆盖的房瓦带有中式装饰。这样的房子已经建造了约八百套，却仍难以满足实际需要……

城市的第三部分是靠近新哈尔滨的车站区，位于松花江边。这里是城市的商贸区，聚集着所有店铺，既有俄国的，也有中国的，还有集市以及手工作坊和大工厂。

日俄战争的气息早已在空气中弥漫，这是因为两个帝国在中国的竞争造成的。1904年1月25日，日本断绝了同俄国的外交协议，战争由此爆发。

1月26日至27日夜间，日本鱼雷艇攻击了停在旅顺港口锚地内的俄国舰队。俄国人损失了两艘装甲舰、一艘巡洋舰和两艘其他军舰。几个小时后，日本舰队出现在朝鲜济物浦港[1]，当时那里停泊着俄国军舰：瓦良格号巡洋舰和朝鲜人号巡逻舰。严重受损的瓦良格号最终沉没，而朝鲜人号被炸毁。直到第二天，也就是1月28日，日本才正式对俄宣战。

不久前才交付使用的中东铁路逐渐不堪战时运输的重负。同其他相邻铁路一样，如后贝加尔斯克铁路和乌苏里斯克铁路，此时中东铁路直接由军事当局管理。除了当地日常的运输活动外，中东铁路必须按期完成战争物资运输任务，以及从西伯利亚和俄国的欧洲部分向日俄战争前线运送部队。

东线和西线的很多路段尚未交付使用，另外一些路段还没有恢复到被义和团攻击之前的状态，这都令情况更加糟糕。例如兴安隧道还不能使用，货物只能迂回经过铺设在兴安岭山坡上的临时铁道运输。

俄国军事当局和铁路部门对一些有关铁路的重要问题并不总是意见一致。战争开始后，军事当局宣布在整个铁路征地地区进行动员。霍尔

1　即今韩国仁川港。

瓦特将军花了很多时间并做了大量工作，才说服军队指挥官、铁路员工和所有铁路上的聘用技术人员必须坚守工作岗位。从战争一开始，无论俄国人还是日本人都很清楚，旅顺港是这场战争的关键所在。战争爆发后的第二天，海军副帅马卡罗夫就抵达那里，为的就是让俄国战舰做好迎战日本舰队的准备。3月31日，他率领以彼得巴甫洛夫斯克号装甲舰为旗舰的俄国舰队离港迎战日本人。但在俄国人在辽东半岛重创日本陆战队之前，彼得巴甫洛夫斯克号触雷沉没，马卡罗夫本人也阵亡了。

负责旅顺港守卫任务的斯特塞尔将军，不顾要塞守卫委员会的反对态度，决定投降。1906年他转为预备役，一年后迫于社会压力，又被提交法院审判。当俄军在奉天（今沈阳）战败后，作为统帅的俄军指挥官库罗帕特金将军被罢免。代替他的是林涅维奇将军，他在接替库罗帕特金的统帅职务之前，率领的是"满洲第一军"。凭借其充沛的精力和说服能力，林涅维奇成功地使中东铁路每昼夜发车量翻了一番以上，在1905年达到每昼夜二十一对列车，而当时曾认为每昼夜十八对列车是通行量的"技术极限"。此时铁路仍然是单轨的。

波兰前驻哈尔滨和齐齐哈尔的领事席蒙叟在《满洲幻影》中写道："在整个战争期间，哈尔滨的生活处于一种疯狂状态。人们通过供货赚了大钱，也为狂欢和找乐子大笔花钱。然而这是火山口上的盛宴，参加者们不久就认识到了这点。令人羞辱的《朴次茅斯和约》使得铁路区域内聚集了一支人数众多、士气低迷、无心恋战的军队。艰难的撤离时期来临了，俄国革命让一切愈加艰难；开始出现惩罚性征讨和野战法庭；供应商和投机者纷纷破产，他们曾寄望于战争会迁延日久，所以囤积了大量商品，但现在却发现他们的货无处可卖。因此，当最后一支俄国部队撤离东北时，哈尔滨和整个铁路沿线地区陷入严重的经济萧条，并持续了数年之久。"

　　家父第一次看到的哈尔滨，就是这个吉耶斯托尔和席蒙叟笔下的日俄战争之后的哈尔滨，大概是1906年或1907年初。当时由于战争破坏，以及俄国革命，铁路当局被迫最大限度地减少经营活动。这场革命很快也蔓延至哈尔滨和铁路沿线的大部分地区。当父亲第一次到达哈尔滨时，虽然遭受了战争损失和历经战后举步维艰，这座城市仍然在高速扩张。尽管铁路投资已受到极大限制，在车站区还是建立了铁路机械加工厂，即未来的蒸汽机车和车厢装配厂。1950年，在我们返回波兰之前，我曾在那家工厂工作过。在从铁路当局获得的土地上，公司和个人已经建造起大部分建筑，包括划拨用于建设天主教堂以及教区用房（未来的波兰显克维奇中学）的土地以及"波兰之家"的土地，"波兰之家"就位于吉耶

▶ 哈尔滨原"波兰之家"大楼。1988年，帕乌卡导演和摄影师帕库尔斯基在拍摄有关波兰人在哈尔滨生活的电影

斯托尔所提及的铁路小屋对面。此时廉价房屋被转至城市南部地区建造，铁路当局则把马家沟和南岗区，作为给员工建设独户住宅的区域。

父亲关于他初到哈尔滨的讲述，我只模糊记得他从二楼窗户打猎的故事。那时，他临时住在机械加工厂里。他也许算不上狂热的猎人，但既然身为猎人，就至少得反复念叨关于自己和双筒猎枪的离奇经历，主要是晚间在我们家里玩麻将的时候。在父亲初到哈尔滨四十年后，我有机会站到那家机械厂的一栋老楼窗前，也许家父曾经站在同一个窗口向外射击野鸡和野鸭。在出发回波兰之前，我得以确认，那时机械厂墙外确实就是中国人的玉米地和大豆田。一位俄罗斯老员工还记得"义和团运动"的情景，他那时给我讲了，在松花江畔，被俄国人称为"烧酒镇"的地方，从居住窗子里就能看到我所居住的"烂泥街"。晚秋时节，在农民收割之后，野鸭、鹬和雉鸡就会飞到田里来觅食。公雉鸡特别有办法，它们飞到成熟的大豆豆秧上，用翅膀击打豆秧，使得豆荚破裂，让成熟的种子落到地上。然后循着它们的叫声，母雉鸡和小雉鸡才会飞来饱餐一顿，野鸭这时也会飞过来蹭吃的。他说："那个时候只要在窗口站几分钟，就能打到一只漂亮的'金色野鸡'当午餐。"

不过对于父亲在1923年第二次去东北之前发生的大部分事情我都一无所知。

第**3**章

在哈尔滨的童年

　　二十世纪二十年代，中国东北的政治形势仍然像上一个十年末期那样错综复杂。中国在1911年革命之后，仍然处于政治分裂和军事割据的状态，很多地方由军人统治，他们通常被称为"军阀"。从官方角度讲，第一次世界大战期间中国与德国处于战争状态，尽管它只向欧洲一战前线派遣了几万名劳工帮助建造工事。但在一战后，无论是巴黎和会（1919—1920年）还是凡尔赛条约（1919年），都没有考虑中国在战后世界格局变化中的利益，包括取消列强在中国的特权。中国要求在中国东北和蒙古恢复完整主权以及归还山东省。巴黎和会拒绝了这个要求，而将德国在山东的特权转让给了日本。中国政府的代表拒绝签署凡尔赛条约。得知这一消息后，全中国爆发了学生运动，之后演变为全国性的抗议活动（被称为"五四运动"），波及上海、天津、南京和广东的很多大城市。这些城市里外国人的财产和利益受到威胁。山东最终回到了中国手中，但外国的在华特权和中国东北问题依然悬而未决。尽管白军已经丧失了俄国的大部分领土，但在中国，北京的俄国使团、哈尔滨的总领馆以及齐齐哈尔、海拉尔、宽城子和吉林的四个领馆都还在活动。1919年底，中国政府通知北京的俄国外交官，又发表公告，宣称已不能继续承认旧俄国在中国的代表。中国政府中止了铁路征地区域内俄国警察、法庭和邮局的运转，并于1920年10月30日公布总统法令，取消俄国公民的治外法权，从法令生效之日起，这些俄国人必须遵守中国法律。

上述事件打乱了铁路上的工作，同时造成了未被遣散和尚未解除武装的铁路守卫部队同中国部队之间的冲突。白军部队越过边境，谢苗诺夫、卡尔梅科夫和其他人的白军武装部队出现在铁路沿线，这些都使形势变得更加错综复杂。苏联和听命于它的"远东共和国"切断了同中国的交通，使得这条铁路线不再是国际铁路。1920年3月，迪米特里·霍尔瓦特失去了他在东北地区的权力，俄亚银行在巴黎召开的董事会上任命了新的铁路负责人奥斯特鲁莫夫工程师。但两年后，苏联想起了其在中东铁路上拥有的权利，进而于1924年5月在北京签署了"恢复"苏联与中国正常关系的协定，以及关于共同管理铁路的临时协定。国际交通得以恢复，并在接下来的四年时间里运营得时好时坏。

如我前面提到的，在俄国革命之前，哈尔滨是一座拥有治外法权的城市。这意味着，哈尔滨作为中东铁路的主要行政中心，不受中国政府管辖，恰如铁路沿线各站和铁轨穿越的狭长地带一样。只有被称为"第八区"（道外区）的部分城区处于治外法权管辖区之外，那里居住的主要是与铁路有或多或少联系的中国人。有些人在铁路建设期间发了大财。他们在那里有工厂、商场、店铺、作坊。1919年，中国政府实际上宣布废除了治外法权，但苏联当局很快意识到，这条铁路是用俄国人的钱修建的，所以要求参与铁路运营。1924年，苏联和中国谈判达成一个所谓的铁路共管协议。由苏联派来铁路负责人，所有其他外国人，包括波兰人，都被陆续清除出去，因为苏联方面在条约中加入了一个条款，规定从此在铁路上工作的只能是苏联公民和中国人。这种情况一直持续到1935年，当时在伪满洲国成立后，日本人实际上中止了铁路运营，苏联被迫将其出售给日本的银行。日本人感到劳动力严重短缺，特别是铁路专家，所以让那些被解雇的白俄及其他外国人，包括不少波兰人，重新恢复了工作。

父亲不想重回铁路工作，尽管在共管协议生效的几个月前，作为工程师的他于1924年得到了这样的聘任合同。尽管从符拉迪沃斯托克运往中国的路上，有几件重要的设备被盗，但他成功重启了自己的电池工厂，那些设备可以极大地提高生产效率，哪怕原料供应出现问题也没关系。母亲提及的肮脏工作，主要是指熨烫石墨电极和包裹它的锰。能够重新恢复生产，肯定得益于父亲把三个中国人从符拉迪沃斯托克带出来，而且自己出资把他们带到了哈尔滨。他们已经掌握了生产技术。我的母亲也在他的工厂里工作，所以她还能与自己的大学同学劳拉在马家沟合租一所房子。那个地区在当时被看作是城市的郊区，所以房租相对便宜。

我的父母在抵达哈尔滨一年后举行了婚礼——那时妈妈二十二岁。几个月后劳拉也出嫁了，但让我的家人惊讶的是，她没有嫁给俄罗斯人，而是嫁了一个布里亚特人。在沙皇军官的家庭里，这种跨种族的婚姻是非常特别而且通常不受欢迎的。她丈夫有着俄国人的姓氏——菲力波夫，是东正教徒，但是像很多在俄国统治下的布里亚特土著人一样，他深受那里盛行的萨满教和藏传佛教蒙古分支的影响。我写这个是因为，这个情况对我的童年时期无疑产生了重要影响，也许比能够想到的影响还要大。我母亲和劳拉的友谊并没有随着她们搬出共同的居所而结束，而是一直延续了很多年，一直到1941年她和全家一起离开中国前往澳大利亚。劳拉的女儿，在母亲的回忆录里提到的加林卡，在我出生之前半年降生，这使得从婴儿时代我们就一起长大。因为她比我大且比我更加独立，所以对我有很大影响。

父亲结婚很晚，当时已经五十三岁了，但在应对艰苦条件方面，仍然精力充沛。他很快就放弃了电池生产，开了一家电镀实验室。他在哈尔滨找到了一名合伙人，和他一起经营机械作坊，为医院生产一些医疗器械。遗憾的是作坊失火，由于建筑和设备都没有保险，父亲再次失去了自己的全部财产。然而他没有放弃自己的生意——继续经营一家不大的作坊，为热疗法和电疗法制造设备。

1925年，也就是我出生的那一年，父亲接受了哈尔滨最大的一家私人公司——秋林公司的聘任合同，为该公司组建技术部门，后来他成为该部门的负责人。他是工程师，掌握几门语言，而且仍然与欧洲众多公司保持着良好的关系。加入秋林公司后，父亲立刻与欧洲著名汽车生产商建立联系，使公司不再受制于进口商和中间商而直接进货。哈尔滨那些成功保护了自己的财产或者在战争中发了财的人，都很乐意购买汽车。很快，父亲组建的这个技术部门就开设了一家汽

▼ 我母亲抵达哈尔滨后（1923年）

▼ 我父亲建立的汽车销售厅（左侧）位于哈尔滨秋林公司，右侧建筑二楼是我们的宿舍。照片摄于1929年前后

▼ 我坐在秋林公司汽车销售厅里的汽车上（1930 年）。照片是父亲拍摄的，来自我的家庭档案

车展厅，出售梅赛德斯–奔驰、克莱斯勒、帕卡德，还有菲亚特等品牌的最新型号汽车。除汽车外，展厅里还有来自德国和英国的农业机械和其他机械设备。

跟父亲一道在汽车展厅里消磨时光，在汽车或者摩托车旁给客户拍照，让我不亦乐乎。大门入口对面的墙上悬挂着秋林公司巨大的商标，该公司是1867年在俄国创办的（公司于1898年首次出现在哈尔滨，就是中东铁路开工的那一年）。秋林公司的商标展现的是一只咆哮的猛虎，有点儿像后来美国米高梅电影制片厂商标上那只咆哮的狮子。

秋林百货商场属于俄国著名的豪华百货公司。它建得颇有气派，虽然实际上只有两层，但按照设计规划可以进行扩建，既可向两侧延伸，也可以加高。七十年后，中国哈尔滨市政府彻底实现了当初的规划，根据找到的俄国原设计图纸，增建了第三层（该建筑实际上已被加高到四层），并保持了所有原来的设计理念和它的名称，因为在中文里该名称由两个汉字"秋林"组成，很具有诗意，意思是"秋天的树林"。商场大楼位于新城（南岗区）主干道的交叉口，我父亲在那幢大楼里有一套办公住房。这是秋林公司三座建筑中的一座，也是最大、最气派的一座。公司管理层的办公地点也在这座大楼里。大直街从西向东绵延几公里，沿线坐落着最重要的行政机构和其他机关，如铁路管理局，带一家剧院和一家电影院的铁路俱乐部、邮局、电报局和宗教建筑，包括天主教的圣斯坦尼斯瓦夫教堂、东正教的木制圣尼古拉大教堂、新教的教堂、极乐寺和孔庙，还有贸易学校和普通学校，其中包括波兰亨利克·显克维奇中学，还有其他一些机构。东正教堂是木质结构，外部雕刻精美，内部装饰同样典雅秀丽。东正教堂周围是一个大广场，广场周围分布着哈尔滨一些最富有居民的宅邸，其中包括波兰林业企业家弗瓦迪斯瓦夫·考瓦尔斯基的别墅和大兴安岭隧道的建筑师、意大利人吉别洛·索科的别墅，后来意大利领事馆就设在那幢别墅里。在大直街一带还分布着其他重要的外国领事机构，当时数量就已达到十六个，其中包括美国领馆、英国领馆、法国领

▼ 位于哈尔滨新城区（南岗）的秋林大厦，我父亲的宿舍就在这里（1926—1932年）。照片由我父亲拍摄

馆、日本领馆。一战后新诞生的一些国家也陆续在此开设领馆，其中就包括波兰领馆。之前设在哈尔滨的波兰外交机构，主要负责侨民的归国事务，完全意义上的领事馆是在1929年波中签署协议后才举行升旗仪式正式设立的。

在大直街东端，坐落着不同宗教信徒的墓地，包括东正教、天主教、新教、穆斯林和犹太教。中国墓地位于城市的另一处，在二十世纪初建成的道外中国区，在"征地区"范围之外。日本人有几处自己的祭祀场所，其中包括一座位于圣尼古拉大教堂附近的巨大的神道教寺庙，还有一座和寺庙在一起的纪念碑。那座引人注目的纪念碑是为纪念一些被俄国人在此地逮捕并枪杀的日本间谍。但是在我上大学的时候，大学生和哈尔滨的中小学生时常被带到那里去（波兰中学免于这项义务），我记得当时所有人都认为，那是日俄战争期间在哈尔滨上空被击落的日本飞行员的纪念碑。我后来上了很多年的波兰亨利克·显克维奇中学，该校坐落在迪米特里·霍尔瓦特将军划拨给波兰侨民用于建教堂的土地上。

城市最古老的街区——老哈尔滨，主要是按照西伯利亚风格用木材建造的，就像在马家沟、南岗区或者松花江小城等区域一样，因为那时附近还没有任何一家砖厂。如其俄国名称所显示的那样，萨满小城是用动物粪便，主要是马牛粪便与泥土混在一起做成砖，然后再砌起来的土坯房组成的小镇。俄国人管这种土坯房叫作"萨满"。

一部分木屋，包括兵团镇（即铁路保护兵团镇）的军营都是用原木建造的，大多数房屋都被"塞满了"。这些房子一般是铁路工人们用铁路分配的地建造的，没有地下室。建造方式是这样的：在确定建筑物的轮廓后，将涂了沥青的木桩打入地下，在两侧钉上木板，然后在木板之间倒入木屑。木屑在东北的针叶林中到处都是。墙的外侧和内侧均呈十字形，钉有斜向的薄板条以便在上边抹灰。屋顶上也撒上木屑，通常再覆盖上屋顶毡（如果某人负担得起，也可以覆上镀锌

▼ 哈尔滨波兰中学的教师和学生（1935年）。第一排左侧第四位是我

▼ 哈尔滨显克维奇中学校舍（1938年）。照片由学校教师波博莱夫斯基拍摄

铁板）。按照西伯利亚的习惯，为了保温，在外墙下部环绕一圈五十至六十厘米高的木板边框，里边填上沙子。上边盖上木板，像长凳一样。夏天，家庭成员主要是妇女和姑娘们很喜欢坐在那里，就像在西伯利亚的村庄那样，嚼着花生或者嗑着瓜子闲聊。房屋外观虽然平淡无奇，但这种房屋非常保暖，即使在的严冬里

也表现出色。

城里最早一批由欧洲建筑师设计的铁路大楼建于二十世纪第一个十年。到二三十年代，伪满洲国成立后，哈尔滨的建筑风格变得更加丰富多彩，各种欧式和亚洲风格的建筑层出不穷。大部分建筑是古代俄罗斯风格、文艺复兴风格、古典风格和现代主义的，但也建造了一些罗曼风格、哥特风格、巴洛克风格以及折中主义风格的建筑，常常是将各种欧洲风格混在一起，同时又有日本风格点缀其间。

中东铁路慷慨地投资于广义上的文化事业。文化生活主要集中在新城区，那里的铁路俱乐部在很多年里都是各种音乐会、戏剧演出、慈善晚会的主办者，这使得各种高雅文化活动得以举办。在车站区最负盛名的聚会场所是二十世纪二十年代末建造的马迭尔宾馆，那里聚集着来自各国的最尊贵宾客。它也是整个哈尔滨最常被光顾的文化、艺术场所之一。饭店里有咖啡厅、餐厅、音乐厅、电影院和剧院。马迭尔宾馆里住过李顿爵士领导的国联委员会，该委员曾负责调查中国诉日本侵占东北一案。维尔丁斯基和夏里亚宾等享誉世界的音乐家和歌唱家也曾在宾馆的音乐厅里登台献艺。

新城区和车站区的大部分街道铺有沥青。每逢仲夏时节，沥青经常会熔化，散发出特有的味道。街道两旁的人行道比较宽阔，即便在下雨的时候也不会把鞋子弄脏，尽管大部分欧洲居民在下雨时会穿上胶鞋。然而，偏僻街区里那些没有铺沥青的街道，则常常让人联想起西伯利亚小城镇里那些带有狭窄木步道的街道。下雨的时候，两轮马车的车轮就会陷进泥泞的道路。我仍能清晰记得那些步道，由两三块普通木板组成，木板钉在深插在泥土里的木桩上。下雨的时候，只有这些木制步道能让双脚保持干燥，尽管通过这种步道要求掌握很高的技巧，特别是在某处木板被盗或者折断的地方。有一次我从妈妈的女友那里回家，天下着大雨，我脚下一滑，直接从步道上摔倒在烂泥里，最糟的是身上穿着漂亮的节日服装。这样的事让人终生难忘。

在我出生后不久，大概是在1926年底或者在1927年初，父亲卖掉了自己那家不大的电池厂，尽管秋林公司并没有要求父亲关掉自己的企业，且父亲也可以在下班后继续打理厂里的工作。财务和收支是由母亲负责的。卖掉这个厂子的原因，据我所知是因为供给困难，首先是因为生产电池外壳所必需的铅板短缺。然而他并没有放弃自己的生意——在马家沟租的那片场地里，他开始经营一家不大的作坊，制造热疗和电疗所需的仪器。

在秋林公司一层的那个汽车销售厅里，停放着几辆汽车，还有一些农业机械、摩托车、机动自行车以及电厂所需的设备。电厂这个词也许太大了，那只是一些由汽油发动机驱动的发电机组，但在当时，因为供电非常不稳定，所以这种发电机组很受欢迎。特别是在较小的铁路车站上，停电往往给火车行驶和电报通信造成巨大困扰。显然，一家负责任的公司还应该负责这些设备的安装，因此父亲经常离开哈尔滨，是去指导这些设备的安装。销售厅里用玻璃单独隔出一个封闭的角落，那是他的临时办公区。他在那里与客户们交谈，主要是那些富有的外国人，但也有中国富商。真正的办公室在我们家房子的楼上，他在那里处理订单，接待最重要的客户、处理信件。无论在临时办公区还是家里的办公室，都安装了电话。那是个巨大的木盒子，上面涂着透明的清漆，带有两个闪闪发亮的电铃，话筒上有大喇叭，木盒子边上挂着硬橡胶的听筒。电话挂在足够高的地方，我无法够到，但总让我痴迷，因为这样奇妙的东西在当时还非常少见。那时哈尔滨的电话号码不超过一千个（当时的电话号码是三位数），其中一半属于铁路机关。"文革"期间我在北京工作的时候，可以花很少的钱在寄卖商店里买到这样的电话，但我没买。

父亲有着多方面的才能，他艺术兴趣广泛，而且才华横溢，素描、彩画、金属美术、浇筑各种金属物件，他样样精通。他还从事过木雕，用线锯在薄木片和金属片上切割过花纹，在波兰，线锯曾被称为"发丝锯条"。他把大部分本领教给了我。他还喜欢绘画。从我记事时开始，每逢节日，我总能得到颜料、水粉、绘图仪器和工具作为礼物。他通常是晚上做画，用的是从德国带来的高级水彩颜料。尽管过去了这么多年，我仍然保存着那些颜料，是一些铁盒，里面还有剩下的颜料。我不知道他是否上过什么艺术类大学或者美术班，但在圣彼得堡，他认识了几位著名的画家，其中包括亚历山大和阿尔伯特·贝诺伊斯兄弟。命运让水彩画家、俄罗斯水彩画家协会的创始人之一阿尔伯特·贝诺伊斯与父亲在符拉迪沃斯托克或者中国相遇。他的女儿也是一位著名的画家和作家，叫卡米拉，后来成了中东铁路多年的负责人迪米特里·霍尔瓦特将军的妻子。她积极参与城市文化生活，包括在铁路俱乐部组织年度画展。我父亲参加了其中一次展览，展出了一幅以我为对象的大型肖像画。他花了很长时间画那幅画，我必须一直摆着姿势，尽管那不是一幅纯粹的人物写真画，因为他在画的时候也参考了照片。后来有几年，那幅画一直挂在我们阿什河家中的客房里。父亲去世后，我们不得不搬到哈尔滨一处较小的房子，从此，那幅画就只能放在柜子后边了。除了画像外，我们还保存下来几幅父亲制作的童话插图副本，那些在哈尔滨非常珍贵的童话插图是由画家伊万·比里宾[1]制作的。将这样一幅画上的轮廓转移到白纸上是一件很复杂且耗时耗力的事，但对我来说，这是帮我掌握美术技术和技能的最早培训。当时当然没有图片放大设备。父亲放大了插图照片，先把它分成许多小方格，然后训练我把每一个小方格里的图形轻绘到素描纸上更大的方格里，之后画作就在

---

1 伊万·雅科夫列维奇·比里宾（1876—1942年），是俄罗斯插画家和舞台设计师。

这张大纸上呈现出来。通过这种方式，我手握铅笔时动作的稳定性逐步提高，而且实际上对学习数学很有助益。在上大学的第一年，我就发现这些技能对我非常有用，在绘图课上无人能跟我一较高低。不过，说到霍尔瓦特将军的夫人，我们还保存着一幅她的画作，表现的可能是哈尔滨的风光，画面上有几棵孤零零的大树和一座横卧在小溪上的带网格状栏杆的小桥，画上的签名是卡米拉·霍尔瓦特。我们还保存了几幅父亲做的金属画、几件木雕和其他装饰品，它们都或挂或立在我家的客房里。

我童年时代的哈尔滨是一个多民族、多宗教的城市。除了中国人居住的道外区，各个区都是东正教教堂居多。每逢节日的第一天会敲钟，在春天的街道上，雪橇已经被欧式四轮马车替代。节日当天的午餐通常是家人们一起吃，但在节日的第二天，按照俄国革命前的传统，男人们去访客，女人则留在家里招待客人。客人络绎不绝，但都只待上几分钟，互相献上祝福，干一杯伏特加。我清楚地记得，父亲公司的同事和父母的私人朋友中，有各民族、各种宗教信仰的人。那时我家里来来往往的既有天主教徒、东正教徒、新教教徒、佛教徒，也有犹太教徒。我受的教育使我看不出其中有什么特别之处。时常到秋林公司拜访我父亲的还有一个他在日本和符拉迪沃斯托克认识的人——扬考夫斯基先生。根据我后来的判断，他是波兰流放者米哈乌·扬考夫斯基的儿子耶日·扬考夫斯基，他是在离符拉迪沃斯托克不远的岛上饲养驯鹿的先驱。他也是个狂热的猎人，住在中东铁路东线上的某个小站上。但是我还记得，后来我们住在阿什河的时候，我开始收集邮票，而父亲时常收到他从朝鲜寄来的信。

父亲的另一个好朋友，这是我从母亲的嘴里听说过的，是上面提到过的我们当时在哈尔滨的领事——席蒙叟。他从圣彼得堡大学的东方语言系毕业后，被派往俄国驻北京的使团担任随员工作。在那里他经历了中国1911年革命，而在波兰重获独立后，他被任命为副领事，或者如他自己称呼的，在哈尔滨"负责侨民归国事务的官员"。还有几年他在齐齐哈尔做领事。我模模糊糊地记得他，还是我们住在秋林公司的时候。父亲那时没有自己的汽车，但买了一辆轻便摩托车，时常骑着它去自己的电池工厂，直到它彻底报废。就是那辆轻便摩托车让我想起席蒙叟。也许那时他在齐齐哈尔工作，领事馆需要发电机，也许是他也想买一辆轻便摩托车，反正他和我父亲在汽车展销厅后面的空地上骑轻便摩托车，当我挤在车座上的时候，别人给我照了张相。

席蒙叟在中国生活了超过十八年，其中大部分时间是在东北地区的哈尔滨和齐齐哈尔。他不是直接从华沙派遣过来的，而只是在波兰重获独立，俄国失去了原有的列强地位后，他才成了"波兰外交官"。最后一件对中东铁路的命运起决定性影响的事件，是中国人关闭了在北京的俄国使团。席蒙叟的领导——库达硕夫大公失去了职位。他们曾是沙皇俄国的臣属，拥有优越的治外法权。席蒙叟在哈尔滨居住的那些年成了波兰"哈尔滨人"中的一员，参加波兰侨民在这个城市组织的所有社会和文化活动。他曾任波兰中学指导委员会主席、"波兰之家"协会主席，以及波兰中国学术研究会的负责人。1927年，他后来定居美国的儿子和我们杰出的作家特奥多尔·帕尔尼茨基同时毕业于哈尔滨的波兰中学。1930年，他告别了中国，尽管在哈尔滨的波兰人一再请求，他还是被调往莫斯科使馆任职。战前他出版了《我的中国人》和《满洲幻影》两本书。

父亲在秋林公司的工作和在"波兰之家"从事的社会工作使他形成了自己的朋友圈，里边也包括卡吉米日·格罗霍夫斯基工程师，他在笔记里也提到了父亲。多年后，我在华沙国家图书馆里找到了那些笔记。他是一个妙趣横生的人物，在远东生活了三十年，在哈尔滨的波兰侨民生活中，他功绩卓越。他是一位旅行家、地质学家、远东研究者，曾在莱奥本矿业学院、普日布拉姆以及弗莱堡

（萨克森）学习。1906年，他前往符拉迪沃斯托克并作为地质学家开始在乌苏里斯克边疆区工作。1910至1914年间，他领导了四次大规模寻找金矿的探险远征，为国际金矿企业集团勘探东西伯利亚这片处女地。这片土地在1850年前还属于中国。1912年，在著名的美国淘金热期间，他代表阿拉斯加的一家康采恩驻扎当地。俄国革命爆发后，他从海拉尔迁往哈尔滨，在那里为波兰侨民写新闻评论和开展社会活动。他在波兰中学担任过地理和自然课教师，后来成了校长。他参与建立了东省文物研究会，并在我们那所中学里成立了波兰东亚研究小组。有一段时间他的那些展品都锁在一间封闭的屋子里，钥匙由我们的历史老师萨德科夫斯基先生保管。屋里的墙上挂着一幅格罗霍夫斯基去巴尔虎探险的大照片，总让我

们惊叹不已。照片上是一些人与动物的骸骨，还有一些散落的货物。那肯定是一支遭遇了沙尘暴的商队遗骸。在1934至1937年间，格罗霍夫斯基在波兰的采矿机构工作。1937年，他在前往菲律宾的途中不幸去世。他去菲律宾是要担任政府掌管的金矿的经理。他遗留下一些珍贵的书稿——《在远东的波兰人》和《哈尔滨回忆录》以及八十六本日记，这些遗物都遵照他的遗愿捐献给了克拉科夫科学院。1958年我在华沙国家图书馆找到了这

▼ 格罗霍夫斯基工程师出版的《哈尔滨回忆录》封面（第一部分，1923年）

些材料，其中包含了珍贵的地质学、考古学、民俗学和其他重要信息。我对那些笔记进行了编辑整理，然后分成两本书出版。格罗霍夫斯基的两个儿子——长我几岁的安杰伊和马利安，是我在哈尔滨中学读书时认识的。

那时在哈尔滨还有为数不少的意大利侨民，他们的来历可以追溯到修建中东铁路时期。意大利人在东北建造了铁路线上的所有隧道，其中以总建筑师吉别洛·索科工程师为首的一部分意大利人在城里定居下来，还有很多意大利商人和公司代表也住在那儿。这些公司组成了一个意大利—哈尔滨垄断组织，还有一些餐厅老板以及自由职业者。当父亲1926年担任了秋林公司技术部负责人之后，他也与意大利菲亚特公司建立了联系，公司也因此获得了菲亚特在整个东北地区的代理权。

我童年记忆中最初的事件，几乎都与秋林大厦和大厦里的汽车展销厅有关，还有就是经常随父亲去马家沟的种种经历，当时父亲的作坊还在那里。在电池厂关闭后，他在那里主要生产一些做手术用的外科工具和牙科治疗用的牙医器械。在新城区居住的几乎都是有钱的外国人，我在那里几乎没有朋友，我的朋友在马家沟。在父亲的作坊旁边住着一家中国人，那家有两个儿子，我跟他们很快就成了好朋友，我必须学会用中文跟他们交流。在我童年时代的生活中，加林卡对我大有帮助，她的中文说得比我好很多。新城区和马家沟被一条河流隔开，实际上那条小河的名字就叫马家沟。它对孩子们的吸引力难以抗拒，因为每当发大水的时候，河水就会暴涨，而当洪水退去后，我们可以在那里找到千奇百怪的宝贝，包括一些古老的中国铜钱。那时候，除新城区外相对比较现代化的是道里区，其主要大街是中国大街[1]。如今，这条大街在某种程度上是俄国在东北印记的露天博

1　即今哈尔滨中央大街。

物馆。"文革"期间，由于周恩来总理的过问，中国大街得以作为露天博物馆保存原貌，以使中国人能够铭记中国在不久之前仍处于半殖民地状态。恰恰就是中国大街，极好地诠释了对中国人来说如此陌生的外国建筑和艺术的影响。因为城市的其他部分，已经迥异于现代欧洲城市了。

哈尔滨在二十世纪二十年代后期已经有了十几家医院，所以当外科手术工具的需求已经饱和的时候，父亲便开始转向生产其他医疗器械。先是医院的病床和运送病人用的小车以及美容器材，过了一段时间之后，出现了对更复杂设备——X光机的需求。由于关税和运输的原因，在国外购买全套的X光机对医院来说很不划算。当时在哈尔滨只有几套这种设备。这是一个市场空白，父亲决定去填补。他仅从国外进口这些设备中最重要的部件，然后在当地制作沉重的基座和用于组装设备的器材，以及生产调试设备的器材和用于辅助患者拍片的组件。父亲在马家沟的作坊里制作这样一些器材，那里还有一些镀镍用的池子。父亲去世多年以后，我们家还有一些广告照片，上面是父亲组装完成的X光机，看起来完全不逊于国外目录上的原型机。订单不仅来自哈尔滨的医院，铁路沿线一些中小城市的订单也纷至沓来。

父亲当时的一个想法是生产收音—电唱两用机。当时人们把这种从国外运进来的"会唱歌的柜子"称作"电唱收音机"或者"收音电唱两用机"。那是一些木头做的小柜子，表面光可鉴人，大小如今天的自动洗衣机，里面包括电唱机、收音机、喇叭和一个放胶木唱片的容器。所有这些设备都是在父亲与买家直接协商后亲自设计的，而他们的磋商通常在我们的办公住房里进行。然后他把这些东西画在绘图纸上，先是用铅笔，然后用墨水，需要的话还会描上颜色。这样的电唱收音机里包括电唱机和收音机，已经不用摇把驱动唱机，而是使用微型电机。柜子里还有喇叭和放唱片的收纳格。那时他从德国单独进口唱机，在下面加装上收音机，然后制作了家具的原型，即那个光可鉴人的"会唱歌的柜子"。柜子比较高，为便于更换唱片，上面盖着一个精细打磨的木制盖子，前面则有一个很大的柜门，里边是收音机和一层一层放唱片的隔板。在他接受去阿什河糖厂工作的邀约之前，他肯定已经设计好了这个柜子，或者也许已经在自己的作坊里制作了几件样品。我清楚地记得那个设计图，因为它在我们家保存了很长时间，插在一个什么德国产品目录中间。我们家还保存下来与这个设计相关的保护扩音喇叭的木格栅。六岁的时候，我就会用线锯切割一些用在电唱收音机木门上的复杂花纹，在父亲过世几年后，在我们被迫从阿什河迁回哈尔滨后，那个木格栅还放在我们那间破屋子里，直到因为屋顶漏水，它受潮后翘了起来，妈妈才把它扔掉了。

在哈尔滨的生活，即便是在苏联接管了一半铁路股份之后，仍然像在革命前的俄罗斯一样，没什么变化。当然并不是对所有人都是如此。那些把值钱东西和金币从俄国带出来的人，有钱开自己的企业和商铺；而那些从西伯利亚逃出来、没有任何生活来源的人，则不得不经历失去财产、失去过去社会地位的苦痛。他们只能指望从那些比较成功的人那里得到一份收入微薄的工作。从前的将军或沙皇政府里的高官，如今沦落为饭店、餐厅或者夜总会里的看门人，这种情况也时有发生。在革命中失去一切的那些人，特别是在高级军官中间，时常有自杀事件发生，其频率丝毫不亚于在柏林和巴黎的情况。

那时城里还比较安全，但城外却是"红胡子"横行的天下，那是些武装匪徒，经常洗劫较小的火车站。他们打家劫舍，牵走牛羊家畜，甚至认为如果能够勒索到赎金，便劫持人质。"红胡子"主要是中国人，但有时也有一些外国人参与其中，主要是俄国人，他们为"红胡子"带路，去打劫那些值得劫掠的富裕家庭，或者可以劫持人质索要赎金的家庭。我父亲也未能躲过"红胡子"，尽管他侥幸地逃过一劫。有一次他必须去齐齐哈尔安装X光机，在回程的路上遭到"红胡子"攻击。他们抢走了他所有的东西，戒指、挂坠、手表，还有衣服。他半夜到家只穿着内衣，但劫匪借给了他买回程票的钱，还给他留了一套工装。他们抢走了他的半高腰皮靴，但给了他一双中式棉拖鞋，使他不至于赤着脚走回家。

在哈尔滨，众多文化传统不同的族群彼此和睦相处，每逢新年和岁末的基督教圣诞节来临时，这种多样性就随处可见。圣诞节之际，每个基督教家庭都会用从森林里砍来的小树装饰圣诞树，上面装饰着各种精美的物品：玻璃球、核桃、姜饼、彩纸链，还有不时点燃的小蜡烛。那时还没有如今非常流行的圣诞彩灯。天主教的圣诞节是在12月25号，而俄罗斯人庆祝的东正教圣诞节是在1月7日。新年在哈尔滨的庆祝活动比圣诞节更加盛大，且经常是两次，第一次是在新年之夜（12月31日），第二次是在一月底或者二月初中国农历新年的时候，中国人称之为春节。

以当时哈尔滨的条件来说，我父亲的收入不菲，在他去世后好几年，我们还可以靠变卖东西度日，就很好地说明了这一点。也可能是因为我得到了很多玩具，包括一辆德国自行车，那时我通常只被允许骑着它在最大的房间里围着桌子转悠。我是在圣诞树下得到这份礼物的，可能是在天主教圣诞节的时候。因为我母亲是东正教徒，所以我们家总是过两次圣诞节：12月25日和1月7日。我们家的房子不仅很大，而且很高，所以找到高度合适的圣诞树，对父亲来说是个挑战。母亲在我们家引进了一个习惯，就是全家一起用彩纸制作纸链或者其他圣诞装饰品，还有就是用金色颜料和银色颜料涂抹核桃，这些习惯是源于她在鄂木斯克的记忆。每逢此时，劳拉阿姨和加林卡就会来我们家，而工作结束后，我们就可以品尝当天现烤的点心。圣诞夜的前一天，公司的木工会来帮助我们摆放圣诞树，他们要建造一个巨大的十字架，确保能够承受圣诞树的重量。然后我们从地下室取来装着彩色玻璃球和其他装饰品的纸盒，一起装饰圣诞树。那时还没有圣诞彩灯，所以照明用的是小蜡烛。晚上父亲回家，就会用铁丝给我们做安装那些小蜡烛的铁环，好让它们始终能够立着。为了让这些蜡烛保持直立，我们在它们下边挂上画好的核桃。

在哈尔滨庆祝西方新年与在欧洲大同小异。总是以新年舞会开场，舞会通常是在俱乐部、剧院和餐厅举行，热闹非凡，一直持续到天明。父母一般都是和亲朋好友一起欢度新年之夜，把我留给中国保姆——阿妈。清晨，我会在圣诞树下找到各式各样的礼物，但那不是一个特别值得铭记的节日。与之相比，从我记事开始，中国春节的大年初一，对我来说就总是一件大事。

因为新城区仍然是一个作为门面的、外国人为主的地区，那里除了非常富有的企业家外，几乎没有什么中国人。我在那里没有任何本地的汉族或者满族伙伴。有一天父亲带着我和加林卡一起去马家沟。他认识那里的街坊，这是我与中国孩子的第一次接触。我们给他们带了从秋林商场买的巧克力糖，而他们也用些什么甜食招待我们。但最重要的是，我从他们那里得到了一些鞭炮和能够长时间燃烧、用以点燃鞭炮的木棍儿。母亲当然一直都反对我们玩这项游戏，她认为鞭炮是不安全的。

在中国的外国人，不仅是在哈尔滨，在中国的新年期间，即春节所在的一月、二月，通常是不工作的。这期间，中国的政府机关和店铺也长时间关门歇业。对中国人来说，不管是过去还是现在，春节都是一年中最重要的节日。它通常持续两周，一直到正月十五的灯节（元宵节）才会结束，而灯节的庆祝活动又会持续三天。在哈尔滨的中国人中间，父亲也有一些熟人，主要是通过工作关系认识的，他们通常是与秋林公司有合作关系的一些公司的老板或者经理。也都是受过教育的人，有些甚至曾在国外大学学习过，不过仍然遵循中国传统和当地信仰来庆祝春节。

父亲曾经带我到中国道外区的工厂区去采购节日货品，在一间不大的平房里，有一个吹制玻璃器皿的作坊。他们在那儿制作煤油灯用的玻璃罩。这种灯当时在哈尔滨还被广为使用，因为在飞速扩张的城市里电力仍然十分短缺，为了预防停电，人们通常还在家里预备煤油灯，以备不时之需。然而现在，在节前的那段时间，作坊仿佛成了圣诞玻璃球的王国。在房间的一角，在隔板后边，工人们坐在汽灯旁忙着吹玻璃球，旁边就有人在给玻璃球镀银，而另一边，画师们坐在一些长桌旁。他们通常是重复绘制一些传统的欧洲式样，画一些小花朵、带翅膀的小天使和圣诞老人。当时中国劳动力便宜，使得类似玻璃球这样的东西甚至可以按照哈尔滨著名出口商的要求制作，然后出口到美国和欧洲。父亲在一位画师旁边停留了较长时间，在他画的玻璃球上能看到一些中国传说中的人物形象，还有各种图案，例如蝙蝠、蝴蝶、龙以及花朵和小鸟，仿佛直接取自传统的中国绘画。那时我还不知道，他订购了几打带中国主题图案的玻璃球，后来我们把它们运到了几个街区以外的波兰住宿学校。有一纸盒玻璃球留在我们家里，其中一个玻璃球一直到我父亲去世和战争结束时都还完好无损。它随着轮船回到欧洲，直到二十世纪五十年代后期才被我的一个女儿打碎。出于怀旧情怀，我曾试图在中国寻找类似的玻璃球，但最终一无所获。

有一天，秋林公司的一位合作伙伴邀请我和父母去他们家里共同迎接中国新年，就是去参加他们的除夕聚会，那是在城里的中国区。他们住在一条大胡同里，就是用泥墙围起来的一组建筑，院子里有一个花园，花园中间长着一棵大树。大树在那个季节光秃秃的，旁边有一个放在基座上的铜制容器，里面盛满油，熊熊燃烧的油灯把大树照亮。胡同里的过堂风使得火苗跳跃闪烁，把大树枝条的影子投射到房屋的正门上。那时房屋的正面贴满了红色的纸条，上面用金字写着各种祝福，此外还贴着不少避邪消灾的神明画像。那时我只有五六岁，有生以来第一次置身于这样一种非同寻常的场景里，既有类似于安徒生童话般的神秘感，但又完全不同。无论如何，那次做客给我留下了终生难忘的记忆。我们先是准备年夜饭，主食是用肉和蔬菜做馅的中国饺子。中国人和欧洲人一样迎接新年，通常要玩一整夜，但主要是在自己家里，与家人在一起。邀请外国人参加这样的活动是表示特别的善意和信任，这一点是我在多年之后才意识到的，那时父亲已经不在人世了。那天我和主人家的孩子们坐在一个大桌子旁边一起包饺子，然后我们就去院子里放鞭炮。后半夜的新年庆祝活动就在街上进行了，哈尔滨的中国区在这方面也不例外。鞭炮声从黄昏时就不时从四处传来，午夜过后，天空中绽放焰火，而街道则被大门前燃烧的火炬照亮。第二天清晨，孩子们会涌上街头，去寻找那些捻儿已经燃尽但没有爆炸的爆竹。我不知道父母是否带了什么礼物去参加那次新年聚会，但我们坐马车回来的时候，膝头放着包装精美的节日礼物，里面是蜜饯和中国糕点。

第 **4** 章

阿什河糖厂

伪满洲国成立后一个月，我们启程前往距离哈尔滨三十公里处的阿什河。但其实这同政权变化没有任何关系。在阿什河有一家"波兰糖厂"，是由波兰工程师设计，由卢布林地主协会在1906年建立的。那是中国唯一一家用甜菜生产白糖的厂家，是一家联合企业，旗下还包括一家酒厂和一家已经关闭的榨油厂。制糖周期是在冬季，通常持续三到四个月，其他时间是酒厂在运转。用波兰种子种出来的甜菜是制糖的极佳原料。当地炎热的夏天使得甜菜连年丰收。它们个头很大，而且含糖量很高。糖蜜是制糖过程中的副产品，被存放在一个位于糖厂旁边的巨大的露天水池里，在制糖生产周期结束后，工厂再把它们加工成酒精。因为糖蜜的数量只够工厂生产几个月，在一年中剩下的时间里，就用玉米制造酒精。玉米粒里饱含油脂，所以在糖厂的厂区内还有一个炼油厂。

父亲获得在糖厂里担任职务的邀请，大概是因为他曾在制糖业工作过，并在苏梅担任过电厂厂长，而联合企业也有自己的发电厂。这个发电厂还不够大，只是为满足生产需要，所以尚在不断扩建之中。阿什河的糖厂是中国第一家用甜菜制糖的企业，拥有许多当时很先进的设备，包括当时在中国糖厂里还没人知道的真空旋转蒸发器和离心机等，这能确保获得最高品质的白糖。不过，在欧洲人眼中被看作最大优势的纯白色和少杂质的糖，在中国市场上却鲜有人问津。中国出于不同目的，生产几种蔗糖。颜色偏黄的糖对中国人来说根本不是什么缺陷，其价格还高于白糖，而且当地人甚至更喜欢湿度较高的糖。在中医里，像湿泥一样的红糖曾经并且至今仍被看作是一种具有提神作用，甚至具有滋补功效的食品，在城市和农村都备受欢迎。中国人在食品中使用红糖，还因为红糖包含更多的葡萄糖，能避免结晶，这对生产某些糖果产品来说是很重要的。

那时这家糖厂的老板是几个波兰犹太人（主要的股东是卢·齐克曼），厂长是波兰人柯萨科夫斯基工程师，而住在厂区里的大部分管理人员也是波兰人。其他外国人主要住在铁路小区里。在冬季制糖生产季才雇用汉族人和满族人，而夏天聘用的只有负责设备维修的一些工匠。所有人早晨凭通行证进入厂区，而工作

▼ 波兰人在阿什河创办的制糖厂和酒厂。我的长篇小说《西藏公主》（2006年）中的插图

结束后则要离开工厂。

那是一个动荡不安的时代，除了哈尔滨和其他几个较大的城市外，各种武装力量不断对抗着：有抗日部队、亲共部队、反苏部队（特别是因为1929年铁路上爆发了短暂战争后，苏联在铁路上继续按照对等原则持有50%的股份），还有就是被称为"红胡子"的土匪，他们袭击火车和铁路居住区。由于这个原因，长柠檬形状的厂区周围环绕着护城河、冰冷的壕沟和铁丝网，需要的时候铁丝网还可以通上电。此外，厂区还有武装的欧洲卫兵护卫，他们日夜在大门（北边的正门和南面的大门，那些按合同订购的甜菜是用中式农村两轮马车运进）旁的岗楼里执勤。两个大门之间的距离约有半公里，连接它们的是一条笔直的街道——整个厂区里唯一的一条街道，被我们称为"中央大道"。北门是正门，有两辆两匹马拉的马车从这道门进出厂区，其中一辆黑色的豪华马车，主要供厂长使用，另一辆是黑棕色的，供其他工作人员使用。南门专供中国两轮马车进入，主要运送生产所需的甜菜和其他材料、设备。连接两道门的中央大道地面是硬化过的，上面铺着一层仔细筛过的浅色细沙。因为汽车不能驶入厂区，所以中央大道就是骑自行车的好地方。

中央大道把厂区分成两部分，居住区和生产区。在居住区有一排两三层的楼房，给糖厂的技术人员和行政人员居住。厂长和副厂长的别墅以及一个小公园也坐落在这一侧。小公园里有两个小池塘，中间有水道连接。在公园各处和假山上，建有中式凉亭，而水道上则架着网格状扶栏的小桥。生产区有糖厂、酒厂、电厂、货栈和仓库。阿什河的电厂非常先进，部分用煤发电，部分用水。水电部分的轮机利用了附近阿什河上水面的落差。在糖厂附近的阿什河河段上建造了一座大坝，形成一个不大的人造瀑布。父亲需要经常去检查大坝的工作情况，有时也会带上我。

▸ 我父亲于 1932-
1936 年间在曾经居
住过的房屋前留影

　　住在这个小区里的所有工作人员都配发了长枪，而且有义务在需要的时候保
卫工厂。当地人，即汉族人和满族人，以及其他轮班或者临时在岗的工作人员，
无论是什么民族，进入厂区都需要出示通行证。糖厂北门和阿什河火车站之间分
布着铁路小区，主要是俄式木屋，还有一些经济建筑，周围有果园和花园环绕。
铁路上工作的俄国工作人员有自己的房屋、牛棚、猪圈和果园，他们通常靠养
牛、猪、家禽和蜜蜂来补贴家用。也有糖厂的工作人员住在这里，他们也有一些
家庭农场。火车站是传统的中式建筑：木头柱子支撑着硕大的精雕细琢的屋顶，
屋角上盘绕着好几条龙。我们家位于糖厂居住区的正中央。房子后边，一直到建
有岗亭的防护壕沟边，都是果园。果园里有几棵苹果树，还有许多树莓和醋栗灌
木丛。房子前面有一个小花园，父亲很快就把那里清理了出来，我们种上白菜、
胡萝卜、黄瓜和小葱等各种蔬菜。

　　得到厂长办公室许可的中国商贩可以把食品运进来，但也可以到火车站附近
的商店里去卖。中国的流动商贩会把装在竹笼里的活家禽送到家门口，活鱼也一

東省鐵路公司

▶ 阿什河火车站为中式建筑。照片摄于1923年前后

样。他们用大木桶装鱼，然后用车拉着挨家挨户售卖。只有肉需要到车站上的肉铺去买，肉上总是盖着蓝色的章，证明是合法屠宰的。实际上患疫病的风险是很高的，特别是在洪水泛滥之后，有时会暴发霍乱、伤寒，甚至鼠疫。我们到达阿什河的时间应该是1932年3月中旬，白糖生产季已经结束。酒厂还在生产，人们把制糖过程中产生的糖蜜加工成酒精。父亲一直都很忙，我经常看到他打着伞在酒厂和各车间之间的空地上走来走去。那年夏天雨水特别多，泛滥的洪水让我对那个夏天记忆犹新，但它也给我们带来了很多乐趣。那是自铁路建成以来暴发的最大洪水。平时风平浪静的阿什河在1932年7月初淹没了附近的农田，冲毁了围绕厂区的堤坝。工人们暂停修配工作，并被派去加固堤坝。洪水也摧毁了架在河上的小木桥，在整个糖厂里泛滥。河里漂着一些家畜的尸体，有时也有人的尸体，人们担心会暴发疫病。

与哈尔滨的联络中断了，火车停止发车，报纸也来不了了。当地的商贩用小船把食品直接送到我们家里。他们把船划到家门口，把货直接卸到楼梯间里。洪水退去以后，父亲用尺子量了水位的最高点。测量结果是，水深达到一米二，就是说家门口的水深已经足够把我淹死了。实际上有一次，我真的从木筏上掉到了水里。那木筏是用被洪水冲垮的小木桥的桥板做的，但是伙伴们马上就把我拽了上来。多亏了这次洪水，我在两三天之内就学会了游泳。

这次洪水期间发生的一件事，在某种程度上激发了我对传统中医的兴趣。我早前就知道，在东北生活的一些欧洲居民也使用某些中国草药，例如父亲就曾用野生的核桃制作某种药水来治疗胃病和腹泻，还用我们花园里和糖厂路边生长的野浆果和草药制作过什么药水。阿什河没有欧洲医生，只有一位兽医和一位基层医护人员在某个铁路居民区工作。在洪水泛滥期间，住在高层的居民有义务接纳住在楼房底层、被洪水淹没的人家到自己的房子居住。结果出了状况，一位住在我们腾出来的房间里的妇女忽然发病，亟须医生救治。正常情况下坐火车去哈尔滨用不了一个小时，然而现在铁轨都被水淹了，列车停开，所以只能从附近的城市阿城请来一位中国医生。他带着一位助手划船来到我们家门口，随身带着一个有几十个小抽屉的小柜子，抽屉里放的都是他所使用的药物。那一次通过虚掩的门，我有机会看到中国传统中医大夫是如何诊脉的。他同时号了两手的脉象，时间很长，然后亲自准备药物，用一个小秤称量，随后分成几小份，包进旧报纸做的小纸袋。而我关注的恰好就是那些旧报纸。原因很简单，它们是作为包装货物的废纸从美国运到哈尔滨的，主要是一些带漫画的报纸，画的是各种故事。当时流行的题材正好是美国人到蒙古的探险活动，但按照官方的说法，这些科学探险的目的是寻找恐龙的骨骼化石和恐龙蛋化石。我一直收集那些带系列漫画的报纸，但其中一张此刻落入了那个来我们家的医生手里。

等洪水退去之后，我们开始大扫除。因为设备维修等一些寻常工作，父亲必须经常去哈尔滨出差。各种材料和零配件都紧缺，而在哈尔滨几乎可以得到工厂所需的所有东西。父亲在秋林百货公司工作的经历派上了大用场。母亲不喜欢父亲经常出差，而我恰恰相反并为此兴奋不已。在父亲出差的日子里，母亲从不禁止我邀请更多的朋友来家里玩儿。妈妈那时就坐在客厅里的沙发上，织着毛衣或者绣着数不清的手绢。

母亲总是迫不及待地盼望着父亲从哈尔滨回来，而我的期待则每次都不同。如果父亲有十几天不在家，我肯定是很想他的，然而我的急不可待则另有隐情：父亲从不会空着手从哈尔滨回来。阿什河的商店里货物品种单一，买礼物只能去哈尔滨。妈妈经常收到非常贵重的礼物，我也一样。其中不乏各种糖果：我最爱的带奶油的烟斗巧克力、英国阿尔伯特王子牌铁皮包装的热带佐茶甜饼、玛氏公司的豪华糖果礼包、无花果干和大枣干以及哈尔瓦酥糖。然而我最期待的礼品不是各种玩具，而是各种工具。父亲认为，我应该在童年时代就学习使用这些工具，因为他时常断言，谁也不知道这些技能能否在我成年后派上用场。事实上这些技能派上了用场，而且发挥了很大作用，远远超乎他的想象。那些工具包括成套的锯和圆锯、小钳子、铁皮剪、刨木头的刨子等。

阿什河是个小地方，大家彼此都认识，而且时常在一起消磨时光。这使得一种中国游戏——麻将，在当地的居民中间颇为流行。除了周六，人们几乎每天晚上都在玩。因为周六晚上在车站旁的铁路俱乐部里会举行舞会，通常持续到深夜。有时会有剧团在那里演出，有时也会放电影，每次的电影胶片都是从哈尔滨运来的。业余的话剧演出通常是在周日举行，在酒厂的大楼里，在认真打扫、精心布置、彻底腾空的粮食仓库里。他们演的都是独幕剧，演员是波兰人，语言也是波兰语。在一周的其他日子里，人们就相互串门，一起玩扑克牌或者麻将。父亲不喜欢扑克牌，所以我们家里是麻将为主。我父母经常会和隔壁的邻居一起打麻将，偶尔也会赌一点小钱。我很喜欢看父亲打麻将，也喜欢听麻将牌扔在桌上时发出的具有魔力的声响。那些牌比多米诺骨牌稍小一些，很古老也很漂亮，是父亲在哈尔滨的一个古董店里买的。牌的正面用象牙制成，雕刻着神秘的中国文字和符号，涂上各种颜色，非常漂亮；而背面则是用很厚的竹片制成，泛着天然的光泽，尽管已经有些泛白。

我从来没有彻底掌握打麻将的规则，在父亲去世、我们离开阿什河后，母亲便不再参与社交活动，那些漂亮的象牙牌也被卖给了父亲当初向其购买的那个古董商。三十年后，出于对在阿什河度过的幸福时光的怀念之情，我在北京的一家委托商行里买了一副麻将牌。牌是旧的，用牛骨制成，缺了原来的盒子，当然对我来说这无所谓。

自从我们迁到阿什河，在记忆中的那次洪水之后，每个夏天我都是和夏拉一起度过的。她是我母亲好朋友的女儿，父亲也从未拒绝她在夏天住到我们家里。她父母在一家贸易公司上班，夏天的时候经常出差，所以没有别的地方可以托付自己的女儿。开始的时候，我的波兰伙伴总想欺负她，因为她与他们格格不入。他们也笑话我，说我愿意和她呆在一起。她皮肤比较黑，脸型有点像亚洲人，眼角微微上翘，所以他们称她为"蛮子"，中文的意思是"野人"或者"野蛮人"。这让她和他们打了一架，她的拳头很厉害。她不像我那么听话，也正是因为她，我在阿什河有过几次不太愉快的经历：有一次掉进了存放糖蜜的水池，还有一次在她的鼓励下爬上了糖厂的烟囱却无法下来。有些经历我在后来的自传体小说《藏地公主》里有所描写。

在阿什河的四年，对我一生都产生了重要影响，激发了我后来对远东历史的浓厚兴趣。离糖厂和阿什河火车站几公里远的地方，坐落着前面提到过的古城阿城。这座城市有着动荡而多彩的历史，人口稠密，市井喧哗，周围耸立着高高的城墙，有些地方已经坍塌。它拥挤而狭窄的街道上，各种作坊、店铺、五颜六色的招牌和摆放在门外货架上琳琅满目的货品，令人目不暇接。这个城市在八世纪曾是一个臣服于中国的封国——通古斯人的渤海国的都城。后来这个城市先后被蒙古契丹人，即辽（907—1125年）的创立者和如今满族人的祖先——金（1115—1234年）的创立者女真人占领。这是一个典型的中国县城，环绕着古老的城墙，保留着雄伟的城门，城门在各种庆典时都会装饰一新。城里狭窄的街道交错纵横，分布着成排的店铺，售卖各种琳琅满目的商品。在比较空闲的时候，我们和父亲每周日都会去那的天主教堂，那里有一位中国神父主持弥撒。弥撒之后，我们穿过拥挤的人群，来到卖甜食或者玩具的店铺门前，那里的商品与父母从哈尔滨买来的东西完全两样。

有时我们和母亲一起去糖厂旁边的河边滩地。父亲陪我去得较少，但每次在春天的台风过后，如果是爸爸随我去那里，都会大有收获。那时风会在河面上卷起大浪，把各种各样久远年代、早已不存在的人们的物件冲上河滩。就是在那里，在阿什河岸边，我从湿润的沙子里挖出一些早已锈迹斑斑的铁马掌、马镫和其他东西的残片，但父母通常不允许我把这些东西带到家里去。其中也有一些锈蚀发绿的铜箭镞、马车构件的残片和带有汉字或者满文的钱币。父亲会把这些东西帮我收集起来，显然是想在我内心植下热爱收藏的种子。我们家里有英国收藏家洛克哈特的《中国古钱目录》这本书，它在收藏家中间广为流传。每次成功的搜寻之后，我就和父亲坐在他的书房里，和他一起确认钱币的归属。这是非常激动人心的时刻，因为目录里还附了一个价目表，我们可以为这些自己找到的珍宝估价。在我的记忆中，我们没有找到任何很值钱的钱币，但其中有一些确实有实际的价值。在古老的阿城停留期间，有时我会拉着父亲去找那里的古董商，古董商用一个放大镜检查钱币，然后伸手到钱箱里拿出几枚铜钱。我根据自己的意愿，在隔壁的糖果店里把这些钱花掉。阿什河的河滩并不是我保存至今的为数不多的铜钱藏品的唯一来源。从糖厂往东有一片废墟（废墟的其他部分已经埋在被平整过的地面之下），那是后来金朝的几个都城之一，被称为"上京"，它还有另外三个名字：北城、白城和会宁。我们住在阿什河的时候，那里是中国农民耕种的农田，有时我们和父亲去那里买铜钱，有一次我们甚至买了两个铜箭头。在格罗霍夫斯基工程师担任我所在中学的校长兼老师的时候，有几次他组织参加"波兰东方研究小组"的学生去那里参观考察。在断壁残垣间，我们用童子军铲挖泥土，然而什么也没找到，因为这座城市在蒙古人 1234 年入侵期间被洗劫一空，并彻底摧毁。在清朝时期，这座城市被彻底夷平，然后在它旁边建起一座新城，满语名称叫作阿勒楚喀（中国人俗称为阿什河或阿城）。但在这片曾经是城市的田野里，农夫和考古爱好者们有时能找到渤海国、辽国等不同时期的古钱币、马饰件、铁马镫等物品——从而见证其往日的辉煌。

最后几次去哈尔滨时，有一次父亲带回一台木座钟，它产自天津的一家非常古老的钟表厂。座钟占满了父亲的整个旅行箱，而且几乎已经破败不堪。木头是来自南方的名贵木材，通常被称为红木，非常坚硬而且能适应各种气候条件，但潮湿和光阴破坏了黏合剂，整个木质外壳看起来就像一堆烂木头。此外，中国南方的房间里是没有取暖设备的，而在东北，这台木钟不得不长时间放在加热的东北火炕旁。母亲对于爸爸把它买回来感到十分不悦，但是后来改变了态度，而我则立刻通过这件事预感到某种伟大奇遇的萌芽。后来我们发现，这些钟表只在十九世纪二三十年代的天津和上海生产。钟表机芯的制作只用到了非常原始的设备，几乎完全是手工制造的。后来，在 1839 至 1840 年鸦片战争之后，因为那时开始进口更便宜、在欧洲工厂生产的钟表，这些钟表就停产了。

由于潮湿和时光的侵蚀，这座木钟的外壳已经完全散架了。它由三部分组成：下面是中式传统基座，用于摆放在柜子或桌子上，中间完全镂空，光滑的上部嵌满黄铜和珍珠贝，但已经被污渍掩盖，几乎难以辨识。

在一个温暖的日子里，父亲把一个小桌和一盆加了苏打的肥皂水搬到花园里，我们在那里清洗木钟的外壳。很快，精美的镶嵌物就暴露在日光下：美丽的图案是梅花和蝙蝠（那时我已经知道，这些在中国都是幸福吉祥的象征）。手艺精湛的中国工匠不给红木上漆，通常只涂一层白色木蜡。因此在认真清洗、清理之后（红木不吸水，所以即便是经常洗涤也不会对其造成损害），我们必须做一项很烦琐的工作，就是要把损毁的部分镶嵌物清理掉，然后再用圆锯对黄铜片或者珍珠贝进行加工，最后再把加工出来的零部件重新安装在木钟上。对于修复中国古董的初次体验，唤醒了我对钟表和木雕的痴迷并伴随我一生。就像绘画、木雕和制作古旧钟表的复制品一样，我乐此不疲，将其当成一种最好的创造性主动休息。父亲修理钟表机芯的速度很快，但修理外壳的工作就慢得多，而且我在其中所起的作用比父亲要大得多。我用锯子锯出黄铜蝙蝠和花朵的轮廓，把破旧的部分去掉，把它们粘到空出来的位置上，在真正的抛光轮上进行抛光，再打上蜡，直到它像新的一样散发出光泽。后来每逢有人赞赏那只座钟，父亲就会告诉他们，其中也有我一份功劳，而我也为此深感自豪。

制糖生产季一般在三月底结束，这时父亲回家的次数会勤一些，但他回家的方式并非如我们所愿。一月底二月初在东北总是最寒冷的季节，气温可以达到零下30℃以下。当班工程师的任务是在每一班反复检查糖厂里所有的工位，包括那些位于主楼外边的工位。某天，父亲突然感冒了，最初并非不是严重到不可救药，但他认为自己不能在生产高峰期躺在床上养病，他总是很有责任心。可由于疏忽，感冒转成了肺炎，其根本原因是已经折磨他多年的胃溃疡。他被送往哈尔滨的医院，但为时已晚。头两天，医院没有允许我们探视，直到第三天我才见到他，但只有一小会儿，他单独跟母亲谈了一会儿话。他反复跟妈妈说，不要带我离开波兰学校，要我们留在中国，但保留波兰护照。

　　父亲在医院里住了几天，于1936年3月25日至26日的夜里去世。父亲的离世对我和母亲犹如晴天霹雳，令我们哀痛不已，但是生活还得继续。我们必须腾退公家的房子并且离开阿什河。之后，我们搬到了哈尔滨，妈妈慢慢卖掉了爸爸给我们留下的东西，包括她自己的首饰和父亲那些珍贵藏书里的部分书籍。我们在一幢四层楼房的半地下室里租了一个带厨房的房间，那栋房子位于道里区的中心。那里当时是商业区，有很多昂贵的店铺、宽阔的人行道和漂亮的多层建筑。妈妈很希望留在那里，她尝试维持原有的生活水平，因为我们已经习惯了那种生活。

但她没有成功。她没上过大学，虽然上过美容班，但要说开一家美容院几无可能。她在甜品店当过售货员，在鲜花店里打过工，还自己缝制帽子，但我们的积蓄也只够维持两年——妈妈必须支付我的学费和她自己上医疗培训班的费用。她报名参加了一个医疗培训班，希望能够在医院里找到一份收入好一点的工作。

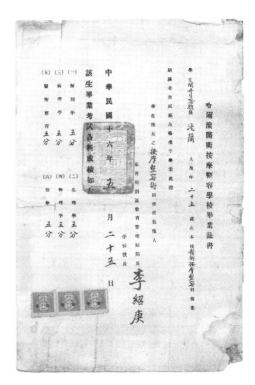

▼ 我母亲在哈尔滨参加按摩和医学美容培训的结业证明（1927 年）

第 5 章

校园年代

　　那间带厨房的新房子位置很好——位于道里区的三道街，在列夫·齐克曼[1]漂亮的别墅旁的一幢四层楼房里，只是房子位于半地下。旁边的别墅很宽大，我记得是毛里塔尼亚风格。齐克曼那时已经不是阿什河"波兰糖厂"的老板，但仍然是工厂的经理之一。一年前糖厂被日本人收购了，或者只是接管了大部分股份，一个日本人当了董事长，因此工厂也换成了日本名字。

　　我们现在所住的那幢楼房位于一个小环岛附近，中国大街就从那个环岛开始。在哈尔滨这座具有国际大都会名气的城市里，居住环境比东北任何一个其他城市都更能说明一个人的物质生活状况。这与香港、上海、天津等城市的租借地大同小异。这些城市有着富丽堂皇的欧式中央街区，同时也有穷困的郊区，那里

1　当时在哈尔滨生活的来自乌克兰的犹太商人。

常常是些临时性的住房和棚户，居住着囊中羞涩的外来人口，也有本地居民。新城区位于中央地带，是带有门面房的街区，大部分外国领事馆、剧院、奢靡的夜总会和电影院都位于那里。铁路管理局和铁路俱乐部也设在那里，铁路俱乐部是唯一一个带有汽车专用环道和专用停车场的俱乐部。道里区是一个商业区，它的中央地带，在中国大街两旁，各种名店云集，人行道宽阔优美，两旁漂亮楼房鳞次栉比，但边缘地带的建筑就千差万别了。我知道母亲很想留在这个区，大概是因为我们以前有很多富有的熟人，她可能羞于承认当下的财务状况，也就是我们靠变卖父亲留下的财产为生。

房间有两扇窗户，面向庭院。准确说那是一个狭长的庭院，从我们所在的楼房通向另一栋位于更里边的用于出租的楼房，但那栋楼房的居住条件要差得多。在那个羊肠小道般的庭院两边，建了一些临时性房屋，每套房屋都有五个门廊，这表明有经济头脑的房主能够在属于自己的土地上再加建十套额外的住房。

这些住房里的居民、社会和民族构成也同样复杂，与新

▼ 我和母亲还有我们的狗 Nero（尼昂）在道里区三道街的街角，父亲去世后我们就住在那里（1937 年）

城区外的其他街区别无二致。我们的院子里没有一个欧洲孩子，但有很多中国和朝鲜男孩。他们主要住在那些比较廉价、看起来像贫民窟的房子里。我也是半地下室的住户，但那时我穿得比他们还要好些，让他们觉得我来自一个富裕家庭，只是这对于我获得他们的友情，哪怕是接纳，并无裨益。所以开始适应在这所房子里的生活，对我来说并不是一段美好的回忆。过了好几周，他们才接受我作为他们的玩伴，我也才能在这个小院子里感觉像在自己人中间。

我们是在冬天快结束的时候从阿什河搬到那里的，而哈尔滨的三月仍然是天寒地冻。从大门口到位于里边的出租楼之间有一条铺满细沙的小路，小路两边是两道狭窄的冰坡，我们将其称为"滑道"。我们穿着鞋在上面滑冰。大门很厚重，只有在新人搬进来或者有人运燃料的时候才会开启。我们进院子是通过一道小门，小门开在两扇大门中的一扇上，需要高抬脚才能从门槛跨过去。那些中国小孩过那道门时总是可笑地连滚带爬。甚至在冬天里，他们也按照中国农村的习惯穿着开裆棉裤。开裆裤当然是为了方便。房屋的主人是个俄国人，或者是俄国犹太人，但房子里掌权的是中国看门人，一个负责打扫庭院的中国老头。他对我们滑冰不以为然，但不能容忍我们在"自己的"院子里扔垃圾，特别是在那里小便和拉屎。那些小孩的中国母亲很怕他，尽量不去招惹他。我当然也有滑冰鞋，而且已经滑得不错了，但滑冰得去向公众开放的付费冰场，离我们家只有几百米远。

在院子里滑冰就完全不一样了。在马路对面有一个小食品店，店门口放着一把大茶炊，店主用它烧开水贩卖。在阿什河，我们是自己在厨房里烧开水沏茶，或者用闪闪发亮的俄罗斯茶炊烧茶。而现在我们必须节约煤炭，我也得像我那些中国和朝鲜朋友一样，拿着壶去那个小店打开水。我们那个看门人总是把沙子撒在小路上，使得我们无法在那里滑冰，于是就有了一个心照不宣的默契，每个去打开水的男孩都必须在冰上洒点水。冰融化了，沙子沉到水下边，"溜冰场"就又像新的一样了。

1936年，伪政府开始向外国人颁发"中国护照"，但实际上那并非护照，只是带有用中文书写的个人信息的身份证件。当地警察局负责颁发，主要目的是监控外国人（同样也针对中国人）在城市之间，以及在邻近的火车站之间的流动。为此，居住地的警察局有权发放铁路通行许可，哪怕只是很短的路段。这种许可被普遍称为"签证"（例如有一段时间从哈尔滨到只有三十公里之遥的阿什河也需要这种许可）。铁路警卫和警察们挨着车厢检查，是否所有旅客都有这种"中国护照"。

并不是所有人都得知了有关发放新证件的消息。那些铁路沿线小地方的居民对此深感不安。他们担心，这是迈向剥夺他们公民身份、并认定他们无国籍地位的一步。那时还发生了一件很重要的事，苏联向伪满洲国出售了自己的部分铁路所有权。早在1933年，就颁布了关于铁路的法令。依据该法令，伪满洲国境内对交通运输有重要意义的所有铁路都被"国有化"了，只有中东铁路除外。对其他铁路，"国家"有义务支付赔偿金，包括有中国资本和英国资本参与兴建的沈阳到山海关的铁路。这条铁路穿越东北地区，连接工业化程度较高的"鞍山三角"（鞍山—沈阳—本溪）与北京。根据伪满洲国政府的提议，而实际上是按照日本控制者的授意，有关苏联向伪满洲国让渡所有此前其拥有的对中东铁路享有权利的谈判正式开始。日本特工部门——宪兵队竭尽所能，使得继续共同管理铁路对苏联来说变得得不偿失——铁路收益急剧下降，苏联退让了。相关协议于1935年9月签署。接下来苏联铁路员工从哈尔滨和中东铁路沿线撤离的行动持续了整整一年。在之前几年，来华人士已经获得了苏联国籍，现在，在强烈的劝告和苏联总领事馆的承诺下，人们决定回到苏联。这次归国行动的目的之一，当然就是尽量少给日本人留下有资质的员工。

在华沙的新档案馆里保存着当时驻哈尔滨的副领事发给华沙的密电，发电时间为1936年1月30日。从中可以看出，在苏联被迫出售铁路的几个月后，沿线情况到底如何：

"最近，日本员工在使用原中东铁路过程中遇到的困难显著增长。实际上铁路已经部分停运，客运延误长达二十四小时，货运能力仅能满足其需求的三分之一。"

造成这种状况的原因如下：日本员工不了解俄国设备的操作技能，新来的俄国铁路工作人员技能不足，聘用他们并非考虑其专业水平，而是基于其政治倾向，即是否属于罗扎耶夫斯基元帅的法西斯组织。最重要的是，很大程度上还因为苏联特工在白俄、中国人，也许还有日本共产党人中间招募的铁路员工组织的怠工运动。日本员工投入巨大精力对付这种状况。哈尔滨的铁路机车厂日夜不停地工作，维修机车和尝试将南满铁路的机车改造成宽轨铁路适用的车辆。同时开始调离、辞退和更换俄国人，首先是火车司机。

我在中国期间唯一一次患上严重的传染病，就是在我们住在道里区时发生的。我那次得的是伤寒，在哈尔滨被称为"腹伤寒"。那时在哈尔滨，这是一种很常见的疾病，造成这种病的原因是中国人用从城市里收集来的人粪便浇灌农田。那些粪便虽然在农田里被用以某种方式堆积发酵，但如果不谨慎采取充分的预防措施，人就可能因食用而传染。特别是食用靠近地面生长并经常被生食的蔬菜和水果，如莴笋、黄瓜、甜瓜和西瓜等，因为农民经常用掺杂了人粪便的肥料去浇灌这些作物。母亲总是非常细心地用肥皂清洗这些蔬菜水果，还将它们在放了几粒高锰酸钾晶体的水里泡上一阵。而我就没有那么小心，有一次我和几个小伙伴在地摊上买了一个甜瓜，虽然我把它削了皮，因为我总是随身带着小折刀，但这种防护措施显然是不够的。我不得不在马家沟的传染病医院里躺了三四个星期，那里的治疗手段主要是降温和禁食。有几天我只喝了一点儿米汤，然后有十几天只能喝些清汤，最后当我得到加了一点儿黄油的土豆泥的时候，我觉得从未吃过如此美味的东西。之前报纸上报道过一个小姑娘发生的事，她没能忍受禁食的要求，从床上溜下去，偷吃了她养的小狗的狗盆里的所有东西，然后她死掉了。我活了下来，尽管有几天体温一直在40℃以上，医生们瞒着母亲议论说，我活下去的机会不大。

康复后面临的主要问题是，我是在初秋时节得病的，而在十二月要进行升学推荐。回到学校的时候，我发现自己在学习上已经落下了一大截，老师甚至建议我留一级。幸好我是个好学生，老师帮了我，为我开了特例，我得到了学年证明，即便没有最后几个月的成绩，但老师给了全年总评。总评成绩是优秀，就这样，我得以升入初中一年级。

在医疗培训班毕业之后，母亲在一家医院找到了工作。那家医院名叫俄德医院，尽管医院的合伙人和院长之一的舒尔特斯博士是个匈牙利人。他在第一次世界大战期间被俄国人俘虏，然后作为"俄国移民"留在了哈尔滨。而另一个人弗里安登斯坦是个俄国化的德国人。自从母亲开始在那里全天值班照顾病人，我就必须住到波兰宿舍去了。宿舍位于道里区的边缘，是一栋很大的两层楼房，楼上有三间大卧房、一个餐厅（我们也在那里做作业），还有一间诊室、一间主任办公室和一间音乐教室。音乐教室里存放着一些弦乐器，学校乐团的同学在那里练习。乐团负责人是沃伊切霍夫斯基先生，他是一位音乐家，自己吹笛子，同时也是市交响乐团的成员。我自小就不大有音乐细胞，声乐的成绩大多是三分，所以我不是乐队成员。宿舍主要是给那些非本地学生预备的，他们家在离哈尔滨较远的铁路居民区，但是由于家庭原因，我被按照优惠条件接收了。妈妈只为我支付了一个月的租金。我们总是步行从宿舍去学校，根据行进速度不同，大约需要四十到五十分钟。我们总是排成两列，穿着学校的制服，上面带有盾形身份识别标签，戴着波式四角帽，上面带有一只小小的鹰徽，脚上的鞋子总是锃光瓦亮，每次从宿舍出发前都要检查一番。除了在伪北满大学学习外，波兰人还可以学医，但能否被接受很大程度取决于日语水平，当然拉丁语水平也大有助益。很多课时被用来学习当代波兰史，直到1939年中，教材和学习材料都是直接从波兰寄来的，这给我们带来了很大的便利。我们还学了三门外语——中文、英文和日文，以及诸如远东史地、贸易信函（英语授课）、道德伦理等课程。有几年我们班的老师是从波兰派来的波兰语老师切斯瓦夫·波博莱夫斯基先生。多亏了他，我很好地掌握了当时在波兰引入的新正字法，而且还对远东问题产生了兴趣。波博莱夫斯基先生鼓励我们学习与远东、亚洲相关的问题。他本人也对中国文化和历史很感兴趣，对日本的兴趣则稍弱一些。我们家庭作业的题目经常是与中国相关的历史事件，或者是中国的风俗习惯等。只要有机会，他就组织我们去城里（例如过春节的时候）或者去中国庙宇。它们座落在哈尔滨城市的边缘，离天主教公墓很近，一共有三座，分别是孔庙、道观和佛寺。我喜欢那些游览和作文，因为我总是能得到最高分。

第二次世界大战爆发前，我们学校的图书馆总是能从波兰得到新出版的书籍。我主要对那些曾经到过哈尔滨的旅行家的作品感兴趣，也有一些曾与哈尔滨有关的作者，包括我们的前任领事处代表和后来的领事席蒙叟（《我的中国人》《在华18年》《满洲幻象》作者）和特奥多尔·帕尔尼茨基。

帕尔尼茨基是波兰中学最早的毕业生之一，他在1928年通过中学会考，然后去波兰读大学。一年后，他就出版了基于中国二十世纪二三十年代社会现实的传奇小说，并由此崭露头角。小说在《利沃夫晨报》上以《三点零三分》为题分段连载，涉及了波兰鲜为人知的话题，触及当时中国的情况。具体地说，是日本特工组织宪兵队在东北的挑衅行为，目的是把东北从中国分裂出去，并在那里建立一个傀儡帝国"满洲国"的计划。帕尔尼茨基小说的情节发生在他所熟悉的地方——符拉迪沃斯托克、哈尔滨、上海，讲述了两个来自哈尔滨的年轻波兰人的命运，他们偶然被卷入了日本间谍、苏联间谍和中国间谍发动的一系列行动之中。

帕尔尼茨基家庭的历史与我们家很相似。他的父亲曾在俄罗斯工作，像我父亲一样，在革命期间和"远东共和国"存在期间待在符拉迪沃斯托克，然后带着十二岁的儿子跑到哈尔滨。十四岁时，我就给学校小报写各种各样的文章。然后我报名加入了学校的波兰东方研究小组，成为其中一员。我们经常外出，到黑龙江省各地旅行，收集民俗学和考古学展品，这有助于我们认识中国历史。波博莱夫斯基认为，我有"作家的脉搏"（这在当时让我自负地认为自己有写作天分），说我语言风格优雅，可以成为一个不错的作家，尽管那时作家的光环对我还没有什么诱惑力。作为波兰语老师，他负责监督我们的墙报，有一度墙报甚至得以印刷出版，而我则是学校墙报固定的作者之一。我们负责提供墙报的内容和图画。我喜欢写一些诗，尽管主要是些涉及学校生活的讽刺小诗。父亲给我留下了很多旧的产品目录，里面有很多漂亮的新艺术风格的封面图案，我用它们来装饰我们的报纸。我也写一些喜剧小品和独幕剧，在波博莱夫斯基的许可下，这些作品得以在学校的舞台上演。

1941年太平洋战争爆发前不久，日本人命令撤销领事馆，波博莱夫斯基离开了哈尔滨，战后留在了英国。他有一架好相机，每次出去旅行之后都会给我们班带回十几张相片，之后我们会在课上讨论这些相片。在离开中国之前，他把自己所有的"中国底片"带到我们班，允许我们根据自己的兴趣去冲印照片。我花掉了自己所有的积蓄，一张不落地冲印了所有照片。有些照片将会用到我这本书中。

在离开阿什河大约两年后，我妈妈决定搬离道里区，因为她已经付不起我们那间半地下室的租金了。我们搬到了哈尔滨道里区西边的一个外围地区，那里被称为"太阳城"。那个区的名声不太好。没有自来水，没有下水道，甚至没有硬化路面和人行道。尽管有诸多的不如意，但在街旁木屋里度过的十三年给我留下了美好的回忆。那里的街道不乏泥泞，而且不仅是在雨季，即便是在较长时间的好天气里也会污泥遍地。我们居住的那个地块上有八栋房子。房主持苏联护照，隔壁住的是一家白军移民。我们的门牌号是三号，四号住的是一家高加索人（是奥赛梯人，不喜欢我们称他们为格鲁吉亚人），五号住的是朝鲜人，六号住的是个日本女人（她独自一人，丈夫是个工程师，可能在军队服役，很少回家。她平时独来独往，因为当局显然不乐见她同非日本人交往过密）。最后两栋住宅分别住着一个中国商店老板和一对没有子女的夫妇。这对夫妇男的叫约翰·乔伊斯，据说是美国人，女的是波兰人，是1863年西伯利亚流放者的孙女，夜总会里的舞女。总之一句话，这是个非常多彩的国际化组合体。因为缺煤，通常会使用一种日本移动式煤炉，除了冬季，这种炉子常放在院子里烧。各家可以互相看看都吃些什么，互借火柴、盐、油和糖（所有这些都是凭票供应）都是寻常事情。沏茶的水不在家里烧，在附近的中国店铺里打开水既便宜又方便。那里有一个大茶炊，水开的时候会发出刺耳的哨音。只要拿上茶壶，花一个铜板，店员就会把茶壶里倒满开水。我们实际上在家里还有茶炊，但中国人很有效让外国人摆脱了自己在家烧水的习惯，因为那样不划算。在每个街角，在中国食品店或者临时搭建的只卖开水的棚子里，都可以花一个铜板买到开水。只有在冬天，厨房炉子里烧着火的时候，就是说上午的时候，我们才在自己家里烧开水。在其他季节和冬天的晚上，开水都是买来的。周围的每个店铺都有一个带大哨子的大茶炊，哨音在周围几十米之内，都可以清晰听到。这同时也带来一个额外的便利，根据需要，茶炊总是定时发出哨音：我们家附近那家店铺总是早晨七点和八点，然后是正午，晚上从六点开始每小时一次。所以人们总会定点带着茶壶来打水，或者在听到茶炊的哨音后再来。更方便的是前面提到的那些街头烧水站。它们通常是带有顶棚的半开放空间，大部分被一个烧刨花的长炉子占据（有二十个或者更多的灶眼，每个上面都放一个铁皮水壶）。它们设计非常精巧，壶放在铁板上，好让水能更快烧开。

每当母亲前一天给我做好饭，然后留我一个人在家的时候，我便可以花几分钟时间用一个瑞典牌子的煤油炉把饭热一下。那个炉子我们一直用到1941年，直到煤油彻底停售为止。当然，我得先打开地板上的盖板，下到地板下面（约一米五），从那里把装着食物的锅取出来。当时哈尔滨的每个欧洲家庭都有这种简易冰箱，而且经受住了考验。由于东北的大陆性气候，那里夏季气温能达到40℃，但即便在八月的酷暑中，食物也能在这些地下冷库里保存两天甚至三天时间。

每晚九点，房东总是给院子的大门上锁。白天院子大门是开着的，隔一会儿就会有中国流动小贩或手艺人出现在院子里。后者往往用竹扁担挑着两个箱子或篮子，里面放着自己的工具。他们中间有鞋匠、伞匠、修锅镯碗匠等。此外还有收购旧货的中间商。事实上可以把所有东西卖给他们，旧衣服、旧鞋、旧家具、旧书和废纸、瓶子，甚至打碎的玻璃或者刚刚拔下的鸡毛鸭毛。大概像整个中国一样，生活更多发生在屋前的庭院，而非屋内。上午时分，特别是在比较温暖的季节，主妇们把移动式日本陶瓷炉搬到院子里。在缺煤油的时候，它们是最有用的做饭工具，因为可以用木炭或者专门为之生产的煤块迅速点燃。那些煤块大小不同，可以燃烧一至两个小时。经常可以在庭院里碰到坐在马扎上的女人们，操

▶ 哈尔滨街头的摄影师和他的设备

着千奇百怪的混杂着俄语、日语、汉语、朝鲜语的语言相互聊天。我们那个院子的居民们跟街对面的邻居们相处得非常和谐。有一种场景很好笑，但同时又非常自然和谐，就是坐在自家院子门前织围巾或者织毛衣的老太婆与坐在街对面的人相互聊个不停。

在院子里做午饭的女人们经常交流烹饪心得，亚洲餐食更符那些欧洲女邻居的口味，而非相反。当然说到蔬菜和能买到的水果，我们跟汉族人、朝鲜人和满族人吃的都一样，包括各种葱、蒜、洋葱、辣椒、萝卜、油菜和大白菜（在波兰被称为北京白菜）。我们烧菜用很多洋葱和蒜，特别是在夏天——在痢疾、霍乱或伤寒高发的季节更是如此。与我们不同，本地中国人和朝鲜人不吃奶酪、黄油、牛奶（包括酸奶）、醋腌的蘑菇、酸黄瓜和酸白菜。千百年来，他们有自己熟悉的用酱油保存蔬菜的方式，而且在东北也遵从自己的习惯。他们在饮食中很少使用土豆、胡萝卜和甜菜，这些东西在中国被认为是"胡人"的蔬菜（例如胡萝卜的中文意思是"胡人吃的萝卜"）。在遍布北方针叶林的东北，当然不乏野生水果，各种树上的野果、硬秋梨和各种山货：核桃、蘑菇、浆果。人们从铁路的东西两线把这些东西运来，因此我们总是有上好的蜂蜜。蜂蜜在当时比白糖还便宜很多。在欧洲人中间，大概每个家庭都会在秋天腌制酸黄瓜和白菜。

晚秋时节，会有多肉而甜美的红色果实——山楂或者糖葫芦上市。它们的样子和味道与我们所熟知的波兰水果非常不同，个头像李子或是杏子，那时在哈尔滨大街的每个摊位都有售卖，经常直接放在小车上卖。特别是在冬天，中国的新年，也就是春节期间，糖葫芦是那些游动商贩的主要货品。几乎每个街角都有他们的身影，身上背着极具特色的货架，样子是一个靠在后背上的小梯子，梯子上面裹着稻草。稻草上面插着几十根竹棍，竹棍上串着这种果子。我们常吃，因为比别的水果便宜得多，而且一年里的大部分时间都容易买到。在东北的欧洲居民中流传着一种看法，认为这些水果有非常神奇的治疗功效。

只有特别有钱的人才能够在夏天去中国东北地区或者中国其他沿海疗养胜地，比如大连或北戴河。哈尔滨的大部分居民在夏天的几个月里都会计划去东线或西线上某个漂亮的休闲疗养地度几周假。那些地方的风景引人入胜，山间冰冷的溪流，长满北方针叶林的低矮山峦，盛产蘑菇、浆果和草药的山林。例如帽儿山、扎兰屯甚至阿什河，如果这些地方都负担不起的话，则可以去位于松花江对岸的"淹没区"。母亲总是想办法在河对岸租一个小房子，我们就在那里度过最热的两周。

春夏两季，松花江的河面通常很宽，河水淹没了河对岸的河滩和度假地。由于水面宽阔，那些运送度假者到北岸去的平底船在此时就显得很不安全。哈尔滨附近的河道宽度可以达到近一公里，夏天的暴风雨时常不期而至，这时位于河心的小船就有倾覆的危险，时常会造成船夫和乘客丧生。1932年的洪水淹没了哈尔滨的几个城区，只能乘船沿着城市的街道行进。尽管在河南岸，靠近城市的一侧有很高的防护堤，洪水还是淹没了道里区和"太阳城"。北岸地区因低洼平缓，被淹的次数也就更加频繁。那里建了很多夏季疗养设施，而每个人只要有可能，都会在夏季从城里逃往北岸地区。我们经常和同伴一起去那里，租一条小船，租两到三个小时，去游游泳或者钓钓鱼。通往岸边的大道名叫炮队街，街尽头靠近滨江大道的地方，长着一棵树冠庞大的古树。据说这棵树有四百岁，本地人，包括蒙古人和满族人都称它为"神树"。它的树枝上总是装饰着几十根各种颜色的祈福丝带和布条，让人联想起我们的新年圣诞树。人们说，蒙古商人在成功渡过这条狂野而湍急的河流后，习惯在这棵树的树枝上挂一小片自己衣服的面料、彩色丝带或是各种零碎物件以感恩神灵。后来这种习俗被满族人、从邻近省份涌来的汉族人，以及从深山老林来到这里的狩猎民族索伦部、鄂伦春人、达斡尔人、巴尔虎部所接受。为数众多的船夫和平底船（千百年来松花江两岸唯一的交通工具）的船主最尊重这一习俗，其中不乏基督徒。

1937年，日本开始大规模侵略中国。当年九月，中国共产党与国民党就建立抗日民族统一战线达成一致，但这都没有给波兰对伪满洲国这个傀儡国家的政策带来显著变化。相反，波兰共和国政府在1938年，即第二次世界大战爆发前约一年的时候，正式承认了伪满洲国，而位于哈尔滨的领事馆按照双边协议，被提升为总领事馆。我写这点是因为它对我们在哈尔滨的生活产生了影响，特别是对我个人的影响深远。提升领事馆级别和1938年已经作为总领事的新领事的到来，使得波兰当局紧接着同意伪满洲国在华沙开设总领事馆。随新领事耶日·李特夫斯基来哈尔滨的只有他的妻子，一直到1941年12月都由他负责那里的工作。

第二次世界大战爆发时我十四岁。当时初中高年级的学生都报名作为志愿军参加对德作战。由于没有太多钱购买去欧洲的船票，领事馆组织的一个特别委员会在年满十六周岁的人中指定了十四人赴欧。那时候还可以毫无障碍地从哈尔滨前往上海，然后从那里去香港。所有人一个一个地前往上海（为了不引起日本人的怀疑），然后从那里跟组长、同样报名参加志愿军的副领事扬·扎诺津斯基一起前往香港。他们计划从那前往法国，但在此期间，法国的抵抗被德国人瓦解了，志愿者们最终去了非洲。他们参加了托布鲁克战役和卡西诺山战役。有意思的是，尽管日本人知道波兰人参加了对德作战，但他们在战争头几年对身处哈尔滨的波兰居民的态度却并没有恶化。

说到李特夫斯基领事对居住在东北波兰人的态度，遗憾的是，在他担任总领事后，既没有去了解那些波兰居民，对他们的评价也不具客观性。我那时是这样感觉的，而且至今也没有改变看法。在保存于华沙新档案馆中的1938年6月22日写给波兰当局的报告中，他这样写道："说到本地侨民的特点，应该断定的是，他们有着很大的思想包袱。本地侨民几乎全部由完全没见过波兰或者几十年前去过波兰的人组成。他们对于如今波兰的认识非常肤浅。他们与波兰文化的联系很弱。这是由于如今构成波兰侨界的这些人，他们的生活以及他们的财富，在很大程度上都得益于俄罗斯的扩张和俄罗斯在远东的事业。由此产生了一种隐蔽的、有时是下意识的对旧俄国以及对1932年之前政治形势的留恋。在很多情况下，人们怀念从前的苏联中东铁路管理局。正因如此，在波兰侨界和俄罗斯侨界之间存在着一种千丝万缕、难以彻底隔断的联系。"

这不是事实。新领事完全没有注意到，哈尔滨的波兰侨界自己出资维持着"波兰之家"，那里开展着非常活跃的文化活动，开设了波兰小学和初中（在波兰开始拨付少得可怜的补贴之前就已开办），建起了馆藏非常丰富的波兰图书馆，里面有很多波兰文学作品，出版了《波兰周报》和《远东》杂志。在拿着哈尔滨当地高昂工资的同时，他不可能理解，那不是对旧俄国的下意识的留恋，而只是对从前中东铁路上高薪时期的怀念。在中国控制铁路管理权之后，以及伪满洲国成立之后，局势迫使日本人让波兰人回到工作岗位，波兰人才得以在铁路上工作。没人会怀念那个把他们从铁路上赶走的苏联铁路管理局。

我当时确信，在希特勒进攻波兰、用以维持领事馆和领事本人生活的定期汇款不再发来以后，我们的总领事发生了巨大变化。准确地说，在珍珠港事件后，他渐渐不再是国家事实上的领事代表和领事团成员。他突然成了一个个体，几乎成了与大部分波兰侨民一样的移民，而三年前他还遣责由于常年与国内断绝联络而成为一个巨大包袱的工作。而现在他可以名正言顺地离开哈尔滨前往伦敦。他有来自政府的资金用于这项支出，而在伦敦等待他的是他的家人，肯定还有流亡政府中的职位。留在哈尔滨的波兰人却没有这样的选择。

波兰在哈尔滨的总领事馆一直开到太平洋战争爆发，这对我后来的人生有着重要影响。差不多在日本攻击珍珠港的十一天前，也就是1941年11月26日，我年满十六岁。随之而来的两件事，每一件似乎都有着重要意义，对我后来整个一生影响深远。日本在12月7日发动对珍珠港的进攻，这实际上意味着日美战争的爆发，而两天后获得崭新的波兰护照对我来说也同样重要。就是在那年的12月8日，波兰共和国总领事馆收到了位于长春（被日本人改名为"新京"，即"新的首都"）的伪满洲国外交部的官方通知，要求立即撤销领事馆，离开哈尔滨。我被叫到在官方层面已经关闭的领事馆，领事把护照交给了我。这是在哈尔滨颁发的最后一本波兰护照。护照上注明的时间是1941年12月6日至1943年12月6日，有效期两年。我早就开始申请护照，但是按照法律规定，我在年满十六周岁之前不能获得护照。在祝贺我的同时，领事还说："有效期两年，我只能签发这么长时间。但愿到那个时候，战争也就结束了。"

我拿着领事刚刚签署的护照，尽管置身于他气派的办公室里感到有些拘谨（上一次他是在申请人等候室里跟我谈话，这一次他在妻子陪同下热情接待了我），我还是大胆提出了一个问题，即我母亲是否也能得到护照。我立刻意识到，自己犯了一个错误，我不应该问这个问题。领事脸色阴沉下来，给我拐弯抹角地解释了些什么，但我明白了，只有我有资格获得波兰护照，而我妈妈没有。

两年过去了，战争还没有结束，但直到伪满洲国停止存在，我也没觉得自己的护照已经过期，以及因此发生了什么改变。1944年1月，我作为波兰公民被大学录取。假如我晚出生几天，我可能就得不到护照了，然后像我母亲一样成为无国籍者。而卡片制度的引入，使得无国籍者得不到任何领事保护和其他保护，早晚必须向日本特务部门资助的俄罗斯移民事务局求助。命运让我避免必须做出那样艰难的选择。

我至今也不知道，是什么最终决定了我在还没有年满十八岁时就获得了那本护照，而之前领事曾多次跟我讲过这样的标准，说他不能批准我的颁发护照申请。也许是因为太平洋战争？也许只不过是之前领事不想承担越权的风险？虽然我至今仍不知道原因，但我还是认为我应该对他决定给我颁发护照而向他深表感谢。无论如何，我清楚地记得，拿到护照让我兴高采烈。作为波兰公民，我也不用服从征兵令，而假如我被迫承认自己的移民地位，那就必须服从征兵令。让我们说得更清楚些，"俄国移民"是伪满洲国当局承认的无国籍群体。这个群体被承认，就意味着有权获得食品证和燃料。而那些人只有一些替代护照的硬卡片，里面写着"移民"身份，但缺乏护照最重要的功能——跨越边境。而护照则给人一种也许是虚幻的安全感，因为那是旅行证件，可以用它去国外，去没有战争的地方。上海已经被日本人占领，而从天津到香港还有相对正常航行的班轮。12月8日后，一切都变了。在袭击珍珠港后，日本人几乎立刻升级了在整个东南亚的战争行动。通过安装在新城区主要十字路口的扩音喇叭，我在上学的路上听到日本天皇军队开始向帝国主义在亚洲的前哨——新加坡和香港进攻。

有意思的是，尽管希特勒军队占领华沙后，在1939年就把刚刚开放不久的伪满洲国驻华沙领事馆关闭了，但波兰共和国在哈尔滨的总领事馆一直工作到1941年12月，尽管我们同时已经在重庆，也就是在和日本处于战争状态的中国开设了波兰大使馆。波兰中学和"波兰之家"协会直到1943年末都一直存在。铁路上没有辞退波兰公民。到伪满洲国末期，波兰公民已经没有在有效期内的波兰护照了，所以已被当地政府看作无国籍者。波兰人也没有像俄国人那样被征召参军。波兰善后委员会的活动也未被禁止，该委员会由李特夫斯基领事在1942年1月12日组织成立，也就是在他结束任职和领事馆正式关闭之后。

第6章

就读伪北满大学

.

　　直到战争爆发前，中学毕业的波兰学生都有机会到波兰的高等学校继续深造，许多学生也利用了这个机会。哈尔滨中学的最后一批毕业生于1939年前往波兰，但还没能开始学习，就收到了征兵令。其中一个是我们中学前校长兼教师卡吉米日·格罗霍夫斯基工程师的儿子安杰伊·格罗霍夫斯基，他先是被苏联俘虏，后来随同在苏联建立的安德斯将军的波兰军团前往伊朗与德军作战，先后参加了在非洲的托布鲁克战役和在意大利夺取德国要塞卡西诺山的战斗。我的成年证明是在1942年12月底得到的，仍然包含在波兰上大学这一条款，尽管事实上已经不可能了。

　　哈尔滨高校的入学考试是在1月5日举行的。我清楚地知道，自己应该去工作，因为我明白，母亲养活自己和我已经非常艰难。我知道父亲期望我成为工程师，而母亲很希望我参加伪北满大学的入学考试。那是当时哈尔滨唯一一所用俄语教学，且对外国人开放的高等学校。事实上外国人还可以学医，但那里的课程是用日语教授的，甚至那些日语学习时间比我们长很多的俄国学校的毕业生，也很难通过入学考试的严格筛选。

我的俄语水平足够好，但正如我后来发现的，我们中学的教学大纲跟俄国移民学校执行的教学大纲相比有很大差别。如我前面提到的，我们的日语课时相对较少，更重要的是，我发现我在数学方面欠缺甚多。我们没有在学校里学过微积分，而俄国学生学过。为了不让母亲伤心，我交了报名费，然后参加了考试。数学笔试我答得非常糟糕，而下一场考试则根本没去参加。

我开始找工作。有一个熟人建议我到阿什河的糖厂碰碰运气。那里的人认识我父亲，仍然有很多波兰人在那儿工作。尽管它已经是日本资本占多数的股份公司了，但工厂厂长仍然是波兰人柯萨科夫斯基工程师，他也认识我父亲。我还得到了几名柯萨科夫斯基工程师的熟人推荐信，就这样我被录用了。

糖厂里几乎见不到日本人。大部分管理人员和技术人员仍然是波兰人，剩下的主要是俄罗斯人、德国人和犹太人。没有资质要求的工作人员和工匠是在汉人中间招录的，而保安则主要是满族人。工厂的技术主任是一个年轻的俄国人——祖巴列夫工程师。他把我分到了技术办公室，在那里完成各种辅助性工作——晒图纸、编写各种图表，而我很快就学会了使用制图设备。这个办公室里最主要的人物是我前面已经提到过的一个波兰人——亚斯特尔先生。我从母亲那里得知，父亲跟他合作得不是太好，因为那时他们把他从波兰请来，而他自视清高，除了总经理外不服任何人。然而他努力不让我感觉自己在技术部是个新手，对工作还一无所知。实际上当时我还不会绘图，我的主要任务是晒图。那时这件工作是用非常原始的方式完成的，而且非常耗时。对现在每天可以使用复印机的人来说，那种方式可能不可思议。我先是必须在全黑的情况下把画在复写纸上的图纸放在

▼ 1942 年我中学毕业的证书，是用波兰文和中文写成的

一个特制的玻璃框里，剪下一块相应大小的感光纸，把它放在复写纸上面，上边盖上带背板的毡子。然后拿到外边。感光几分钟或十几分钟，时间长短取决于当天是否有太阳，是雨天还是雪天（如果是雨雪天，则要在棚子底下完成，冬天要戴着手套，因为室外气温可以低至零下30℃）。然后把晒好的图纸卷成圆筒放进一个金属筒里，再把它拿到外边用氨气进行处理。有时候吸入氨气会让我很不舒服。几分钟后，图纸就会变成紫色，我要一直等到它变得非常清晰，然后拿给亚斯特尔先生或者我的另一位领导——一名新毕业的工程师、德国犹太人埃尔温格先生。他有时让我绘制一些简单的图纸，这对我后来大学阶段的学习大有助益。

在厂里，我住在一座木板房里，是个三人间，就在大门旁边，往糖厂运送甜菜、机械和其他补给的大车就从那座大门出出进进。每天的岗位职责只要求我与埃尔温格工程师打交道。我知道，他刚刚从伪北满大学毕业，仍然每天戴着学生帽。我自然想从他那儿尽可能多地了解大学生活的种种细节。他的很多提醒和建议对我后来大有助益。我在阿什河待了一年后，终于被大学录取了。

与我在阿什河一道玩大的童年伙伴，此时在工具车间工作，负责给车工发放工具。在工具车间可以做各种有意思的玩意儿，包括用废旧的甜菜切刀制作漂亮的芬兰刀，那些拆下来的切刀是用瑞典钢材制作的。我请求在任的柯萨科夫斯基厂长把我调到工具车间。我被安排为车工助理，可以使用那里的各种车床和工具。这些东西我用得很熟练，因为父亲之前就教会了我。我在工具车间里的第一个成果是一把漂亮的芬兰刀，刀把用黄铜、人造革和红木装饰，非常精巧。

工具车间主任派我们去生产车间的时候正值仲夏时节。他说，生产季日益临近，但许多工作甚至还没有开始，因此他同意派我们去帮忙，而他自己则留在工具车间值守。在位于二层的糖块生产车间，放置着一些制糖用的自动机械，还有一些用于包装糖块的桌子。在生产季快结束的时候，给楼上送糖的升降机坏了，所以在生产季的最后几天，工人必须自己把装糖的袋子背到楼上来。打开升降机的外壳，我们发现升降机的钢桶里全是凝结在一起的糖块，上面覆盖着一层脏东西和铁锈。这时候来了一名师傅，带着几个车工。他说我们不会把这个发现报告经理部门，而是自己把那些糖平分。

"我们最好把糖吃了，"他说，"因为日本人会把它加工成飞机用的酒精。"这是真话，日本人的航空汽油严重短缺，所以他们的飞机使用的是汽油、苯和酒精的混合物。我们把那些结成块的糖从桶里取出来，清除掉外边的脏东西，在石头地板上铺上些报纸，把糖放在上面。有人拿来一杆秤，所有知道秘密的人都平分了一份糖。每个人大约分到了三公斤，那是一份意外的甜蜜礼物。那个夏天我买了很多醋栗和树莓，用那些糖做了很多果酱。

对从齐克曼那儿购买了这家联合企业的日本新老板们来说，最视若珍宝的是酒厂。那里主要是对糖进行再加工。日本占领新加坡后，那里生产的糖落入日本人手中，而糖在当时的黑市上是非常紧俏的商品。酒厂员工也会偷些糖，主要是自用，但必须谨慎小心，因为大门口的哥萨克门卫已经换成了中国警察。日本人给他们的待遇很好，所以他们认真检查每一个离开糖厂厂区的人。1943年我在糖厂工作的时候，酒厂全年运转不停。在生产季他们已经把很多新加坡糖加工成酒精，然后是用糖蜜生产酒精，糖蜜用完后又用玉米生产酒精。

第一次接触"宪兵队"这个日本词，是我第二次在阿什河居住期间。在哈尔滨，无论是在中国人还是外国人中间，这个词和位于哈尔滨市中心负责监督该机构的日本军事使团一样，都能引发人们很实在的恐惧感。大家都知道，就在那幢辉煌气派的军事使团大楼里，关押着被捕的政治犯，还有所有被怀疑替苏联人或美国人工作的特工。既有外国人，也有中国人以及被日本人认定为苏联移民的人。正是由于这个原因，1949年中华人民共和国成立后，把这幢大楼改建成了一个博物馆，名为东北烈士纪念馆。

在阿什河，糖厂外边就有伪满洲国警察的派出所，负责发放本地身份证件和被称为"签证"的通行证，通行证用于离开自由行动区，而自由行动区的边界距居住地通常不超过三十至四十公里。大部分在那里工作的警察都贪得无厌，每个递交"签证"申请的人都老老实实地在里边夹上相当于两到三元所谓的"国币"。这不是一大笔钱，但是总会有人通过这种方式来往两地。

在阿什河从事第一份工作期间，给予我精神护佑的是柯萨科夫斯基厂长的妻子。柯萨科夫斯基一家有两个孩子：一个已经成年的女儿和一个儿子。那时他们的女儿已经中学毕业，假期会回到阿什河。儿子还小，但我已经完全不记得他的样子了。在哈尔滨中学毕业后，父母把他送到香港上大学，和另外三个波兰大学生在一起。在日本人进攻香港后，他们报名参加了英国保卫香港的部队，与包围城市的日本人战斗。柯萨科夫斯基的儿子和他的同学鲁道夫在保卫赤柱炮台时牺牲了，被埋葬在当地的墓地里。两人死后都被英国陆军部授予"和平之星"勋章和"保卫香港勋章"。另外两人活了下来，在日本的战俘营里一直待到战争结束。

我去阿什河只带了两件衬衫，穿一件，洗一件，相互替换。洗过的衬衫总是挂在木屋外边拉着的细绳上。我不太会把衬衫熨平整，而且我也没有熨斗，所以每次都得跟同屋借。他有一个裁缝用的熨斗，得把熨斗打开，里面放一些燃烧的木炭，盖上盖子后小心地去熨。有一次我不小心把衬衫熨煳了，是在领子的位置，变成了棕黄色。有一天柯萨科夫斯卡夫人突然来到我住的地方，看到我住的条件，一定也看到了我那件正晾在绳子上的衬衫。她邀请我去厂长别墅喝茶。她问我的未来规划，我告诉她，我参加了大学入学考试，但没被录取，我还不知道自己将来做什么。我还说，我想再试试考理工系，但还没有下定决心。告别的时候，她在门厅里给了我一个大包裹，说那都是些她不需要的东西，对我可能还有用。然后她立刻转过身去。我明白，那一定是她儿子的东西。

回到自己的房间，我打开包裹，看到里边有十件真正白府绸的衬衫。柯萨科夫斯卡夫人一定是把与我之间的谈话告诉了她丈夫，因为几周以后，我被叫到厂长办公室。他说如果我想上大学，他会给我奖学金，只要我承诺大学毕业后回到糖厂工作。他给出的奖学金数字远远超过学费。我立刻答应了，没有丝毫犹豫。我在晚秋时节离开糖厂，回到了哈尔滨。

1944年1月初，我报考了伪北满大学的电机系。在举行入学考试的大厅里，放着一些长桌，每张长桌三个考生。物理没有任何问题，尽管我可能犯了一些语法错误，因为我从来没学过俄语正字法。从阿什河回哈尔滨后，有人给我介绍了一份临时工作，是在学校宿舍担任管理员，包伙食。有了这些收入，我可以考虑请一位数学家教，因为我最担心的是数学。尽管我确信，从前的中学老师在数学入学考试方面帮我做了充分的准备，但有一道题我还是束手无策。过了两个小时，我还在最后一道题上绞尽脑汁。最终我还是以优异得成绩通过了所有考试，被录取了。

大学课程从1月19日开始，而1月25日举行传统的年度大学生开学舞会。这是哈尔滨最负盛名的舞会之一，参加人员仅限于学生和老师，还有少数受邀嘉宾。

▼ 1944年在哈尔滨伪北满大学就读的波兰学生。我在第二排右侧第二位

给我们上课的是一些经验丰富的老师，大都是革命前就职于圣彼得堡和其他大学的俄国教授。我们每天都有八个小时的课程，包括星期六。从课表上看，微积分、机械技术还有绘图学等课程确实同公民道德、日语、防空、军事准备等课程混杂在一起，但后边这部分课程每周总共只有十六课时。让我备受折磨的是军事准备课。波兰中学里不要求上这样的军事课程，而在俄国移民学校里则是必修课。因此在一整年里，我都是唯一一个从零开始学习军事基础的学生。但是我很快发现，我具备很出色的融入新环境的能力。在阿什河工具车间工作的时候，我学会了熟练使用锤子和锉，所以在手工操作方面无人能及。同学们在切割金属六面体时接二连三向我求助，让我帮他们使加工的六面体符合规格要求。那是机械车间的第一个作业，大部分同学要通过都颇费周折，包括我们的班长。

大学学费并不太高，但学生服和其他支出，包括非常昂贵的绘图纸等，花了我不少钱。从二月开始，我就每天打四个小时的工，给出租车司机做帮手。汽油仅用于供给军队，因此在出租车后边就安装了一些装置，被称为煤气发生器。用小木块替代汽油产生煤气。为了保证发动机不熄火，司机每隔十几分钟就必须从出租车上跳下来，去摇鼓风机的摇把，以便把火焰吹旺。也就是因为这个原因，出租车司机需要一个帮手。在冬天，这不是一件令人开心的工作。我的手总是通红的，手心里全是水疱。这也给绘图造成了很大困难。我都是在晚上绘制那些要求完成的图纸。那时我们所能用的是二十五瓦的灯泡，这样的瓦数用于画像样的图纸远远不够。解决办法是使用煤油灯，但越来越难弄到煤油。在煤油短缺的时候，我们就开始使用电石灯。这些电石灯是中国人居住的道外区的工匠制作的。它们很原始，会在房间里留下电石的气味，而且有时会爆炸，但异常明亮，远非煤油灯可比。

　　第二个学期，我在波兰中学的一个同学，这时已经上了大二，建议我跟他一起去附近的一家私人作坊工作。那个作坊属于兄弟俩，一个生产美容用品，另一个为其生产包装材料，包括牙膏筒，我们就是要在那里工作。那些牙膏筒是用铅（战争期间弄不到锡）做的，今天看起来可能会令人吃惊。我们在一台大压力机上将它们一个一个挤压成型。一个人将一块糖果大小的铅放进模具里，然后猛击压力机，将其压紧，从中挤出完整的管子；另一个人则负责将其精加工，因为得把管子从设备上拧下来，去除划痕并切掉破损的一端。他按件给我们付钱。在压力机旁边干活儿很累，所以我们轮班工作，通常从晚上九点干到夜里十二点。

　　比起在出租车上当帮工，我挣得多了一些。此外，第二学期我还有了一些额外小钱，是帮同学画图挣的。他们的工具通常很差，所用的绘图纸质量也很糟，而且根本没有绘图用的墨水。学生们不得不使用中国画用的墨汁绘图，但这种墨汁不防水，经常会在纸上晕开，造成整张图纸作废。这时，凭借父亲当初传授的技能，我有了制作绘图笔和墨水的想法。他留下了几样不同的工具，包括一个钟表匠用的小型车床。此外，还有一个厚厚的笔记本，里边记着电池电解液、电铸电解液、烟火等各种配方。我在其中找到了德国百利金公司生产油墨的配方。效果竟然非常棒，制出的墨水擦不掉，纸张也不吸收。而我的绘图笔质量如此之好，以至于几年中整个工业系都用我的绘图笔。我的经济状况因此得以大大改善。

　　早在1941年12月哈尔滨总领事馆被撤销之时，日本人同意了即将离任的领事的请求，即在哈尔滨成立波兰善后委员会，负责就有关波兰公民的事宜同哈尔滨行政当局保持必要沟通，包括在有波兰人被逮捕时出面与当局交涉，在较小的铁路居民区，有波兰人被非法征兵时交涉释放问题，但主要还是领取和发放食品卡，传达各种"自愿行动"的通知（如自愿放弃部分煤炭配额，或者向军队捐献一些黄铜或纯铜物品，例如门锁等），实际上居民都是被迫参与这些"自愿行动"的。战争末期，所有外国公民包括俄罗斯移民，都接到命令在衣服上佩戴写有个人身份信息的小铁牌。这些小铁牌样子相同，而大门上则要钉上大得多的带号码的圆铁牌。俄罗斯人的牌子是白色的（表示他们是"白俄移民"），后来他们获准换成白蓝红色的盾形牌子，那是革命前俄罗斯国旗的颜色。而波兰人戴的是土黄色的，上边錾着三个汉字"波兰人"。委员会有义务督促所有波兰公民领取和佩戴这些号牌。不知出于什么原因，我很晚才从委员会那儿领取到自己的号牌。在领取时我发现，已经有几百人领过了，但没有人想领取十三号，因为迷信的人都认为那是个不祥的数字。那个号牌躺在一个单独的盒子里。我的生活里，十三号从童年时代就早已存在。父亲和我都是在10月13日过命名日，我出生于11月26日，二十六恰好是两个十三，所以当在"波兰之家"工作的中学校长的女儿建议我拿那个号码时，我没有理由拒绝。

在阿什河工作一年并开始大学生活后，我的阅读兴趣发生了巨大的改变。我不再读英国侦探福尔摩斯的离奇经历，而是开始读法国著名作家的书。那些书主要是从俄国人的图书馆里弄到的。战前，哈尔滨和巴黎是两个最大的白俄移民聚居地。巴黎大量翻译、出版了俄语版的巴尔扎克、雨果、福楼拜、左拉、司汤达和普鲁斯特的作品。这些作品很快就传到了哈尔滨。我那时的阅读量已经很大，也许已经以某种自己的方式实现了情感方面的成熟，我开始从那些作品中洞彻某些最重要的东西：福楼拜精妙绝伦的笔下描绘出的那些心理肖像，对像我这样的普通人的关注，左拉笔下的革命思想，以及雷马克的反战倾向（那时候我已经自称为和平主义者）。那时一些依据法国经典小说拍成的电影，在哈尔滨的影院里也有放映，甚至在太平洋战争爆发之后，尽管日本人发布了禁令，禁止播放大部分美国好莱坞影片。不能否认，我是一个对人类苦难极其敏感的年轻人。我仇恨战争，因为它给普通人而不是给那些发动战争的人带来不幸。那些电影发人深省，启发我们思考为什么我们的世界是眼前这样，而不是更好。战争、暴力、不公、饥饿、社会不平等——这一切对我来说都不是抽象概念，而是或多或少直接与我相关。我没有任何具体的政治观点，尽管父亲去世后我们所遭遇的一切让我觉得，资本主义是一个不公平的制度，但我也不觉得苏联的制度就更公正或者更好。在大学里，贫富差距十分明显，我很清楚在不同场合讨论社会问题时，我的立场是什么。大学里有很多同学，也许大多处于和我非常相似的物质状况，他们对社会问题和政治感兴趣，试图找到通往更美好世界的药方。但他们中间也有一些位高权重的政治家和大地主的子女，布尔什维克革命把这些人从俄罗斯和西伯利亚赶了出来。那时能引发我对政治感兴趣的只有直接影响到我母亲和我的事情，但有时我与热罗姆斯基、左拉等书写社会问题的作家笔下的主人公心有戚戚焉。我喜欢读马塞尔·普鲁斯特的《追忆似水年华》，因为其主人公的遭遇令我联想起自己的经历。那时我就知道，我想写小说。在大学学到的那些实用知识，只是为了给我一个职业和谋生的手段。那是父亲的意愿，对我来说是必须完成的，而且也是可以理解的。但我还是想写作，就像热罗姆斯基或者普鲁斯特那样。那是很可怕的不自量力，因为我还缺乏对现实的真切感受。有一件事我肯定做到了：在多年徒劳地尝试、焚烧手稿，然后一次次重新开始之后，我终于写出了两部小说，给了我巨大的成就感和满足感。就像帕尔尼茨基的《三点零三分》一样，两部小说的故事当然都发生在中国，书名分别是《藏地公主》和《驻札大臣苏玫的寺庙之宝》。

在我开始上大学的时候，夜里时常响起警报，日本人要求夜里把窗子都用黑布遮起来。我们大学教室的窗子上安装了黑色百叶窗。大学主楼大厅的墙壁上则挂着画有美国飞机的海报，在参加军事课考试时掌握如何辨别敌机，即美国飞机。在走廊里大家谈论说，美国人已经不远了，正坐着他们的航空母舰从太平洋上蜂拥而至。还说他们会轰炸中国东北的工业城市，而哈尔滨、奉天（沈阳）和鞍山将是他们第一批轰炸的目标。还有人说，有人从活跃在哈尔滨的地下电台里听到，鞍山已经被来自重庆起飞的美国飞机轰炸了。在城里，除了院子里挖的大坑，我们没有任何像样的防空掩体。大学的院落里挖了几条壕沟，在防空演习警报拉响时，我们要躲到那里去，经常还得戴上防毒面具。

日本人在中国和东南亚的侵略战争越来越引人注目。各种演习警报越来越频繁。所有人都必须参加防空训练，中学和大学有这门课程。除了遮挡窗户、灭火，还教授如何处置哑弹和救护伤员。大学里开设了防化课程，我们获得了有关毒气和如何使用防毒面具的知识。每栋房子的房主都必须配备能用的防火设施，包括消防钩、消防斧、专门涂成红白两色的装着沙子的消防桶。防空演习训练人们使用这些灭火设备。我们的院子里建了一个木头的窗户模型，练习把水泼进窗户。还有一些装着沙子的红箱子，上面挂着红色的斧头和带长把的钩子，用来推倒燃烧的墙壁。

1945年5月初，哈尔滨的所有人都已经知道，欧洲的战事行将结束。哈尔滨的电台和报纸几乎一天也未耽误，立马就报道了德国人投降的消息，而欧洲发生的事并未对哈尔滨市民的生活产生任何影响。六月是期末考试季，跟中学一样，大学学年不是在夏天结束，而是在十二月底。整个七月我们都要进行毕业前实习，贸易系的学生是在各个司局，或者各种经贸企业，理工系的学生则是去工厂或者工地。然后，等着俄国学生的还有军训，地点是被称为"松花江2号"的军营。在接收大学实习生的企业里，有距离学校不远的酒厂。大部分学生都报名到那里去实习，为此搞了一个类似比赛的活动。由学期成绩和个人履历决定成绩。我的成绩比第一年有了很大进步，但大概我的个人履历带来了不利影响：我已经在阿什河的糖厂和酒厂工作过了。结果我被派到一个机械厂实习，负责各种泵的运转。我因为实习得到了一点奖金，此外还有几公斤玉米面和豆面。

第7章

哈尔滨工业大学——哈工大

　　为了了解日本投降后，东北的"白俄移民"以及所有无国籍者，即那些持有护照、但护照已经失效的外国人的状况，则需要去回顾1945年2月在雅尔塔会议上做出的决定，以及那些决定对波兰及其他东欧国家意味着什么。众所周知，"三巨头"在雅尔塔做出的决定造成的直接结果就是东欧国家被纳入苏联轨道。雅尔塔的阴影同样笼罩亚洲，尽管这里的事件脱离了控制，并没有按照预计的克里米亚方式发展。

　　按照在雅尔塔签订的秘密协定，苏联应在德国投降后两到三个月内向日本宣战。对此，斯大林开出的条件是维持外蒙古的现状（即维持当时苏联在蒙古人民共和国的影响），将俄国在日俄战争失败后失去的南萨哈林岛[1]和千岛群岛转交

1　中国称之为库页岛。

给苏联，大连港国际化，以及重新租用旅顺港作为苏联的军事基地。除此之外，苏联还要求中苏共同使用沙俄在中国东北地区兴建的所有铁路。这涉及日本在日俄战争后接管的南满铁路和中东铁路，连同后来日本人建设的所有支线。"三巨头"并未征求中国的意见，尽管这些决定直接涉及中国的领土。而正是中国军队抗击日军长达十四年之久，给后来在太平洋上与日军作战的美英军队减轻了压力。在抗日战争期间，中国有至少三千五百万人失去了生命，因为这个原因，中国才最终被纳入胜利者俱乐部。

中国从1937年开始就存在着抗日民族统一战线，蒋介石的国民党人和中间派以及共产党人都参与其中，然而尽管进行了一系列建立盟友关系的谈判，但内部矛盾和武装冲突仍然不断。1945年春，国民党军有四百六十万人，共产党的八路军和新四军及游击队共有约一百万人。位于西部的重庆是战时的陪都。日本人仍然占据着中国中南部的大部分地区以及东北地区，共产党人在北方和西北地区已经掌握了政权。美国人以各种方式支持蒋介石，给他提供武器、弹药和运输工具，通过从空中轰炸日军阵地来支援国民党军。从1941年开始，驻扎在云南昆明的美国志愿航空队也给中国提供了支援，该志愿队后来加入了美国空军第14航空队。他们的指挥官是陈纳德将军，这支部队的王牌飞行员之一是波兰人维托尔德·乌尔班诺维奇，他在中国上空一共击落了十一架日机。

美国人在广岛和长崎投下原子弹，这在哈尔滨激起了实实在在的恐慌，人们担心多年来为满足日本战争需要而持续工作的城市，可能也会遭遇相同的命运。哈尔滨是这些城市之一，而且这种恐惧在我当时的心理中留下了长久印记。在最初的公报发布后，虽然没有人知道到底有多少人在原子弹爆炸中丧生，但人们开始传说，即使不是几百万，至少也有几十万平民死去。直到后来，才慢慢传来一些零星细节，说爆炸如此猛烈，以至于那里的人，主要是妇女和儿童，直接被气化了。广岛如此之近，让我们无法再按照以前听到来自欧洲前线的各种消息时的方式去思考问题。大学生中弥漫着和平主义的气息，主要是因为俄国学生时刻有被日本人征去当兵的危险。我从未怀疑，战争会带来可怕的残暴行径，会给那些偶然置身于作战地区的人带来不幸。我们经常在封闭的圈子里讨论这个话题，我理解那种和平主义氛围而且也深以为然。然而，关于欧洲前线发生的事，则很少传到哈尔滨，即便传来，也只是只言片语。德国人镇压华沙起义，德国用V1和V2火箭轰炸伦敦，以及为报复德国人，英国对德累斯顿进行的地毯式轰炸——这一切对身处中国的我们来说，都闻所未闻。日本人的新闻封锁无处不在，我们认识的在哈尔滨各家报纸编辑部工作的翻译和记者们都这么说，包括属于日本人的俄语报纸《哈尔滨时间》。诸如日本士兵在南京对平民进行大屠杀这样离我们很近的事件，直到日本投降，在哈尔滨也不为人知。更别提日军在太平洋战争中所遭受的一系列惨败了。

关于日本城市遭受原子弹轰炸，开始只是流传着一些令人将信将疑的小道消息，是有人从西方电台里听来的。直到一段时间以后，当地报刊才报道了这一消息。就在那时，人们开始说，现在战火肯定将烧到东北，因为多年来苦心经营的关东军是不会放下武器的，他们一定会战斗到最后一个人。而如果他们不缴械投降，那么接下来，原子弹就将落到"新京"（长春）、奉天（沈阳）、鞍山和哈尔滨——东北地区最大也是工业化水平最高的城市。大概一个月之内，我仿佛一夜成熟起来，每天都在思考，等待着我们的未来是什么？俄罗斯移民以及那些在哈尔滨乃至整个东北的外国人是如何看待这些事件的？无论是蒋介石的军队还是共产党的军队，在苏军进攻东北之前都未能占领日本人占据的地区。《中苏友好同盟条约》签署后的十天之内，哈尔滨、奉天、大连和"新京"以及北京附近的卡拉根（今张家口）就都被苏军占领了，而当时蒋介石的军队离东北还很遥远。苏联红军在被占领土上只停留了八个月，美国人没有遵守约定的期限，在中国一直待到1948年，就是说，一直待到蒋介石军队在大陆彻底失败的那一刻。

苏军在哈尔滨驻扎的最初几个月，我们已经意识到，对日战争的结束根本不意味着东北地区战争的终结。大家都知道，苏军应该在几个月后撤出这片土地领土。就在苏军占领区的边界之外，国民党军队和共产党军队正在集结，他们几乎是循着苏联红军撤退的脚步进入东北的。我们所有人都意识到，内战已经不可避免，我们深信，东北地区将是国民党军队的目标。

早在1945年秋天，我们就已经得知，引发人们不快记忆的铁路共管即将恢复，尽管中方同意这种解决方案背后的原因，当然不会为人所知。关于苏联在1935年将其享有的对中东铁路的权利出售给伪满洲国，而日本的银行为这次收购垫付了资金，已经不是什么秘密了。现在人们发现，铁路有50%的股份重新落入苏联人手中。之前的规定也恢复了，即只有苏联和中国公民可以在铁路上工作。这条平权法案将要持续三十年。

中东铁路后来更名为中国长春铁路，也许是为了强调之前的东线、西线和南线全部三条铁路，也就是日俄战争失败后俄国失去的那些铁路线，都属于共管范围。长春是南线上最大的城市，不久前还是伪满洲国的"首都"，由日本人在南满铁路上建立的管理局也位于这里。

伪北满大学不复存在，代之以哈尔滨工业大学。该学校从属于铁路当局，事实上隶属于苏联将军茹拉夫廖夫掌管的苏联军方。当时所有重要院系和服务部门的负责人均由军人担任，中国人担任他们的副手，当时中国人在决策方面似乎没有多少影响力。我上大学时，哈工大的校长也是苏联将军或者上校。但是革命前的一些教授恢复了工作，包括负责学术的副校长和我那个系的系主任在内，尽管

▼ 二十世纪三十年代哈尔滨工业大学的大门

很多课程都是从苏联派来的军人主讲的。那时大学分成几个系，都是为培养铁路工作人员设立的，包括建筑工程系、电力机械系、贸易系等。我的那个工业技术系被改造成电力机械系。原伪北满大学的学生获得了继续在相应院系的二年级或三年级学习的机会，而新招的学生（其中也有几个波兰人，是我们那所中学的毕业生）可以上任何院系的一年级。由于大部分中国人不懂俄语，他们被分到预科班学习。

临时课表发了下来。课程进行得还算正常，尽管大学本身和我们一些老师的命运未卜，让人有一种不安感。某一天有传言说，哈尔滨工业大学将变成新西伯利亚工大的一部分，老师和教学人员都要迁到那里去。甚至开始统计愿意去的人员名单，但幸好这个计划很快就流产了。可能是因为中方反对，尽管无人知晓真相究竟如何。

大概是在1946年的2月或者3月，我们得知正在安排日本人回国。他们每个人可以随身携带十五公斤的行李，还获准在市场外，直接在大街上出售自己的财产。他们把服装和日常家用物品直接放在车水马龙的大街边的人行道上，在地上铺一张稻草席，甚至直接放到地上售卖。我们那个院落里住的一个日本人，在日本投降后就再也没在家里出现过。显然，即便他只是个建筑师，但曾为军队工作过，也足以使他被送到哈巴罗夫斯克，然后送进集中营。清晨，他的老婆从家里溜出来，带着一个包袱，那里面肯定是一些要去卖的衣服。大家都知道，此刻她的处境多么困难。所有人都很同情她。房东曾说，她有几个月没付房钱了。但房东是个很有修养的人，不仅没有把她赶出去，而且还说她可以在这里一直住到回国。那个日本邻居自己安排了回国行程，在约定的当天，来了一辆马车，我们那个日本邻居带着自己简单寒酸的行李上了车，车还没有动，她就和我们那个院子里来跟她告别的女人一起哭了起来。她不是唯一一个从我们那个院子里搬走的人。很快，我们又送别了一对朝鲜夫妇，他们决定回朝鲜生活。我跟房东说，我想租下那套腾出来的房子。那是个较大的房子，带一个厨房和一个门厅。我还跟他说想保留我们原来那套单间。他都同意了。

1945年10月，在我们被新大学接收并被分配到各系之后仅仅几个星期，哈尔滨工业大学的所有波兰学生第一次被安排离开学校，名单上有我们十个人。我们找到委员会寻求干预。华沙新文献档案馆里，有关这一时期波兰侨民在哈尔滨生活状况的资料并不完整，但委员会就此事于1945年10月13日给苏联驻哈尔滨总领事馆的公文得以保存下来。文件是由委员会主席及其秘书签署的。文件中列了十个大学生，还有他们的波兰护照号码。

当时我对铁路上的情况不感兴趣，尽管我知道，大学在某种程度上从属于中国长春铁路局的管理部门。它的新领导——局长茹拉夫廖夫将军，从波兰善后委员会那里要来了所有1945年8月以后就业的波兰公民名单，以及他们在铁路上的工作时间和工作职责。华沙新文献档案馆里的资料表明，这份清单是在1945年10月12日，与请求重新接收我们入学的公文同时起草并呈交的。根据我的记忆，当时所有人都留在了自己的位置上。这或许是因为，在这座仍然由苏联红军管理的城市里，铁路正常运转是头等大事。那时被缴获的日本资产被大批运往苏联——主要是军事装备和工厂设备，但也包含大米和其他军需仓库里能找到的食物，而且占领军当局还面临着将自己的所有部队撤出中国东北的任务。还有一个事实可能也并非毫无意义，那就是在超过一百名在铁路上工作的波兰人中，很多是经验丰富的火车司机。他们既熟悉西线（通往后贝加尔斯克），也熟悉东线（通往符拉迪沃斯托克）。尽管苏联政府从莫斯科派来很多铁路管理专家，但他们或者没有足够确保火车和最重要铁路设备的维护人员，或者是中国人不同意，中国人期望在铁路上扮演真正的共同拥有者的角色，而不是像在第一次共管协议期间所发生的那样，成为没有决定权的傀儡。几年后，当我在蒸汽机车上实习的时候，我有机会了解到，在东北地区复杂的地理和气候以及设备条件下，火车司机的工作责任是多么重大。那时使用的大部分还是日本生产的蒸汽机车、车厢和信号系统，操作这一切要求十分熟悉其所操控的车辆以及通行地区。要征服那里的崇山峻岭，经常需要加挂一个火车头，并且采取必要措施，例如在枢纽站附近和兴安岭隧道附近的成吉思汗道岔，都必须委派最有经验的火车司机负责操作。

在排除波兰学生时，校方大概是想按照共管协议行事。该协议限定铁路招聘的人员和在铁路大学学习的学生必须是苏联和中国公民，后者是由大学校方做出的决定。我很难明确解释，为什么哈尔滨中俄工业学校（俄文官方名称为哈尔滨理工大学，中国人称哈工大）重新开始接收波兰学生。而学校在接收时是分批次进行的：先接收高年级学生，过了一段时间才同意接收低年级学生。我大概是在十二月中旬回到了学校。

从苏联的市领导身边的人那里传出消息说，按照雅尔塔协定，苏联红军对中国东北地区的占领以及美军对中国领土的占领最多半年。据我的记忆，那时哈尔滨的市领导是别洛博罗多夫将军。事后我们发现，苏联人几乎是按时撤出了，而美国人直到四年后，也就是蒋介石的军队彻底失败以后才完全撤出。半年后，由共产党、国民党和民主党派组建一个联合政府接管中国的政权，然而事实上这并未发生。1945年8月签署的《中苏友好同盟条约》——如今已经很少有人记得——其实是苏联同国民党政府签订的。而1946年1月，至少在哈尔滨，苏联红军的代表不是和共产党就政权移交进行谈判，而是与国民党政府的代表进行会谈。此外，那时在哈尔滨也不乏蒋介石的支持者，尽管在苏联军队驻扎期间，这些人不大有机会出头露面。

然而另一方面，大家也都知道，随同苏联红军来到中国东北的还有很多在苏联培养的中国共产党人、前游击队员及投身抗日战争的人。这些人在不同时期被迫跑到西伯利亚的边境地区藏身。从归国人员那里听来的那些游击队活动的事迹，后来被波兰作家伊戈尔·内维尔作为创作背景，写入了二十世纪五十年代出版的长篇小说《树海》，书中表现了中国游击队员和日军在东北地区的斗争。游击队的指挥官之一是李兆麟，1941年为躲避关东军而越过了中苏边境。1945年8月，他和苏联红军一起抵达哈尔滨，他当时只有三十五岁，大概是最年轻的中国将军，曾担任东北抗日联军第三军指挥官，此时成为哈尔滨军区的指挥官，1946年初，他又成了中苏友好协会的主席。同年二月，他还以此身份在群众大会上发表演讲。而十几天后，他就被国民党特务暗杀了。他的葬礼在道里区的城市公园举行，吸引了成千上万的人，公园也被更名为"兆麟公园"。如今，每年冬天在那里举行的冰灯节吸引了来自世界各地的游客。

李兆麟将军的遇难让哈尔滨市民意识到（主要是那些持有苏联新护照的前俄国移民，但也不是全部）日益临近的苏联红军撤离的期限，以及国共之间即将发生的一场较量，这可能会给他们带来严重后果。这些担忧并非毫无根据。欧洲人，其中也包括俄罗斯人，总是被持民族主义立场的中国人看作是试图瓜分和压迫中国的人，这种态度在苏联军队驻扎的最后几周已经非常明显。苏联红军对中国东北的占领尽管为时不长，但强化了这种感觉。

1946年3月末4月初，苏联红军开始撤出东北地区，撤退行动于5月3日结束。我记得，在俄罗斯复活节前夕，苏联军队离开了道里区，而几乎在同一时间，中国的八路军开进了南岗区和老哈尔滨的南部地区。之前，在当年的1月1日，哈尔滨举行了将民事权力移交给国民党政府代表的文书签署仪式，尽管当时已经非常清楚，进入东北地区的不会是国民党部队，而是中国人民解放军。国民党的市长和他身边最亲密的官员在苏联最后几支部队撤离哈尔滨之前就从城里逃了出去。既没有鲜花告别，也没有对八路军入城的盛大欢迎仪式，但城里的欧洲居民有理由舒一口气。中国共产党的军队执行铁的纪律，抢劫、强奸、抢夺手表、酒后开枪滋事等行为都被严格禁止。更别提午夜时分，著名的苏联反谍报机关的黑色汽车突然停在门口的恐惧。但这并不意味着，城里在夜间也一样安全，更别提主要街区之外的地方。白天有两人一组的武装纠察在城里巡逻，有时夜里也有，但大家还是宁愿留在家里。每天晚上我们都把窗板关上，而我们的房东也主动提议加固了所有房屋的大门。大家都知道，日本仓库里各式各样的武器流散到国民党的支持者以及各种犯罪集团，包括俄国人的犯罪团伙手中。有些人从藏身森林里的日本兵手里购买武器，另一些人早在和日军和苏联红军作战期间，就从各个火车站的日本军火库里搞到了武器，还有一些人的武器则是从市场上买来的。出售缴获来的没有登记注册的武器，对那些军纪败坏的苏联士兵来说并不罕见。士兵可能会为此被送上军事法庭，但是军队指挥部无力解决这个问题。在欧洲的长年战争使得士兵军纪败坏，甚至枪毙常常也无法遏制醉酒的士兵犯罪。

新的中国军事政权局着手处理的第一件事，大概就是从民众手中收缴所有现在已经属于非法性质的武器。他们进城以后，要求上缴所有武器弹药的布告立刻就被张贴在居民聚集的所有地点，包括市场。但是我从来没有阅读过任何布告，无论是日本的、中国的还是苏联的，我甚至说不出为什么。我阅读柯隆科夫斯基出版的小报，那里有我感兴趣的一切。当大街上出现中国武装纠察队的时候，没有谁将这与没收武器联系在一起。我也一样。

从二十世纪三十年代开始，中国东北地区就成为世界上最大的大豆及其主要制品——大豆油和榨油后剩下的油粕的出口地。主要的买方是美国。中国人一直用传统的方式制油，就是在压榨机里高温压榨，我们日常买的就是这种棕色的生油，后来油也凭票供应。我不知道，那时在东北是否有一家利用汽油或者利用其他溶剂制油的工厂，但至少在哈尔滨没有。战争结束前的最后几年，美国海军控制了太平洋，使得日本人无法向世界各地运输大豆和油粕，连日本本土也运不了，这导致几乎在哈尔滨的每个街角都能以很便宜的价格买到。它们被成堆地摆放在中国商店的门口，如果谁没钱买整块的油粕，店员就拿把斧子把油粕砍成一半或者四块。我们就在铁炉子里烧这种油粕，因为在冬天我们不再使用大火炉。在伪满洲国还有较便宜的加工煤出售的时候（是用煤粉生产的，不需要煤票），把分得的煤炭拿到黑市上出售比较有利可图。在这方面，中式小铁炉是无与伦比的。它们用铁板制成，有一些特制格栅，煤块就放在它们中间，炉子上还有铁管通向烟囱。我们用碎油粕生火，比木炭便宜，而且不需要下面垫纸，只要一根火柴就可以点燃。

妈妈仍然在医院轮班工作，工作一昼夜，休息一昼夜，但经常要给手术大夫打下手，在医院的时间就会延长。我记得，从阿什河回来后的前三个月，我在学生宿舍里当辅导员。那里有中央供暖，每天清晨锅炉工会把地下室的锅炉点燃。夜里会冷些，但被褥很暖和，冬天也不会感觉寒冷。当我告别了那个学生宿舍，住进我们在"烂泥街"的房子后，情况就完全不同了，冬天非常寒冷。用卖煤得来的钱我们可以生活好几个月，剩下的钱买一冬天用的油粕和我们那个小铁炉用的加工煤。

在上大学的时候，无论是在伪北满大学还是在后来的哈尔滨工业大学，当严寒的冬季开始的时候，我每天都用两块加工煤。第一块煤足够早晨穿衣服、洗漱和做饭用，第二块煤是在睡觉前能暖和一会儿。除此之外，冬天我一般都穿着毛衣、盖着厚棉被睡觉，而白天在家里都穿着棉袄。早晨起床最难受。每天晚上我都准备好引火之物，早晨从床上跳下去，在炉子里点上火，把结了冰的脸盆（经过一夜，脸盆里通常只会冻上一层薄冰，但是一月和二月会冻得比较厚）放在炉子上，然后钻回被窝里。十到十五分钟后我就可以起床用温水洗脸了。白天我不用担心，因为无论是在伪北满大学，还是后来的哈工大都很暖和，那里我们有集中供暖。在我们日子变得好过些之前，油粕还有一个用处。当家里实在没有什么可吃的了，我也没钱哪怕去买个煎饼时，我可以把油粕在水里煮一煮，稍微加点盐就直接吃掉。虽不是太好吃，但肯定很有营养。我还时常想起过去吃的爆玉米花，因为有时睡过头了，就会用豆浆泡爆玉米花做一份速食早餐。早上点名绝对不能迟到，因为各班班长会念每个人的名字，每个人都必须答"到"。爆玉米花大概是日本人在太平洋战争之前发明的。他们在大街上叫卖，用一种便携式汽油喷灯加热爆米机，把一份用甜水浸泡过的玉米或者大米放到里面，转动装置的摇把，加热后的爆米机会产生高压（有个压力表测量内部压力，过热可能造成爆裂），到时间后开启封闭盖，便会嘭的一声把爆米花喷到旁边用铁丝固定住的直立网兜里。后来就只有中国人干这个了，用的材料也只有玉米，因为大米已经见不到了。为了代替汽油喷灯，他们必须使用烧油粕和加工煤的特制小炉子。这种爆玉米花机周围总是烟熏火燎，很脏，所以日本殖民者甩手不干了。他们自认为比中国人强。

在教学大纲方面，第二学年没有出现显著变化。我们的基础课和之前在伪北满大学学的差不多，例如微积分、理论力学和其他一些课程，可能更重视实验室练习。在第四学期增加了第一门专业课——铁路工程，而第三学年的专业课就更多了。不过事与愿违的是，没能像大家期望的那样取消军训，肯定是中国仍在进

▼ 1946 年哈尔滨工业大学的校舍。这幅手绘图选自我的长篇小说《西藏公主》

行内战的原因。哈工大作为铁路部门，拥有苏联军事当局颁发的持有武器的许可证。在知会中国军事当局之后，学校所持有的部分武器弹药被移交给了新成立的铁路警卫队。这支队伍主要从大学生中征募成员。因为哈工大现在开始由苏中铁路当局共管，所以在学校的仓库里也还保存有可观的武器储备，以便在需要时保卫铁路建筑设施。

苏军一位退役军官——铁路部队的一位中尉成了这支警卫部队在哈工大的连队指挥官，他同时也是我们的教官。我们每周有几个小时的武器训练，以便让我们不要忘记如何使用它们。我不喜欢这些训练，但不同于在伪北满大学最初的几个月，我可以毫不费力地与其他人保持步调一致。我要面对的问题完全来自另一方面。我已经或者差不多已经修完了所有课程，通过了二年级的所有考试，但就在这时，我被叫到干部处，在那里他们再一次通知我，如果我不获得苏联国籍，就不能再来上学了。同学们一致认为，这是哈工大新来的某位职员的主意，他们是那年夏天从苏联被派来的。同学们问我，我是不是得罪过谁，或者我在隐瞒自己的一些不轨行为。也许我得罪了从莫斯科新来的某位军官？这种事也许有，但我怎么也想不起来。确实，上一次是苏联领事馆做出让我们退学的决定。我基本上没有怀疑过中国人。几个月前他们维护过波兰火车司机，当时那些新来的苏联官员想把他们排除在铁路工作之外。我的两个三年级同学，他们也是持波兰护照，但禁令只涉及我。再次退学让我当时深受打击，但我对谁都没有说，连妈妈也没有说。长年与中国人打交道无疑会对欧洲人的思维方式产生重要影响。在这里的欧洲人变得不那么情绪激动，对于命运的挫折更加逆来顺受。在中国人那里，对困厄的解释总是更简单，更容易被接受。某种阴阳平衡被打破，在某个地方黑色的阴战胜弱化的白色的阳，所以应该平静地想一想，如何重新恢复平衡，或者等待平衡的自动回归。

　　1946年夏天，城里已经完全平静了，但在城市周边的岗哨之外，劫掠和杀戮愈演愈烈。这无疑与中国内战前线的形势有关，因为尽管国民党与共产党有关建立联合政府的谈判还在进行，但在这一年的六月，蒋介石的军队就撕毁了停战协定，开始进攻，在中国北方占领了超过一百座城市。蒋介石的部队开进了东北南部的大部分地区，占领了工业城市沈阳，还有不久前伪满洲国的"首都"、此时已经被冠以中国名称的城市长春。从苏联红军入城的时候开始，长春就像在哈尔滨发生的情况一样，向那里定居的苏联移民发放了苏联护照。通过这种方式，他们获得了在铁路上和其他通常与铁路相关的贸易机构工作的权利。

　　在"被退学"之后的最初几天，我一直在想自己该干些什么。第一反应是想把几乎已经完成的设计图撕掉，但我控制住了自己。我的母亲在情绪影响下经常表现出类似反应，她的意大利性格在面临压力时总是会爆发。父亲死后，在暂时性的刺激下，她在阿什河把自己衣柜里的大部分东西一股脑给分掉了，而那些东西后来在我们经济上最困难的时候，也就是住在"三道街"和"太阳城"的最初几年里，本来是能派上大用场的。后来，在1945年，她不仅不假思索地烧掉了父亲的照片，还烧掉了他的证件，而这些东西也许能给出父亲为何离开欧洲的答案，但同时，这些东西对我们来说也许是危险的，因为当时苏联国防人民委员会反间谍总局的不速之客已经在夜晚上门造访了。

第8章
波兰政府代表的到来和归国

　　苏联红军进入哈尔滨的那一刻，李特夫斯基领事组建的波兰善后委员会仍然在运转，但处境很艰难，因为苏联军事当局通常不承认日本人在中国东北委任或者命令建立的自治政府和机构。当时在哈尔滨的波侨中出现了日益明显的分化，这也使情况更加复杂。一些人认为，为了大家的利益，应该尽快感谢苏联军队将大家从日本占领中解放出来，并向波兰新政府效忠；而另一些人则认为，做这样的表态为时尚早。

　　1945年8月21日，波兰善后委员会向身处中国东北的所有波兰公民发出呼吁，从其内容来看，该文件是在瞬息万变的局势下被迫起草的：

告同胞书

　　波兰公民善后委员会欣喜地通告波兰共和国公民，公正的和平已在全球范围内实现。

我们的第二祖国历经千辛万苦和浴血奋战，终于获得重生，波兰自己的政府位于华沙。该政府在邻国苏联的慷慨帮助下，正在政治生活和经济生活等所有领域阔步前进。同苏联签订的友好贸易协定以及其他协定，确保了两个斯拉夫兄弟民族之间友好关系的持续发展。

在这里，满洲，波兰侨界有幸迎接红军和苏联国家的尊贵代表。敬请波兰共和国公民展现善意和好客精神，牢记古老的波兰谚语："客人进门，上帝进家。"

同时，波兰委员会呼吁大家保持平静，严禁一切可能伤害波兰侨界的行为，并同本委员会密切合作。

这份《告同胞书》由波兰善后委员会主席赤热夫斯基及其秘书玛采东斯基签署，在苏联第一支空降兵部队在哈尔滨降落之后第三天，也就是苏联红军沿松花江抵达哈尔滨的头一天发布的。一部分在中国东北地区生活的波兰民众认同并接受了该《告同胞书》，但是还有很大一部分人认为，考虑到波兰和苏联之间的历史恩怨，这样的声明是不负责任的。有一些人，特别是年岁较大的人，不喜欢《告同胞书》里称波兰为"我们的第二祖国"，尽管对出生于中国的年轻人来说，这根本没有什么意义。

一周后的8月28日，波兰善后委员会通过苏联驻哈尔滨总领事馆向华沙政府发出了一份表示效忠的电函。该电函通过苏联领事馆转发，是按照城市军政当局的要求做的。因为那时哈尔滨的电报局不接受任何私人电报，而当时委员会的那份电函被看作私人电报。

那份电函的内容如下：

华沙

致波兰政府

位于满洲的波兰委员会对祖国母亲重获自由感到欢欣鼓舞，声明将效忠自己的政府。

同时位于中国的波兰善后委员会请求速派波兰政府代表到中国来，对于其到来事宜，敬请提供指示和说明。

在哈尔滨的波兰侨民中间，对于与波兰政府建立联系的方式和时间，甚至对效忠华沙的声明本身，都未达成一致，这是可想而知的。同样，在伦敦的波兰流亡政府也努力通过其在远东的全权代表、驻东京的大使馆参赞弗鲁林，与在哈尔滨的波兰侨界建立联系。然而他无法完成使命，因为哈尔滨位于内战前线的另一侧，对日战争的胜利和第二次世界大战的结束并未终结中国内战。在哈尔滨的波侨圈子里，有组织的两派不得不于1945年9月2日举行了哈尔滨波兰公民全体大会，会上通过决议，再次对民族统一政府的组建和自由、独立、民主的新波兰的疆界得以划定表示欢迎。但这次大会也令哈尔滨的波兰侨民发生分裂，一些人将自己的未来寄托于战后产生的新波兰，而另一些人则青睐伦敦的波兰流亡政府，期望去澳大利亚、南美洲或者美国开始新生活。然而问题在于，很少有波兰人有足够的钱能够先前往上海，然后再前往香港和澳大利亚。对居住在中国东北的大部分外国人来说，澳大利亚是首选的目的地国家。不同于美国，澳大利亚的移民规定非常宽松，它需要移民，鼓励移民到来，而且能够确保每个人都能获得相较哈尔滨好得多的条件。后来人们发现，澳大利亚的工资是南美洲难以比拟的，由于距离不远，而旅费则是最便宜的。在大会上，绝大多数与会者都表示准备返国。而大会举行后不久，上海和香港的各种教会及社会团体就开始行动，开始向那些渴望到澳大利亚定居的人们提供旅费借款。

大会上的争论非常激烈，一直持续到夜幕降临。争吵的主题不仅围绕决议的措辞，而且还涉及委员会当前的权限问题，以及该委员会是否有资格代表在中国东北的整个波兰侨界。许多在场的人都声明，他们不在意措辞，因为反正只是声明委员会委员是这座城市里的头面人物而已，而实际上近期会发生什么，没有人能够预料。像大部分在场的人一样，我没有等到会议结束，也没有参与有关新权力机构选择的争论。

少数人反对已通过的决议。尽管波兰善后委员会的委员们在大会上交还了自己的代表资格，不过在接下来的几个月里，他们还是在行使自己的职责，尽管同时已经产生了一个由十一人组成的波兰人民族委员会。人们后来才得知，提议组建这个委员会的是哈尔滨市的军事指挥官。

我清楚地记得，日本投降后不久，数十张巨幅海报就张贴在城里四处的墙壁上。其中一张尺寸很大，贴在连接道里区和新城区的过街桥上。1945年9月和10月，每次从那里经过我都能看见那张海报。那时我时常去大学打听有关学校接下来的命运和我以后学业的消息。从"太阳城"到新城区有一条穿过铁道的路要近得多，但那时这条路被封闭了，原因是铁路运输任务繁忙，所有涉嫌同日本人合作的人都被遣往苏联，同时还在运送从日本工厂里缴获的机器设备。所以我们就得走较远的路，穿过那个过街桥。前面提到的那张海报贴在一块三合板做成的布告栏里，布告栏固定在过街桥的中央，上面展示的是一名苏联战士，带着卡拉什尼科夫自动步枪，佩戴着苏联英雄之星勋章，双手擎着两面苏联红旗。其中一面上写着"1945年5月9日伟大的卫国战争结束"，另一面上写着"1945年9月3日第二次世界大战结束"。有些海报上只有旗帜和文字："向战胜日本侵略者的苏联、美国、英国和中国勇士致敬"。

　　海报悬挂的时间很短，到十月就消失了。那时蒋介石的部队终止了与共产党人的谈判（1945年10月11日），并开始向解放区进攻。我想起了那些画着四大战胜国或者说"同盟国"旗帜的海报。在撤离东北时，苏联占领军指挥部正式将政权转交给了国民党代表，然而事实上大家都知道，将由共产党人接管政权。苏联红军的撤离开始于1946年4月。撤离行动于当年5月3日结束。同一天，在苏联红军最后一支部队从哈尔滨北部撤离时，八路军的先头部队从南部进入城市。

　　1945年在哈尔滨有几名前波兰左翼活动家和流放者，他们自然首先与苏联当局建立了联系（也许不是去找军事当局或者铁路当局，而是去找苏联领事馆），无疑也获得了他们更大的信任。那些人包括：热布洛夫斯基——第二无产阶级党成员和政治流放者、皮昂特科夫斯基——原波兰王国和立陶宛社会主义党成员、柯隆科夫斯基——原波兰共产党成员。正是由于他们的活动（包括苏联驻哈尔滨领事馆的活动），后来建立了"波兰进步小组"，很快促成了波兰政府代表的到来，其结果就是波兰人的归国。那些拒绝承认华沙政权和拒绝归国的人，尝试以各种方式与国际红十字会、联合国善后救济总署的代表取得联系，或者通过重庆、上海和东京同伦敦政府的代表取得联系。

　　我不再去"波兰之家"了，因为我知道，从波兰公民全体大会开始，在波兰人中间已经产生了深刻分歧，如果非将其称为"分裂为两个敌对阵营"的话。所谓两个阵营，即以柯隆科夫斯基为核心的波兰进步小组（他们称自己为"波兰知识分子进步小组"）和被称为"教区"的组织。领导后者的是霍德涅维奇神父，这个组织对与波兰共和国政府建立联系的一切尝试和一切回国计划都持批评态度。柯隆科夫斯基成功地将更多人聚集在自己身边。这使他能够从1945年12月开始发行一份周刊《祖国》。这些人中间既有在编辑部工作和写稿的人，也有排版人员（当时他们有唯一一套波兰字符）、发行人员（在波兰商店和书店里出售）

以及前方通讯员。早在1945年秋，柯隆科夫斯基就起草了一封给波兰共和国驻莫斯科大使纳什科夫斯基关于归国事宜的信，复信据我记忆是在1947年初收到的，信里表示将为此努力。

波兰公民委员会也于1947年2月8日起草了一份致波兰驻莫斯科大使馆的备忘录，其中介绍了生活在中国东北的波兰侨民的现状以及需要尽快解决的最紧要事务。这封信通过苏联驻哈尔滨总领事馆发出。这看起来是可以理解的，因为还不存在同华沙的波兰政府取得联系的其他可能性。在提到的重要事务中，当然有两件是最紧要的：失效护照的延期问题（其中最晚颁发的护照，有效期也已于1945年1月1日过期）以及有关"倾向于回归波兰"的消息，还有就是问及归国的可能性。后来波兰进步小组倡导者卡吉米日·柯隆科夫斯基也以个人名义同波兰政府以及苏联政府建立了联系。他在1946年11月2日就通过苏联驻哈尔滨领事馆向苏联莫洛托夫部长本人发出了一封信。

一年后，华沙政府做出决定，让在东北的波兰人归国。1949年春，一名从波兰来的特别代表专门为此事来到哈尔滨，他就是海军上校科沃索夫斯基。1949年6月初，公民归国委员会依照特别代表的要求，向留在东北的波兰人发出呼吁，要求大家提交书面申请连同两张照片，以便将我们战前的护照更换成新的，也就是当时波兰公民出国所使用的护照。那是一张很详尽的表格，里面包含一系列问题，包括是否打算前往波兰（给出计划的日期），是否打算送孩子在波兰上大学，与其他国家公民的家庭及亲属关系，家庭成员中谁掌握波兰语，谁不掌握波兰语，是否打算前往其他国家，是的话打算前往哪个国家以及其他很多问题，包括对波兰新政权的态度问题。

这件事发生的时间与所有波兰公民再次被从铁路工作岗位上清除出去的时间恰好重叠，如我们所推测的，这绝非偶然。在只有唯一一个大雇主——铁路部门

（已经更名为中国长春铁路）点头的情况下，才能做到这点。大家推测，这样做是为了增加愿意回波兰的人数。这个决定只能是苏联方面做出的，因为中国铁路当局当时很需要尽量多的本地专家留在铁路上，因为那些从莫斯科派来的专家费用要高好几倍。大概在某一场合，我又被告知，我不能在哈工大继续学习，因为那是铁路院校。1949年共有约八百人确认准备就绪，并出发前往波兰。我未在其中。然而有人给我出主意说，让我去找科沃索夫斯基上校，请他出面帮忙。当时他跟我说，年轻且富有才华的工程师（那时我的确年轻，有能力，再有一年就能毕业）在波兰被视若珍宝，在那儿保证有工作，而且前程远大。他问我大学毕业后是否准备回国。我回答是的。当时他给了我一张卡片，跟我说，让我把自己的请求书面写下来，而且在申请里面要特别强调，我打算回到波兰。我把自己的申请写好放在了他那里。科沃索夫斯基上校于1949年7月24日从哈尔滨离开。两天后我被叫到哈工大，让我立刻去蒸汽机车车务段报到，我要在那里进行暑期实习。

我在回波兰之前在哈尔滨度过的最后两年，对中国历史来说无疑是具有转折意义的两年，对于波兰移民史也同样如此。而对生活在中国的所有白俄移民的命运来说，影响也同样巨大。不仅是在中国东北，继哈尔滨之后，在中国中部最大的俄罗斯人聚居地上海，情况也非常相似。在那里，斯大林允许（不同于哈尔滨）白俄移民大规模归国，迅速地向他们颁发了苏联公民身份。最后两年里发生的事件，同样使得我们彻底放弃了之前前往澳大利亚定居的念头，决心前往波兰。人们称这种打算为"回国决定"，而这在我和我的家庭身上没有任何意义。回什么国？国在何方？我清楚地知道，与其他人不同，我在波兰没有任何家人。

在1949年年初的时候，人们还觉得蒋介石的军队将继续向北进攻。在距首都不远的位于山东半岛的港口城市青岛，还驻扎有美国的军舰和空军。美国飞机从那里起飞，一次次轰炸中国北方和东北地区的共产党部队前线。但哈尔滨位于中

▼ 临出发前往波兰之前，我与邻居夫妇在我们院落破败的大门前合影（1950 年 12 月）

国东北的腹地，从未成为美国空袭的目标，尽管侦察机时常出现在我们头顶。那是一些双体机（大概是F41或者F42），被当地人称为"方格子"，因为它们飞得很高，从地面上看，就像一个小小的双十字或者小方格，在天空画着"圆圈或者十字"。每次它们出现在哈尔滨上空，都会引来分布在城市各处防空阵地的轰鸣的炮声，尽管这并没有什么用处。有一次，一架飞机开始高速俯冲，然后以同样猛烈的速度，几乎是垂直的向上爬升，直接朝着太阳的方向飞去，以便隐身于刺眼的太阳光里。只有防空炮火射出的炮弹在天空爆炸后形成的一小朵白云，长时间停留在空中。

当时对这件事有很多评论，尽管不管跟谁谈及此事，都没有人看清楚整个事情过程。据说是飞行员扔下了一个联合国包裹（联合国发给战争受害者的包裹），送给南岗区一个铁路居民区里的一个小院的。那个院落属于某个俄罗斯或者波兰家庭。人们猜想，飞行员一定对城市非常熟悉，也很熟悉包裹要投递的那个家庭。也许他甚至曾经在那里住过。当然立刻有中国的防爆部队出现在现场，询问了事件的所有证人，包裹也被拿走了。我在"波兰之家"听到一个笑话，说那一定是个波兰飞行员，而且一定是个哈尔滨的前居民，因为美国牛仔从哪儿来的这股聪明劲儿和轻骑兵般的想象力！此事过后不久，美国人就停止了对哈尔滨的侦察飞行。后来我们得知，他们已经放弃了在青岛的基地，连同飞机一起迁到台湾去了。

1949年1月31日，共产党的部队和平解放北京。在此之前的新年致辞中，蒋介石表示愿意进行和谈。就像之前曾经发生过的一样，在双方军队一番较量之后，只要前线的炮声一停，双方的讨价还价便立刻开始。在国共和谈再次破裂后，中国人民解放军开始取得气势如虹的胜利。4月23日，他们解放了蒋介石的"首都"南京，而仅仅四天之后，就解放了中国最大和人口最多的城市——上海。

6月8号的期限临近了，在这一天，归国名单上第一批归国人员即将启程。但是人们发现，由于某种原因，苏联列车没有抵达边境车站满洲里。按照计划，归国人员将乘坐苏联火车穿过苏联领土抵达波兰边境。这给那些已经辞掉了在铁路上或其他单位的工作，变卖了全部财产的人造成了困扰。现在他们身无分文，因而盼望着尽快离开。在报名回国的人中间，有很多之前是铁路员工，他们以比市场价值低得多的价格卖掉了自己的房子。起初是苏联军队，后来是中国军队入城之后，这些房价已一落千丈，因为那些有钱人，包括有钱的中国人都因为怕露富而不想买不动产。不动产唯一的买家是哈尔滨人民政府，它确定的价格水平比不久前的市场价要低很多。那些回国的人把卖房子的钱用来买些之后在波兰能够变现的物品，以便在回国之后能够尽快安顿下来。由于不能把美元和黄金从中国带出去，所以大家都把钱用来买裘皮、皮大衣和皮夹克、布料和丝绸等。而此时，由于出发日期的延迟，他们需要在哈尔滨再停留两个月。

波兰共和国是在中华人民共和国于1949年10月1日成立后，最早与中国建立外交关系的国家之一。波兰正式承认新中国是在10月7日，即在苏联承认新中国之后的第四天。1950年初，波兰大使馆在北京开馆。不久，波兰第一个领事馆在距北京约二百公里的港口城市天津启用。不同于中国最大的转运港口上海，这个中国北方较小的港口未遭战火破坏，而上海则遭到国民党飞机的多次轰炸。那些轰炸机由美国人驾驶，这在哈尔滨是人尽皆知的秘密。

不久，第一条波兰商船抵达天津。华沙已经决定，波兰人的归国行动将通过海路，由波兰远洋公司的轮船完成。哈尔滨的波兰语周刊《祖国》报道了这一消息。但那个时候，已经有越来越多的关于波兰生活状况的消息（经常是热情洋溢地）传来，其来源是1949年已经回国的人员。我收到了几封同班同学维克多·扎莱夫斯基的来信，他走前答应将写信告诉我波兰的真实情况，他履行了诺言。

不久，《祖国》周刊通知所有留在哈尔滨的波兰居民，将有两名使馆工作人员从北京来哈尔滨，向那些愿意前往波兰的人，通报新的归国条件，会面将在道里区的商业俱乐部大厅举行。我和娜塔莉亚（后来成为我的妻子）去了那里。大厅里人山人海，因为除了从伪满洲国时代作为波兰公民的波兰人以外，还来了很多现在自称有波兰血统的人。其中还有几个我在两所大学学习时的同学。

使馆的两名代表都来了，严格地说，代表使馆及其所属领事处的是德培拉辛斯基秘书，而另一名——格鲁什凯维奇领事，是新任命的波兰驻天津领事。谈话的是德拉辛斯基。他给人的印象是一名见多识广的外交官，身穿一套剪裁得体的西服，能够在两个小时里快速而坚定地回答所有问题。格鲁什凯维奇坐在旁

OJCZYZNA

NIEZALEŻNY TYGODNIK DEMOKRATYCZNY

„Każda nowa fabryka zbudowana w Polsce, każdy traktor rzucony na wieś, każdy sukces w produkcji przemysłowej czy rolnej —to jednocześnie wkład do walki o pokój".

PRACUJĄC DLA KRAJU PRACUJEMY DLA SPRAWY POKOJU.

(„Głos Ludu")

哈爾濱波蘭民主週報

Nr. 13/125 | Sobota 26 marca 1949 r. Charbin. | Cena 1.000 Yuani.

Tymczasowy Polski Komitet na Mandżurię wzywa wszystkich Polaków i obywateli polskich na

WIEC w sprawie repatriacji

Wiec odbędzie się w niedzielę dnia 27 marca b. r. o godzinie 3-ej po południu w sali »Domu Polskiego«.

Pełnomocny Delegat Rządu RP ob. Jerzy Kłossowski przybył do Charbina

Dnia 22 b. m. przybył do Charbina Pełnomocny Delegat Rządu RP ob. Jerzy Kłossowski, entuzjastycznie powitany przez zebraną na dworcu kolejowym całą kolonię polską.

Możemy podzielić się z czytelnikami, uzyskaną od ob. J. Kłossowskiego wiadomością, że nasza repatriacja, która jest jedynym celem jego przyjazdu do Charbina, będzie przeprowadzona w tempie możliwie szybkim i rozpocznie się prawdopodobnie w pierwszych dniach maja.

Wszelkie szczegóły dotyczące warunków w jakich odbędzie się nasza repatriacja, będą podane do ogólnej wiadomości na wiecu obywateli polskich, który odbędzie się jutro w niedzielę dnia 27 marca w „Domu Polskim", o godzinie 3-ej po południu.

Obywatele polscy zamieszkali poza Charbinem, łącznie z zamieszkałymi w Dalnim, Mukdenie i Tientsinie, będą listownie powiadomieni o terminie i warunkach repatriacji.

1949 年 3 月 26 日出版的波兰语周刊《祖国》的剪报，上边有关于波兰政府代表抵达哈尔滨以及召开返波大会的消息

边，大概只说了一两句话。所以我们有了一次难得的机会，来确认自己的归国意愿（如果到此时还没有做出决定，则可以先报名）。归国是免费的，波兰政府承担了回波兰的全部旅费和旅途中的生活费用。由波兰远洋公司的轮船负责运输，几乎要环绕整个世界，只是不用绕过非洲大陆，而是通过苏伊士运河。旅行将持续六至八周。抵达波兰后，我们可以先去一个疗养地免费休假，然后选择一个自己合适并能够胜任的工作，在波兰的任何地方都可以。只有华沙除外，除非某人有近亲住在华沙，而且须声明可以凭现有的住房面积接纳归国人员。人们当然有很多具体问题，但也有一些政策性问题，对此德培拉辛斯基先生也都做了非常详

▼ 我的结婚证书，1950 年 6 月 30 日由哈尔滨市政府颁发。我们的婚姻关系得到中国政府和波兰政府的认可，但在 1958 年之前未得到苏联政府的认可

尽的回答。最常涉及的是跨国婚姻问题（波—苏或者波兰和其他国家的跨国婚姻）以及那些由于各种原因早前拥有"俄罗斯移民"身份，而在1948年之后事实上几乎是被迫被认定为苏联公民的波兰裔居民问题。在前一种情况下，答复是波兰人的配偶可以持自己的护照前往波兰，抵达波兰后他们将可以获得波兰国籍。遗憾的是，事实并非完全如此，因为他们的确可以凭本人护照前往波兰，但此类婚姻是按照中国法律缔结的，并不被苏联政府所承认。我们自己就亲身经历了这种情况，因为我的妻子直到1958年，也就是抵达波兰七年、斯大林去世五年、在相关规定修改后，她才获得了波兰国籍。关于那些持苏联护照者的问题，答复就

不太明确了，说法是：政府正在与苏联政府进行某种谈判，不久就能把事情解释清楚。北京使馆的工作人员完成了自己在哈尔滨的使命后便离开了，表示愿意回国的波兰人远超那些愿意留在东北的人。

1949年12月，我结束了自己五年大学生活的最后一个也就是第九个学期的学习。我也完成了所有实习项目，满足了写毕业论文的所有条件。在选择论文题目时，我考虑论文内容要超出铁路范围，这将有助于将来在铁路行业之外找到工作。等待我的仅剩一次毕业前实习，地点是在从前的铁路装配总厂（现在更名为蒸汽机车和车厢装配厂）。差不多半个世纪前，我父亲在那里装配的设备这时仍然在运转。我可以选择在哪个部门实习，最后我选择了铸造车间。我大概没有意识到，与其他部门相比，例如我大部分同学选择的机械车间，那里的工作更加辛苦，对健康（对生命）也更有危险。1950年1月我开始实习，实习期整整两个月，之后至少理论上我可以无限期地在该车间就业。

就在此时，格鲁什凯维奇领事又一次来到哈尔滨，住进城里最好的饭店，那家饭店在伪满洲国时期名为"大和旅馆"。他来哈尔滨是为了第一批即将启程通过海路回波兰的人做准备工作。我不在那份名单上，但他特别派了个人到我家，通知我第二天在指定时间去见面。我家仍然没有电话，邮局运转还不错，但出于某种原因，他宁愿专门派人来请我。

当我走进他饭店的房间时，他给服务员打电话，还问我喝茶还是喝咖啡。我羞于承认自己从来没有喝过咖啡，之前我和姑娘们去咖啡馆的话，总是点茶和点心或者吃冰激凌，因此我要了咖啡。那时某个带着领事头衔的人对我来说是个非同寻常的人物，有点像另一个世界的来客。我第一次和他谈话就确信，他是个非常智慧且知识渊博的人，而且很会说服人。他与上次来的那名同事——德培拉辛斯基不同，德培拉辛斯基没有赢得我的信任，因为他承诺所有的事都能够达成，这使得格鲁什凯维奇与其他人格外不同。他熟悉文学，我们聊到了波兰著名作家显克维奇、普鲁斯和热罗姆斯基。他问我最喜欢哪位作家，我说我喜欢热罗姆斯基，因为他笔下的都是些普通人、穷苦人，与这些人最亲近。他与我的想法相似。我向他承认，我一直想成为作家，学习工科的决定是迫于父母的期待。而他认为，工程师是前程更好的职业，而写作呢？我不知道为什么他提到，波兰正施行审查制度，我不能想写什么就写什么。还说作家是一份不够稳定的职业。

▼ 1949 年，在出发去波兰之前，我与未来的妻子娜塔莉亚在松花江边留影

133

　　我没有想到他会直截了当地说出这番话。也许与德培拉辛斯基相比，他的不同之处就在于此。在描绘国内形势的时候他更加谨慎，他提到了仍然很低的生活水平，提到了战后的住房困难问题。当然说国家给归国者保障住房，但在某些城市只提供一些合住的房间。对此我之前毫无概念，遗憾的是，在波兰生活开始的头十年，也许是由于我自己的原因，我们就住在这种房子里——共用浴室和厨房的两间合住房间。也许正因为如此，当我自己已经作为领事前往广州的时候，仍时常回忆起与格鲁什凯维奇领事在哈尔滨当时最高档的饭店里进行的那次谈话。他在多大程度上想客观地帮助我做出艰难的决定，在多大程度上把我当作一个幼稚的年轻人和懵懂无知的说服对象？他先问了我的学业，问了我在铸造车间的工作，又问了我的生活条件和生活状况。没有涉及我的个人问题，尽管他肯定从什么地方得知我已经有女朋友了，而她不是波兰人。我讲到毛主席原计划访问我工作的那个蒸汽机车和车厢装配厂，未能实现。他对此非常感兴趣。另外一件令他感兴趣的事是在哈尔滨停留期间，毛主席就住在原属于一个波兰木材商考瓦尔斯基的别墅里。他知道，毛泽东在1950年与斯大林进行了那次决定性的会谈后，途经哈尔滨回国。但是他还不知道，或者认为还不应透露给我，在这次会谈中，毛主席向斯大林提出了要求苏联放弃对东北铁路，以及在大连和旅顺军事基地的所有权力。这对我非常重要，因为中国人从来没有同意把波兰人从铁路上清除出去，而在我出发前往波兰后不到一年，中国长春铁路就完全收归中国主权管辖了。

　　在我们谈话的最后，他问我，是否还打算在获得毕业证后回到波兰。他提到，我向科沃索夫斯基上校提交过这样的声明。我必须确认或者尝试撒谎，我选择确认。这时他请我再坐一会儿，说他还想给我一些建议，不是作为国家的正式代表，而是完全私人的建议。为了让我不再动摇，把自己写进愿意回波兰者的名单上，他说中国的局势和世界形势在向不利的方向发展，谁也不知道被驻台美军武装而且有美国航空母舰支援的蒋介石军队，是否会试图重新获得在全中国的政权。他还说到时就不仅只限于轰炸上海。我也有同样的感觉。他把名单给了我，我一句话没说就签了字，尽管我至少应该提前告诉娜塔莉亚和我的母亲。

第 **9** 章

告别亚洲

　　1950年圣诞节，我们有一棵漂亮的、泛着松脂味的圣诞树，尽管比以前小很多，树上装饰着玻璃彩球和彩链，后来我们把这些东西装进纸箱放进了行李箱。节日是在岳父母家度过的，新年则去了铁路俱乐部的传统舞会。我必须放弃完成毕业论文的计划。无论是家里的条件还是气氛都不允许了。1951年2月3日，我从哈工大的系主任办公室得到了结业证书，证明我等同于职业工程师级别，可以在波兰完成硕士论文。在领事再次来哈尔滨期间，他认证了我的证书的真实性，并在证书上加盖了领事馆的圆章。

　　在允许携带的三百公斤行李中，有一百公斤是从哈尔滨带回来的书籍和工具。空木箱和旅行箱本身占了另外一百公斤，剩下的是我们的被褥、衣服、基本日用品和瓷器。托运的书籍里边，关于火车机车和车厢的书后来对我毫无用处，非常有用的是那些关于远东和中国的书。我出版一本本书籍的时候，都会经常拿出来翻阅。同样非常有用的还有那些工具和箱子，特别是在抵达波兰后的最初几个月。在我买得起最便宜的木床之前，我们在木箱上睡了几个月。买褥子的钱不够，这时旅行箱就发挥作用了。随身有工具，我可以做个类似过街桥的东西，上面铺上用麻袋缝成的垫子。

能坐进客运列车，这无疑让我们感到满意，因为之前目睹过两列货车载着归国者驶离的景象，他们要乘货车穿过整个苏联。我们那

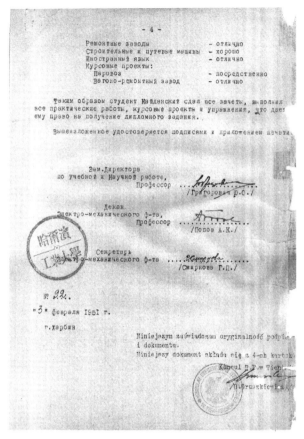

▼ 我的哈尔滨工业大学毕业证书（1951年2月）的最后一页，这使我回到波兰后有资格在波兰大学里完成论文撰写工作

一组有八个人，都被写进一本共同的集体护照，这种护照我有生以来还是第一次见到。

这次两天的火车旅行给我留下最深的印象是看到了大海。我之前从未去过海边，我的妻子也没去过，尽管她们家的经济条件能够允许他们至少到大连去度假。大连是距哈尔滨最近的港口城市。在离港口还有几个小时的路程时，大海第

一次露面，之后第二次看到大海是在我们即将下车的秦皇岛火车站之前的一站。那一站的站名是山海关，在这里我第一次看到了中国的长城。长城东端的起点就是一座名为山海关的要塞，位于渤海湾的海滨，渤海湾曾经被欧洲人称为"鞑靼之门"。通过这座距北京约二百公里的要塞大门，中国的一位将军——吴三桂在1644年把清军铁骑放进了中国内地。他指望清军镇压农民起义，把占领北京城的起义者赶出去。不过清军再也没有离开中国的首都，而是把自己年幼的皇帝扶上了中国的皇位。他们建立了一个新的统一王朝——清朝，统治了中国近三百年。

秦皇岛在二十世纪五十年代仍然是一个不大的港口城市，不同于天津，在那里我没有看到任何吊车。波兰"米柯瓦伊·雷伊号"轮船的代表在火车站迎接我们这些归国人员。他自我介绍说是"文化教育官员"，我们整个的返波旅程都将由他负责。在他的帮助下，我们领取了自己的行李。那些行李是随列车一起运来的。当我们到达海边时，船上正开始卸载运来的白糖。我不太确定，除了用麻袋运来的白糖之外，这艘船是否还运来了其他货物，但是"米柯瓦伊·雷伊号"是一艘万吨轮，这意味着它应该运来了一万吨

▼ "米柯瓦伊·雷伊号"轮船，我就是乘坐这条船回到波兰（1954年的明信片，作者本人收藏）

货物，而船员们确信，没有起重机吊车我们得在港口耽搁几个月。的确，中国人在船舷旁用木板搭建了两条跳板，我们通过其中一条上了甲板。这两条跳板即便是在微风吹拂时也会摇晃得厉害，领着老年乘客上船以及搬运我们的行李上船都不是一件容易的事。

负责卸货的官员请我向监督人员解释，他担心如果没有起重机，轮船可能得在港口里耽搁几个月。我们的谈话是在财务室里进行的，那里的中国人笑了起来："几个月？他们一周之内就能卸完。"事实也确实如此。货船上的吊钩把装着白糖的麻袋从船舱里吊到甲板上。在一条跳板旁，装卸工排成长长的队伍，每隔几秒钟过来一个人，两个人帮他把麻袋放到背上，然后沿另一条跳板下船，把麻袋留在岸上，再重新回到队伍里来，有时候也会换班。这是一条非常高效的人体传送带。

如果说在当时没有起重机的秦皇岛港从轮船上卸载几千袋白糖用了一周多时间（我在波兰出版的《我的亚特兰蒂斯记忆》中描写过此事），那么装载一万吨波兰在中国采购的大豆所花的时间则要少得多。大豆存放在高高的筒仓里，通过用苫布做成的圆筒，把大豆直接输送进船舱。我们从甲板上看着，轮船在货物的重压下，吃水越来越深，直到船体用红漆新涂的部分完全消失在水下。船员们开始着手将船舷的水上部分涂成钢铁的颜色。

那时我们没有想到，因为那些装到船上的大豆，我们在波兰的生活变得与预料完全不同。

1951年2月12日，我们启程前往位于山东半岛的青岛港。在港口附近，能够看到一些洁净祥和的小村庄，屋顶上覆盖着红瓦，给人一种奇怪的感觉。在哈尔滨我们没见过那样的房子，在之前几十年的时间里，山东曾是德国的殖民地。后来当我们乘坐的船驶入基尔运河的时候，我看到运河两岸的房屋与这里非常相似，再后来则是在格但斯克看到类似的房屋了。

"米柯瓦伊·雷伊号"的指挥官是远洋轮船的船长库宾先生。他对我们这些归国者非常热情。当他得知我们新婚不久，就让人把我们安排在自己的船长舱室里，里面有两张床。在人民波兰最初的年代，只有船长可以带自己的妻子远航。但库宾先生是一个人，他自己搬到了另一间舱室，大概是船东舱。他后来成了我们大女儿的教父。他说话很直爽，当面想什么就说什么。大概正因如此惹怒了上司，所以当他把船开到下一个中国港口青岛时，就被"拿掉"了，不得不把"雷伊号"移交给用飞机送来的马尔查克船长。他则从青岛回了波兰，大概是乘火车。

在离开青岛后，我们碰上了第一场春季台风。黄海汹涌的波涛扑上轮船的甲板，我们被要求在风暴停歇之前不要离开舱室。两天的时间里，船体摇晃得十分剧烈，以至于我们吃饭的船长室里，汤碗能从桌子的一头滑到另一头。大部分乘客都开始晕船，停止进食。我那时候非常瘦，很高兴地发现，晕船症状放过了我。有好几次只有一位乘客和我一起吃午饭或者晚饭。

航行的第六天清晨，我们又看到了陆地。在我们面前，左舷方向，显露出台湾北部的一个海岬——富贵角。我很想看看这个贝尼奥夫斯基在《回忆录》中曾详细描写的地方。大概因为船长意识到我们离蒋介石军队占领的这座岛屿太近了，船立刻开始折向中国大陆方向，有几个小时，陆地都从我们的视野里消失了。大约在中午时分，陆地再次显露出来，附近肉眼可见一些属于澎湖列岛（那时大家更熟悉的还是西班牙人给它取的名字，渔夫群岛）的岛屿。在这些岛屿附近，1771年贝尼奥夫斯基找了两个中国向导到甲板上，他们帮他把船（圣彼得和圣保罗号）驶入了最近的中国港口（多年以后我确认了那个港口是福建沿海的泉州港，也就是马可·波罗笔下著名的刺桐。马可·波罗在完成了自己在中国的使命后，从那里乘船返回欧洲）。夜晚时分，我们的"米柯瓦伊·雷伊号"已经把这个港口甩在了身后。

"米柯瓦伊·雷伊号"是波兰远洋公司（中波轮船公司那时还不存在）安全驶过台湾海峡的最后几艘轮船之一。海峡两岸部队云集，而蒋介石的炮兵持续从他们早先占领的金门和马祖两岛炮击福建沿海地区。每次这种攻击发生之后，中国中央政府都会针对国民党军队耐心地发布警告声明，但是几年中也只限于警告，如果我没记错的话，从来没有发生直接的武装冲突。而当我已经回到波兰，有机会在格但斯克读到每天的报纸时，对两艘悬挂波兰旗帜前往中国大陆的轮船"哥特瓦尔德总统号"和"劳动号"在台湾海峡被截阻并拖往台湾，感到非常担忧。两条船上都有"米柯瓦伊·雷伊号"上的船员和官员，我们那时还与他们保持着联系。还有归国者们，在那里经历了绝非愉快的审讯经历，而且最后还被建议留在台湾岛。这些事件之后，波兰海运部门禁止船只再通过台湾海峡航行，转而选择绕过台湾的航线。

贝尼奥夫斯基航行的故事我几乎烂熟于心，就像马可·波罗的故事一样。当我家里还有关于他们旅行的书籍时，我读了无数遍，所以在轮船驶到大海深处，全速驶往新加坡之前，即便没有地图我也能知道，我们什么时候经过哪里。清晨，从船的右舷还能看到远处绵延的中国南部海岸，连同围绕澳门和香港的岛屿。葡萄牙人将这些岛称为窃贼岛，因为他们的海员摊晾在那里的船帆不翼而飞了。

在新加坡，很遗憾我们未能获准上岸，实际上对长时间在船上生活的我们来说，那是一件极具吸引力的事。航行了几周以后，一位海员向我们透露说，上一条运载归国者的船只未能把所有人运到格丁尼亚。我的音乐老师兼寄宿学校的乐团指挥，在哈尔滨时曾为了挣外快到夜总会参加夜晚演出。在新加坡停留期间，他们获准下船几个小时。巧合或者并非巧合，他遇到了一个东北来的熟人，那个人说服他留在了这座城市，没有再回到船上。但是当我们驶抵亚丁港的时候，我们得知可以下船登岸，去采购些所需的物品。

"米柯瓦伊·雷伊号"是在第一次世界大战结束后不久建造的，因此船速较慢——以九节的速度航行，我们前往波兰的航行持续了两个半月，而较新的船舶能在六周内完成这一航程。这条船是几个月前连同全部设施和储备一起购买的。船上还有热带水果做的果酱，我们在哈尔滨已经多年没有见过了，所以吃起来觉得非常可口。库宾船长身材非常健壮，他笑我们这些归国者，在中国和朝鲜经历了持续的战争，早已经饥肠辘辘了，所以让人不要关餐厅食品柜的柜门，在那里总能找到面包、黄油和那些用柑橘类水果做的果酱。

在第二次世界大战之前，大豆这种在中国用途广泛的豆科油料作物，在波兰并不为人知晓。然而在中国东北每家每户都有各种各样的办法使用大豆。当然基本用途是作为榨油的原料。大豆向欧洲的出口始于二十世纪初，开始只是向英国出口，但随着时间流逝，其他西欧国家也喜欢上了它。

多年以后，我才从哈尔滨企业家考辛斯基，也是我中学同班同学扬内克·考辛斯基的父亲的信里，得知了将大豆种子引入波兰的不成功尝试。那封信是他的家人提供给我的。信是1925年从哈尔滨发出的，收件人是他在波兰的弟弟。那一年，他在哈尔滨，而我也来到了这个世界。他跟中国公司签了三年的代理合同，这是家著名的出口公司，主要向西欧、美国和日本市场出口大豆和小麦。他从那家公司手里获得了向波兰出口大豆和大豆制品（豆油和豆粕）的专营权。企业家的本能告诉他，大豆及大豆制品，如豆油和豆粕，应该也能在波兰找到买主。那时候的东北大豆在世界市场上已经拥有了坚实的地位，作为其主要出口货物，被称为"满洲黄金"不无道理，尽管其出口不过十几年。途经东北的中东铁路完工之后，向欧洲出口成为可能。1907年，第一批五百吨大豆被出口到英国，很快又发展到向荷兰、丹麦和德国出口。大豆生产在东北平原变得非常有利可图，以至于中国农民开始大规模种植，而之前，这些种大豆的田地主要用于种植高粱和黍（黄米）。大豆种子质量的改良和在东北种植的推广，都首先得益于东省文物研究会的实验站，该协会的建立也有波兰人的参与。遗憾的是大豆向波兰的出口没有成功，考辛斯基被迫转而从事别的生意。

回到我在二十世纪五十年代与大豆完全偶然的因缘。按照国际海事法，货轮不能运载旅客，因此前往波兰的归国人员必须注册为船员。因为我已经，或者差不多已经是工程师了，所以我被分配到轮机舱。在整个航行期间，我都在工具舱室里做一些零活。还在哈尔滨工业大学上学期间，我就学会了金属刻画，轮机长让我把设备上所有挪威语的黄铜标牌都换成波兰语的。我待在船上的时间几乎都在做这项工作。另外其他一些船员安排我做的临时性工作，我也必须完成。我记得，有一天我和一位执勤的船员下到货舱里，他得到的指令是检查货舱里散放的大豆温度是否过高。这是一项使用专门温度计的常规性检查。温度计固定在一根长竹竿上，所以那位船员请我帮忙完成这个工作。我从他那里得知，我们的货物大部分要运往格丁尼亚，那里有一些大型油脂企业，可以将这些大豆榨成油。他还告诉我，那些企业还使用战前的名字"联合厂"，他的一个叔叔或者是舅舅在那里工作。因为我曾经在这样的大豆榨油厂里实习过，所以我问他，榨油后残留的东西，也就是豆粕怎么办。

"什么怎么办？"他对我的问题很惊讶，"拿去喂牛或者喂猪。"

现在轮到我吃惊了，因为在几年前我曾实习过的那个工厂里，豆粕会被继续加工，做成豆面，而豆面可以用于烤饼、做点心，甚至做成牛角面包的馅儿。在战争的最后几年，外国人的面包供应成为很大的问题，实行凭票供应，而且数量太少也不够吃，所以在实习结束时，除了报酬之外，我还额外得到一袋豆面，让我非常高兴。有几个月，我们都把豆粉加到几乎完全没有肉的烤肉饼里，加到土豆饼里，还有其他各种食物里。就是由于我对大豆多样性用途的非常粗浅的了解，后来我被带到了波兰联合工厂的研究所工作，在那里我开启了一项全波兰的豆粕食物用途推广计划。关于这件事的结果如何，我会在下一章里详述。

在船上，妻子和母亲不像我那样忙，尽管女乘客承担着船上服务员的职责，即布置海员餐厅里的餐桌，理论上还要负责餐后的打扫工作。但实际上通常是船上的服务员代做了。除船长外，只有大副、二副和三副以及轮机长、大管轮、二管轮，还有事务长、船东代表（如果随船航行），还有就是我们这些乘客可以进入海员餐厅就餐，一共有大约十五个人。

中国南海上的惊涛骇浪往往让船舶连续颠簸好几天，大部分乘客这时都待在床上。我很幸运，由于瘦削的体形，对晕船有较强的抵抗力，所以一顿饭也没落下。当我们行驶到印度洋的时候，天气好了起来，变得温暖，不久就变得非常热了。当然，那时轮船上还没有任何空调设备，船员们为我们在甲板上搭了遮荫蓬，下面凉风习习，比在狭窄的舱室里舒服多了。现在，在每天分配的食物、物品中，我们还额外得到两个柠檬和一些奎宁药片，防止我们患上黄热病等热带疾病。我们老老实实地服用了那些药片，把柠檬汁放在水里加热饮用，但每天顶多是三个人分一个柠檬。在厨房工作的那名船员很热心（我之前从他那里取了丝绸，放在自己的行李里）。他告诉我，不要不拿柠檬或者把它们扔掉，因为格丁尼亚有一个私人小商店，我们可以在那里把柠檬卖个好价钱。而且他立刻把我带到储藏蔬菜的冷藏库，找到了一个空纸盒，我把我们的柠檬都放在了里边，然后藏在了一个小柜子里，上了锁。旅行结束时，已经攒了约十公斤的柠檬。在我初到波兰，还没拿到第一份工资之前，靠卖柠檬赚的钱生活了好几周。

我们的航线穿过马六甲海峡，那里只比赤道高几个纬度，因此我们目睹了许多奇异难忘，甚至令人窘迫的传统海祭仪式，出场的有古代海神尼普顿，内容包括在泡沫和煤焦油中洗澡以及其他一些娱乐，通常是海员们为那些第一次穿越赤道的"旱鸭子"准备的。

轮船驶入印度洋水域后，在船尾部分用木板搭建起一个相当大的泳池，外边蒙上防水苫布。在固定时间，这个泳池专门给乘客使用。但使用这个泳池的大概只有我和妻子，对于年纪大的人来说，爬过泳池外边搭建的木梯进到泳池里，不是一件容易的事。在接下来的两周里，除了沿途散布的平缓的小岛，如马尔代夫和尼科巴群岛外，我们没有见到任何陆地。但我们可以欣赏到大鱼从水中跃起的情景——虎鲸，还有不时落在甲板上的飞鱼。

凭借一个海员的偶然建议，我们在亚丁港买了几个非常便宜的女式皮包，上面轧出金字塔、斯芬克斯和其他有埃及特点的图案（每件一美元），还买了几打同样工艺的带小镜子的粉扑盒和装硬币的小口袋。我后来发现，这些埃及的小袋子当时在波兰的确非常流行，因为是外国货。所有这些东西都很快就卖掉了，而且价钱很合适。其中一个埃及皮包被娜塔莉亚留下自用了。多年以后，某一天夜晚，当我打算整理我们初到波兰在三联城拍的照片时，我发现在一些照片上，她确实背着那个小包。

从亚丁出发，我们沿红海驶往苏伊士，从那里沿苏伊士运河前往塞得港。我们陶醉于两个港口不同寻常的氛围，那里小贩们五颜六色，驾着小船驶到轮船附近兜售货物，大声叫卖、奋力争夺每一个潜在客人。我还记得，从甲板上能看到塞得港英国区的美丽风光。那里有奢华的别墅、泳池，还有半躺在躺椅上、在埃及炽热的阳光下享受日光浴的俊男靓女，那肯定是战前英国殖民者的家人。那时，我们和娜塔莉亚都产生了相似的想法：我们也绝不反对生活在相似的场景里，以如此奢华的方式享受生活，就像那些无忧无虑的英国人一样。

在北京使馆的一秘到哈尔滨与我们见面时，他经常将波兰的生活条件与我们在哈尔滨的情况做比较，滔滔不绝地给我们讲新制度的优越性，还讲了哪些是波兰人在战前没有，而现在新的人民政权给了波兰人的。大概给听众留下印象最深的就是在今日的波兰，每个工作者都确保一个月的带薪休假，这期间还可以花很少的钱去疗养。"疗养"——对于我们这些在哈尔滨生活的波兰人来说，这是一个新词汇。还有就是被告知，我们所有的人，所有当时坐在道里区商业学校大厅里听讲的人，只要在格丁尼亚或者格但斯克一上岸，立刻就可以获得疗养通知，在旅途劳顿之后，立刻去美丽的波罗的海岸边休养。如果有人愿意，甚至可以去山里，去克尔科诺谢山或者塔特拉山。当然关于一些鸡毛蒜皮的小事，如盛夏时节的波罗的海的海水也只有将近18℃，最多20℃，他当然没有跟我们讲，干吗要讲呢？但正因如此，我记住了他列举的一个海滨疗养地的名称——韦巴。那里的房子一面朝向蔚蓝的大海，另一面对着金色的沙漠，就像非洲的撒哈拉沙漠一样。我们中间几乎没有人见过大海，有着金色沙子的沙漠也一样，所以这个炎热的塞得港别墅区，让我们联想起了波兰的韦巴。匪夷所思的是，二十年后我有机会造访了塞得港，也造访了那个受到使馆工作人员赞不绝口的韦巴。塞得港那时面目全非，一个后殖民地港口，没有了晒日光浴的英国男男女女，但有着人流涌动、人声鼎沸的集市——充斥着各种超乎我们想象的货品。而韦巴呢？与波兰使馆工作人员赞美的这片海滩时相比，可能变化不大，但肯定不是我曾经想象的那个样子。

对于接下来的航程，我们已经没有太多兴奋和印象了。到了地中海，我们从距马耳他不远的地方驶过。那时候，我们觉得这是一个非常迷人的小岛，树木葱茏。也许正因如此，让我联想起太平洋上的那些岛屿。在我开启这次从亚洲前往欧洲的生命之旅之前，曾读过很多关于那些太平洋岛屿的书。上中学时，我如饥似渴地阅读那些有关旅行的书籍，当然包括欧洲文学中此类经典著作，如儒勒·凡尔纳的《神秘岛》、丹尼尔·笛福的《鲁滨逊漂流记》以及罗伯特·史蒂文森的《金银岛》等。后来我有机会比西欧任何国家都更近距离地认识马耳他。它并非像从海上看到的那样郁郁葱葱，但仍然给我留下了十分深刻的印象，不仅是因为那里人们的生活比波兰好很多，更主要是因为那里的人们对我们这些来自"铁幕"另一侧的人热情相待。后来，在二十世纪七十年代初，我本应因公前往英属直布罗陀，但恰恰就在我已经拿到了英国签证（以及西班牙和突尼斯签证）的时候，我接到一份颇令人挠头的任命，要我立刻前往广州担任驻广州领事馆的领事，任期三到四年。

轮船进入了大西洋，那里恼人的比斯开湾以狂风巨浪著称，整整两天里，巨大的"米柯瓦伊·雷伊号"被巨浪抛来抛去，就像人们形容的像"一叶扁舟"。这次我也没有遭受晕船之苦，但母亲和娜塔莉亚就没那么幸运了。然后是从英吉利海峡眺望法国和英国的海岸，接下来是驶过让人心旷神怡、比苏伊士运河要窄一些的基尔运河。运河两岸狭小但洁净的房屋，都有着红色的屋顶，就像童年在安徒生童话里看到的一样。跟我之前在山东青岛的租界区以及很快在波兰的格但斯克看到的一模一样。

我对欧洲气候的第一个感受可以归纳为一个字——冷！欧洲的气候与我们自童年时代就已经习惯的气候大不相同。已经是四月中旬了，我和妻子站在轮船甲板上，还穿着秋天的大衣，觉得冷暖正合适。而在运河边的道路上，骑自行车的德国姑娘则穿着短袖连衣裙，老人们顶多穿件毛衣。这不是我们东北的天气，那里的冬天，即使到了零下40℃，我们也不戴护耳帽，但在四月中旬穿短袖？我们到六月初，气温达到20℃以上时才能这么穿，然后一直到八月中下旬，这其间两个月的气温都维持在略低于40℃的水平。

1951年4月25日，"米柯瓦伊·雷伊号"停在了格丁尼亚的锚地。我们的眼前就是波兰了，我对它只有一个比较模糊的概念，主要是依据在北京使馆工作的人员德培拉辛斯基先生的承诺得出的，还有就是不时来哈尔滨的格鲁什凯维奇领事在对我们发表的演讲中所描绘的。受领事先生的描述所鼓舞，我仿佛看到自己坐在配有电视机的宽敞的娱乐厅里，坐在松软的皮沙发上。那时皮沙发对我来说是难以想象的奢华的象征，我只记得童年时代在秋林公司父亲的办公室里见过这样的皮沙发，还有就是在我们曾去拜访的一个富有的中国人家里，再后来就是在李特夫斯基领事的家里。我在哈尔滨时偶然看到一本美国杂志，里面刊发了一张电视机的照片，还有对这个二十世纪非同寻常的技术奇迹的描述。不知为什么，我觉得没有电视，就算不上欧洲。但实际上我没有看到电视，也没人带我们去娱乐厅，我们必须经历一长串各种入境手续。最后，我被（妻子和母亲被留在了大厅里）带到港口的一个小房间。在那里没有任何解释，直接给我照了相，相片上的我看起来仿佛刚刚从监狱里出来。几分钟后，我才恍然大悟，我拥有了一份黄色证明，上面印着一行字：归侨证。

在滨海火车站旁边的小广场上，我们连同自己的行李被留在了那里，铁丝网外边聚集起一大群好奇的人。那也许是正在休息的港口工人，或者是滨海火车站的工作人员。第一印象是，我们跟他们穿得不一样。我只记得，归国者中有一位女士，头上戴着一顶周围带宽边的引人注目的明亮礼帽。在哈尔滨，大部分妇女都戴这种帽子。正因如此，她吸引了最多的注意力。终于，滨海站的大门打开了，等待远方来客的人群可以和大家相互问候。我们这一组中大部分人都有家人或朋友来迎接，然后随他们去到未来的住处。只有四个人留在了广场上：母亲、妻子和我，还有我们这组归国者中的最后一个——一位孤独的老头，应该有个人来接他的，但没有来。

过了差不多一个小时，来了一位国家归国事务局的代表，同时来了一辆大卡车。当我们把自己的行李放上车后，发现最后那位老先生不小心把皮大衣丢了。我们从滨海火车站去了国家归国事务局所在地的一处营房，我们要在那里度过开始的几天。国家归国事务局的主任被工作人员称为"布罗德卡"。当时他告诉我们，格丁尼亚的归国事务局正准备撤销，没法让我们在那里停留超过一周的时间。他想尽快送我们去什切青，并保证说我们可以在那里待到有住房为止。他可以凭我的归侨证为我提供去什切青的单程车票，但只能给我提供。妻子和母亲的票需要自己购买，但我没有买票的钱。我们决定，先和若文多夫斯基先生联系，因为他熟识我的父亲，可以给我们出些主意。我只有一周的时间，在一个全新的地方，没有钱，没有关系，要解决所有我认为最重要的事情，即住房和工作。安置我们住下的营房几乎是空的，虽然里面有几十张双层木板床。除了我们以外，那里只有一个自称的德国人，至少他是这么自我介绍的，尽管他波兰语说得不错。他肯定是个心理不太正常的人。德国人曾把当地的格但斯克人和附近地区的男人都招募到军队里，强迫他们与红军和盟军作战，关于这些我当时还毫无概念。

同一天，我从国家归国事务局拿到了发给我的补助。补助为九十兹罗提[1]，我唯一要说的是，这笔钱在当时也少得可怜。这时我们得知，无论补贴还是车票，都与我的母亲和妻子无缘，因为她们没有波兰国籍，关于这一点，到哈尔滨去的使馆代表"忘了"告诉我们。布罗德卡先生不断要求我下决心前往什切青。他跟我说："我们不能没完没了地留着你们。格丁尼亚的归国事务局正在裁撤。我们

---

1 兹罗提是波兰的官方货币，1兹罗提约合1.47元人民币。

没钱支付你们的餐费。什切青的归国事务局会接待你们，你们在那里可以停留到获得住房为止。"

我每次都回答说，我没钱买票。"那您就卖点儿什么。"他说。

我们有几样用于变卖的东西，但有人警告我们，让我们不要太着急卖，不要通过中间人，而是直接到国营典当行去卖，或者直接卖给有意买的个人，因为急着出手可能损失很大。所以我对他说，我没有东西可卖。

习惯了在轮船上的船员餐厅用餐，对国家归国事务局营房里的伙食就绝对不敢恭维了，甚至对我们这些早已习惯于各种饮食的人来说也是如此。早餐给我们的是加奶粉的谷物咖啡，奶粉很难溶解，都留在杯底，还有黑面包加一勺苹果酱或柑橘酱。午饭主要是我难以忍受的圆白菜汤，即便是在哈尔滨，那里的白菜汤也比这里好吃无数倍，再有就是一块什么肉配上土豆。就是在喝那个白菜汤时，我和娜塔莉亚第一次觉得，也许我们更愿意回中国。

第二天午饭后，哈尔滨波兰公民协会前主席莱托夫特先生来看望我们。他在波兰生活、工作已经有两年多了。他在格丁尼亚一个漂亮的区得到了一套住房。从莱托夫特先生那里，我获得了如何适应波兰战后生活的最初指导。他人很热情诚恳，但一开始就说，从第一批归国者（就是1949年乘火车穿越苏联回来的那批）回来已经过去了两年时间，情况变化很大，对归国者越来越不利了。他说，我应该自己去找工作，因为在波兰比较好找。最难的是住房。如果我有点儿运气的话，也许我可以留在三联城（指彼此毗邻的格但斯克、索波特和格丁尼亚三座城市），如果找不到的话，我就只得去什切青。但是他立刻提醒我，三联城的住房非常紧缺，所以他本应建议我去什切青，但是他不建议我去。因为那座城市被战争破坏得很厉害，除此之外，德国不承认它属于波兰，也许我们很快就会发现，自己在那里待不长。

在此，我需要向中国读者简要介绍一下，由于"三巨头"斯大林、罗斯福和丘吉尔在雅尔塔的决定，波兰战后的边界与被瓜分之前的边界相比发生了巨大的变化。它的东部地区连同维尔诺和利沃夫，在战后都被并入了苏联，而作为交换，波兰获得了所谓的"西部土地"，也被称为"收复土地"。那些地区在战前曾是德国的一部分，包括大型工业城市弗罗茨瓦夫和什切青，以及从前东普鲁士的部分地区，包括奥尔什丁和埃尔布隆格。在我们抵达格丁尼亚的时候正是"冷战"时期，由于对波兰西部边境奥德河和尼斯河一线缺乏国际认可，"西部土地"的居民忧心忡忡，即担心未来边界可能会发生变化。实际上格但斯克战前也不属于波兰，在其历史上有很长一段时间是"自由市"，居民主要是德国人，也有波兰人。它的位置离格丁尼亚非常近，而格丁尼亚从存在之初就是波兰城市。

临告别的时候，莱托夫特主席给了我一份居住在三联城的中国归国者名单。上面有斯科利亚比诺夫兄弟俩，他们是我中学的高年级同学。那时我和父母住在阿什河"波兰糖厂"的厂区里，波兰小学的一至三年级课程，我是找家教自己学的。然而接下来我需要到哈尔滨的初中上学，因此必须寄宿，就是住到一户哈尔滨人的家里。有人给父亲出主意说，让他去找斯科利亚比诺夫夫人，她是个寡妇，有两个比我大一些的儿子。她是波兰语老师，在"波兰之家"附属的启蒙学校里教书，而那兄弟俩都是那所波兰中学的学生，所以我父母觉得，住在她家既可以让我获得学习上的帮助，也可以在学校里和上学的路上得到那兄弟俩的照顾。

第 **10** 章

初到波兰

　　兄弟俩中的哥哥叫米莱克，他随第一批归国人员于1949年回到波兰，在格但斯克的弗热什奇区的雅思科瓦·多利纳大街旁边一个很漂亮的街区得到了一处住房。而他的弟弟尤莱克，战前中学毕业后回波兰读了大学——我从莱托夫特先生那里知道的——在从德国的战俘营里被解放出来后，也定居在弗热什奇区，在索布特卡大街附近。拿到了他们的地址，还有怎么去格但斯克的说明，第二天我们便开始了第一次三联城之旅。我们乘公共汽车和有轨电车到了弗热什奇区。米莱克已经结婚了，有两个孩子，住在一所漂亮的战前别墅的二楼，楼前有喷泉，楼后有花园，他把从哈尔滨带来的蔬菜种子种在花园里。我们也带了中国大白菜、白萝卜、西葫芦和茄子的种子，因为我们从信中得知，波兰没有这些蔬菜，而我们所有人都已经非常习惯这些蔬菜了。我在与米莱克聊天时得知，他弟弟已经搬到了华沙，在那里得到了更好的工作。但是这两天他正好在格但斯克交接之前的一些公务。在我们打算告辞回格丁尼亚时，尤莱克意外地来到哥哥家。他建议我们去弗热什奇区散散步，还请我们去附近的咖啡馆喝茶吃点心。后来发现，跟他的谈话成为我在波兰新生活的转折点。与米莱克相比，我跟他关系更近，因为他年龄小一些。上学时我们差不多同时下课，然后就一起回家。我向他透露了我们在归国事务局碰到的麻烦，以及他们想尽快把我们推到什切青去。而他跟我讲了，1939 年他回到波兰几个月之后，没能去上大学，而是被征召入伍，然后被俘，在德国的战俘集中营里度过了好几年。在那里他认识了自己的妻子。战后，他们结婚不久他的妻子就死于肺结核。他不想继续在家里住，因为他妻子就死在那栋房子里，所以他搬到了华沙。他来格但斯克几天，就是为了了结这里的一些事。我不记得那时他是否提到准备卖掉自己的房子，但我们在哈尔滨时已经从归国者家人们收到的信件里得知，波兰的住房虽然不归个人所有，而是"分配住房"，即属于国家，分配给国家公职人员，但实际上可以以半合法的方式买卖。

我们边喝茶边吃点心，在聊了半个小时之后，他对我透露，他还没有放弃自己在索布特卡大街附近的住房。他冲着老朋友的面子建议我说，我们可以搬到那所房子里住一段时间，直到我们的情况稳定下来。我问他是否要付钱和要付多少，对此他拍了拍我的肩膀说："以后再谈吧，等你们在波兰安顿下来再说！"

我们恰好这个时候在格但斯克碰到他，生活轨迹由此发展下去，当然纯属偶然，但对我们来说，又并非完全是幸运的机缘巧合。我必须承认，这不是唯一的一次偶然。从咖啡馆出来，我们直接走着去了尤莱克的房子。那是一幢原先属于德国人的住房，房子维护得不错，他的房间在二楼，与人合住。房子一共有五个房间，他住其中的两间，厨房和卫生间公用，还有一间用人房。房间全是空的，就是说没有任何家具，如果不算一张旧桌子（也算不错）和几把椅子的话。房子的主要住户是一位律师先生，他占着两个房间。这是一名来自波兹南的法律人员，带着妻子和半大的女儿。他可能是因为找到了好工作，在战后搬到了格但斯克。房子最里面的最后一间，住的是一位寡妇和她的女儿。我们只知道她是格但斯克人，丈夫被德国人掳到军队后死了，她自己在附近的一家糖果厂工作。

像格丁尼亚和索波特一样，弗热什奇区在战争期间破坏不大。只有通往格但斯克的宽阔的格隆瓦尔德大道是个例外，当时仍然在清理大道两旁的废墟。那里正在建造一些在当时来说算是很大的居民楼。不久我们自己就可以发现，在我们抵达波兰时，三联城的情况与两年前的确已经大不相同。那时还有大量德国人留下的楼房可供使用，这些建筑只须进行简单的修缮，比如修理屋顶、更换门窗等。现在这样的房子已经没有了。而格隆瓦尔德大道旁新住宅的等候者名单已经很长了。如我们看到的，我并不能期待因为自己持有归侨证而获得任何优先权。

在出发前往华沙之前，尤莱克还帮我们获得了两三个月的临时居住登记。在格丁尼亚的一条主要大街上，我找到了一家小食品店。有关这家食品店，我在"雷伊号"船上便从船员那里有所听闻。我在那里把积攒的柠檬卖了大约四百兹罗提。国营商店里没有柠檬出售，它们和咖啡以及其他热带水果一样，都是由"海员进口"的。我用卖柠檬的钱买了点食品，但还不够买新衣服。布罗德卡先生得知我在格但斯克有了住房，真心地表示高兴。而当我提到，尤莱克的房子里什么家具也没有时，他说我们可以把我们睡的木板床上的三张稻草垫子拿走，因为归国事务局取消了，那些垫子也没什么用了。布罗德卡先生给了我们一辆卡车用于搬运行李，我们就乘着这辆车去了弗热什奇区。我们来波兰时带了三百公斤行李，因为我们每个人可以免费携带一百公斤。苫布蒙面的巨大旅行箱还是父母从符拉迪沃斯托克带来的，里面放着我们的被褥、瓷器和饭锅，把它们留在哈尔滨太可惜了。第二个箱子上边装有漂亮的金属配件，是个木箱子，但也沉得多，那是我们从岳父岳母那儿得到的礼物。里面放的是我们所有的衣服。我还订了两

个木箱子，里面放的是我的书和工具。尤莱克的两个房间中，有一间带一个大阳
台。第一个房间是全空的，如果不算立在角落里的壁炉的话。那个壁炉很漂亮，
是格但斯克风格的，上面覆盖着瓷片，壁炉顶部安装着两个飘飘欲飞的天使雕
塑。第二个房间里有我前面提到过的一张桌子和两把椅子。我们把自己的两个木
箱并排放在那间屋里，算是给妈妈搭的一张"单人床"。幸好我们随身带来三套
被褥，连同一些马毛做的床垫。把它们放在从归国事务局弄来的草垫子上，足以
让人不至于在夜里被冻醒。我们也有足够的盘子、杯子和茶杯，因为我们结婚时
收到很多中国和日本瓷器作为礼物。我们也把炒锅和其他几个锅从哈尔滨的家里
运了过来，但我们既没有衣橱，也没有放餐具的橱柜，所以衣服只好暂时放在箱
子里。在最初的日子里，一个长木箱被用作了橱柜。我把它竖着放置，里面安装
了两层搁板。娜塔莉亚给箱子盖上了桌布，这个"橱柜"我们用了好几个月。

厨房和卫生间在长走廊的另一头，我们觉得很大。我从尤莱克那里得知，
跟我们合住的一家来自波兹南，而波兹南人喜欢洁净，关于这一点，不久我们就
深有体会。律师夫人给我们拿来一张纸片，上面写着各家分别在哪几个小时可以
使用厨房和卫生间。因为厨房和卫生间里都有煤气设备，而煤气表是共用的。我
们也被告知，共用的电和煤气，我们要付百分之多少。我们在哈尔滨没有煤气，
而现在不仅卫生间和厨房里有煤气，而且整条索布特卡大街都安装了煤气路灯，
其中一盏路灯就立在我们的阳台对面。我喜欢看每天晚上煤气公司的工作人员骑
着自行车来灭灯。他拿着一根长长的杆子，顶端固定着一个罩子。我们的一个哈
尔滨熟人建议我每天买一份《波罗的海日报》，报纸的最后一页刊登着招聘启
事。大概一周以后，我找到了一条似乎在某种程度上与我的资质相匹配的招聘信
息。格但斯克啤酒—制糖企业需要一位机械工程师担任总机械师。在哈尔滨，
我曾在两家酒厂工作过，所以我决定一试。星期一，我拿着自己的证明文件去

人事部门报名。他们让我星期五去厂长办公室面试。在那里，总工艺师看了我的证明，提出酒厂不生产蒸汽机车，只生产几种啤酒。这时我提交了自己的工作证明，既有阿什河糖厂和酒厂的，也有哈尔滨酒厂的证明。他们先请我在秘书办公室等一下，然后又让我去厂长办公室，在那里总工程师通知我，我被聘用了，试用期三个月。我从未怀疑自己能够胜任，所以我舒了一口气，因为在哈尔滨全职固定工作的经历，在这里是很被看重的。由于1945年之后的共管造成了在哈尔滨铁路上就业的不确定性（那时外国人是能够在铁路上工作，还是过一个星期就被开除掉，完全取决于不同的苏联领事官员），使得波兰人决定离开，既有返回波兰的，也有去了澳大利亚或者别的地方的。所以每当在哈尔滨生活的波兰人碰到一起，总是绕不开选择新居住地的话题，也就不难理解了。我们选择了前往波兰和格但斯克，这个选择是否正确呢？归国无疑自有好处，如不需要承担旅费，国家保证工作和住房（在我们身上这种保证是有疑问的）。虽然薪资要比澳大利亚那样的国家低得多，但工作很稳定，不受制于大权在握的苏联领事官员的为所欲为。我对此当然也很看重。没能得到独立的住房让我非常沮丧，但我得到了稳定的工作，挣的工资至少够每天吃饱肚子。说实在的，我们没有家具，也没有钱买，但至少还有希望，过几周或者几个月就能买。匪夷所思的是，在回到波兰后最初的几周里，我们最感到不便的倒不是没钱买家具或者没钱买更好的肉制品这些事，而是缺少我们已经习惯的一些商品，还有就是波兰难以适应的气候。二十世纪五十年代初的波兰不仅肉类短缺，荞麦、黄米、玉米等杂粮也很短缺，我们此前饮食中最基本的西红柿、西葫芦、茄子、白萝卜等蔬菜也无处可寻，更别说各种水果了。气候问题更是糟糕。有一天我从箱子里拿出一张上学时候的旧地图册，在上面追寻我们穿越了三大洋的航海之旅。我猛地发现格但斯克的位置甚至比哈尔滨更靠北，达八个纬度。这立马让我打了个寒战，起了一身鸡皮疙瘩，尽管波兰当时已经春暖花开。这就仿佛是我们从哈尔滨直接向北搬迁，朝向西伯利亚方向，到达尚塔尔群岛附近或者丘米坎附近。换言之，仿佛我们从位于蔚蓝海岸的疗养地圣特罗佩换到了格但斯克，圣特罗佩的纬度跟哈尔滨一样！

在担任格但斯克啤酒—制糖企业的总机械师后，我的工作并不难完成，但需要付出巨大的努力。我不了解波兰的技术词汇，因为哈尔滨工业大学课程都是用俄语讲授的。另外一个困难是俗语，我与工长和低级技术人员谈话时，都会碰到这个问题，他们中大部分是战前格但斯克及附近地区的人。波兰人称他们为本地人。这些人一辈子都在这家啤酒厂里工作。花了很长时间，我才意识到他们使用的话里有很多来自德语的外来语。幸运的是，我熟悉啤酒厂里的大部分设备和机器，因为我曾经工作过的酒厂里用的设备或者相同，或者类似。我的那些领导总体来说对我还算热情，所以我没费什么周折就通过了试用期。实际上我在酒厂的第一份工资并不多——七百兹罗提，因为第一个月没有奖金。但得到这笔钱还是让我觉得是一大笔财产了。

在接下来的两个月里，也就是六月和七月，我已经获得每月九百七十兹罗提外加奖金了。此时，我们生活上最大的困扰是没有家具，特别是没有衣柜，使得屋里总是乱糟糟的。到波兰几周后，睡在地板的稻草垫上开始让我们难以忍受了。此外，秋天来临了。在我们睡觉的房间里，有一扇通向楼梯间的门。实际上那扇门并不开，用钥匙锁死了，但我们时时可以感觉到从门下缝隙里吹进来的阵阵冷风，所以需要考虑应付冬天的问题了。带弹簧垫的木床三百兹罗提一张。一下要花出去六百兹罗提，然后用剩下的四百兹罗提生活了一个月，这让我们心生畏惧。一家商店的经理同意卖给我们两张不带垫子的木床，尽管本来是成套卖的。他按一百五十兹罗提一张卖给我们。我们付了几兹罗提给一个负责卸货的工人，他帮我们把床用小车运回了家。我拆了一个带来的木箱，把拆下来的木板当作床板，然后再把稻草垫子和我们从中国带来的褥子铺在上面。

我们只有临时居留登记，所以必须尽快向房管处申请分配住房。理论上我有优先权，至少在我的归侨证上是这么写的。但恰在此时，一个居民显然认为我们不合法地占有了房子，便告到了警察局。来了一个管片警察，陪他来的是一个住房管理局的人。他很严厉地质问我，说我无权占有这所房子，为什么自己就占有。我解释了所有可以防止将我们从这所房子里赶出去的理由。我也用了我最后的王牌：出示了我那本红色的归侨证。在那上面他们可以读到，国家行政机关有义务向我提供最大的帮助。他们彼此看了看，客气地向我表示歉意，然后就走了。占据尤莱克的房子这件事，没有再发生任何麻烦，尽管让这个事实合法化的努力，对我来说也并非轻而易举。

1951年5月，我得到了工会会员证。这是我第一本带照片的证件。在当时的条件下，哪怕办理最日常的事务都需要这样的证件，例如要经过机关或者工厂的门房，就要出示相应的通行证，这时这样的证件必不可少，而且必须是带照片的。

夏天过去了，我在啤酒厂的试用期结束了。我每月到手的工资略微超过一千兹罗提。我们的物质条件在某种程度上稳定了下来，不过我们仍然无法购买像样的家具，因为家具大都是成套出售的，而买成套家具的钱我还没挣到。夏天我不太在意自己的衣着，每天穿着衬衫和毛衣，尽管肥大的裤子与当时三联城开始流行的时尚相去甚远。那时，三联城或多或少被看作波兰通往世界的窗口。特别是在格丁尼亚，在它的主要大街2月10日大街和圣扬大街上，大致可以看到当时西方人都穿什么。八月，我用挣到的钱买了一件新大衣，这样，在大街上和工厂里，我的穿着就不再引来旁人异样的目光和嘲笑了。

在啤酒厂的日常工作对我来说，可以说是驾轻就熟，我很快就适应了，而且像当时人们常说和常写的那样，我注意了提升自己的业务资质。我住的地方离啤酒厂很近，步行上班只需要大约十分钟。总工程师时常不按时上班，而且让我明白，希望我也同样行事。

啤酒厂里有一个技术图书馆，里面有订阅的食品工业领域的专业杂志《农业和食品工业》《食品工业技术员》。杂志是技术总局出版的，但出版社由农业和食品工业部监管。那里发表了不少本行业各个领域的文章，其中我在《农业和食品工业》上读到了一篇有关从中国进口大豆和花生的简讯。文中写道，波兰榨油业开始将其用于榨油，而榨油残留物，即油粕，按照简讯作者的说法，可以作为牛和猪的很好的饲料。我决定给编辑部写一封信，告诉他们，在中国，用黄豆可以生产一系列食品，喂猪用的是别的东西。我带了一大箱技术书籍到波兰，我觉得这些书将来可能有用。我还往箱子里塞了十几份哈尔滨出版的《东省文物研究会》。在其中一份上，我找到了关于大豆的化学成分的信息，以及将其加工成各种食品的方法，其中也包括中国人所说的豆腐的制作方法。豆腐是我们在哈尔滨时的一种重要食材，特别是在日本占领期间，猪肉几乎难得一见，中国农民饲养的生猪被军队管制了，在那段艰苦的岁月里，我们用豆腐成功替代了肉。我有机会多次观察，在我们那条"烂泥街"的大街上，豆腐是如何在原始的加工作坊里被制作出来的。给编辑部的信是在六月初开始写的，两周以后才完成。最终形成的是一篇很长的文章，里边补充了关于日本及美国的糖果业和糕点业如何利用从豆粕里获得豆面的信息。我也提到了豆腐和酱油，我觉得比"美极"的固体酱油块要好吃得多，在波兰，人们用它给大部分食物调味。在文章的最后，我还写道，在战争期间我们很难买到肉，而豆腐是重要的植物蛋白，我们用它做成肉饼，里边只加一点点肉用于调味。我制了一些表格，在里边列示了大豆在世界各国被如何使用以及用于做什么。那篇文章是手写的，当时我还没地方去弄打字机，但是写得很清晰，然后寄到了华沙。我没把信直接寄到月刊的编辑部，而是寄给了农业与食品工业部的生产司，地址是在酒厂的往来信函中找到的。做这件事应该说是出于本能，我认为，在生产司工作的应该是专家，我的建议可能会让他们产生兴趣，而《农业与食品工业》编辑部的人则不一定。我想对了。回信很快就来了，实际上是两封回信。第一封来自《农业与食品工业》编辑部，说他们从部里得到了我的文章，说他们会把它发表出来。而第二封信来自农业与食品工业部，他们请我去华沙，并且就此事通报了啤酒厂厂长，他们会为我报销差旅费。而我曾担心我的文章在波兰不会有任何人感兴趣。难道我能预见到，再过几个星期，我就不会继续在啤酒厂工作了？我将被调往位于首都的科研机构工作？然后一系列事件将接踵而至，以如此彻底的方式，在很短的时间内，就彻底改变我迄今为止的整个生活。

我去华沙时带着朦朦胧胧的希望，即我取得了某种小成功，但也仅此而已。在农业与食品工业部的传达室，我出示了农业与食品工业部人事司的文件副本，那份文件是德莫霍夫斯基副司长签署的。传达室的人给我开了临时出入证，然后指引我到楼上的秘书室。副司长请我进了他的办公室，让我坐下，然后给什么人打了个电话，说："那个卡伊丹斯基已经来了，就是那个从"满洲"回来的人。"然后问对方什么时候想和我见面。"过十分钟。"他一边放下电话一边对我说，"希加林司长要见您。"在那十分钟里，他问了我的履历，但只是某种随意的聊天，谈到波兰人的命运，怎么到了中国，在那里做什么。他还问了我的大学学习和实习经历，然后告诉了我该去哪个房间。那是生产和技术司司长希加林工程师的秘书室。我们的谈话简明直入。他问了我很多在中国了解到的大豆制品的问题，但最让他感兴趣的是豆粕如何被用于加工豆面，以及做成豆面之后可以加到什么里边。

我的讲述一定是很具有说服力，因为在某一刻希加林司长让秘书给他接通了另一个人的电话。"你来我这儿一下，"他对着听筒说，"我这儿有个人，你可能会对同他谈话感兴趣。"等那个人进来，他把我介绍给他，说我是大豆专家。过了一会儿，我了解到那是计划司的司长德莫热茨基工程师。当他得知我来自中国东北，而且之前在食品行业工作过时，他提到他本人也曾去过西伯利亚，接触过在食品工业里使用大豆的问题。详情他没有说，但我很清楚，从1945年开始，大批的大豆就从中国东北运往苏联，先是来自军需仓库，作为战利品，而后来则是依据与中国的双边外贸协议而进行的。当我作为火车司机的助手，乘坐中国长春铁路的蒸汽机车行驶的时候，我们往中苏边境运送的主要货物就是木材、大豆和肉。中国的长春铁路就是在原来中东铁路的基础上，在战后修建起来的。

在谈话过程中，德莫热茨基工程师提到了中国人点子多的特点。于是我就讲了一件我曾参与其中的趣闻轶事。有一次我们把一节冷藏车厢运到苏联边境火车站，车上装的是按照贸易协定提供的野鸡。苏联检验检疫人员对提供的货物提出质疑，因为没有在野鸡身上发现枪眼，不肯接受这个车厢的货物。他们怀疑，中国人把毒玉米撒在田里，而不是靠打猎打来这些野鸡的。后来得知，他们搞错了，但也不完全错。中国农民先用酒泡玉米粒，然后在严寒天气里给玉米粒上酒上水，让鸟儿们闻不出酒味儿，然后的确是把这些玉米撒在冬天的田野里。饥饿的野鸡吃了这些玉米，就飞不起来了。农民们只要把它们从田野里捡回来就行了。被退回的一车厢野鸡运回了哈尔滨，在那儿，出口公司里脑筋活的工作人员把那些野鸡挂在绳子上，拿来几把双筒猎枪，开始"扫射"那些冷冻的野鸡。这次再把它们重新运到后贝加尔斯克就没问题了。这看起来像个玩笑，但不是玩笑。所有这一切，包括关于醉酒野鸡的故事，都是我在希加林工程师的办公室里讲的。我们的谈话超过一个小时，两位司长认真地听了我的讲述。我看到，他们对我们的谈话是发自内心地感到满意，特别是当我讲到用豆腐做烤肉饼，以及哈尔滨的肉铺老板还把豆面用于制作肉制品的时候。那时，我当然还不知道，这种特别的兴趣到底从何而来。如今我不怀疑，在1951年，那些对食品工业状况担有共同责任的人已经感觉到，我的发现有可能帮助改善食品市场的供应现状。德莫热茨基司长以一个问题结束了我们的谈话，他问我是否愿意调到科研机构工作，我在那儿能更好地发挥才能，也许能获得奖励，而且在那儿我可以把我的想法付诸实施。这个机构的名字是"农业与食品工业研究院"，而且如希加林司长告诉我的那样，这个研究所在格但斯克工业大学有自己的分支机构，我就是要调到那里工作。我没有片刻迟疑，立刻就表示同意。我们还和德莫热茨基司长一起去了下边一层的人事司，在那里认识了那个司的主要领导——考瓦尔斯卡司长。我不得不再一次向她讲述，我的父亲为什么以及怎么到了中国，那里的波兰移民圈是怎样的，以及我在大学学了什么，等等。我记得跟她谈话时，我一直盯着她的手。那是仲夏时节，她穿着短袖的连衣裙，而在她的手上，我看到了一个被刺上的囚犯号码，我觉得是来自奥斯维辛集中营。我有生以来第一次看到这样的刺字。考瓦尔斯卡司长让我回格但斯克等候调令。就这样，我在一天之内认识了农业与食品工业部里四位重量级人物。在接下来的几年里，在某种程度上我将和他们分享我的成果和失误。后来，我的职业生涯还与德莫热茨基工程师（我们甚至曾多次私下会面，互相借阅彼此感兴趣的书籍）、希加林工程师（他在自己的领域是一位杰出的专家，尽管那时他还没有他的兄弟——华沙的总建筑师出名）、德莫霍夫斯基副司长（后来当我受外贸部委派在北京工作的时候，他成了外贸部的副部长）、考瓦尔斯卡司长（作为波兰共和国驻华大使基里洛克的夫人，后来在北京生活了好几年。从中国回国后，她曾在1959—1962年间担任《中国》月刊的主编。1961年我在编辑部最后一次见到她，那是我第一次因公去中国之前。外贸部里流传着关于她的很多传说，说她曾参加华沙起义的战斗，其间失去了自己的第一任丈夫，她曾被德国人逮捕，之后从集中营中逃脱，回到华沙，又在地下组织活动，等等）多有交集。他们所有人与我此前对于波兰官员的想象都截然相反。我在哈尔滨生活的最后几年里，波兰官员通常被等同于苏联的掌权派。我们依照共管原则，在由这些人执掌的中国长春铁路局与那些苏联官员经常打交道。在那里，人的职位越高，对下属越差，特别是对那些最底层的，即出生于白俄的人。在回到波兰后，我不得不改变自己的看法，因为在格但斯克工作的十年里，我没有任何理由抱怨自己部里的领导们。

过了几周，又有一封来自部里的调函寄到了啤酒厂。这次是因为国家经济计划委员会要举行一次研讨会，主题是大豆的应用，他们认为我应该出席。国家经济计划委员会在二十世纪五十年代是一个非常重要的机构，机构的负责人是政府副总理耶德雷霍夫斯基。对啤酒厂的领导来说，我受邀参加这次会议是一种荣誉，甚至一些大型企业的总经理也未曾有过这样的经历。我不知道是否要在会上发言，为以防万一，我准备了一个关于大豆应用题目的发言提纲。去了以后我才知道，准备那个提纲纯属多余，会上唯一一个发言者是副总理，"大豆（黄豆）"一词在他的讲话里出现了几次，但主题是经济的整体计划问题，其中包括外贸。从他的讲话中得知，在波兰承认中华人民共和国之后（1949年10月1日中华人民共和国成立之后，波兰立刻承认），中国驻华沙使馆和波兰驻北京使馆分别开馆。中波轮船公司组建之后，我们的双边贸易开始飞速发展。我们开始从中国进口大量全新的、以前在市场上不存在的产品，包括大豆（黄豆）、花生、芝麻等。我们需要将这些东西进行加工，然后以合理和经济的方式提供给市场。我将这些理解为鼓励我写接下来的一篇文章，即关于大豆的加工和利用方式。那个时候，大豆在波兰从中国进口的商品中绝对占据了最重要的地位。我从啤酒厂调到研究所的事大概花了两个月的时间。研究所必须为此增加一个编制，这可能是调动拖延的主要原因。我耐心地等待，终于等到了。在九月底，研究总院的华沙分部主任涅维亚多姆斯基教授给啤酒厂领导打电话，通知他们从10月1日开始我就可以到他的单位工作了。公函里的表述是这样的："爱德华·卡伊丹斯基工程师目前就职于格但斯克啤酒厂，他是在食品工业中利用大豆的专家，因此，他到研究总院工作对食品工业具有特别的价值。"

第二天我便去了格但斯克工业大学，去了化学系所在的那栋德国人留下的大楼，去和我的新领导谈话。那是一位优雅、瘦削的老先生（至少我当时这么认为，因为他的头发已经几乎完全花白了），五十岁上下，穿着灰色带格子的西服，剪裁在那个时代算是相当时尚，领带打得很专业。

此外，教授还是化学系油脂技术教研室主任，在学校上课的同时，还担任研究院格但斯克分部的学术主任。我们商定，我从1951年10月1日开始上班，按照部里的要求，制订具体的工作计划，然后我们还谈了一些细节。他还补充说，我的职位是高级助理，每个月到手的工资是一千一百兹罗提，没有任何奖金和其他补贴。教授给我看了我的房间，里面会放置我的办公桌，然后带我去了工作室，在那里我认识了一些在研究总院编制内的科研人员，大约有十几个人。几乎所有人都是格但斯克工大战后培养的硕士毕业生。我推测，他们甚至都是同一届的，是1950年工大毕业的战后第一批硕士毕业生。

当时可以说是好事成双。1951年11月9日晚，我的妻子开始出现产前阵痛，我必须立刻跑到急救中心，请他们将她送到妇产医院去。夜里两点，娜塔莉亚产下了我们的女儿卡夏。卡夏出生时体重三斤九两。婴儿床是我在孩子出生前几周自己做的。我有从中国带来的工具，锯、凿子、刨子和锤子以及我们的折叠床。我用了两个晚上的时间就把那张折叠床改造成了一张精巧的婴儿床。我还买了几块木板，做成防护栏。把床组装好后，我用油漆把床漆成了浅蓝色。不是因为我们盼望有个儿子，而是出于一个很普通的原因，商店里那时只有刷窗户用的白色油漆，所以我往里边加了染内衣用的群青，出来的颜色赏心悦目。

第 **11** 章

成为中国大豆的加工专家

1951年10月1日，我按照教授的要求，带着年度工作计划来到研究所。他没提出任何意见，直接接受了我的计划。在这份计划书中，我考虑了在技术范畴内进行一系列实验的必要性。这要求我与不同的工厂进行合作，不仅是位于格但斯克的工厂，也包括在波兰其他地方的一些工厂。月底的时候，从部里的人事司来了一份文件，说明我的正式调动从1951年11月1日起，还有我要和研究所管理部门签署的工作协议。

新的工作从开始就如我所料。我先是获得了一定量的豆面作为研究之用，研究所的设备都可以使用。第一步是去除大豆特有的味道和豆类植物的味道，具体地说是豆腥味，在专业术语里这叫作"除味过程"。先对豆子进行烘烤，去除掉豆腥味，加工同时会产生花生味。哈尔滨甚至有一种甜食，叫作"蜜饯花生味大豆"。中国人在街头摊位上，用一些移动设备制作，在压力下烘烤，使得大豆变得像花生一样酥脆。

在研究所的实验室里，我把油脂从大豆中榨出来，把剩下的豆粕磨成粉，然后把豆粉作为添加物加进面包或者茶点里。在格但斯克有一家工艺进修企业下属的面包培训学校，目的是培养面点师。这家厂有个自己的工厂店，出售学校学员在老师指导下制作的产品。因此我选择了这家面包房。在那里，我们将豆粉加到面包里，从5%到10%。

把大豆加到茶点里的实验也没有任何障碍。不过我的实验必须在彼得哥什的工厂里进行，因为尽管格但斯克有糕点厂，但不生产佐茶糕点。

在这期间，从《农业与食品工业》杂志编辑部发来一封函件，称他们收到了希加林司长转发的一篇我的关于大豆加工的文章，该文章现在已经获准出版。文章是在1952年1月发表的。文章在语言方面做了些修订，因为我的波兰语那时候掺杂着各种外来语，不仅有俄语的词汇，还有一些中文中的外来语。

1952年1月发生了一件事，对华沙研究总院的领导和部里的领导把我看作"大豆专家"这件事产生了重要影响。有一天我突然被召到华沙，没有告诉我是什么事，我的教授也不知道。技术司里一片忙乱，秘书室里的电话响个不停。希加林司长看来因为什么事很着急。当我进入他的办公室时，他让我坐在沙发上，跟我解释了为什么急着叫我来。一艘从中国运送一万吨大豆的轮船发生了事故，铆钉脱落，船舷裂开，大部分大豆都浸水了。从经济上来说，如果货物完全损失的话，可能造成数百万兹罗提的损失，具体原因是什么还没有确定。对部里的工作人员来说，最大的问题是轮船属于苏联船东，还不清楚事故是谁的责任，以及我们是否会得到货物损失的赔偿。从简短的谈话中我明白了，"上层"要求事件要迅速得到解决，且不要大肆张扬，因为轮船属于苏联朋友。然而部里的意见是应该先估测出损失的规模，并且搞清楚，浸泡过的大豆还能用来做什么。就是因为这个原因我被召到了华沙。在部里举行的会议上，人们寻问我的意见，我必须承认，这让我非常欣喜。我那时二十六岁，甚至还没有工程师证书，却坐在一群专家中间，而且他们还对我的意见感兴趣，等着听我的发言。我曾乘坐装载大豆的轮船航行了足足两个月，那次经历发挥了重要作用，因为我有机会了解现代化远洋货轮的构造细节。那些船上利用了非常古老的中国发明，就是说货舱被几道横隔板隔开，这样即便货舱的某一部分被淹，其他部分也不会进水，轮船可以安全抵达港口。所以我说，轮船肯定有防水隔舱，所以只有一部分货物可能被淹或受潮。

这次会议之后，我受命迅速到船上去，提取各个货舱里大豆的样品，然后转交给实验室，并且制定出接下来加工的方法。我还没有出发，希加林司长的电话已经打到了涅维亚多姆斯基教授那里，告知他这次会议的细节。"预祝成功！"他最后说。

在轮船上，如我所料，受潮的大豆只占一小部分，而且只是在其中的一个货舱里。用专用探针检查大豆的状态，结果表明，在运输的一万吨大豆中，可能有几百吨受损。后来的分析显示，受潮大豆的油脂含量降低了几个百分点，但在干燥后仍可达到技术要求。那一天，我也有机会下到轮机舱里，这令我想起了不久前的经历——乘船穿越三大洋：太平洋、印度洋和大西洋。呼吸着发动机工作时产生的熟悉气味，令我无比欣喜。是的，纯属偶然的原因，接受在格但斯克啤酒厂的工作，也许是个错误。曾经，在我开始上大学的时候，梦想的是未来有一天成为飞机设计师。那是工业技术系大部分一年级学生都曾经梦想的职业。

第二天，我和教授一起去了格但斯克附近的两家制糖厂，一家在派尔普林，另一家在诺威斯塔夫，以便确认这两家糖厂所拥有的设备，是否适用于将受潮的大豆烘干。考察后发现毫无问题，教授立刻通知了部里。几天后，受潮的大豆被运往诺威斯塔夫,在那里使用用于从甜菜中榨糖的大型干燥机(跟我们之前在阿什河用的一样),恢复大豆适当的湿度和油脂含量。接下来在格但斯克榨油厂里的工作也就顺理成章了。

我在格但斯克研究所的工作按照之前制订的计划进行。剩下的工作主要是在某个榨油企业里进行较大规模的技术实验。在三联城有三家这样的企业,战前建立的波兰联合厂位于格丁尼亚的港口区,另外两家是德国人留下的。我选了联合厂,因为他们是用古老的方法,用大型压榨机制油。

调到研究所工作,且女儿降生,让我有了额外的理由向房管部门申请独立的住房。这之前我已经提交了申请和全套材料,但仍然杳无音信。除此之外,受到我的第一篇文章成功发表的鼓励,我已经在考虑第二篇文章的事。我必须在家里写文章,但条件不允许。然而研究所里有"在家工作"的概念,就是说独立的科研人员,我们所有人都是这样的科研人员,可以在一个登记簿里登记,然后在家里完成部分工作。我们每个人都有自己的工作时间表,也有在某一时间段内需要完成的任务书。这些任务都是按照一年的时间来规划的,在年底的时候,需要把自己的工作成果交到华沙研究总院出版的《农业与食品工业研究院论文集》发表。我也在那个登记簿上登了记,然后就去了格但斯克市人民委员会。我在房管处门口排队,这在那个时候是再正常不过的事。最后排到我的时候,面前是一名满面冰霜的工作人员,他一言不发地从柜子里取出我的档案夹,翻看了很长时间,只是为了最后向我声明,我申请新的独立住房的努力是没有依据的,因为我的归侨证是在1951年4月颁发的,六个月之后就失效了,而我回到波兰已经过去了一年的时间。

"您得不到新房子,至少按照规定,您已经不是归侨了。您有六个月算作归侨,那时候您可以去什切青,在那里得到住房,新房子。还有很多其他人,我们得给他们解决房子问题。但您已经分不到了。"

唯一他觉得可以办的，就是让我在索布特卡大街上的"非法"居住合法化。他让我写了一份申请，要我一个月以后再来。大概是那段时间里，一个房管处的工作人员跟我说，格但斯克市住房问题格外困难，因为他们不得不接收希腊难民。希腊内战持续，所以从1949年开始波兰就需要接收几千名难民。他们因为倾向共产党而被剥夺了公民身份和在希腊居住的权利。他们主要迁往苏联，但是东欧国家也必须接收一部分。其中有很多波兰远洋船队所急需的海员，因此其中很多人在格但斯克和格丁尼亚获得了工作。这件事很少公开提及，但对我在住房方面的困境一定也有些影响。

就这样，一切照旧。承诺的合法化，即允许我在格但斯克定居的书面决定，我也没有得到，不过也没人再来找我们麻烦，恐吓我们让我们搬走。听从我们来自哈尔滨的熟人的建议，我决定不再操心这件事，尽管并不容易做到。当别人承诺了什么东西，现在拒绝兑现，而你又不得不接受时的那种无力感让我备受折磨。在妻子和母亲面前，我感觉非常别扭，因为是我说服她们，回到波兰会多么多么好。是她们，而不是我，在共用走廊、卫生间、厨房时感受到更大的不便。

我们占用的两个房间，其中一间是位于中间的穿堂房。我们所有人都认为，应该是母亲住那间房，因为孩子需要在白天睡觉，而我们隔壁的女邻居让她睡不成。她的丈夫，律师先生，也就是那位法律工作者，在什么地方担任法律顾问，每天晚上才回家。而他的妻子在战前是位艺术家，具体说是波兹南歌剧院的一位歌唱演员。现在她没有工作，但是她认为应该每天坚持练声。她有一架钢琴，就放在我们共用的一堵墙的另一侧，两个房间之间有一扇门，已经锁死、不再使用，钢琴就放在那扇门后。她的歌声每天都在房子里回荡，我母亲每天不得不听她唱歌。直到两年以后，我们才用砖把那扇门砌死，因为这不仅需要邻居同意，还需要房管部门同意。公用厨房在走廊的另一头，那里可以给孩子热奶，这也让住在中间的住户感觉很不便。在听了几个月的"私人音乐会"后，母亲断定，娜塔莉亚已经可以很好地照顾孩子了，她便萌生了出去工作的想法。那时她已经五十岁，但有多年在医院工作的经验，主要是协助外科医生做手术。那时中国正在打内战，我们经历了国民党军在东北的进攻，但事实上那些进攻被共产党军队成功地击退了。但当时处于特殊行政管理之下的东北，也就是东北三省的地位仍然不确定。母亲被派去参加培训，之后获得了证明和证书。在波兰幸好没有发生热战，但冷战已经开始。当时建设了一些新的医院，但缺乏有经验的人员，所以母亲觉得，凭借自己的技能，在医院里找一份工作应当不成问题。

但结果又令我们失望了。母亲拥有的看起来非常有说服力的职业证书，是由当时东北卫生部颁发的，上面盖着大红章，还有部长的签字，但上面只有中文。在出发前往波兰之前，我们没有想过把文件翻译成俄语的问题，而当时是有

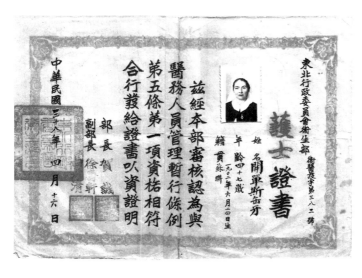

▼ 我母亲 1949 年参加医学培训的结业证，该培训使她有资格在医院工作

这种可能性的，因为每一个国家机关里都有一个介于我们的公证员和注册翻译之间的职位。我尝试在波兰找到中文的注册翻译（波兰政府不承认未经认证的翻译件），但注定徒劳无功，因为当时在格但斯克省根本就没有。为了在机构名称和医学术语方面不搞错，我甚至还为翻译准备了一个自己的翻译件，因为汉语里有很多词汇是多义词。

在一次去华沙出差的时候，我尝试在华沙找到一个注册翻译。遗憾的是，无论是首都民族委员会还是首都法院都没有。我之前在华沙的一些机关里碰到的荒诞可笑的场面再次出现。很多人愿意观看、欣赏我的文件，但解决问题的办法少之又少。我必须解释，为什么母亲出生的时间是按照欧洲纪年登记的，而出具证明的时间则使用另一种方式。因为在文件抬头上写着开具的时间是"中华民国三十八年四月十六日"。我不安地发现，听众越聚越多，我在白白浪费时间，而事情毫无进展。终于，屋里一位女士给我出主意说，让我去华沙大学，因为那里已经有了汉学系，也许能在那里找到注册翻译。但那里并没有。他们从事中国文学的翻译，如诗歌、散文等。最终有个人让我把自己的翻译件在打字机上抄写一遍（我有生以来第一次自己在波兰打字机上打字，所以花了很长时间），之后那个人让我在上面签了字，他在上面手写了"与原文一致"，然后在上面盖了华沙大学的章。我兴高采烈，甚至忘了问他尊姓大名。

从华沙回来后，我和母亲去格但斯克省医院面谈，华沙的情况再现——人群围观、欣赏文件，尝试解读内容，询问关于中国的情况，而最终的建议是，让我们试试到别的地方去找工作。

"凭借您的波兰语水平，"那个最重要的医生，可能是主任，说，"我无法接收您到外科来工作，除非是外科护理，您应该可以理解。您可能会搞错指令，把错误的手术器具递给手术大夫，而这可是人命关天的事。"

　　尽管当时我母亲的波兰语说得还很糟，却意外地在弗热什奇区的"图书之家"找到了工作。在那里，俄语非常有用。因为幸运的机缘巧合，"图书之家"恰好需要这样一个人，负责清理从苏联引进的图书和期刊。

　　在一段时间里，因为工业试验进入了一个新阶段的原因，我与格丁尼亚的联合厂联系紧密。在那里，我有条件对除味效果以及获取更多豆粕的效率进行检测。每天，在联合厂旁边的海岸边，都停泊着漂亮而高大的跨大西洋巨轮。在研究所和联合厂进行了一系列纯技术和"半技术"领域的试验后，我有了几十公斤脱脂和除味后的大豆颗粒，可以用于各种食品加工。现在我在想，自己怎么能在回到波兰一年后，在被农业与食品工业研究院聘用差不多半年后，就做到这一

▼ 格但斯克"五一节"书市，由"图书之家"举办，我母亲抵达波兰后就在那里工作（坐在桌边者）

切？那时我从来没有想过，自己取得的成果或许可以给我带来更多的金钱。很偶然，当我在联合厂准备"自己的"第一批大豆时，装载着一万吨中国花生的轮船恰好抵达港口。这些花生都是运给联合厂的。我请求厂长，在我可以领取的五十公斤中，允许我领取十公斤的花生粉。也许是我的许可上盖着部长办公厅的大印起了作用，也许是一个不断以自己的新产品烦他的热情高涨的年轻人的善意，无论如何，厂长同意了。我打算将两种粉用于生产佐茶饼干，进行相关试验。之后我请求部里同意我在彼得哥什的糕点厂里进行生产。

1952年，有一次我去华沙，在大街上碰到了我在哈尔滨的中学同学布任斯基。他是1949年的第一批归国人员，在华沙已经工作了三四年，一定是干得不错。我仍然穿着自己在哈尔滨时穿的旧大衣，而他，我立刻注意到，穿着崭新的时髦的藏蓝色大衣，在当时被称为"外交官风衣"，里面穿着同样时髦的西服。他说他在城里办公，但我们应该找个地方坐坐，聊聊天。然后我们进了一家咖啡馆，他给我点了咖啡，这让我觉得似乎是在证明他的物质条件比我强，就像那件时髦的"外交官风衣"一样。这种纯毛的大衣我当时只能在服装店橱窗里偷偷瞥一眼，因为售价差不多要四千兹罗提，而布任斯基就穿在身上。我得拿四个月的工资才能买得起这件大衣。在哈尔滨的时候，布任斯基也过得很不错，因为他有个音乐家的父亲——交响乐团里的单簧管演奏家。他自己也吹单簧管，主要是在中国人的婚礼上，为了挣钱登堂演奏。来到波兰后，他在一家外贸公司工作。他在外贸领域工作，靠的是他懂三种语言——俄语、英语和汉语，像我一样。战后的年轻人中，说外语流利的并不多，而懂中文的则完全没有。他跟我说，他们在找懂中文的机械工程师，因为他们公司与中国的贸易超出了预期。中国人通过他的公司，从我们这儿进口机床、拖拉机、火车头。他工作的这家外贸公司在当时是第一家，似乎也是唯一一家出口波兰机械产品的公司。直到后来，一些新成立的企业，才从他们那里接手了一些出口业务。他劝我到他们公司工作。因为我上大学时学的是火车车辆专业，而且我懂汉语，这是事实。我的汉语还很不错，而我因为环境原因不得不中断的毕业论文，就是关于蒸汽机车的。他们公司现在出口到中国的就是这种机车。他不需要花费太多时间说服我，他已经在我面前展开了一幅未来无限美妙的图景，和一份在外贸行业薪酬更好的工作。我立刻就会成为毋庸置疑的专家，利用自己的汉语知

▶ 我刚到波兰时的一张照片：穿着从哈尔滨带来的大衣，戴着在格但斯克新买的贝雷帽（1951 年）

识，而我的汉语能力在食品工业毫无用处，但在他们公司可以大有用武之地。他暗示，我立马就能在华沙得到一处住房。我被他说服了，从那个咖啡馆出来，直接就去了他工作的那家公司。人事部门的领导在和我第一次交谈后就确信，我这样的人是他们的不二之选。住房问题不是我同学认为的那么简单，即使是解决，在开始时也只能在是职工招待所里有一个房间。带着妻子和孩子住一个房间？我妈妈怎么办？职工招待所对我来说无法接受，我坚决地拒绝了。"我将失去在格但斯克的住房，"我对他说，"如果在华沙得不到住房，那我怎么办？"

"我们得想想看怎么办。"临别的时候他跟我说。

差不多一个月以后，我收到一份正式文件，请我详细填写一份个人信息表，以及详细的个人简历后，立刻寄回人事部门。

为此，我给布任斯基打了几次电话，询问我的工作和在华沙的住房问题是否有进展。事情没有进展，但他们对我的简历和个人信息表没有任何意见。他认为，他们公司是很积极的，所以我应该积极考虑。三个月后，他寄来一封信，问我是否仍在考虑去他们公司工作，而且保证，他们的人事部门领导仍然在为解决我在华沙的住房问题而努力。信是1953年7月30日发出的。我还在考虑，不过去布任斯基所在公司工作的最初的热情已经消退了。此外，我逐渐认识到，我在华沙得不到住房。后来我发现，这种预感很快就验证了。那时在首都有一个名为"首都华沙人口流动控制局"的机构，在我的问题上做出了不利于我的决定。他们不会给我在首都的常住户口，而既然不能给我常住户口，我也就得不到住房。我与农业与食品工业研究所里其他科研人员的关系还好，尽管开始时我感觉他们对我并不信任。后来才搞清楚，他们把我当成了苏联归国人员，担心我是被派来搜集研究所工作人员信息的密探，要将他们的情况汇报给华沙当局，所以在我面前处处小心。这并未让我特别吃惊。幸运的是我很快就证明，是他们自己搞错了。

在研究所，我们主要是在实验室或者自己的办公室里工作，所以彼此见面大都是在早餐时间。有一次在吃早餐的时候，是我在研究所工作的最初几个星期里，一位女士跟我聊起我的经历，这时我才信服地向她解释，中国东北不是苏联的地方，我也从未去过苏联。在接下来的某次早餐交谈中，她对我说，她是在卡廷被苏联人杀害的波兰军官的女儿。关于那次屠杀我一无所知，因为我回波兰不到一年，从哪儿去知道这件事呢？我无从知晓更是因为，苏联当局下令处决数千名波兰军官，然后把罪责安到了德国人头上，而在二十世纪五十年代初公开说这件事不是德国人干的是很危险的。直到事后我才得知，在我离开之后，当时在场的一些人指出，那位女士太掉以轻心了，因为她并不知道我到底是什么人。

　　某一天，部里发来一封指令，要求接下来的试验在格但斯克"波罗的海"糖果加工厂进行，而且我必须在场。"波罗的海"糖果加工厂是由德国人留下的三家糖果工厂组成的，三家工厂分别编号为1号、2号和3号。3号工厂位于格但斯克弗热什奇区，离火车站很近。那里生产的糖果是所谓的"焦糖"（广受欢迎的硬水果糖和夹心硬糖块）。2号工厂在对面，在街道的另一边，德军从前的马厩里。那里生产的是焦糖核桃仁糖以及名为可可块和核桃块的新产品。1号工厂位于格但斯克–奥利瓦，公司的管理部门就在旁边。无论是在员工人数还是产值方面，1号厂都是最重要的。1号厂生产的是硬巧克力、夹心巧克力和巧克力产品，统称为夹心巧克力和甜点巧克力。和指令一同发来的还有一份部长办公室主任签字的文件，要求公司领导给我提供一切可能的帮助。

▼ 与位于格但斯克 – 弗热什奇区的"波罗的海"糖果加工厂（2号厂）的女工们和车间主任在一起。那时我在该厂担任总工程师

第二天，我把第一批大豆带到了位于奥利瓦的1号工厂，想检查一下是否可以用那里烘焙生咖啡的设备进行除味。烘焙生咖啡是为生产巧克力和咖啡味夹心巧克力。那是一部战前德国公司生产的转炉，当我把它用于烘焙大豆，以去除其独特的气味和味道时，效果非常好。我对结果感到高兴，因为我已经写好了自己的第一篇文章，准备发表在《研究总院工作》上，旨在总结我近一年的科研工作。

正如前边提到的，到波兰仅仅几个月后，我就写了第一篇关于大豆在中国被广泛利用的文章，并被编辑部采纳。1952年1月，这篇文章发表在行业杂志《农业和食品工业》上。一年后，我完成了在工业中使用大豆的相关工作，这是我在农业和食品工业研究院工作的一部分，而我的第一篇"学术"文章将在该研究所的年度刊物《研究总院工作》上发表。这篇文章总结了我近一年的科研成果，阐明了我所开展的技术试验在设定的期限内取得了成功。我的科研领导——亨利克·涅维亚多姆斯基教授建议我们在刊物上刊登用于此目的的设备照片，但事实证明这是不可能的。生产企业不允许我在厂里拍摄任何照片，而工厂又没有我所使用设备的任何照片。因此，我不得不靠个人的创造力并兼顾领导的愿望来完成这一任务。我用铅笔当场绘制了这些设备的草图，然后在家里用墨水在绘图纸上用三维画法将其绘制出来。教授同意了，出版社也毫无保留地接受了这些图纸，并将其配发在文章中。

在2号工厂，我们开始尝试使用大豆粉作为添加物，用于制作较便宜的巧克力块或者巧克力馅料。巧克力块的产量每个月都在增加，其配方很简单。主要成分是中国花生、硬化脂肪、奶粉和饼干残渣。这家工厂在奶粉供应方面一直有问题，那是一种稀缺商品，有时甚至在药房都找不到。当我们开始给女儿喂奶粉时，我自己就深有体会，有时候会买到刚刚过期的奶粉，所以糖果工厂获得的牛奶质量尚待提高。众所周知，这些奶粉大部分来自军需仓库。那里每隔一段时间就要更换新鲜产品，而库存的产品就转到工业用途。当然不适合给婴儿食用，但工厂实验室的负责人甚至反对将其用于生产。这些奶粉有着令人不快的略微变质的气味，不容易溶解，酸度也不符合标准。负责计划实施的生产部门负责人与负责监控生产质量的实验室负责人之间一直存在分歧。用大豆蛋白代替牛奶蛋白至少可以部分解决该问题，尽管也有人指责，在食品中使用大豆会降低产品的质量，应将其视为造假。我为在糖果产业中使用大豆辩护，因为我从自身的经验中确信，大豆对健康有益。我自己就是一个活生生的例子。

但是，当我提议在肉制品（特别是香肠、泥肠和法兰克福香肠）中添加百分之五的脱脂大豆粉时，肉类工厂的反对声音最为强烈，尽管肉类和乳制品工业部及肉类和乳制品工业研究所赞成这种添加料。与如今普遍的看法相反，在波兰人民共和国时期，生产质量是重中之重。我自己深有体会。当我在研究所，其后在"波罗的海"糖果厂工作时，监督质量的机构之一是国家卫生局，由一位战前的教授领导。此外，对于所有主要产品都有非常严格的波兰标准，不符合标准的产品都无法上市。

现在，我的大部分工作时间都在"波罗的海"糖果厂度过，似乎那里的工作成效最为显著。"波罗的海"糖果厂的总经理是一位精力充沛、身材高大的男士，名叫卡洛尔·斯特拉什。我因为公务去其他工厂时，通常都有总经理和总工程师作为其负责技术的助手，而斯特拉什经理自己兼任总工程师。员工们怀疑他是否拥有工程师的头衔，但他总是能及时做出正确的技术决定，而且显而易见的是，他关注工厂的发展并且不断将新产品投入生产。当他得知，我已经按技术要求准备了一批大豆试制品时，他首先要求我将样品带给他。他详细询问了我的经验。他想知道，大豆的成分是什么——含多少蛋白质，多少油脂，这些成分在大豆和花生中的含量区别是什么，以及价格差别有多大，等等。他在笔记本上记下了我告诉他的所有内容。只有最后一个问题我还无法回答。

他说："没关系。"然后让人叫供应部门的负责人到办公室来。他让那位负责人打电话到某个地方，在我还在场的时候，他就收到了所需的信息。

"那么我们开始使用大豆吧……"他摊开双手，仿佛已经别无选择。

糖果业可以成为大豆产品的主要使用者之一，而斯特拉什经理立即意识到了这一点。甚至在我第一次跨过"波罗的海"厂的门槛之前，他就已经为工厂购入了大量的花生和芝麻，并作为波兰第一家开始生产东方糖块的工厂。据说他自己就来自东方，或者是犹太人，或者来自某个位于苏联南部的加盟共和国。关于他的处世方式以及在工厂做出艰难决定的能力，还有一些传说。3号工厂的一台蒸汽锅炉出故障了，可能导致计划无法完成。而计划是神圣的，完不成计划可能会使经理受到批评甚至被迫辞职，而员工可能被削减奖金。该工厂位于火车站附近，有自己的铁路支线。一位技师出主意说，可以把一辆机车开到支线上，使用机车的蒸汽进行生产。这个主意很大胆。工厂中所有设备的设计最高蒸汽压力均为六个大气压，而蒸汽机车锅炉产生的蒸汽压力是其两倍。稍有不慎，就可能会把工厂的机器炸飞。第二天早上，铁路部门就把一辆满负荷运转的蒸汽机车开到了工厂支线上。那辆机车一直停在那儿给工厂供气，直到锅炉修好。根据员工间流传的逸事，他的另一项壮举有关工业企业被按照员工人数多少进行区分对待。按照这种方式，人数超过一千人的被归为第一类，而人数超过九百人的"波罗的海"厂则属于第二类。员工和经理本人的工资多少也取决于分类等级。他对此做出的反应是，"波罗的海"厂的雇员数是一千零一十名，并立即雇用了欠缺的"空额"。当时，诸如糖果自动包装和自动打包在工厂还闻所未闻。第二天，经理就下令腾出空间摆放额外的桌子，并在报纸上发广告，称工厂需要女工，而且接收了一些人，以使员工总数超过一千人。我的到来使他的一些车间主任和工长们的日子不太好过，但显然这令他很高兴。第二天，我便了解到了个中缘由。

"您看，"他看着我在机器旁边工作说，"我缺少怀有科学热情的人。我计划在工厂里也开展科研工作，就必须解决这个问题。您是上帝赐给我的。"他没有再说什么，所以我没有弄清楚他讲的所谓的"科研工作"指的是什么，但是几天后，他叫我到办公室。我已经完成了试验工作，取得了良好的结果。我把试验过程都进行了详细描述，并准备向他道别。

当我坐下时，他说："我想请您来我这里兼职工作，也许要两三个月，甚至更长的时间。我一个月给您五百兹罗提。"我毫不犹豫地同意了。我要养家，有一个一岁半大的女儿，这会大大增加我的收入。他愿意给我提供五百兹罗提的报酬，这份意外的提议正合我意。尽管我还不知道该在工厂做些什么，但我对他的简单描述感到满意，因为这与他计划扩建3号工厂，安排生产和建立新实验室有关。他让我第二天再来，提交申请并签订聘用合同。当我第二天去的时候，我惊讶地发现那是营业部职员的职位。在我试图说些什么的时候，他打断了我，说一切都很好。我将直接受他本人的领导，并且仅听从他一个人的调遣。我提出，这份兼职工作得先获得我的领导的同意。他说："您怎么是这样的形式主义者？给我您那位教授的电话号码，我跟他商定这一切。您下班以后来两三个小时。每个月您手中将有五百兹罗提。您不想要？"

我当然想要。也许从今天的角度来看，这似乎有些不可思议，但在那个时代这一切都见怪不怪。我不知道他这种做法是否违反了任何规定，无论如何，那些规定都是非常灵活的。我很快就确信，在此期间我遇到的许多人都在做同样的事，从事一份半甚至两份全职工作。斯特拉什经理在格但斯克的党机关和华沙的政府当局里都一言九鼎。事情果然如他所料：涅维亚多姆斯基教授丝毫不反对我从事这项额外的工作。第二天，有人以经理的名义从"波罗的海"厂打来电话，说我三点下班后，要立即去弗热什奇区的2号厂工作，那里有一个实验室，我的责任是负责测试三座工厂的产品质量。在办公室里，除了经理，已经来了两位女士：实验室负责人和制成品质量控制部的负责人。

我跟大家相互介绍之后，经理说："您要负责建立一个中央实验室，女士们会告诉您更多的详细信息，请在这里把一切都商量好。"

过了一会儿，他接了个电话出去了。

在这种情况下，我应该怎么做？反对？向大家解释说我对建立工厂中央实验室的原则一无所知？这毫无意义。而且我已经向娜塔莉亚和母亲夸口说，我将有额外的收入，我们对它求之不得。

我们得给自己买更好的衣服，与此同时，我们不得不花很多钱在女儿的婴儿车上。我们想要的是那种带有可滑动顶棚、防风雨罩固定在特殊紧固件上的婴儿车，只能在弗热什奇区的一家私人商店（幸存的少数商店之一）里买到，价格为六百兹罗提。那可是我月薪的一半以上。我必须抓住这个机会，并尝试按照经理的指示开始工作。

从那天我与实验室和技术控制部门负责人进行的较长时间的对话来看，董事会似乎向他们提出了一些有关生产控制的新要求。这要求

▼ 我妻子娜塔莉亚在我们位于格但斯克－弗热什奇区的住房前，中间那个阳台就是我们的家。她推着的童车是卡夏出生后买的（1952 年春天）

安装额外的实验室设备和扩建实验室本身。经理要求他们给出改造图纸，但他们是搞化学的，这个要求超出了他们的知识和职责范畴。我要了一张纸、一支铅笔和一块橡皮，然后我们开始一起确定门的位置，窗户的位置，隔断墙的位置，书桌、实验室桌子和各种固定设备的位置。我从哈尔滨带来了绘图板和绘图仪，所以当晚我就用铅笔画出了新实验室的图纸，只把有待商量的地方空出来即可。两天后，我就可以在描图纸上用墨水绘制图纸，并交给经理。在"波罗的海"厂，我对实验室的建设或新产品的引进都了然在心，在新产品中，我们用豆粉代替了一些奶粉。经理丝毫没有掩饰自己的满意之情。1953年深秋，工厂建立了现代化的中央实验室。我在大豆除味和工业化规模生产第一批大豆粉方面取得的成功，帮助解决了苏联船上被浸泡过的大豆的加工问题。部长为此专门给我加了工资，金额为二百五十兹罗提。这大大增加了我的收入。我当时从研究所得到的工资是一千三百五十兹罗提，这已经很不错了！

"波罗的海"糖果厂很规律地执行计划，员工获得奖金，我作为兼职员工也得到了奖金，没有任何迹象表明一场剧震即将来临。1954年3月的一个早晨，我正在工厂里，工厂的警报器突然响了起来。我从房间的窗户向外张望，窗子正对着工厂的广场，人们在四处奔跑。花生、豆类和咖啡的烘焙车间里蹿出熊熊火焰——起火了——我本能地抓起一个灭火器，飞速向火场奔去。在大学经过多年的防空训练之后，我对各种灭火器的使用非常熟悉。半个小时后，消防队到达了。但这时火灾已经被扑灭，生产车间的部分木质屋顶被毁。整个炉子里价值几千兹罗提的原材料也报废了。

几乎与消防队同时出现的还有警察。询问开始了。烤炉操作工的解释表明，在进行防火安全检查时，检查人员一再要求将燃烧室转移到另一个车间。这些要求显然并未得到执行。第二天便有传言说，斯特拉什经理可能会辞职。事实果真如此。

部里要求除总经理职位外，还要在企业里设立一个单独的专职总工程师负责所有技术事务。来自另一家糖果工厂的一位专家接受了这一职位，但很快就放弃了，调到波兰南部的另一家工厂。据推测，他在那里将得到一所大公寓，而在格但斯克，这是绝无可能的。这个职位空缺了一段时间。当时，工厂只雇用了两名全职工程师，其中一名是多曼斯基工程师，他是1号厂的负责人；另一名是专业工程师，但没有硕士学位；第三个就是做兼职工作的我。

不久，华沙就来了一个高级委员会，成员包括部里的代表和糖果工业中央管理局的代表。他们此行的目的是检查问题所在，并找到总工程师职位的候选人。因为格但斯克的住房困难，所以无法从外部调专家进来。那时我在政府部门

▼ 在格但斯克"波罗的海"糖果加工厂，与安装基地的技术人员在一起，当时我担任总工程师

和中央管理局都已名声在外。我得知自己被选中了。不久我就被任命为第一副总经理——"波罗的海"糖果厂的总工程师。新的总经理来自与捷克斯洛伐克接壤的切申，他同意住在格但斯克—奥利瓦办公楼的两居室公寓里。我再也没有见过斯特拉什经理。1954年3月1日，我成了一家大型生产企业的总工程师。从研究所到"波罗的海"糖果厂的又一次调动，是以堪称神速的方式进行的，因为我在部里已经广为人知，而且有很好的口碑。因此，涅维亚多姆斯基教授也就只能同意了。于是我清空了办公桌，向同事们告别，走马上任，去担任一个新的职位，担负更大的职责。那时我二十八岁，干劲十足，精力充沛，但经验不足。这三家工厂总共雇用了约一千名员工，其中80%为女性。与我在研究院的工作不同，在这里我忙得四脚朝天，完成学位论文并获得工程学硕士学位的计划只好延期了。

第 **12** 章

祸不单行

对我们来说，1954年的年初喜事不断。娜塔莉亚又怀孕了，我们很想要第二个孩子。在检查过程中，医生说妊娠一切顺利。不幸的是，我们很快就不得不面对一个更加严峻的挑战。我觉得，是接下来的一次血液检查引起了医生的某些担忧。他建议我妻子要好好照顾自己，增加营养，并尽可能长时间地待在新鲜空气中。我非常重视这些建议。我们再也不能节衣缩食了。现在，我的收入比在啤酒厂工作时要高得多。不可否认，我每月分期付款购买家具，共计四百兹罗提，但每个月到手的钱只有两千多，我们还不时得出售一些带回来的东西。在弗热什奇区有几家二手商店，他们接收各种二手物品然后出售，主要是服装，但也可以是布料，甚至各种技术用品。他们收取20%或25%的佣金，但是东西容易售出。我们通过这种方式卖掉了我们带回来的丝绸布料。

在阳光明媚的温暖夏日，只要我第一班结束，一回到家就跟娜塔莉亚一起推着婴儿车去长时间散步。娜塔莉亚挺着大肚子，我们通常是去附近的森林，那里离索布特卡街仅几步之遥。或者我有空的时候，我们就去弗热什奇区更远的郊区。树林后面是一座小山，上面是一座有趣的圆形公共建筑，居民们称其为"蜗牛"。有环形台阶通向它，那是一个令人心旷神怡的眺望点，从那里可以鸟瞰城市的全貌。

哈林卡1954年8月13日出生，与卡夏出生在同一家妇产科诊所。她的重量更轻，仅有六斤二两。当妻子出院时，我得到了一份给民政局的证明书，上面非常简明地写着"健康，足月的女儿"和证明她已经接种了预防结核病的卡介疫苗的信息，还提到疫苗是在克拉科夫疫苗厂生产的。这是一个新的工厂生产的新疫苗。诊所中没有人问过即将分娩的母亲是否要给孩子接种疫苗，有些人对此表示担忧。卡介苗在波兰是个新奇事物，这是进行疫苗接种的第一年，而且可能都要接种，无一例外。但是，日本人已经让我们习惯了接种各种疫苗，所以我们对这些信息没有任何惊慌。后来证明，一切都很好。

1955年初，我收到了房管部门的通知，让我亲自去他们的众多办公室中的一处。我去的时候怀着希望，希望有什么变化，也许我申请独立公寓的努力有了结果。但事实并非如此，他们要讨论的仍然是拖延已久的擅自占有索布特卡公寓的问题。我再次签署了一些补充说明，并支付了额外的费用。我在说明里增加了哈林卡出生这一新的情况。更为重要的是，房管局不时提出所谓的面积超标问题，如果他们想严格执行的话，我将不得不支付高得多的租金。但幸运的是，每次这种情况都混过去了。最后，在那年的六月底，即回到波兰四年零两个月后，我意外地收到了一封信，起初我只注意到用紫色印章盖在信封上的大写字母"LEGALIZACJA"（合法化），抬头上注明的则是："住房分配决定。"这份决定最终使我的五口之家有资格住在我们居住的公寓里，且可以使用厨房。在决定的最后，还说明，我可以对该决定提出上诉。算了吧，我不想再折腾了，没有提出上诉。更重要的是，接下来发生的事，让我不得不把住房问题往后放了。

波兰谚语说，不幸通常成对出现，也就是祸不单行的意思。有一天，卡夏开始发烧。保健中心的医生说是轻微流感，给开了一些药。我们按照她的嘱咐给孩子吃药，但烧没有退。然后她给开了青霉素。那是波兰生产的、能够在药店买到的唯一一种抗生素。但是，即使这种药物也没有带来任何明显改善。注射后几个小时，烧退了，但是晚上温度又回到了39℃。当医生给开的注射液都打完后，医生再次进行家访。她测量了体温，温度计指示38.5℃。"得带她去拍片子。"女大夫坐在桌边说。她给开了透视通知单。

X光检查的结果证实了我们最担心的事。肺结核。此前，我对此知之甚少，因为在哈尔滨，也许是由于气候和饮食的原因，结核病很少见。在我们的初中，没有人得过这种病，在教堂或"波兰之家"都没有听说过结核病。在伪北满大学的学生中也没有。二十世纪五十年代初这种疾病在波兰却非常普遍，这是战争的结果，甚至被称为社会病。当时在波兰的每个主要城市都有结核病防治所，在波兰的各个地区，经常在疗养胜地——建有结核病疗养院。

当事实证明娜塔莉亚也染上这种病时，对我来说，前边提到的那句谚语可真是一语成谶了。那已经是1955年9月底或10月初了。我不得不告假十几天，以摆脱当时的困境。我自己在家里照看生病的卡夏和只有几个月大的哈林卡。当然，哈林卡只能喝奶粉了，因为娜塔莉亚无法用母乳喂养她，而我不得不用奶瓶喂她。

不久，我不得不将娜塔莉亚送到医院，那里有一个结核病治疗的科室。在当时，这需要长期治疗，且并不总是有效，特别是对患有晚期疾病的成年人来说。当时，药房没有链霉素，那是当时唯一有效的抗结核病药。我从报纸广告上找到某个人，从他那儿买了十几瓶这种药。药是由水手带到波兰的，它们的价格对我当时的经济状况来说非常昂贵。也有少数幸运的人能够拿到护照，可以探访住在西方的家人，然后顺便把这些药品捎回来。还可能是国外的亲朋邮寄过来的。我将其中一部分瓶装的链霉素留给了医院里的娜塔莉亚，其余的则留给了卡夏。每隔一天，保健中心的护士会过来给她打针。

我决定将卡夏送到一个封闭的治疗机构，那是一个儿童结核病疗养院。她快三岁了，之前还从未长时间离开过家。女护士指出了这样做的必要性，最后我来到医疗中心。结核病防治所的一名医生与某个人通了很长时间的电话，要求在疗养院中给卡夏安排一个床位。虽然这并不容易，但努力终于奏效了。我拿到了疗养院的住院通知单。对我和卡夏来说幸运的是，疗养院就在附近的奥利瓦区，位于波兰吉街附近的一片松树林中。我打电话给工厂，请他们给我派一辆汽车。我看着我的女儿，就像一个成年人那样沉默无言、表情严肃。她得去那里恢复健康，而此刻，无忧无虑的童年仿佛就要离她远去。我怀着沉重的心情回家，独自一个人坐在床边，多年来我第一次哭了。对于所发生的事，我首先责怪自己。由于干燥、健康的气候，结核病在哈尔滨并不常见，但被认为是无法治愈的。疗养院的医生只是努力延长患者的生命，不一定有效，但是他们对预防很敏感。我不能说我对结核杆菌一无所知，不知道与病人接触也可能被感染。这可能是我的错误，在搬进索布特卡之后没有对房间进行彻底消毒，尽管我知道尤莱克的妻子死于结核病。可是，即使我自己没有注意到，可为什么没有一个负责预防这种疾病的人意识到自己有义务这样做呢？也许是那些鼓动我们回波兰，却没有履行诺言的人的错。如果我能得到他们向我保证的新公寓，现在我就不必为可能发生的最坏情况如此提心吊胆。而这一切都覆水难收。直到很久以后我才知道，在我们共居的公寓中，有一个新房客也得了结核病，他们是在我们从前的邻居苏鲁维克夫妇搬到波兹南后搬进来的。

同一天晚上，斯克里亚宾太太来了。她住在一栋别墅里，那栋别墅的一楼住着一个本地家庭——维森巴赫夫妇，他们是战前格但斯克的当地居民。这些当地居民在格但斯克通常被视为德国人，尽管其中有许多人是波兰人，并且在战争期间和德国占领波兰期间他们也保持了自己的波兰身份。老妇人维森巴赫养育了自己的几个孩子，那时他们已经成年了，所以她同意照看哈林卡两三个月。她说话时带有明显的德语口音，这让我起初甚至想放弃这个提议。但是事实证明，我的偏见是完全没有根据的。维森巴赫太太对我们的女儿呵护有加，甚至她连家都不顾，在哈林卡那儿待的时间远超过了我们约定的时间，一共住了十几个月。娜塔莉亚结束住院后，又去住了两家疗养院——索科沃夫斯科和普拉布提休养，直到完全康复才回家。有很长一段时间，我们还带着哈林卡一起去看望她，哈林卡在她住的公寓里感觉像在自己家一样。一言以蔽之，维森巴赫夫人像母亲一样关爱她。这就是为什么即使她长大以后，也总是称呼她为"米卡妈妈"的原因。

对我而言，这是一次极其艰难的经历。我在格但斯克没有什么亲朋挚友。我不能对当时的医疗服务以及从事医疗服务的医生、护士、护工说不好的话，尽管战后的医疗服务还远称不上完美。不幸中的万幸，这种疾病，对我来说那些难熬的日日夜夜，是在医疗服务完全实现社会化的时候发生的。我有保险，我的妻子和女儿住院和在疗养院康复治疗都是完全免费的。尽管当时药物选择有限，但我没有为药物支付任何费用。我尝试了链霉素，是从西方进口的。从苏联进口的要便宜一些，但质量要差得多，因为提纯不好，注射一段时间以后，在身体上会留下疼痛的红色斑点。后来我就只买西方进口的了。

患病的儿童每周只在星期天才能探视一次。尽管如此，我隔天还是去找医生了解情况，这引起了院长别涅克医生的注意。他设法让我平静下来，尽管我后来才得知，很长一段时间女儿的健康状况都没有改善。她主要接受了气胸治疗，这种方法是将肺的病灶固定下来，使其无法工作，从而使得疾病造成的损伤能够康复、更快地愈合。但是，这并不是对所有孩子都有效，很长一段时间气胸治疗对卡夏都没有效果。医生们考虑是否要安排她去华沙，去曼特菲尔教授那儿。他是当时医学界的权威，是波兰最好的外科医生，是肺部切除术的专家。肺切除——就是切掉孩子的一部分肺。听说这些让我直冒冷汗。好在卡夏最终没有去华沙。我请别涅克医生再等一等，也许会有一些好转。后来，好转的一天终于来了。

娜塔莉亚从医院回来了，但手里拿着转往疗养院的通知单。成人防治结核病的疗养院通常位于波兰南部，据说山区气候有利于患者更快地恢复健康。或者说，沿海地区潮湿的气候不利于治疗，我问过的几乎所有医生都证实了这一点。星期日，我们带着一整袋苹果和糖果去看卡夏。她看到这一切没表现出特别的兴趣。出乎意料的是，她开始哭泣。

"他们又扎了我的肚子。在这里，这么粗的针。"她哭着说，手指着气胸治疗后留下的新鲜印记。

第二天，我送娜塔莉亚去火车站。她去了山里的疗养院，波兰最南端的索科沃夫斯卡。为了能够时常见到卡夏，包括在非周末的平时，我动用了自己作为"波罗的海"糖果厂管理层成员的一些职权。我们厂里有一台十六毫米的电影放映机，有很多电影片，包括童话电影。主要是在每年厂领导组织的新年晚会上放映，也用于6月1日儿童节和其他正式的场合。在一家有三个工厂、数百名女职工的企业里，我不时收到借用放映设备和放映员的申请，一会儿是借给职工幼儿园，一会儿是借给学校。现在是时候让我带它去疗养院了。我向院长提议，我会在周日带一台电影放映机去疗养院给孩子们放儿童电影。看来这个提议相当诱人，别涅克院长很难拒绝。卡夏在波兰吉的疗养院待了八个月。娜塔莉亚稍短几周。在这段无赖的孤独时光里，我除了在空旷的公寓里睡觉，整个下午和晚上都待在工厂里。工作让我暂时忘记了晴天霹雳般落在我头上的不幸。我努力将尽可能多的时间花在哈林卡身上，这样她就不会忘记我。她在维森巴赫家里感觉很好，甚至不想回来。当她回来以后，仍然要找"米卡妈妈"，这让我们多少有些失落。

从疗养院接回卡夏后，我们对别涅克院长有了更好的认识。他是一个非常体面而友善的人。在疗养院时，他有时对我比较生硬，甚至严厉。至少在我问他有关卡夏的健康状况和后续诊断时，他给我这样的感觉。像人民波兰时期的许多医生一样，他有两份工作。他在急救中心的救护车上当值班医生。后来，他的妻子承认他时常身心交瘁。他拼命干活，养家糊口，最后很早就去世了，似乎是因为心脏病发作，而他本人作为急救大夫，不知挽救过多少心脏病患者的生命。

对我来说，在妻子和孩子们都不在的情况下，工作是一种逃避的方式，否则我会一直纠缠于一种念头，把发生的一切都归咎于我。我无法获得归国者应得的独立公寓，在搬进尤莱克的公寓时，没有想到这间公寓里之前曾有人死于肺结核，也没有人提醒我，至少在搬进来之前应该对房屋进行重新粉刷和消毒。这种内疚感让我宁愿在单位度过漫长的下午，而尽可能少地在那个应该是我们家的地方待着，现在那里已经称不上是个家了。

在二十世纪五十年代的战后波兰，工业企业开展了各种运动。这些运动都是由企业管理层负责的。作为总工程师，我负责员工（尤其是技术人员）参加提高质量和现代化水平、降低生产成本、提高车间生产安全的运动。这就是当时所谓的"合理化"概念。如果员工的建议被采纳并且得到应用的话，就会获得"合理化人员"或"杰出合理化人员"的头衔，并获得银质和金质的"生产合理化人员奖章"。此外，根据其合理化建议所节约的金额，他们还将获得现金奖励，在无法具体计算时，则估算一个奖励金额。总工程师通常是生产合理化委员会的主席，其任务是评估合理化建议，并将其应用到生产中。管理层和合理化委员会的成员也可以提交建议，但这些建议就需要华沙的各部级委员会进行审议了。各个部委所属的工厂相互展开竞争，参加各种比赛，而可以在其他工厂里使用的项目则会发表在技术类刊物杂志上进行传播，其中有一家刊物名为《食品工业技术员》。也许是因为不喜欢我的公寓，所以我宁愿帮助车工、工长或班组长准备正确提交合理化建议所需的材料，以使那些建议不会在委员会上遭到否决。在1号工厂，我有一间温暖、舒适的办公室，那里有可以放绘图板的宽敞书桌，因此我很乐意为员工提供帮助。有时我甚至会告诉我的员工，他们应该在哪些方面琢磨琢磨，然后提交一个适当的建议，顺便弄点儿钱花。出乎意料的是有一次这样的暗示使我获得了意想不到的名气，尽管我不觉得我的举动有什么特别之处。

一切都是从我去波兰南部一家最大的糖果厂出差开始的。该厂的生产经理告诉我，他们仓库里有大量从中国进口的琼脂（石花菜），是两年前进口的，不知该如何使用。这种海藻制成品，产地遍及日本、韩国和中国沿海。他没有告诉我为什么会这样，但是因为即将到期，所以他向我保证，如果我仍然可以使用它们，他很乐意将其赠送给我。显然他不太确定，并且他也不想为任何失败承担责任。这个提议对我来说似乎非常令人鼓舞，因为我在哈尔滨的经历让我非常清楚如何使用它们。在那里，琼脂通常代替明胶用于食品，也用于果冻和果酱的生产。因此，我请他带我去仓库，我发现那些琼脂非常适合生产糖果。在伪满洲国存在期间，几乎在哈尔滨的每个街角都可以买到这种糖果。这种糖果在日语中被称为"kanten"（意为寒冷的天气），主要是日本人用日本进口的琼脂制成的。这个名称似乎很奇怪，但它指的是在寒冷季节采集海藻的时间。在沿海地区琼脂既用于医药，又用于食品制造。我还借机从一个仓库管理员那里了解到，这家工厂为什么不使用琼脂。因为与明胶不同，琼脂不溶于冷水，为此需要对它进行加热，而糖果制造商当然不知道这一点。在波兰，它以前不为人所知。这样，我取了琼脂的一些样品，并尝试在自己的厨房里制作果冻（已经是我自己的厨房了，尽管仍在一个共用的公寓里）。测试结果非常成功，琼脂非常好，只要少量就足以使果冻凝固到可以切成块或做成被巧克力包裹的糖果。为此，我把各个工厂的生产主任和工长们都叫来，指示他们向我提交有关新产品的建议。我有足够的合理化基金，也就是有钱来鼓励他们这样做。

最佳设计是巧克力车间的工长乔姆贝尔以"多味果冻"的名义提交的。那是一千克或两千克的块，由五层组成，红色、绿色和黄色各一层，中间夹着两层白色，这些分层是通过搅打果冻并加入蛋清实现的。每层的口味略有不同，红色层是覆盆子味道，黄色层是橙子味道，绿色层是柠檬味道，白色层则是香草味道。乔姆贝尔先生是1号工厂里巧克力车间的工长，但是生产果冻的最佳场所是2号工厂，因为他们有冷却果冻所需的空间，而我们在巧克力车间里没有适当的地方。我们制作了小规格的金属模具，然后一层一层将果冻倒入其中，放置数小时，直到它们变硬为止。"多味果冻"成为"波罗的海"厂的热门商品。第二年，我们不得不将生产方法介绍给其他工厂。当时有一种所谓的"同行竞赛"，与我们现在所说的竞争不同。部里要求我们将"多味果冻"的配方和生产方法无偿转让给其他工厂，我们没有任何可能性或任何理由不执行这一命令。当时人们说，必须服务于总体目的，为了国家利益。"为了劳动人民的利益"，必须这样做，当然没有人质疑它。我是该产品的发起人，但我一分钱也没得到，尽管当时我在道德上获得了极大的满足感。我可以从自己掌握的用于此目的的基金中拿出钱来，奖励所有参与该项目的人，而把技术转让给其他工厂也增加了这笔资金。

当我还在研究院工作的时候，就给《食品工业技术员》写了我的第一篇文章。在一次去华沙出差的时候，我把那篇文章送到了编辑部。在那儿，我遇到了几位编辑，后来我不时向他们投递有关"波罗的海"糖果厂合理化活动的资料，并用我自己的插图加以说明。在华沙，人们提醒我，尽管我在推广"波罗的海"糖果厂的合理化运动方面做的诸多工作，但我本人迄今为止未提交任何建议，还是"零蛋"。人们描述的事实是，我既没有银质也没有金质的"生产合理化人员"奖章可以别在衣服上，我应该尽快弥补这一缺陷。我之所以没有这样做，原因很简单，我提交自己个人的建议会很令我十分尴尬，因为必须先获得工厂委员会的批准。也就是说，作为委员会主席，我将提议自己获得奖项和荣誉。后来部里介入了，甚至直接指示我开始进行一个更大的项目，从而消除了我的尴尬。

在1956年出版的一期的《食品工业技术员》杂志上，自从我到达波兰以来，第一次出现了我的生平介绍。文章的标题是"糖果行业的技术人员正在成长"，编辑部选了一张我的照片，胸前挂着不久前获得的奖章，这对当时刚刚年满三十岁的我来说是一件足以令人自豪的事。我介绍一下事件的发展过程，还要先提一下，我不仅获得了生产合理化人员的银质奖章，而且作为奖励还获得了一辆摩托车，对此采访我的记者也没有忘记提及。当被问及我作为"波罗的海"糖果厂总工程师的成就清单时，我当然提到了生产机械化，顺便也提到了几个月前发生的事，就是获得了一批中国琼脂。我努力使工厂不断推出新产品供应市场，并在市场上获得消费者的青睐。上面提到的我的生平传记中，作者写道："1954年，糖果工厂拥有大批琼脂的库存，没有得到充分利用，有变质的危险。工程师卡伊丹斯基随后开发了新的所谓'多味果冻'，在消费者中迅速流行开来。目前其他工厂也使用'波罗的海'糖果厂开发的配方生产这种果冻。"

所有这些都是真的，尽管如上所述，我对配方的贡献实际上只是部分的。我是当时波兰唯一一个知道要将琼脂溶于水必须先将水煮沸而不是将其浸泡在冷水中的人。确实，这种果冻在消费者中非常受欢迎，因为在战后的第一个十年里，市场上的钱比消费者所需要的商品要多，所以把一种不错的新产品推向市场，从而获得消费者的满意并不难。顺便说一下，在"多味果冻"首发六十年后的今天，它仍在波兰生产。我不知道，目前是哪家私营公司在生产它，但是老板肯定不会抱怨，因为波兰人仍然很愿意买这种糖。包括我的妻子，偶尔还会带给我一块做比较。

在我写的内容里还可以补充一点，就是在职业生涯上的成功恰逢我的家庭困难彻底结束。大约在同一时间，娜塔莉亚又住了一次疗养院后终于回家了。而之前不久，疗养院院长已经允许卡夏回家。与最初的恐惧相反，这种病在她们身上从未复发。我们终于可以把已经两岁多、多亏了接种疫苗而保持身体健康的哈林卡接回我们已经合法拥有的位于索布特卡大街的家里了。她在"米卡妈妈"家住了很多个月之后，几乎把我们完全忘记了。

▼ 我的母亲和妻子娜塔莉亚带着女儿卡夏在格隆瓦尔德大街，我们位于格但斯克 – 弗热什奇区的家附近（1953 年）

第13章

在工业领域担任总工程师的五年

　　一次偶然事件，使我比预期更快地成了合理化人员。质量控制部的一个分拣员在检查一批新生产的巧克力时，惊骇地发现几乎每片巧克力里都含有铁屑。一些铁屑扎在巧克力表面，在包装时就可能会弄伤操作人员，更不用说吃的时候了。此前从未有过这样的记录。事件非常严重，经理倾向于将此事视为有人搞破坏。我坚信，蓄意破坏是不可能的，但是我知道，如果在没有进行内部调查的情况下将此案弄得满城风雨，安全部门就会开始处理此事，后果可能会非常严重。也许对我也是如此，因为作为总工程师，我负责同技术和生产安全有关的一切。

　　我认识在巧克力生产部门工作的每一个人，对他们有充分的信任。

　　我们进行的内部调查确定了事件的过程。在可怕的事故发生的前一天，值班班长检查了混合巧克力块的质量——一种被称为"精炼"的操作，目的是使可可豆被碾碎的尖锐颗粒变得光滑。"精炼"持续的时间越长，巧克力越顺滑，越容易在口中融化。为了采集样本，值班班长意外地将一把锋利的钢制取料铲掉进了"漏斗"中。这把钢铲被一台工作的机器卡住了，于是开始从容器的金属壁上刮下金属。没有人注意到它，但是经过十几个小时的"精炼"后，巧克力中已经充满了金属屑。造成的损失达数千兹罗提，因为整个料斗里的原料都不能再用了。

我把所有可以为挽救这批巧克力有所帮助的人都叫到办公室：领班、总机械师、质量控制部门主任、实验室主任。生产主任提出了一个经过深思熟虑的建议，得到了我的认可。他的办法是，在含有金属碎屑的这批巧克力中加入大量的可可奶进行稀释，增强它的流动性，这样金属碎屑就会沉到原料底部。按照这个办法，我们把经过净化的物料倾倒出来，然后少量添加到接下来的产品批次中。

在接下来的几天里，我们制造了适当的设备，并为其配备了特殊的过滤器，然后安装了强大的电磁体。在让物料两次通过过滤设备后，我决定采集样品进行分析。我们焦急地等待着实验室的评估结果。实验室没有发现任何铁金属物的存在，纯化过程一举成功。经理当然向部里通报了这一事件，此后华沙派了一个委员会来调查，不过很快就结案了，没有对任何人造成任何不利的后果。

在此之前，我不得不跟制造这些设备的车工说，我们会找机会付给他们加班费。这是有一定风险的，因为这个决定权属于财务总监和总会计师。如果我没有兑现诺言，我将失去员工对我的信任，这是我真正想要避免的。我成功了，因为机会来得比我预期的还要快。

有一个车间生产一种巧克力片。这是一种便宜的产品，与当时"波罗的海"厂生产的其他巧克力产品一样，并没有从各个方面包裹巧克力，而只是包裹上下两面。这与可可豆经常延迟供应有关。这反过来导致需要节约进口的可可豆，并时常会意外更改生产计划。为了代替硬巧克力，我们生产了更多的夹心巧克力，就是这种巧克力片。手工将包含糖、牛奶、坚果和可可的原料擀成薄饼，然后同样是手工，借助一把又大又宽的刀，在薄饼两面涂上一层薄薄的巧克力。

每个班次都有十几名妇女在这个部门工作，包括夜班。因为这个产品非常畅销，我们的供应跟不上市场需求。以前曾尝试过进行机械化生产，但是由于缺乏奖金，这个对工厂来说很重要的问题迟迟得不到解决。财务部门坚称没有足够的资金来支付合理化的费用，也不可能为绘制技术图纸和寻找精密零件加工者而支付费用。因此，我再次召集了发明事务委员会，并邀请总会计师和各部门经理参加。总会计师最后说，他认为该项目没有任何障碍，撤销了提出的保留意见。新机器的研发工作全面展开。两位设计师都请我担任他们的技术顾问。我代表两位发明人向专利局提出了申请，他们的设计得到了认可。因为我在《食品工业技术员》上发表了关于这两位合理化人员所取得的成就的文章，所以他们的名字很快在整个食品工业中广为人知了。

机器很快制造完成了。在工厂的年度停产检修后，整个部门完全实现了机械化。从前要十几名女工完成的工作，现在只需要两个人。其他人则转往别的部门工作。在1955年7月22日（这是波兰人民共和国的复兴日）前夕，我代表中央管理局向那些车工颁发了生产合理化人员银质奖章。

我参与提出的另外一个建议，是在我们工厂建立一个中央维修基地，以满足整个波兰北部地区糖果业的需求。维修基地收到许多设备翻新所必需的二手的但相对较新的机床，也使得我们能够制造所需的新机床。

二十世纪五十年代在波兰实行的工业管理体系是几乎原封不动从苏联学习来的。实施五年计划和年度计划，并且我们的生产计划每年都在增加。这个系统不乏矛盾，这意味着在像我这样的职位上，经常会碰到一些有违常理的要求，从而给我和我的技术人员带来巨大的困难。就像生产机械化一样，是部里要求的消除体力劳动者岗位。但是另一方面，主要是来自省委和市委的要求，建议我们在推进机械化生产的同时不要解雇任何员工，特别是那些处于一线工人岗位的员工。即使每台新机器或经过合理化改造的机器淘汰了哪怕只有几个人，如果不是更多的话，"波罗的海"厂至少得减少八百个工人岗位，这对总工程师来说是一个天大的问题！

根据机械化的要求，我们开始设计相关设备，该设备在将来会成为机械化流水线中的第一个环节。六十年前，西方已经开始引入流水线，但是在糖果业中有关流水线的参考文献并不多。它们似乎已经被引入了苏联的糖果行业，但是我们没人看到过这样的生产线。唯一清楚的是，那些机器的最终目的是尽可能多地减少手工劳动。整个项目必须从头开始。

1955年底，根据安排，我开始了第一次国外出差，并且得到了我的第一本公务护照。大概三年前，布任斯基建议我去外贸厂工作的时候，他就有这样的护照。他已经是个旅行达人了，时常出国旅行，这在当时只是少数人的特权。他可能去过捷克斯洛伐克和德意志民主共和国，并希望也能够去中国。我也有些期待。东方之旅是一个起点，也是一种检验，看我的履历表上是否有任何嫌疑，使我永远不能前往西方。我是从中国来的，当时拿的是集体护照，我也根本没有看到过那个集体护照。我的战前护照是无效的，而且在格丁尼亚入境后立刻就被收走了。现在颁发给我的这本新护照，仅授权我前往东方集团国家进行公务旅行，或如当时通常所说的：前往"人民民主国家"的公务旅行。在1956年10月波兰发生变化之前，获准前往西方国家旅行是一件很特别的事情。单位为自己的员工申请公务护照，因此不需要为等候护照和签证而排长队。前往"人民民主国家"的公务旅行不需要签证，而护照则是从派出单位的人事部门获得。就我而言，护照是从糖果业的中央管理局获得，但决定是上级部门，也就是部里做出的。我要去莫斯科和列宁格勒待两个星期，以熟悉苏联最大的两家糖果厂——位于莫斯科的

"克拉辛伊·奥克蒂亚巴尔"工厂和位于列宁格勒的米高扬工厂的生产线的工作情况。那时，我大概是唯一一个能流利使用俄语的此类大型工厂的总工程师。华沙希望我能参加这个代表团，从苏联那里学习足够多的知识，甚至是文献资料，帮助波兰提高工厂的生产机械化水平。这是政府当局对我的领导们的期望，而我的领导们则只能指靠那些直接从事该行业的人。我成功了。这次苏联之行，我带回了整整一手提箱的专业文献，还有很多经验和想法。我认为，我所参观的当地工厂生产的产品质量低于"波罗的海"糖果厂生产的产品，但就生产机械化而言，它们确实技高一筹，尽管至少在当时，并不像人们说的那样领先。我很快就确信，德国制造和使用的机器要更现代化，与我在西方文献中看到的机器更相似。

有一点似乎可以肯定，我作为一个发明家，特别是作为切片巧克力流水线的共同研发者，我的想法将很快成为这个领域内的一种创新。人们确信，国外尚未实现类似的目标。因此，莫斯科和列宁格勒之行对我来说受益颇丰。我随代表团返回后不久，我们就得知技术联合会与农业和食品工业部共同发起了一场全国性的合理化竞赛。因此，我们和维修基地的主任一起着手开展我们的项目。被员工称为切片机的新机器已经投入运行，根据我们的初步估算，这将使产量提高数倍。现在必须使生产线的其他部分与其相匹配。

在提交参赛作品的截止日期之前不久，我们解决了原型机制造过程中发生的最重要问题，并将设计送往华沙。很快我们得知，这个设计在首都得到专业人士的积极评价。但是，由于参赛作品数量巨大，我不相信我们有机会获得任何奖项。1956年6月初，我们收到一条简短的消息，称该项目得到竞赛评审团的推荐，并入选该奖项。

出乎意料的是，我得知，我们那栋建于1906年的楼房不久将进行一次彻底的翻新。屋顶漏水，水渗进来损坏了木制天花板，包括我们公寓地板下的天花板。

主要工程将在较高的楼层进行，但我们公寓的房梁也需要更换。我们的邻居是格但斯克市人民委员会的顾问，他提前就得知了这项翻新工程。有一天他来找我，提出了一个建议，希望我们共同提出申请，借此机会对公寓内部也进行改造，使得我们每家至少要有一个单独的厨房。这样做从技术上看是可行的，因为在厨房和与厕所相连的浴室之间，有一个厨房储藏室和一个黑暗的小房间未能使用。我们签署了一份共同申请，邻居将其转交给了主管部门。几天后，来了一支施工队，包括一名建筑技术人员，他绘制了一张改造草图。我们的新独立厨房约有9平方米，其中最重要的设施当然是厨房煤炉。还有带冷水水龙头的铸铁水槽（当然仅限冷水，没有现在用的冷热水龙头和水槽）。遗憾的是，由于某些规定，尽管我们的街道上铺设了煤气管道并带有照明灯，但我们的厨房没有接上煤气。但即便是在没有煤气的情况下，我们也已经实现了自己不起眼的宏大梦想——拥有一个独立的厨房。做晚餐时不用排队了，也没有陌生人偷窥你锅里炒什么菜。除此之外，还有带一根柱子的盥洗室，可以通过烧煤给水加热。可能是由于邻居是人民委员会顾问的原因，翻新工程的速度出乎意料地快。我们两个房间都翻修了瓷砖壁炉，其中一个房间更换了顶梁，还更换了几块地板，地板也重新油漆了一下。

在1956年5月的最后几天，我得知自己被选中去捷克斯洛伐克实习。这是根据双边协议进行的一次旅行。按照该协议，捷克斯洛伐克方面将接受三名波兰专家进行为期三周的培训。我的出国手续很快就办好了，之后我接到电报，通知我第二天就要出发。我需要在早晨八点去中央管理局领取车票和外汇。下午就坐火车去布拉格。我们三个人一起走：中央管理局的一位职员、克拉科夫"瓦维尔"糖果厂的总工程师和我。日程安排很紧张，我们参观了十几个城镇，还有更多的工厂、研究所、实验室。我离开华沙前买的一个厚厚的笔记本上记满了笔记。

我们于6月26日返回华沙。来到部里，我得到的第一个信息是有关第二天将举行合理化活动会议的信息。会议是由技术总局组织和主办的，三个部委以及食品工业工人工会理事会协办。当宣布我主持的流水线设计获得了大奖时，我感到兴奋异常。记者的闪光灯闪个不停。假如父亲还活着，他一定会为我感到自豪。几天之后，当一辆崭新的、闪闪发光的、一直藏在幕布后面的摩托车被搬上主席台时，庆典活动达到了高潮，这是该项目的奖品。华沙摩托车厂生产的WFM-125摩托车当时还很少见。第二天，我在《人民论坛报》上看到了大字标题："七千三百个合理化项目——节省八千万兹罗提。"下边是我的签名照片："摩托车由卡伊丹斯基工程师获得。"如果有人对我说我还很年轻，还不够扎实，那么此刻我不会感觉受到冒犯，因为我为自己骄傲。七千三百个项目，我获得了第一名！

在华沙参加这些活动几周后，我再次来到华沙，从中央管理局总工程师的口中得知，我此前在合理化和技术进步领域的活动使他得以向我传达一个新消息：部里建议委托我写一本书，讨论糖果业的机械化问题。如果我答应这项任务，那么第二天我应该前往轻工和食品工业出版社去讨论更多细节。

我可能在糖果机械领域没有太多的经验，但是其中很多设备，特别是真空蒸发器、成型机或包装机在其他食品工厂有广泛应用，包括在制糖厂。在这方面，我在阿什河"波兰糖厂"的工作经历给了我很多启迪。我对这本书的封面设计有自己的见解，而且我感觉编辑部里跟我谈话的人有些不耐烦。这个他们做不到，那个他们也做不到。他们有很多理由，没有更好的纸张，增加印在插页上的技术图纸数量会增加成本，而且总的来说——"年轻人呀！"，接下来就是一大堆批评意见。然而，随着合同的签订，与出版社的讨论结束了。他们给了我一年的时间。这本书旨在供操作人员和生产员工使用，但也可以作为职业技术人员和技校学生的辅助材料。

有人说二十世纪五十年代波兰的生产企业都停滞不前，对此我难以苟同。至少食品行业肯定不是，我在该行业工作了整整七年。当然，该行业的工资与采矿、冶金或造船厂的工资没法比，但是只要有一点善意，我就可以毫无风险地超出自己的权限，提高下属的工长、技术工人和其他人员的工资，以保持他们的创造性，并鼓励他们进行技术改进。

我与外贸的第一次直接接触与其他生产工程师的情况相似。有一天，中央管理局总工程师部门的一个人打电话告诉我，我已被提名为外贸部下属一个机构的评估师候选人。其任务是监控出口产品和进口到波兰的商品的质量。机构的总部位于格丁尼亚，除了自身员工以外，他们还从各行各业聘请了几十名甚至更多的评估师。这些评估师按照他们的指令，完成单项的检查任务。评估师的资质要求很高。对那些负责进口设备接收的人来说，必须有理工类大学的文凭，熟悉两种外语，有来自本单位或上级单位的积极推荐，以及最重要的——对被检查的设备要熟门熟路，了然于心。就我而言，是要熟悉糖果业的机械和设备。我肯定满足了前三个条件，对最后一个条件有暂时的疑问，但是自信心获胜了，我表示同意将我写入候选人名单。我做好所需的文件，将它们寄到华沙，并完成了许多手头的任务……之后，关于那个声明我就完全放到脑后了。

几个月后，部里想起了我。糖果行业将从民主德国接收十几台机器，然后分发给几家工厂，其中包括克拉科夫的"瓦维尔"糖果厂。我不知道为什么选择了我，但是我收到了去德累斯顿制造商那里提货的通知。货物是提高夹心巧克力生产现代化水平的生产线。那套设备有十几吨重，尺寸同样令人印象深刻。连同供料设备，各种传送带和接收台，至少有三十米长。在生产工厂验收后，需要将其拆解，装在大箱子里，然后运到克拉科夫，在那里重新组装并投入运行。

我知道对初学者来说，这是一项困难且责任重大的任务。最让我担心的是我不懂德语。在哈尔滨，尽管我花了几个月时间跟一名德国女传教士上过私人课，因为我的毕业论文需要阅读德语书籍，但这不足以让我在验收一台复杂的机器时能够用德语进行沟通。好消息是，我听说在东德，几乎人人都懂俄语。但我很快发现，这夸大其词了。出发前一周，我阅读了以前由其他专家制作的类似设备的技术验收资料。我也没有忽略研究当时在该领域通行的所有技术说明。部里说这次出差很紧急，因为德国制造商坚持让我们尽快提货，这台巨大的机器占据了组装下一台机器的生产空间。我已经准备出发，但护照还没拿到。在前两次公务旅行中，护照是与我的出访证明、机票和公杂费一起在华沙办好交给我的。而现在这次旅行是由工作机构人员在三联城现场办理的。又等了一天后，我接到一个电话，要我第二天去格但斯克的政府机关办公楼，包括市委机关也在那里。在通行证办公室，我被领到另一个房间，之前的电话曾经告诉我那个房间号。在那里，已经有两个人在等我。两位先生似乎很忧虑。我立即注意到他们并不是这间办公室的主人。我的文件不是从文件柜里拿出来的，而是在我报了自己的名字后，其中一位先生从自己的公文包里取出来的。我立即意识到，这次约我见面，肯定跟我的护照有关。

这不是一次正式的询问，更像是一次工作面试，但我还是感到心中不爽。"您懂德语吗？"那个把我的护照从公文包里拿出来人问。我回答说，几乎不懂德语，并告诉他们，在收到去验收机器的建议后，我跟那个"法国人"说了，我宁愿去一个英语国家提货，因为我精通英语的技术术语，并且能用这种语言很好地沟通。

"什么'法国人'？"他几乎是喊出这句话。我不得不解释说，"法国人"只是机构里一名工程师的姓氏，他负责与机械和设备进口有关的事务。我首先向他表达了对自己德语水平的疑虑，另外还说了我得从他那儿得到有关机器的文件以及护照、外汇和机票。

他显然以为，我和一个外国人商量了提货的事，那样的话我立刻会失去作为验收专家和出差候选人的资格。当我解释清楚了误会后，他瞥了一眼手中的文件说道："但您熟悉俄语，是吧？"我给了他肯定的答复。

"那您在德国不会遇到任何困难。那儿每个人都或多或少懂俄语。"他说。然后，他们开始问我在中国的生活情况。显然，我的回答令他们满意，因为他们将谈话引向了一些普通聊天的话题：波兰人是怎么到中国的？归国的过程是怎样的？以及我是如何到达格但斯克的？我的回答似乎没有引起他们的怀疑，那个手里一直拿着那摞文件的人把文件放回了公文包。这时，他出人意料地问道："您在德国有亲戚吗？"

我的否认大概非常有说服力。他站了起来，看来谈话已经结束了。但最后，他又问了我两个问题："在西德也没有？""没有任何亲戚。"我如实做了回答。

"您知道勃兰登堡门是什么吗？"

我当然知道，但我不明白他为什么要问。他补充说，我要注意，在任何情况下都不能通过这道门，否则就会有麻烦。现在我自由了。第二天，我拿到了护照，跟那名"法国人"工程师道了别。后来，已经是回到波兰以后了，我得知其他工厂作为验收专家前往德意志民主共和国的员工，也经历过类似的"警示谈话"，大概是因为其中一些人确实穿过勃兰登堡门去了美国占领区。这么干的肯定是那些拥有在西方国家有效护照的人，因为东德边防人员无权阻拦他们，但是这一点我不确定。然而去过西柏林后，他们的护照上肯定会被盖章，这样回国之后肯定会有麻烦。

我没有在柏林停留，而是当天就乘火车去了德累斯顿，所以靠近勃兰登堡门我连想都没想。出发前为了以防万一，我买了一本波兰语—德语袖珍字典，并且记下了我在柏林可能碰到的最重要的问题："去德累斯顿的火车是从这儿发车吗？""要一张去德累斯顿的二等票。""我们什么时候会到德累斯顿？""德累斯顿到了吗？"

在柏林我才发现，可以用俄语与德国人交流的说法与事实相去甚远。手里拿着纸条，我买了火车票，坐上去往正确方向的火车出发了。一路上我只想着不要错过该下车的德累斯顿火车站，以及如何在不懂德语的情况下验收设备。到了德累斯顿，从火车车窗可以看到一些新的居民区，更远处是废墟、废墟、还是废墟。德累斯顿可能是第三帝国遭受破坏最严重的城市。此前，英国人为了报复德国用V2火箭轰炸伦敦，对这个城市进行了地毯式空袭。我走到车站外面，找到了出租车站，并向出租车司机出示了一张卡片，上面写着我的目的地——机器工厂。十几分钟后我就到达了目的地。在入口处，我向警卫人员说了那句我早已熟记于心的话："Ich spreche kein Deutsch. Ich spreche Russisch und Englisch. Ich bin ein polnischer Ingenieur."（我不会说德语，我能说俄语和英语。我是一名波兰工程师。）让我高兴的是，警卫已经知道了我要来。他点了点头，对我说："稍等，稍等。"他抓起听筒，依次与几个人打了电话，然后说"好的"，接着向我指了指门房里的一把椅子。

为我安排这次出行的"法国人"工程师精通德语。他曾当着我的面给工厂打电话，肯定也说了我听不懂德语。我暗想，如果有个哪怕会说一点儿俄语或者波兰语的人能来门房接我就太好了。令我惊讶的是，几分钟后，一个穿着工作服的年轻人出现了，他用俄语进行了自我介绍。

他说他是由工厂领导委派的，将是我在德累斯顿逗留期间的联络人和向导。

如果需要他的帮助，他将在工厂和城里照顾我。可以说，我心里一块石头落了地。这个人是工厂技术控制部门的负责人。这意味着我将与他一起处理我的所有工作。在这里，德国人的秩序意识感显而易见，他们已经给我预订了一个饭店房间，有准备好的围裙和一张我可以工作的书桌，上面放了一瓶水、杯子、笔和笔记本。

毫无疑问，我很幸运能有一个懂俄语的联络人。而他，我很快得知，则并不那么幸运。因为他曾被派往俄国前线，参加了斯大林格勒附近的绞杀战。在那里被捕并在俄国当了好几年战俘。他讲俄语时带有浓重的德语口音，但重要的是我能和他很好地沟通。

根据指示，这套设备需要"运行"几个小时，以便发现可能存在的任何缺陷或不足。技术控制部主任一直陪着我，提供各种文件和意见。吃午饭时，他带我去了工厂食堂，在那里我有机会吃到了著名的德国"Eintopf-Gericht"（乱炖），就是一锅将各种蔬菜烩在一起的午餐。那是一个很大的碗，里面盛着浓汤和一些肉。勺子插在里边能像电线杆一样立着不倒。我没有过高的期望，所以觉得汤的味道不错，调料放得正合适。我吃得很饱。然后我的新朋友端来了两大杯果汁。

在德累斯顿停留的第一天，他就向我展示了这座城市。我们走了很长的路，直到德累斯顿画廊才停下来。我很高兴他要向我介绍那里收藏的世界绘画艺术珍品。在以前的出国旅行中，我已经养成了这种习惯，总是花时间和钱去参观博物馆和美术馆，而且我的德国联络人也很懂艺术品，否则他可能不会邀请我参观美术馆。在莫斯科和列宁格勒逗留期间，我参观了俄罗斯博物馆和冬宫，而他在离开苏联之前，肯定也参观了莫斯科的博物馆，因为我们谈论了俄罗斯海景画家阿瓦佐夫斯基的作品。他说他非常喜欢那些展现波涛汹涌的大海的画作。我们去了附近的一家咖啡馆，我请他喝咖啡，可是店里没有咖啡，不过，我有生以来第一次见到了一次性的袋泡茶。这些茶袋不是在工厂里生产和填充的，而是以手工作坊的方式制作的，可能就是咖啡馆员工装的。纸不太合适，太厚，使得茶叶无法充分吸水膨胀，只好在很多地方用针刺了洞，但这似乎并没有太大帮助。我对茶叶非常了解，非常喜欢二十世纪五六十年代从中国大量进口，并在格丁尼亚分装的乌龙茶。

在德累斯顿停留的最后一天，我计算了一下自己节省了多少马克，以及可以用这些马克买些什么。由于工厂食堂的午餐免费，我积攒下的那些东德马克对我微不足道的需求来说已经很多了。我整个下午都在购物。让我左右为难的是选择洋娃娃。在当时的德国，有很多私人玩偶工厂，其质量要比我第一次去苏联时买的洋娃娃好多了。这些娃娃首先是更漂亮，穿着更漂亮的衣服，能闭上眼睛，还会说"妈妈"。到底买多大的让我左右为难，因为这与价格有关。但最终我买了最大的，给孩子的礼物就算解决了。我用剩下的钱给妻子买了一个人造绒面料的手袋（在波兰是新鲜东西，在东德可能也是）、一套指甲剪和太阳镜，还有厨房用的塑料桌布。娜塔莉亚大概对最后一件东西最满意。我们有很漂亮的中式绣花桌布，是我们结婚时得到的礼物，但没有日常用的便宜一些的桌布。而孩子们会时不时地把菜汤、水果汤和果汁洒在桌布上。这种塑料桌布只要几秒钟就可以清除干净。

第 **14** 章

"波兰的十月"

    1956年10月17日至19日，将在克拉科夫举行一次全国糖果行业经理和总工程师会议，我和总经理一起乘火车经过卡托维兹去了那里。斯大林去世后，卡托维兹被改名为"斯大林格勒"。我此前一直坐火车二等座，这次陪同我的上司，办事人员给我们买了卧铺票并且提前一天到达克拉科夫。报纸上已经报道了将于10月19日召开的波兰统一工人党中央委员会第八次全会的消息，尽管没有人知道，这次会议将与人事安排有关，人们预计会有大的人事变动。尼基塔·赫鲁晓夫在苏共第二十次代表大会上发表了题为《关于个人崇拜及其后果》的秘密报告（之后立刻就不再是秘密了）。人们都期望冷战后国际关系会进一步"解冻"，以及能够推行经济改革，改善生活条件。预示着这种"解冻"的是将瓦迪斯瓦夫·哥穆尔卡从监狱中释放，他重新获得了党员证。几天前，他还参加了波兰统一工人党政治局的一次会议。在克拉科夫停留的第一天，用过晚饭后，我们在招待所的自助餐厅里坐下来，想知道全会上会发生什么。桌边形成了一个一个的小组，通常是总经理一组、总工程师一组。由于各自的兴趣不同，这似乎是可以理解的。总经理们一般对政治和人事事务更感兴趣，更受制于地方党委，而上层的变化也很快就会牵扯到他们。而总工程师大多由各部委任命，并且是各自领域的专业人士，他们一般不惧怕这些变化。因此，讨论常常会转移到技术问题和经济问题。党的新领导层是否会摆脱迄今为止以重工业为中心的政策，而将更多注意力放在食品工业和轻工业上，以努力满足国内市场需求并改善民生？我们会得到更多的投资吗？在决定将生产什么以及如何生产时，我们会拥有更多的独立性吗？

在我们这个两张桌子拼成的小组中，除我以外还有来自全波兰最大的糖果工厂的总工程师们：来自克拉科夫"瓦维尔"厂的西塔莱克工程师（我们曾经一同考察捷克斯洛伐克的糖果行业），战后被更名为"7月22日"糖果企业的来自华沙厂的工程师，来自波兹南厂的总工程师等人。然后，来自中央管理局和部里的几位技术主管也坐了过来。谈话很快就涉及了其他社会主义国家的糖果业状况。我们几乎所有人都已经在捷克斯洛伐克、东德或苏联的工厂实习过。在交流经验之后，大家可以进行比较并讨论在这些工厂中可以借鉴的内容以及应避免的情况。有人提出，中国是一个能够避免严重依赖"老大哥"，并有能力实施自己独立经济政策的国家。每个人都知道我是从哈尔滨来到波兰的，也就是从中国来的，所有人都想听听我的看法。尽管我说了，我是五年前离开中国的，当时哈尔滨还没有任何国营的或国有化的糖果厂。在当时存在的公司中，最大的是我父亲曾带我去过的私人企业秋林公司，但是它同由各种大大小小的工厂组成的大型企业集团不具有可比性，例如格但斯克的工厂。我不得不解释说，当1945年东欧人民民主国家诞生时，中国还处于内战之中，当时中华人民共和国还没有成立，她直到1949年才成立。当我离开哈尔滨时，还没有发生任何制度变革，而且为了确保市场供应，当时的政府还是大力支持私人产业的。

我们很晚才散去，已经过了午夜，不过还没有意识到在接下来的三天里，波兰将发生怎样的戏剧性事件。第二天，部长照常会来参会并总结全天会议的讨论情况。会议召开的时间早已计划好了，当时我们还不知道将于10月19日召开波兰统一工人党中央委员会第八次全体大会，而且将在这个会议上做出非常重要的人事决定。实际上，我们希望瓦迪斯瓦夫·哥穆尔卡能当选中央委员会第一书记。那时我们大家都知道，中央委员会已经形成了两个派系：保守派，也就是反对变革派，被称为"纳托林派"（源于纳托林宫，他们经常在那儿聚会）；还有就是倾向于进行某些改革和上层人事变动的一派，后者被称为"普瓦维派"（源自华沙的普瓦维大街）。简而言之，"纳托林派"赞成维持目前对苏联的依赖，而"普瓦维派"则希望与苏联领导层进行谈判，以便能更自主地决定波兰内部事务和经济政策。

第二天，会议由部长主持。他谈到了食品行业在新的五年计划中所扮演的角色，在下一个五年，食品行业将逐渐变得重要起来，将获得更多的资金，同时削减以前享有特权的重工业。原定他将在会议第二天总结讨论情况，但出人意料地提前离开了会议，原因是由尼基塔·赫鲁晓夫率领的苏联代表团突然飞抵华沙。他与莫洛托夫、米高扬以及华沙条约组织的总司令科涅夫元帅和其他重要军事人员一起抵达。毫无疑问，他们的到来是为了约束以爱德华·奥哈布为首的波兰统一工人党领导层，打消他们对政治局进行人事调整和未经苏联批准就采取行动的念头。

我们都知道华沙正在发生一些事情。晚报上刊载了一些有关在中央全会上的争论以及赫鲁晓夫突然到来的消息。有人接了个电话，传来的消息让气氛顿时躁动起来。有消息说，坦克已经从位于波莫瑞和西里西亚的苏军基地里开出来，方向直指华沙，还有三艘苏联军舰试图进入格但斯克湾，但被以某种方式制止了。这表明，苏联领导人为抵制可能发生的变化下了多大的决心。赫鲁晓夫在华沙机场下飞机时就用手指指着迎接他的"波兰同事"，用威胁的语气说了那句著名的话："这件事你们走着瞧。"

会议中断了。每个人都急着赶回自己的工厂。在大街上，在报亭和电车站，人们议论纷纷，嗓门比平时都大。想买卧铺票回去想都别想，我在人满为患的火车上，一路站着返回格但斯克。每一站停留的时间都比列车时刻表上的时间长。在较大的车站，乘客们从车厢里出来，聆听车站广播最新的消息。在斯大林格勒，车站大楼上已经自发地挂出一个大写的字样"卡托维兹"。那时我们还不知道，主要铁路线上火车延误的原因是苏军北方集团军正在向华沙调动，部分封闭了铁路路线。

早上回到家，我立即去了"波罗的海"糖果厂的办公室。三个工厂的全部管理人员都聚集在会议室，只有总经理没在，他可能去党委听取指示了。在这种情况下，我就是公司里级别最高的人。那里有一张长桌，铺着绿色的绒布。我通常在那里召开工作会议。但那天不可能谈任何实质性工作。我们都在思考，接下来会发生什么。

一夜未眠之后，我回家躺了几个小时。10月24日，哥穆尔卡向聚集在游行广场的四十万华沙市民讲话，我们专心收听了广播。很快人们了解到，变化将比预期的还要大，哥穆尔卡答应承诺"改正错误和失误"。国防部长康斯坦丁·罗科索夫斯基以及"老大哥"强加给波兰的许多其他高级军官被撤职，波兰军队里的苏联顾问纷纷离开。在遣返苏联顾问的同时，也限制了那些安全部门的活动。此外，农业集体化进程也被终止，但莫斯科仍坚持要求波兰这样做，并恢复了从苏联遣返波兰人。哥穆尔卡设法说服了赫鲁晓夫，为在波苏经济合作方面，为波兰赢得了更为有利的条件，这被认为是他的伟大功绩。据透露，当时我们以每吨八卢布的价格向苏联出售煤炭。

最高权力机关发生的变化导致各种自下而上的运动，这些运动比当局的行动有过之而不及，其目的是在地方党委、行政和企业中推行改革。极具象征意味的罢免经理现象普遍出现，被罢免的主要是那些平时在企业里不受员工欢迎的经理。这种自发的企业自治的牺牲者，主要是从华沙派下来的，或者是从三联城之外的其他地方调过来的。一句话，是那些外来人。在"波罗的海"糖果厂，总经理受到了许多指责，他是从切申调到格但斯克的。他绝对不是捷克人，但他与捷克人有联系，因为他来自与捷克斯洛伐克接壤的城市。不过，我们的首席工艺师是捷克人，而且他的姓氏更像德国人而非捷克人，因为他姓库尔福斯特。他是一个要求严格遵守配方的人，而那些老一些的技师则往往凭肉眼将每种成分混合在一起，他的做法肯定得罪了那些工长和工人。当然，基于实验室的检查结果，配方不一致很快就会被发现。此外，他还特别注意那些包含酒精的配方。简而言之，工厂里有很多人对他不满。

在三联城以及整个波兰，到处都在举行支持变革和哥穆尔卡的集会。坦率地说，当时波兰的整体氛围有利于各种清算。我们听说在一些会议和集会上，或多或少出现了反苏的讲话。"波罗的海"糖果厂没有出现任何反苏口号，但是有一天晚上，各个部门都出现了散发的传单，"让我们厂里的捷克人滚蛋"。没有发现肇事者，事件也被迅速遗忘了。

大概就是在那个时候，我们第一次开始考虑去中国。原因有很多，包括气候原因，不是政治气候，而是波兰沿海地区特有的气候条件。描绘它的形容词有：寒冷、潮湿、多雨、多风、阴沉。冬季也经常下雨，在一天中的任何时候，天色都像黄昏时分的中国。娜塔莉亚的主治医生也谈到了换一换气候环境的必要性。

还有我的岳母，她一封信接着一封信，劝说我妻子返回哈尔滨，并承诺他们会为她提供所有的医疗帮助，也会照看好她。哈尔滨也没有任何人因为持外国护照而被单位开除的，我甚至可以在铁路上的某个部门担任个管理职务，那是我曾经梦寐以求的。我梦寐以求过吗？也许曾经是事实，但要永久返回哈尔滨？当年我们离开时，国际局势混乱不堪，以至于根本没想过再回哈尔滨的可能性。而出于财务原因，当时去世界的另一端要花的钱，对我们来说无疑是一大笔开销。

同时，波兰自上而下的变革里加入了自下而上的倡议。正如当时所说的，很快就出现了"水平"项目，旨在改善工业企业的经营管理。早些时候，这些基层倡议受到不切实际的法律和严格的行政制度的约束。批评还集中在工人委员会上，即企业里的工会领导层，他们在工厂中对于事关工人的重要问题没有多少发言权。关于迄今为止尚未公开的"南斯拉夫模式"的讨论已经在流行。其支持者认为，在这种制度下，民主选举产生的工人委员会有效地监督工厂管理层，并会促进改革。在工厂和市里都组织了很多会谈，报纸上甚至预报这些会谈。

11月初，在我们的"波罗的海"糖果厂，"南斯拉夫模式"的支持者决定成立这样的工人委员会，尽管这不是上层的指示。这个倡议并没有影响到我，因为在我的权限范围内，我总是先咨询相关人员意见然后才做出决定。这是我在中国养成的习惯，在那里，集体一直对长时间讨论从而形成决定有着重要影响。当然，最终决定总是由我一个人做出的，但是我很重视集体的作用。我自己对所有技术决策负责，因此我不必清点赞成票和反对票的票数。总经理比我更依赖上层的决策，或者部里党委的决定。尽管有反对的声音，但是会议照常召开了，工人委员会在会上成立。因为组织者难以确定委员会的选举规则，所以委员会选了两次，人们将其称为"临时工人委员会"。直到最后一刻，人们才给其他兄弟工厂类似会议的组织者打电话通报此事。

　　选举于11月17日举行，要选出的是委员会主席、副主席、秘书长和两名成员。谁将成为委员会主席将由所获得的票数决定。与总经理不同，我受邀参加会议。我想参与整个事件，毕竟那将与我工作单位的未来息息相关。迄今为止，企业中都存在某种形式的三权共治。经理层必须就每个重大决定与基层党组织的书记和工人委员会主席达成一致。某些对外的文件、奖励、表彰、惩罚、解雇、调动，必须得到基层党组织和工人委员会的同意。每个人都用自己的签名和印章加以确认。现在出现了第四种权力，其权限尚不为人所知，但可以预料，哥穆尔卡将会接受自发组建的工人委员会。

　　计票委员会成立后，工人委员会候选人名单也产生了。工人委员会候选人的名单产生了。出乎意料的是，有人推选我为候选人。我认为工人委员会代表应该从占总数90%以上的工人中产生，而且其中大多数是女工，因此作为管理层成员，而且是男性，我获得候选人资格应该是不可能的。一名工长说，既然我是从一个普通工人开始职业生涯，那么我就可以代表工人，因为要提出建议，就需要了解生产和投资，而普通工人是不熟悉这些的。此外，无论如何，这都应该是一个临时委员会。因此，如果决定我不能参加委员会，哪还会有改变的机会。周围响起了掌声，我的名字出现在黑板上。员工们给了我这样的信任，对我来说，当然是件高兴的事，而那段时间正是经理们被赶走的时期。在选举中，我获得了最多的选票，并且不得不顺从"员工的意愿"。计划部门的负责人卢什凯维奇女士当选为我的副手，包装车间的负责人多莱茨卡女士当选为我的秘书。生产部门的负责人和一名"包装员"——糖果包装车间的一名实打实的工人是委员会的成员。

　　几个月后，我作为临时工人委员会主席的经历就无疾而终了。在我当选之日，由哥穆尔卡率领的波兰代表团去了莫斯科。毫无疑问，那里做出了波兰将在多大程度上实现那些宣布的和预期的改革决定。1957年早春的某个时候,皮耶赤卡经理从省委开会回来告诉我说,我应该忘掉工人委员会和南斯拉夫模式。

1957年2月,之前的消息得到证实,我在德意志民主共和国验收的那套"成套设备"受损,无法在克拉科夫安装。我坚信设备的包装是适当的,运输条件也是恰当的,而且在此之前已经用同样的包装向捷克斯洛伐克发过货。但是,我必须为自己辩护,有指责说,遭受损害的原因是我未能确保包装妥当,这一点应由工厂准备并发给中央管理局的验收单予以证实。损坏是如此严重,以致无法在计划的日期内在"瓦维尔厂"进行安装和启动。

看起来有人想让我做替罪羊。因此,我以某种借口将我那里最好的一名机械师派往克拉科夫。我指示他仔细检查损坏情况,并确定需要维修的部分,是否有必要从制造商那里进口任何零件,以及什么时候可以使用这套设备。两天后他回来了,证实了我的猜测。损坏与包装量无关。工厂在卸载装有设备各部分的大箱子时,给专用平板列车安装了一个坡面,以便把设备的各部分从平板车上卸下来。那些箱子应该轻轻地滑至地面。但是有人没注意,板条箱撞到了混凝土地面。一个铸铁抓斗上出现了一个裂缝,而铸铁是不能焊接的,因此他们决定将失误归咎于我。

我考虑了一下该怎么办。我们有一家在格但斯克的合作企业,叫作艾利维克铸造厂,我们在设备现代化改造和建新的生产线时曾经用到他们的服务。我给那家铸造厂的厂长打了个电话,向他描述了那个抓斗,问他是否能给我铸造一个新抓斗。

"当然,"他回答道,"一周时间就够了。你们把坏的运过来,我们按样子做个模具,然后重新铸一个。"

从技师的汇报中我知道,克拉科夫根本不需要这套设备。他们对计划进行了修正。与此同时，他们又收到了用于生产其他更畅销产品的机器，这填补了他们对新设备的需求。

但是我无法控制住自己的情绪，因为我无法接受这种行为，然后犯了一个重大的错误。离我们工厂整修还有几个月的时间，这包括1号工厂生产车间的改造，我可以找到安置它的空间。东德生产的那套设备可用于机械化生产巧克力果仁糖。我们"波罗的海"糖果厂也生产这种糖，不过采用的是战前德国工厂使用的旧工艺。我召集了工人委员会会议，这是最后的几次会议之一，在会上介绍了此事。我认为这是一个确保增加产量的好机会，因为六月将对1号厂进行翻新。我首先说服大家，现代化机器将大大提高生产率，我们从中获得的额外产量，将使该部门的员工能够轻松地转移到其他更轻松的岗位上。我和我的技术下属们，仍然处在艰难的境地。我们有一千名员工，其中大多数是女性。华沙要求生产现代化、超额完成计划、机械化等许多目标，而基层一片沉寂，有时甚至对改革抱有很大的抵触。经过长时间讨论，我得到了委员会的批准，然后就该设备在我们工厂的实用性写了一份理由充分的报告。我带着它去了华沙，并将其交给了中央管理局的总工程师。他读后问了我几个技术问题，这些问题我早就成竹在胸。他想了一会儿，拿起了一支钢笔："您需要多少时间来启动这套设备？"

我回答说，没有人比我更了解这台机器了，因为是我从制造商那里验收的，如果不是因为对我的不公正指控，也许我不会再找这个麻烦。他一句话也没说，只是在申请书上写下了"同意"二字。

几个月之后我意识到，我的雄心壮志——即不惜一切代价证明我的正确，从长远来看并没有得到回报。我不得不承认，那无疑是我的错误。我真的很想让"波罗的海"糖果厂在这场竞赛中跻身于佼佼者之列，当然包括我自己。我们成功地扩大了2号工厂的产品种类，继普通的芝麻酥糖之后，我们推出了新产品：坚果、可可、干果、涂有巧克力的产品，以及价格低廉且在市场上越来越受欢迎的东方果冻。

我记得在管理工厂半年后，在1954年底，我提议将第二年的生产计划提高15%，我认为这样的增长是可以做到的。会后，我去了2号和3号工厂，下午晚些时候才回到位于奥利瓦的经理办公室。天已经差不多全黑了，有人敲我办公室的门，是计划部门的负责人卢什凯维奇夫人，她想跟我谈谈。她说她不想在工作会议上谈论我的建议，但她认为我不应将产计划设定为15%，建议只提出增加8%或10%，然后等待华沙的反应，这样更为合理。波兰所有的工业企业都是这样做的。如果计划草案被上面接受，那么我们将有富余量，这样到年底我们便可以超额完成计划。如果发生不可预见的情况，则这种富余量对我们有益无害。第二个错误，她是第一个向我指出的人（之后还有生产负责人和1号厂的工长们），是决定从克拉科夫接手那套受损的东德设备。我不得不承认，我想证明自己的观点，而没有考虑这一步骤对工厂造成的后果。要组装它必须找到地方，找到资金来安装和启动，而这些资金原本是用于其他目的的。这种行动的结果只能是给我们增加计划产量，而技术人员并没有从组装进口机器中获得任何回报。最重要和最糟糕的是，这台机器使女工们摆脱了烦琐的手工劳动，但最终总会遇到一个问题：在启动机器后，这些女工去干什么？将她们转到其他工作岗位或者转到其他工厂？随之而来的必然是职工的抱怨不已。或是她们在这些职位上赚的钱少了，或是需要上夜班，或者是离托儿所太远了，或者其他，等等。

我为自己做了这件傻事而感到羞愧。我想不客气地指出，"波罗的海"糖果厂比其他工厂（而我比其他总工程师）好。实际上，我没想过他们会给我们增加计划，某种基本原材料缺几天货就可能导致计划无法完成，然后整个团队都将因无法获得应得的奖金而遭受个人经济损失。我们三个工厂中的每家工厂都拥有最重要的原材料。1号厂是用外汇购买的可可豆，2号厂是从中国通过易货贸易（商品换商品）进口的用于生产酥糖的芝麻，但对我们整个企业而言又数量不足。而3号厂则是糖，糖虽然是国产的，但国外市场需求在增长。最糟糕的感觉是，我应该对此有所了解。

这些批评使我第二天就撤回了最初的提案，改为建议将计划增加10%。我也开始注意到，我不能用职业方面的成功，来弥补我在家庭和个人生活（住房和疾病）方面没完没了的麻烦。

我一直想知道，在这么大的企业里尽心尽责以及总工程师的职位是否给我带来了满足感。每次我的回答都是没有。它是多种情况的组合，其中每种情况都可能意味着必须改变，更不用说各种情况加起来了。在毕业时，我并不知道一个就职于生产部门的工程师的职责是什么。我梦想着在设计室工作，希望在那里设计一些复杂的机器，甚至是飞机或汽车（当时没有考虑过船只，因为我不知道自己会定居在一个港口城市）。在伪北满大学，我同年级的同学中很大一部分都是企业家的儿子（我那年只有一个女同学），有自己的工厂或机械车间，而那些同学的目的是成为自己公司的继任者和继承人。如果我父亲没有因为俄国发生的战争和革命而失去自己的事业和一生的成就，等待我的可能也会是同样的情况。在一家国营企业工作，置身于各种规章制度的束缚之中，在各种计划的强压力下，在各种委员会和检查组经常提出违背常理的要求的情况下，这份工作与我年轻时代的想法就完全风马牛不相及了。我已经开始对自己承担过多的职责感到厌倦。在工厂从早忙到晚，周末和节假日也在工厂度过，积攒的假期只能在对我来说最不合适的时候使用。此外，还要加上困难而复杂的家庭状况。

我越来越多地考虑辞去在"波罗的海"糖果厂的工作，想从格但斯克转到波兰其他地方的一家较小的工厂工作，在那里我可以得到一套体面的独立公寓，承担的责任也少一些。独立公寓，有私人浴室和厨房，甚至不用共享入户门和走廊。我很清楚，在到达波兰之前，我已经掌握了对一个饱受战争摧残的国家来说如金子般宝贵的技能——语言知识，而我无法使用它们。包括两种亚洲语言——中文和日文，而对外贸易，尤其是在华沙，非常需要这些语言。平常不使用这些语言，很快就遗忘掉，特别是在涉及用中文和日文写作时。当人拿一些日文文本来让我翻译成波兰文时，我惊讶地发现，在十年没有接触这种语言之后，我几乎无法应付这项任务了。中文情况稍好一些，也并不能让我满意。

第 **15** 章

重返中国

　　我岳母在一封信中说，一个归国的哈尔滨人获得了前往中国的私人旅行许可，这是第一个信号。她写道，一个波兰人，是归国人员中的一员，于1949年离开中国并定居在弗罗茨瓦夫，但他突然出现在哈尔滨，探望了那里的家人。这在当时是令人震惊的消息，因为我们坚信中国的边境对私人旅行仍然是封闭的。

　　该消息很快被辟谣了，但并非完全虚假。那个据说在波兰赚了很多钱的人不是别人，正是布任斯基，不是来自弗罗茨瓦夫，而是华沙。在我最后一次跟他见面之后，也就是我迁往华沙而未获成功之际，他去了驻平壤的商贸处。在朝鲜，可花的钱很少，朝鲜元不可以兑换，顶多可以得到PKO代金券。这是非常不划算的，波兰外交部决定常驻那里的外交官每年有两三个月的工资可以领取人民币。而用这些钱，他们在中国就可以购买很多诱人的商品了，比如丝绸和裘皮。安杰伊前往中国购物，不像其他人那样去北京，而是去了他的哈尔滨。我的华沙朋友维克多很快证实，他的几个朋友实际上已经访问了中国驻华沙大使馆，并在那里得到了很好的接待。他们立即获得了签证，但苏联的过境签证则排队等了整整一夜——先是在大街上，然后在苏联大使馆领事部的接待室里。但是他们也得到了签证。

我把这件事告诉了娜塔莉亚，只是没有说，我决定花这么一大笔费用的原因：这笔费用包括两个人的车票、礼物，经过苏联途中以及被迫在莫斯科停留期间发生的其他费用。当然，她真的很想回家。每当我们谈到可能的中国之行时，她并不是说"去哈尔滨"，而总是说"回家"。我没有怪她。毕竟我没能在格但斯克给她一个她所期望的家。我们没有自己的独立公寓，尽管当时这两个合住的房间已经算是配好了家具。她不喜欢一天到晚阴沉沉的天气，不喜欢她和我们的女儿在这间房子里每天遭遇的一切。她从来没有为此责怪我，但对发生的事情，我仍然感到内疚。

六年来，至少在我看来，我第一次有了一大笔钱。几个月前，我已经支付了家具和衣服的所有分期付款。我的工资加上奖金约为每月三千兹罗提。我卖了自己的摩托车。那时摩托车在市场上仍然供不应求，从卖车中我得到了约五千兹罗提。这远远超过了官方价格。我签了写图书的出版合同，收到了50%的预付款，剩下的部分在提交打字稿后支付。有了这笔钱，我可以适当地装修我们现在住的那所公寓。

但我们还是选择了去中国。当我的母亲同意在我们离开格但斯克期间帮助我们照看孩子时，我们做出了最后的决定。那时我们还不知道，娜塔莉亚会在中国待更长的时间，我们本来预计将在六周后返回波兰。

1956年12月，我写信给中华人民共和国大使馆（当时格但斯克尚无领事馆），请求发放签证，目的是探望我妻子在哈尔滨的父母。使馆位于玫瑰大街。

一周后，答复来了，我们将获得签证，而我们要出示有效护照并到使馆办理签证手续。在此基础上，我已经可以向公安局的护照部门申请护照。几个星期后，我收到了可以领取护照的通知。那已经是1957年3月或4月了。

娜塔莉亚仍保留着苏联公民的身份，护照上还是她娘家的姓氏。她通常在12月为护照延期一年。事实证明，这是最后一次，1958年，她终于获得了将国籍改为波兰籍的许可。当时可以乘飞机或火车前往中国。一个人的往返机票将近四千兹罗提，但是必须换三次飞机（在莫斯科、斯维尔德洛夫斯克和伊尔库茨克），然后从那里乘三四天火车到达哈尔滨。这不太划算，而且我们也不太有钱进行这种旅行。剩下的就是乘火车。从华沙到哈尔滨的往返二等车票——一千八百兹罗提。走这条线路，不在莫斯科过夜的话，需要九天时间。那时没有私人旅行社，国际旅行的旅客服务由奥尔比斯旅行社负责，奥尔比斯在这方面是垄断者。我们对原计划进行了部分修改，从华沙到莫斯科的车票我们买了一等座，剩余路段则预订了二等座。不幸的是，奥尔比斯没有给我们预订到苏联火车的座位，这意味着从莫斯科到哈尔滨路段，我们的车票仍然处于"待定"状态，就是说已选定日期的座位只能到莫斯科再预订。这些国际列车每周运行两次。这使得计划行程时常变幻莫测。我们不确定是否能够在抵达莫斯科的当天出发，如果不能，那么我们是否能够在那里找到便宜的住宿。在格但斯克的波兰国家银行，我还必须做出另一个困难的决定：

"您是想要卢布还是人民币？我们可以给每人一百卢布或七十元人民币。"

我已经在奥尔比斯了解到，无论兑换何种货币，我们都可以用兹罗提购买七天的食品券，用于在苏联境内的饮食。在中国餐车中，这些食品券就没用了。我们不必考虑很久。我用护照取了卢布，娜塔莉亚取了人民币。

在一等车厢，除了娜塔莉亚和我之外，只有一名乘客——一个中国人，肯定是返回中国的贸易代表团的成员，因为他的桌子上摊开了一份波兰文机床说明书。经过四个小时的车程，我们来到了特雷斯波尔。波兰的边防检查人员走进车厢，海关官员也紧随其后。在波兰方面办理出关手续只需要几分钟时间。然后，苏联边防人员进入车厢，查看了我们的护照，然后就收走了，并告知我们，在出发时领取护照。在他们后面的是一名满头白发的海关官员。

十几分钟后，我们终于获得了上站台的许可。火车开到一条边轨上去更换车轮组。

布列斯特车站的规模很大，也比较现代化，具有二战前苏联建筑的特色。站台上每隔几步就有装着冰激凌、香水、面包和糖果的小推车。无所不在的搬运工在小推车之间串来串去。他们有的是事情要做，无数的手推车上放着收音机、洗衣机、冰箱、熨斗和其他家庭用品，包括已经出现的黑白电视机，都排在通关大厅的门口，这一目了然地显示，当时从苏联买什么回波兰比较划算。

来自波兰的火车到达莫斯科时，是停靠在"白俄罗斯站"。因为当天没有剩余的空位了，三天后的下一班火车有票，是周日。我们别无选择，订了周日的票，下一步便是寻找便宜的住宿。我们去了农业展览馆，那里的住宿费用是每人只要十卢布。我成功了，有空余的房间。前往北京的火车从另一个车站——雅罗斯瓦夫斯基车站发车，该车站位于一个完全不同的地区。乘坐半个小时的出租车后，我们就坐上了"我们的"车厢。第一眼就能发现，这个车厢更舒适，车厢的走廊更宽，餐车的通道也更宽，每个包间也都更大、更舒适。二等车厢中有三个座位，但没有其他人进入我们的包厢。我们上车时，列车员已经看过我们的车票，现在他把车票放进一个特别的夹子里，里边有带编号的号牌。七天以后，当我们接近哈尔滨时，他会把车票交还给我们。他瞥了一眼空荡荡的上铺，说："一直到斯维尔德洛夫斯克都是你们自己，至于到那儿有没有人上来，得到时再看了。"

检票员的话并未完全应验。第三位乘客在抵达斯维尔德洛夫斯克的前一天出现在了火车上。在昆古尔站，我们下车观看或购买全苏联闻名的乌拉尔石头制成的民间手工艺品。我看到带有艺术装饰的车站报亭，周围已经全是旅客，因为火车在这里只停留七分钟。当我们回来时，在包间门口看到一位身材肥胖的先生，戴着一顶很逗乐的草帽。

在跨西伯利亚的火车上，列车员每天两次——清晨很早的时候和晚上七点左右，点燃一个固定在前面的茶炊。我们在哈尔滨有类似的茶炊，几乎在每个十字路口的中国商店门前都有一个，我们通常在那里买开水。在旅行的第一天，我们就订购了热茶服务——早上两杯，晚上两杯。列车员把热茶送来，并在笔记本里记下茶杯数。然后立即告诉我们，要在到达之前一次付清，最好是用人民币。如果我在苏联境内付给他人民币，我会犯外汇交易罪（根据规定，他也是同罪），但当抵达第一个中国车站时，他就可以从我这里合法地取走人民币了。

新来的旅客是一位退休教授，他是去儿子那里度假，儿子住在靠近中国边境的斯捷林斯克。他看起来像我在中国时遇到过的许多典型的革命前的知识分子。我告诉他我们要去哈尔滨的岳父母家。他有些惊讶，但是他谈话得体，没有对我们与中国的关系刨根问底，尽管他提到曾经与在中国的俄罗斯人通信，但后来中断了。我也没有问他细节。

离开莫斯科后的第四天，我们的火车进入克拉斯诺亚尔斯克站。同车厢的俄罗斯人突然提到："小时候，我曾在克拉斯诺亚尔斯克住过。那是1905年。革命爆发了，整整一年，排成队的流放犯从车站上经过。居民们给他们扔面包……"

他凝视着窗外，过了一会儿又补充道："其中也有波兰人。"

西伯利亚的风景勾起我对中国的记忆。距伊尔库茨克越近，蒸汽机车的喘息声越大，火车在爬坡，周围的森林里弥漫着轻柔的蒸汽和烟雾的混合物。我们经过一些仿佛是十九世纪就迁移到这里的小站，车站上有一些木屋，周围是一些雨后泥泞的道路。我以前从未在西伯利亚居住或旅行过，但是我有一种奇怪的感觉，仿佛以前来过这里。我一直对西伯利亚流放者的命运感兴趣。在二十世纪五十年代的波兰，在图书馆是看不到有关西伯利亚流放者的文献的。但是在哈尔滨，我可以用波兰语（我们学校的图书馆和"波兰之家"都有）和俄语阅读这些文献。尽管实行了沙皇审查制度，在革命前的俄罗斯还是出版了很多此类图书，我岳父的藏书中就有许多。

克拉斯诺亚尔斯克、伊尔库茨克、内尔琴斯克、符拉迪沃斯托克。我闭上眼睛想：与曾经的那个时代相比，今天的伊尔库茨克会是什么样子呢？当年，波兰的政治流放者们，唯一受过良好教育且渴望了解东西伯利亚历史的群体，奔走在这个不断扩建的城市里那些木头铺成的人行道上，只为去参加俄罗斯地理协会东西伯利亚分会的会议。他们构成了当地教师的大多数，在学校和自己的家里教学，进行科学研究，并在圣彼得堡的科学杂志上发表自己的观察，涉及这片尽管美丽但对很多人来说仍然陌生且并不友好的国度的自然、民俗和历史。迪波夫斯基、高得莱夫斯基、柴卡诺夫斯基、柴尔斯基、扬科夫斯基——这些只是这片土地的历史上用金字写下的为数不多的姓名。

后贝加尔斯克和满洲里相距仅一公里，两地的一切都截然不同。这不仅关乎清洁度、车站上的秩序，还有车站广播里播放的欢快的音乐。那边看起来似乎没有主人：建筑物年久失修、绿化很少，车站里到处是乱扔的车轮、车轴和其他生锈的钢铁制品。缺人手，至少我们的列车员是这么向我们解释的。他现在又到我们的包厢来，这一次是为了收取整个前一周的茶水钱和饼干的费用，用人民币结算。

后贝加尔斯克和满洲里的建设中也有波兰人的身影。十九世纪末，当俄罗斯和中国签署了关于建设途经中国东北的中东铁路的协议时，许多波兰人报名参与了这项工程。该铁路旨在将俄罗斯的欧洲部分与太平洋沿岸的符拉迪沃斯托克连接起来。这些波兰人既有参与修建西伯利亚大铁路的工程师和建筑师，也有普通工人，包括"一月起义"流放者的后代。

十年前我曾几度来到这里，与那时相比，满洲里车站的变化很小。作为哈尔滨工业大学学生实习的一部分，我当时必须在蒸汽机车上工作一段时间。名义上作为火车司机的助手，实际上只是挥几个小时的铁锹而已。那时的机车是烧煤的，回家后我倒在床上，累得几乎无力洗衣服或吃东西。正因如此，我完全了解了这条铁路的两段：西线——从后贝加尔斯克到我们此刻要去的哈尔滨，以及东线——从哈尔滨到边境附近的符拉迪沃斯托克。此刻，我舒适地坐在一节中国餐车上，我们点了咕咾肉和另外两道菜，尽管我们知道肯定吃不完。量太大了。吃完饭后，我翻阅行程表，上面有车站列表和预计的停留的时间。只有一些地名发生了变化：俄语和蒙古语的站名，还有波兰工程师奥芬贝格起的站名——成吉思汗站。1900年在建车站时，必须拆除一段土城墙，当地人称其为"成吉思汗墙"。在修路时还在兴安岭里开凿了中东铁路上最长的一个隧道——兴安隧道。在我的短篇小说《隧道》中，我把这一地区选为波兰游击队在东北地区的活动地点，那篇小说在1958年由波兰广播电台播出。

回到我们出生的城市有一种奇特的感觉。在这里，我们有如此多的回忆，那些回忆来自遥远的童年，以及时间上稍近一些的大学时代和多少还算无忧无虑的青年时代。令人惊讶的是，有很多人在车站上欢迎我们的到来，既有我熟悉的，也有一些一面之交的人。

在车站上迎接我们的有娜塔莉亚的家人、我们以前的邻居，还有或亲或疏的朋友。在车站，我的笔记本上就已经记满了想邀请我们到家里做客的人的地址，不仅是我们熟悉的朋友。突然有人走过来问："你还记得我吗？"然后把一张写有地址的卡片塞在我的手里，并且说："有时间来找我们。"

哈尔滨一切如故，就像1951年2月我们出发前往秦皇岛时一样。我们离开的是同一个车站和同一个站台。娜塔莉亚的父母仍然住在老地方，在道里区中心地带的老房子里。我们经过铁路桥，就像从前坐着中国马车穿过一样，那里给我留下了很多回忆，毕竟那时我几乎每天两次穿过它，去上学和回家。多少次我停下脚步，在配有装饰的护栏边低头看着闪闪发光的铁轨，在阳光中，往来穿梭的车轮把铁轨摩擦得雪亮，列车驶向远方，驶向对当时的我来说仍然未知而神秘的远方。二十岁的时候，除了三十分钟车程的阿什河和其他几个车站外，我再也没去过更远的地方。现在，我可以向那些像当年的我一样茫然无知的人谈论中国以外发生的事，谈论世界，谈论欧洲（至少是我所了解的东欧）和无边无际的西伯利亚。这次从乌拉尔到边境的后贝加尔斯克的旅行，让我对西伯利亚有所了解。我可以夸耀说，沿着蜿蜒曲折的线路，我有机会看到了贝加尔湖和外贝加尔边疆区那旖旎迷人的风光。

我们品尝着用野葡萄自酿的葡萄酒，一直聊到深夜。那些野葡萄是在度假胜地帽儿山采摘的。每年暑期，我的岳父岳母都在那里度假。十年前，也是在帽儿山，我认识了妻子的姐姐奥尔加，最后成全了我与妻子的相遇和结合。我不得不忍受丈母娘的唠叨，说他们把女儿托付给了一个看似负责任的年轻人，而我却无法保护她，没能防止她患上如此凶险的疾病。

就在那天晚上，我们决定在娜塔莉亚去医院之前，先去"我们的帽儿山"待几天。在波兰，我们缺少这种只要跨出铁路沿线任意一个度假地的门槛就可以看到的一望无际的大地的机会。在格但斯克期间，我们只有一次一起去度冬假，去了波兰的另一端——斯克拉尔斯卡-波兰巴；第二次是夏天，去了弗瓦迪斯瓦沃沃和乌斯特卡。在波兰，我思念这辽阔的空间。一切或多或少都井然有序，经过村庄、覆盖着白雪或绿色植物的长方形田畴，像森林一样栽种的树木，然后又是村庄、城市和田野。自从到达格丁尼亚以来的六十年里，我在谈话中从没听到过这个词，更不用说对无边无际的辽阔空间、蛮荒和野性的思念了，而中国东北的大自然就是这样。在波兰，我恰恰缺少这种感觉，对"辽阔"的赞叹。而在俄罗斯画家，尤其是那些来自西伯利亚和中国东北的画家的作品中，这种赞叹非常明显。它也深植于我的内心，我可以走过整个画廊，不会在一位杰出的文艺复兴画家的作品前驻足观看，却会在一幅描绘西伯利亚无垠无尽风景的画作前久久不忍离去。如果有机会重回中国东北，我必须重新体验这种感觉。

到达后的第二天，我们去了墓地。我的父亲安息在天主教墓地，而我的舅爷佛兰切蒂以及娜塔莉亚的爷爷和其他亲属的坟墓则在东正教墓地。我一直忐忑不安的是，1951年回波兰前，我没有来得及为父亲修整墓地，尽管我可以拿出一点钱来哪怕铺一块石板，以保护坟墓不受风吹雨打和时间的摧残。我有钱，但因为疏忽大意而忽略了这项职责——当我重新想起要做这件事的时候，已进入寒冷的冬季，在公墓上做任何事都为时已晚了。

当然，我们真的很想重新造访我们在哈尔滨布洛特纳街的最后一处住所。缘分使然，就在我们走进那个大门的时候，我遇到了我们从前的中国店主，他在1945年日本人被遣返后搬进了这套房子。如今，他已经没有自己的商店了，而是在一个批发公司工作。他谈到哈尔滨的现实时小心翼翼，显然没有什么让他高兴的理由。当我告诉他我们在波兰生活得更好时，也许他相信了（至少我的衣服要比哈尔滨的朋友们好得多）。

第三天，我们拜访了波兰公民协会，它的下一任（可能也是最后一任）主席是我从前的初中老师，也是我们球队的监护人——安东尼·瓦西莱夫斯基先生。我去那里没什么事，只是想获得一些有趣的信息。当时每一艘船只只能从愿意离开中国的人中带几个到十几个人，所以通过苏伊士运河从海上撤回波兰公民的工作还在持续。但是，想走的人日益增多，因为在铁路沿线定居点生活的波兰人，越来越难以维持生计。

1946年，哈尔滨工业大学开始培养中国人，开始是为期两年的语言培训，然后是各种技术培训和工程专业培养。这些年轻的专业人员不可避免地将外国人从哈尔滨和整个中国长春铁路（1946年中东铁路更名）沿线的岗位上挤走。居住在铁路定居点的波兰员工（俄罗斯人也一样），除了在铁路上工作外，通常还拥有自己的农场（奶牛场、饲养场、种植场、养蜂场等），按照新的复杂的规章制度，这些农场的清算非常复杂，比大城市居民出售自己的房地产还要复杂。在过去的六年中，大量的波兰人离开哈尔滨，前往澳大利亚和其他非苏联卫星国的国家。自从波兰驻华大使馆在北京开馆以来，该大使馆接手了这些波兰人的相关工作。这些离开中国的事务都通过中波双边安排来进行处理，而苏联驻哈尔滨领事馆不再干预他们对未来居住地的选择，也不再反对他们离开。但是，在哈尔滨的俄罗斯人的处境则完全不同。苏联领事馆继续限制从中国东北来的"白俄移民"离开，尽管在蒋介石军队发动可能的进攻时保护他们的借口早已失去意义。除了少数例外，他们不允许进入苏联，也只有少数人被允许进入西方国家，大多数是通过国际红十字会在澳大利亚或西欧申请疗养院床位的老年人。此外，在我们在中国逗留期间，一大批俄罗斯的旧礼仪派信徒去了澳大利亚，这被当地的居民们理解为一种预示着苏联移民政策发生变化的信号。旧礼仪派信徒曾经是信奉东正教的俄罗斯人，是俄罗斯欧洲地区的居民。在17世纪时，他们不承认东正教经典的改革，并且作为未被当局认可的非法教派成员，被迁移到西伯利亚。他们与政治流放者的不同之处在于，他们无一例外地被整村整村、拖家带口地迁移，而流放者则具有"特权"，即家人可以自愿选择随同他们被流放。旧礼仪派信徒的后代已经大大落后于时代了，他们不与他们所说的"不洁的"东正教徒保持联系，不允许孩子上学（如果附近有的话）。他们不能从被"不洁者"使用过的井里取水，甚至是东正教徒使用过的也不行。他们不会拒绝给迷途的旅行者提供面包和水，但是他们不会再使用旅行者使用过的杯子。他们的后裔在西伯利亚居住的村庄相对富裕，因为他们是优秀的农民和工匠，他们自己建造房屋。在俄国革命期间，他们既没有被迫参加白俄一方，也没有参与布尔什维克一方。苏联成立后，他们整乡整乡地迁往中国，并在边境地区重建了自己的村庄。1945年，当苏联红军进入中国东北地区时，契卡放了他们一马，尽管通常对非法越境的处罚是十年的劳改营服苦役。而现在，领事馆突然开始为他们签发前往澳大利亚的签证，而澳大利亚人很愿意接受他们，因为他们缺乏劳动力，而这些人工作勤奋、专业，并且是白人。

在处理了最紧急的事情之后，我们去帽儿山待了一周。那些紧急的事情包括娜塔莉亚去医院进行检查。中国医生得体地接受了我从波兰医院和疗养院带来的文件的译本，但他们说，最好再做一次化验，然后他们才可以确定她是否已经完全治愈或者还需要进行进一步的康复治疗。从帽儿山返回后，我拿出那个写了很多地址的笔记本，开始联系和拜访我的朋友，尤其是大学同学。1952年铁路完全收归中国后，他们中的大多数人都在铁路上找到了工作。中国人接收了所有之前因各种原因被解雇的人，包括所有等待刮起新风、等待获得澳大利亚签证的外国人。他们大都已经卖掉了所有财产，已经准备好行囊。铁路上的收入已经不再像几年前那样高，与中东铁路运营头几十年的"黄金时代"更不可同日而语。我的一个同学还在世的爷爷曾跟我说，当时他们领取的是沙皇的金卢布，员工们在拿工资时会与出纳争吵，要求他们支付纸钞，而不是让衣服兜装满沉甸甸的五卢布金币。他抱怨说，现在的年轻人已经把这些都当成天方夜谭了。

对我而言，最大的乐事就是与大学同学的聚会。我原来跟他们就关系很好，我们那时候都属于哈尔滨的贫困居民。晚上我们经常聚在一起，按照防空要求拉上窗帘，一起讨论在战争结束后应该如何重塑整个世界。尽管我们有不同的看法，但是所有人都相信，在经历了所有战争恐怖之后，这个世界应该变得比以前更好、更公平。现在，我们只能一致认为，当时的想法是多么天真。

第 **16** 章
草率的决定

尽管如今我不愿评价发生在1957年的事件，但毫无疑问，对我个人和职业生涯而言，那是具有转折意义的一年，它决定了我的整个未来、我们的未来，因为它同样影响了我的家庭生活以及与之相关的一切，以及我们三个孩子的未来。

毫无疑问，令我痛苦和思绪难平的，是我在经过又一次外部检查后受到的批评。那是毫无道理的批评，因为根据我的责任分工，我对仓库里装可可豆的袋子下面的托盘状况，以及厕所中是否缺少厕纸，都不应负任何责任。这些在大型企业中都是小事情，这让我苦不堪言。我当然尝试了申诉，但是我最终发现，在与当局的那些检查人员的交涉中我只能认输，他们很清楚自己的权力，而且这些检查人员在1956年上层发生变化后成倍地增加了。事实是，检查的目的是为格但斯克市委找出罢免总经理的理由，就是那个被华沙的官员从切申调到格但斯克的总经理，而检查后的报告毫无根据地将我牵扯其中。我很不幸，因为在工厂的层级中，我的位置仅次于总经理。这应验了那句话，"城门失火，殃及池鱼"。

我写了一封长信给部里，在信中提出了自己的理由，要求撤销对我的批评，这可能是我不可饶恕的错误。我声称，否则我将辞去总工程师的职位。那是在1957年10月底，即我从中国回来后的几天或者十几天。批评没有被撤销，但是四年来一直对我很友善并且了解我的中央管理局局长邀请我到华沙去，说服我撤回辞呈。也许是完全出于好意，或者也许他有自己更重要的原因。他提出一个对我来说更好的解决方案，就是作为双方和解，我自愿离开"波罗的海"糖果厂。我将在三个月后，即1958年1月31日结束我的工作，条件是我要做好准备，使我负责的工作能够顺利移交给我的继任者。我只能推测，他希望我的继任者由华沙的部里任命，而不是格但斯克市委。娜塔莉亚在哈尔滨医院接受治疗并与父母待了八个月之后，我们已经商定我再次去中国接娜塔莉亚回波兰。在哈尔滨，我收到了一份给格但斯克省公安局护照处的证明，证明她在中国的一家医院和疗养院进行病后康复治疗。这次住院确实对她非常有益，在舒适的气候下，几个月后她所有的肺部浸润和其他症状都完全消失了。我非常顺利地获得了中国签证，有效期为三个月，所以我提前购买了去中国的火车票。从华沙出发的时间应该是1958年2月5日。

我一直想与一本旅行杂志的编辑部取得联系。早在初中学习的最后一段时间，我就为学校的小报，甚至正式出版的杂志《童子军》写过各种专栏和故事，还有独幕剧本。我们的波兰语老师认为我的剧本值得在学校舞台上演出。我必须不太谦虚地承认，我也曾想尝试成为作家。我有几篇中国之行的简短报告，希望在华沙发表。1957年春天，我写了两篇小说，送到波兰广播电台的编辑部。第一篇小说的题目是《隧道》，关于它，我在前面提到过，内容是在日本占领中国东北末期，波兰乘务人员在兴安隧道内炸毁了一列装有弹药、准备运送给关东军的货运列车。这显然是虚构的，尽管这种破坏行动确实发生过，而且我的两个初中高年级同学就曾涉嫌参与此类行动而遭到怀疑，并为此进了日本监狱。第二篇小说的题目是《金山》，讲述了四名学生冒险穿越中国东北地区的针叶林和小兴安岭的跨国历程。在这篇小说里，我在某种程度上采取了自传体。两篇小说都播出了，而且《隧道》甚至是由当时已经很有名气的波兰演员安杰伊·瓦皮茨基播音的，这有助于广播的成功，节目播出后，我收到了几封听众来信。

我真的很想重复这个成功。这次，我决定寻求与青年周刊《环游世界》的合作。这是一本相对独立的杂志，也许没有达到著名的大学生刊物《不过如此》的知名度，但这是一本销量巨大且深受年轻人喜爱的杂志。编辑部位于斯莫尔纳街上，在得到签证后返回酒店时，我顺路去了那里。我有一篇关于人参的文章，一篇简短的虚构故事，讲述我曾经短暂作为一名学医的学生，在东北的针叶林里寻找这种植物根茎的故事。他们让我带着这篇稿子去找国际部主任，那是一位很和蔼可亲的编辑——米耶奇克先生。他比我还年轻，而我仍然觉得自己还很年轻（当时我三十三岁），比起《认识世界》和《知识与生活》等月刊的成年读者群来说，我对为年轻人写作更感兴趣。十几位全职的年轻记者在《环游世界》工作，但我知道，该杂志还委托那些在具有异国风情的国度旅行、在当时还人数不多的探险家撰写旅行报告。我认为我可以成为其中一员，我没有想错。当时，米耶奇克编辑告诉我，我计划于五月底从中国回来，那时"黄瓜季节"（即暑假期间，很多工作陷于停顿）即将开始，他们需要一些带有波兰元素的猎奇作品，可以是关于日俄战争期间的，也可以是日本占领东北期间的。我立刻想起了格罗霍夫斯基的书《在远东的波兰人》。我立刻向他表示，我可以写一些关于我在哈尔滨初中的校长和老师——工程师格罗霍夫斯基的故事。他在蒙古待了几年，在那里寻找埋藏在草原上的黄金。那些黄金来自库伦（今乌兰巴托）的中国银行，遭到了沙皇的恩琴将军的抢劫。米耶奇克编辑立即接受了这个建议，并告诉我，应该是写成分为若干集的系列作品，至少在整个七月份，在假期的中间部分。

就这样，我再次出乎意料地成了《环游世界》的"远东特使"，不仅是对中国，而且是面向整个远东地区，因为俄国革命发生的地区既包括中国（包括原来的中国东北地区和战后在中国疆域内的蒙古诸公国），也包括西伯利亚东部和蒙古（原来的外蒙古，现为蒙古人民共和国）。特使的称号确实是言过其实。旅行费用是我自己出的，来自最近收到的第一本书的稿费。另一方面，《环游世界》向我提供了一份证明，说我是受他们派遣去远东收集报告所需资料的，并承诺出版我写的东西，还负责报销我的部分旅行费用。在离开之前，我有机会认识了大部分编辑部成员，并且确切地知道了该写些什么以及如何写。

在这里我应该指出，远东主题在当时正变得越来越流行。1956年和1957年，《波兰士兵》分集刊发了作家伊戈尔·内维尔利的长篇小说《树海》。该书的故事发生在日本占领中国东北期间，在波兰读者中引起了极大的兴趣，以至于该报每天早晨一出版立刻就会销售一空。然后，可能在接下来的两年里，波兰广播电台的第一套节目以连播的形式播出了这部小说。在广播开始之前，我自己也会急着赶回家收听，而且甚至可以夸张地说，当时当新闻报道说在广播开始时，波兰各个城市的几乎是万人空巷。

离开华沙的前一天，我去了中央管理局大楼，去领取我在"波罗的海"糖果厂工作的职业评语。此时局长秘书找到我，说请我立刻到局长办公室去。我一生中有过很多惊喜，现在又有一个在等着我。在局长办公室，除了局长，还有负责技术的副局长和另外一个人，可能是人事部门的工作人员。我收到一个无法拒绝的提议，在华沙的中央管理局空出一个技术进步领域的高级督查员职位。我的职业评语、提交给专利局的技术改良方案以及获得的生产合理化银质奖章，都使得上司们认为，我是不二的人选。我的任命仍须获得部里的批准，但是如我当时所听到的，这纯粹是走个形式。我提到我在华沙没有住房，而且配备家具也会有问题，因为我已经有过一次类似的经历。

局长说："关于住房的问题，等你从中国回来再说。"

我只了解到，当时在华沙已经开始按照新规定建设新的公有住宅。据说在中央管理局的财政支持下，一部分员工很快将搬进位于莫科托夫区的住宅。尽管当时还是所谓的"远郊莫科托夫"，但今天那里已经是华沙的中心区了。我需要支付少量的预付款，我记得是建筑成本的10%或15%。如果有困难，可以从工作单位借钱。其余的部分将分摊到几年按月分期付款。我心情愉快地出发前往中国，在哈尔滨下车后，我迫不及待地将我们将搬到华沙去的好消息告知我的妻子和她的家人。实际上，我并没有放弃去外贸领域工作的计划，但我没有向任何人提及。我仍然指望，也许过一段时间，我可以获得一份正式调令，派我到一家向中国出口机器设备的单位工作。

在按照之前描述过的线路到达哈尔滨之后的第二天，我和娜塔莉亚及岳母一起去了父亲的墓地。在父亲的坟墓上，我终于看到了一块打磨得很光洁的石板和一块不错的墓碑，旁边是二十年前我们在父亲坟墓旁栽种的稠李树，此刻正繁花满枝。

在哈尔滨的三个月很快就过去了。和上次一样，我带了一台相机，这次带的是基辅牌的一个旅行用收音机，两块手表（有一只我在过海关时戴在了手上，表示供个人使用）和一些在维克多帮助下买到的时髦衣服。所有这一切都卖掉了，在把购置墓碑的费用返还给岳父母后，我们仍然剩下很多人民币。我很开心，正如我与娜塔莉亚商定的那样，我终于可以在父亲的坟墓上看到一块像样的墓碑了。那正是中国的"大跃进"时期，苏联与中国之间的关系开始恶化，尽管表面仍然毫无迹象，在哈尔滨的所有十字路口，红色的墙报和悬挂的横幅上，仍然写着两国人民永久友谊的标语。赫鲁晓夫在苏共二十大上发表秘密报告后，两国的意识形态分歧仍在党的各级会议上和相互视为知己的中国人中间进行讨论。这些会议上的讨论内容也零零星星地传到了居住在哈尔滨的外国人耳中。总的来说，是批评赫鲁晓夫1956年以后的所作所为，中国人认为这是对马克思列宁主义的背叛。当时，已经出现对莫斯科当局奉行修正主义的严厉指责。可以感觉到一种仇外的情绪，主要是反俄情绪，人们会自发地表现出对住在当地的外国人的厌恶。有一次，当地的天主教和东正教墓地遭到破坏，肇事人不知是谁，这也反映了当时的排外。当时岳母决定不建造带有直立十字架的墓碑，而是让十字架与墓碑成为一个整体，以保护其免受故意破坏。不过我们很快发现，即使这样也不能保护父亲的坟墓。我们返回波兰仅几个月后，地方政府就宣布将在"外国"墓地上建造一个供中国劳动人民娱乐和休息的公园，要求墓地的所有后人将先人的骸骨迁往郊外。挖掘尸体，购买新棺材，以及将尸体运到新地方，在那里挖掘新墓穴和再埋葬的费用都非常高。中国当局保证说，在移除墓碑后，在原来的天主教墓地上将垫上一层土，死者的安宁不会受到打扰。那时我们没有钱挖掘尸体，我只好签署了一份声明，宣布放弃将尸体从城里搬到新墓地。

我把妻子留在哈尔滨独自回国仅几个月的时间，这座城市似乎正在酝酿着一场巨变。在赫鲁晓夫发表令人难忘的讲话四年后，苏联领事馆在对待"前白俄移民"的态度便发生了变化。过去掌握着每个希望离开者命运的克格勃军官，已经被赫鲁晓夫派来的新人取代，对待申请人的态度和批准的数量都在向好的方向转变。开始签发前往苏联的许可证，尽管很少有人被批准前往位于苏联欧洲部分的城市，就是说像列宁格勒、斯大林格勒和莫斯科等"英雄城市"除外。绝大多数人是为"开垦撂荒的土地"而去了西伯利亚。苏维埃当局仍然认为，所有移民，哪怕是在中国出生的移民，都应该受到惩处，让他们去砍伐树木，去建筑工地，去开垦荒地，包括作家、工程师或教授，以此来惩罚他们对革命的抵抗。许多当时与我们交谈的人，还没有决定是否以这种条件回国；但是年轻人，包括我的许多大学同学已经决定离开。其中一些人甚至已经获得了前往澳大利亚的许可，当时主要的移民方向是广义上的西方。尽管从地理上说，前往西伯利亚实际上是去往西方，而去澳大利亚则是去往到东方。我拜访了其中一个正准备出发的同学。他的父母是哈尔滨道里区一座大楼的房主，而他们能得到的钱还不到该楼房价值的一半。由于当时中国的私人企业家和商人不再对购买房地产感兴趣，而留在哈尔滨的外国人更不会买，作为房地产唯一实际购买者的城市，把房价估值降得越来越低，只有其本来价值的百分之几，这使得情况变得越来越糟。我的岳父也开始对是否去澳大利亚犹豫不决，尤其是当他得知，他的母亲仍然在世，就生活在俄罗斯南部的一个集体农庄里。他四十年前离开妈妈，被征兵当了红军。

我们于5月5日返回华沙。我把娜塔莉亚留在酒店里，然后立即去了中央管理局。在那里，我拿到了部里已经签好的调令。第二天，我收到了要提交给华沙人口流动控制处的一份证明。内容如下：

> 兹证明，自今年5月15日起，本单位拟聘请爱德华·卡伊丹斯基工程师担任糖果行业中央管理局的高级技术督查员，负责技术进步领域的工作。食品工业和采购部以1958年5月6日的函批准其到我单位就职。
>
> 同时我们要指出，卡伊丹斯基工程师具有完成上述工作所需的高级理论和实践资格。他自1953年8月1日开始，在过去五年中一直就职于糖果行业，此前曾任格但斯克"波罗的海"糖果厂的总工程师。卡伊丹斯基工程师多次成为糖果和食品行业的合理化建议者。本证明提交给首都

华沙人口移动控制处。

下面是带有"食品工业和采购部糖果业中央管理局"字样的圆形印章，还有局长的签名章。他还领我到我将来要工作的部门、人事部门，可能还有社会福利部门。我收到很多需要填写的表格，还有关于房屋合作社的运作方式，以及我该如何加入等方面的信息。我还获得承诺，在得到合作社公寓之前，他们会为我安排一个临时公寓。在哪儿、什么样的，都尚未确定，但前景似乎非常乐观。波兰的住房合作社制度刚刚开始实行，并不太受欢迎。人们习惯于免费获得公寓，而合作社公寓则不得不花很多自己的钱，然后还要用很多年来偿还。这就是为什么等待时间相对较短的原因。他们向我保证说，我会在一年内获得住房。我作为高级督查员的薪水应该比在"波罗的海"糖果厂的薪水略低，但我将获得一个证件，授权我和娜塔莉亚获得50%的火车票折扣。

我将所有必需的文件提交给了人口流动控制处，然后我们就回了格但斯克。我和娜塔莉亚商定，暂时由我独自一人去华沙，看看住处的样子，然后再决定下一步要怎么做。我们的大女儿从九月开始上学，这也是一个需要迅速解决的问题。当我收到针对申请在华沙登记注册的回复时，我已经打好包了。回复是拒绝，而且没有一句话解释原因。我对此感到忧心忡忡和愤怒不已。早先我妻子和母亲认为，我辞去在"波罗的海"糖果厂的工作是错的。当时，我不认为在家里跟她们抱怨工作太多，感到身心疲惫，从而寻求同情是恰当的。没能把她们从这套共用公寓里迁走也让我耿耿于怀，而那不公正的批评更像是火上浇油，让我无法做出不同的反应。

我立即去了华沙，但是一无所获。该决定是最终决定，中央管理局的局长也无能为力。也许假如不是糖果工业的中央管理局，而是冶金甚至机械工业，那么情况也许会不一样……重工业仍然是波兰的优先产业，尽管当时媒体写了很多文章，关于要增加对轻工业和农业食品行业的投入，以满足人们日益增长的日常需求。当然，我想知道拒绝的原因还有哪些。中央管理局的人觉得，就食品工业在波兰经济中的作用而言，我成为高层"分歧"的受害者。高层仍然有强烈的动力要推动重工业发展，而轻工业和食品业的投资则被向后放。那可能是真的。我只是个糖果机器方面无关紧要的专家，而华沙需要的是其他领域的专家：建筑、冶金和汽车。我脑子里还有另外一个猜测。毕竟，众所周知，高层之间的分歧还涉及另一个更为重要的问题，即波兰将在多大程度上继续依赖"老大哥"。诚然，克格勃的安全顾问确实是走了，但我曾在中国的履历，让许多波兰官员仍将其与苏联混为一谈，而我妻子和母亲都持有苏联护照。我在所有表格里都得填写这一点，也可能这提供了充分的理由，使得在那段不确定的时期负责我的登记申请的官员，将我看作一个不太可靠的外来人。

无论如何，我回到了格但斯克。我现在该怎么办？理智告诉我，应该迅速找到一份新工作，因为在支付了墓碑费和妻子的治疗费之后，我的积蓄正在迅速消失。多亏岳父在哈尔滨认识许多医生和妇产科大夫，我妻子在中国的康复治疗全部免费，但我们在旅行上花了很多钱，而且在过去的几个月里还有许多其他支出。

就像七年前第一次站在波兰土地上一样，我首先从三联城报纸上的招聘员工启事入手。这次情况变得更糟。当时我是一张白纸，而现在，在哥穆尔卡上台后掌权者的眼中，我以前的总工程师职位似乎不是什么优势，而是个负担。当然我一直强调，我是自己辞职的，我在部里有很好的口碑，但这并没有给我去应聘的企业的人事部门或者技术部门对话者留下什么深刻印象。有时那些被解雇的人，经双方相互同意，也可以风风光光地主动从企业辞职。在"波罗的海"糖果厂也是如此。那是仲夏时节，我们带孩子们去海滩、去森林、去城外散步，找到工作的前景十分渺茫。在哈尔滨，我花钱给自己买了西服券和当时在波兰很时髦的黑色皮大衣。现在不得不将它们送到了典当行。我甚至从没有机会穿一次。衣服在两天之内就卖掉了，我们有钱过日子了。够一个月或者更长一点儿时间用。

这段对我来说很艰难的被迫失业时期，给母亲带来的压力比我本人还大。尽管她说波兰语还有困难，但还是找到了一份工作，俗称"家庭手工"。一天，她从家里消失了几个小时，然后带了一沓文件回来，这些文件我们必须一起填写。这是些申请表和声明，要提交给市人民委员会主席团的贸易处，以取得开展"家庭和民间手工业"的资质，她拿回来的那些文件上是这么写的。我没有问这些申请是如何获得，以及是在谁的帮助下获得的，但是在1957年末和1958年初，她获准开展"人造花和内衣的生产"，还得到了所谓的"订购书"。母亲在哈尔滨时参加过人造花的制作培训，在那里，人造花流行了很多年，用它们装饰妇女的帽子和长裙，主要是晚礼服。令我惊讶的是，她立即获得了订单，因为人造花在二十世纪五六十年代在波兰也很流行。五年中，直到我们1963年前往中国，她仅仅从一个订货商那里就得到了无数的订单。那个订货商就是1956年之后新建的、位于弗热什奇区的三联城的第一家大型商厦。

第 **17** 章

投身外贸

　　我到位于格丁尼亚的一家港口企业求职未果。回来的路上，我在街上偶然遇到了我在哈尔滨上波兰初中时的中文老师萨德科夫斯基先生。他曾是中波轮船公司的翻译。我告诉他，我找新工作遇到了困难。他建议说，他会主动与他们的管理层谈谈，可能会为我找到一个翻译的职位。公司在发展壮大，在格丁尼亚分公司的中国员工数量在增加，找到具有中文知识的波兰员工很困难。我感谢他的美意，然后就回到了格但斯克。几天后，也就是1958年8月1日，他打电话给我，让我到他单位去，因为也许中波轮船公司会给我一个聘约。经理办公区位于格丁尼亚二月大街10号的一座战前的大楼里，那里也是中波轮船公司的波方股东——"波兰远洋公司"的所在地。我有生以来第一次进入这栋大楼。楼梯墙壁上是战前的大理石，抛光过的楼梯上铺着红色的地毯。在中波轮船公司所在的楼层，透过虚掩的门，我看到房间里铺着厚实漂亮的中国地毯。萨德科夫斯基先生带我走进其中一个房间，并把我介绍给坐在办公桌前的一位我并不认识的经理。那人或许只是一个部门负责人，但衣着考究，穿着毛料西装，这种西服当时在波兰市场还见不到。我凭那种人字形花纹认出了这种布料，因为几个月前我曾想在哈尔滨的秋林百货商店买一件一样的，但当时钱不够了。它之所以昂贵，是因为那是原来在上海的英国人开的纺织企业里生产的，料子的边缘仍绣有"英国制造"的字样。他让我们坐在皮沙发上，就像我从哈尔滨出发之前，格鲁什凯维奇领事请我到和平饭店谈话时见过的皮沙发一样。"您会中文吗？"他问我，尽管萨德科夫斯基应该已经告诉过他。

我肯定地答复了他，尽管离开中国这么多年之后，我的中文已经忘了不少。我不确定如果他叫我读桌上的报纸会怎样。中国的象形文字很快就会从记忆中飞走，要知道我已经有八年没有使用这种语言了。

▼ 黄浦江畔殖民时代留下的大厦。1964 年，中波轮船公司的办公室就位于其中一座大楼里。

他说："我们会尽力而为。"然后拨了一个电话号码。我以为他跟人事部门联系，但从谈话的内容看，他是跟一个不在这座大楼里的人谈话。

等待的时候我如坐针毡。他说了一会儿话，还转达了妻子的问候，然后挂了电话对我说："您的事搞定了。您现在就去找巴尔托纳的管理部门，找考尔诺维奇经理。"

他还补充说，步行到巴尔托纳的办公地只要十分钟，我得快点儿过去。的确，我十分钟之内就到了那个地方。当我到达总经理办公室时，一名女秘书说他正在等我，并为我打开了办公室的门。那是一间很大的办公室，里面有雕刻的家具和一个很大的橱柜，在橱柜里我看到有一些外国酒瓶。就像之前在中波轮船公司一样，他没有让我站在他的办公桌前，而是让我坐在窗边的一张沙发上。他自己在另一张沙发上落座，然后问：

"茶还是咖啡？"

我立刻意识到，自己置身于一个与以前的工厂略有不同的世界。我要了咖啡，尽管我并不是特别喜欢。当他问我中文怎么样时，我有点儿夸张地说，自己可以说流利的中文，然后谈话内容涉及我的履历细节，我尽力把自己的最好一面展示出来。有意思的是，他对我从中国到波兰的海上旅行最感兴趣。当然，我讲述了自己必须在船上担任机械师的助理，所以他问我是否对润滑油很熟悉。我很熟悉，因为那艘船上使用的是英国壳牌石油公司的润滑油，我向他叙述了各种设备使用的润滑油。他显然很高兴，这也许是他最看重的。他说他曾经在"米柯瓦伊·雷伊号"上干过，曾经属于一个挪威船东。后来我得知，他在国外工作几年后回到了巴尔托纳担任总经理，我有理由猜测，正是他与挪威人谈判并购买了雷伊号。那艘轮船悬挂波兰国旗的首航，就是到秦皇岛港接我们回国。

经过十到十五分钟的交谈，我得到了渴望的工作机会。那是为中波轮船公司的船只进行服务的专员职位。他向我解释说，中波轮船公司需要设立这样一个职位，因为这家船东的中国船员很久以来一直抱怨销售代表的服务很差，既不懂中文也不懂英文的技术术语。这意味着每批货物中都有很多被中国人拒收，不得不退回仓库，不仅造成很多麻烦，而且造成财务损失。他表示，希望我作为一名懂中文的工程师，可以应付这些非常挑剔的客户。

巴尔托纳拥有遍布全波兰的贸易网点。我被分配到格但斯克新港的港口现场办公室，薪水是每月两千兹罗提，没有任何额外津贴。这仅为我在"波罗的海"糖果厂赚的钱的三分之一，也比我和经理开始谈话时的心理预期少得多。不过我知道自己此刻应该保持谦虚，并接受这个职位，我想，我对能很快找到新工作的自信是自己一直处于失业状态的主要原因。事实证明，我的决定很快将会影响我的一生，而且最重要的是，不会有更好的选择了。那个令人难忘的日子已经过去半个多世纪了，我从未后悔过做出这个决定。

经理要离开了，我问他我什么时候可以开始工作。

"什么什么时候？"他笑了，"从明天开始！八点钟，请向格但斯克港口办公室主任报到。"

第二天，我去了格但斯克，向办公室主任递交了各种表格，并且还要去港口管理局总部，办理进入港口的永久通行证。回来时我被分配了一张办公桌，和其他销售代表共用一个房间。那里已经有三个人，其职责包括检视抵达港口的外国船只，从船员那里搜集订货单，确定哪些是巴尔托纳的货品中可以提供的。我是第四个人。每天早上，我要在签到本上签名，并在笔记本里登记自己的去向：去船上，去港口仓库，去中波轮船公司或去与巴尔托纳合作的某个公司。对我来说，最重要的是四类技术产品，它们决定了该办公室的计划执行情况。这些产品包括一般每艘船都要订购几吨的润滑油，以及船用油漆、钢缆、马尼拉绳和各种帆布。从国外进口的润滑油、船用油漆和马尼拉绳一直都存放在巴尔托纳经营的国外知名公司的寄售仓库中。有时需要临时到位于格但斯克–奥利瓦的波兰"奥利瓦"工厂订购油漆。钢缆是由位于西里西亚的一家公司生产的，我一开始跟这家公司打交道就遇到了很大困难。工厂将它们的产品大量出口到西方国家市场，而巴尔托纳每次的订购量仅几根而已，经常缺货。最后一样重要的产品，让我得到了"才华横溢的好员工"评价，那就是浸渍篷布。具体而言，就是各种苫布、机器篷布和舱口苫布。它们是由位于格丁尼亚的"帆"生产合作社根据尺寸订制的。在我就职之前，中波轮船公司所属轮船上的技术产品订单是由不同员工进行处理的。如果仓库中有相应货品，则直接将其装到汽车上，运送上船。如果没有，则写上巴尔托纳无法提供。我对这种订单处理方式进行了改革，使其更为有效。在中国大副或第一轮机长在场的情况下，我检查清单，然后独自开车去仓库，在货架上标记出它们的位置。由于我的工作不太多，我分析了一些产品不能交货的原因。而由于缺货，中波轮船公司的船只不得不到德国去采购。这要花多得多的钱，而且是用西方货币结算。

为舱口量身定制苫布，在波兰要比德国便宜得多，而我们丢失这些订单主要是因为组织不善。订单在员工的办公桌上放好几天，然后送给"帆"合作生产社时就已经太晚了，以至于他们来不及从船上取得测量值，再缝制苫布、浸渍并在轮船出发前交付。我花了半天时间与他们的负责人和员工交谈，然后达成了协议。在船只抵达港口的当天或第二天，我就已经收到了来自中国人的订单。我给"帆"合作社打电话，然后合作社的测量人员当天就去船上测量。船只在港里通常停泊一周到两周的时间，这足以完成几乎所有订单。

在新港工作了五个月后，我被叫到格丁尼亚的巴尔托纳总部。大部分万吨级的大型船只，主要是从中国往波兰运输榨油的原材料大豆和花生，然后由之前提到过的、位于海边的战前油料加工企业工厂将其加工成成品油，该厂位于格丁尼亚港口。也许由于这个原因，管理层认为将我调到格丁尼亚总部是有意义的。我的职位从专员升迁为技术产品部门的高级销售员。我还第一次加了薪，提高到两千四百兹罗提，职责范围保持不变，所不同的是，我现在不再合用办公室，而是在部门经理的办公室办公。

又过了半年，在1959年夏天，我再次获得了加薪。同时，我通过了俄语和英语两门外语的部门考试，这使我有权额外领取三百兹罗提的工资补贴。这极大地改善了我们的财务状况，也改善了我的心情。我比一年前开始工作时的收入增加了近50%。我不仅从谷底中走了出来，而且开始觉得自己有进一步晋升的前景。考尔诺维奇坚持要我也通过中文考试，为此，我从中国水手那里要了几张报纸来阅读并进行翻译，以此方式快速准备考试。考试是专门为我在华沙组织的，因为只有华沙大学才有汉学系并且可以找到考官。有一天，经常去华沙出差的经理从那儿给格丁尼亚打来电话，让他们安排我第二天早晨就去部里的人事司。他说，我应该坐卧铺去华沙，确保以最好的面貌出现在考官面前。当我按照指示准时到达指定的房间时，在那儿遇到了我的经理和另外两个人。一个是我已经认识的在部里负责巴尔托纳相关事务的工作人员，还有一个是负责考试的华沙大学副教授日比科夫斯基博士。他首先用中文问了我个人履历中的一些细节，然后让我阅读了中国报纸上关于中波轮船公司的一篇短文，最后让我写了十几个汉字。我的字写得不太好，但通过了考试。我当天就返回了格但斯克，第二天早上，我被叫到考尔诺维奇经理的办公室。那里还有销售经理、经济经理和我的部门主任。

"这就是我们的英雄！"我走进办公室时他对我说，"祝贺你！"他开始讲述，他们怎么和部里专门负责我们公司事务的人员一起，找遍了整个华沙，只为给我找一个考官。最后他们找到了日比科夫斯基博士。"你们听我说，"他的话引起了大家普遍的兴趣，"考试是这样的，他们先是互相咕哝了一通，然后是我们的卡伊丹斯基先生咕哝了一通，最后副教授让他画了几幅画。我们傻坐着那儿就像听天书一样！"

那一年夏天快结束的时候，我的老板加辛斯基先生向管理层提出申请，希望我陪同他参加在德意志民主共和国举行的莱比锡贸易博览会。他的部门从那里进口家居用品到我们的免税商店，此外还有少量的工具和船上用的各种配件。早些时候，他从我这里得到信息——中国机械师拒绝接收用来拧波兰产螺丝钉的瑞典扳手，他们说那些扳手是用苏联钢制造的，"会像竹子一样烂掉"。中苏关系日趋恶化，以致中国机械师和船员有时会采取这样一些刁难手段。在莱比锡，我要找到各种能够替代我们的供货单中那些让中国人联想起苏联钢铁的工具。我找到了，但很快发现，我们通过易货贸易的方式，在不支付外汇的情况下从德意志民主共和国获得的这些工具，价格比他们可以从基尔运河造船厂得到的还高，因此我们不得不放弃采购。

1960年夏，我到巴尔托纳工作已经超过两年时间了。由于在格丁尼亚负责工业品进口的部门工作，我需要经常去仓库，还要处理从中国进口的货物的相关事宜。巴尔托纳主要从中国进口一些供给外国海员商店的产品，包括各种纪念品、中国工艺品，如扇子、雨伞、绣花桌布、丝绸衬衫、首饰，也有一些瓷器、搪瓷、景泰蓝或漆器。这些东西在仓库和商店里被称为"半古董"。这是一些老物件，但历史不超过一百年，所以未被中国人视为古董而禁止出口。在中国挑选这些商品的通常是格丁尼亚港最大的外国海员商店的店长博热斯托夫斯基先生。

我有一个月的未用假期，我和妻子决定这次带着女儿们，去看望她们未曾见过面的外祖父和外祖母。妻子的两个姐妹都已经结婚，但到目前为止，我们的两个女儿是岳父母仅有的两个外孙女。我妻子的姐姐在北京的一家政府机关工作过一段时间，担任翻译。当时，一条穿越蒙古到达中国的铁路线正在修建。该路线将可以使莫斯科到北京的路程缩短两天。当时该线路尚未投入运营，火车仍要经过哈尔滨到达北京，但有传言说，这条线路不久将不再是国际线路。

这次我非常向往去北京，关于她无与伦比的古迹和独一无二的风韵，我已经从妻子和她姐妹那里有所耳闻。更重要的是，既然已经跨越了那么远的距离，从哈尔滨到北京的车票钱就显得微不足道了。我有中国使馆的保证，说我若获得了签证可以允许我去北京。孩子们还小，不需要车票，只需要包间占位票。

经哈尔滨抵达北京的四张卧铺车票一共花了一万一千四百四十兹罗提。我当时的收入可以支付这笔开支（我又涨了一次工资，提高到每月三千兹罗提，此外还有外语补贴和稿酬）。那时我给《环游世界》《认识世界》《知识与生活》和《波罗的海日报》撰稿。

如今想起当时的决定，从过去多年的角度来看，我只能解释说，我跟娜塔莉亚一样，尽管她比我好一些，都无法在这所对我来说沉闷灰暗的房子里，乃至在整个格但斯克感到一丝温暖。在这套房子里，我也从未有过家的感觉。说实在的，我买两张车票的钱本来可以买一套像样的家具，以及其他一些家庭必需品，但我没买，且毫不后悔。

我向管理层另外申请一个月的无薪假期，以便进行这次旅程，我的申请获得了批准。当时，我想到了在民主德国无法买到的那些工具，而且我知道中国人有足够的钨和钼，这些正是生产更高等级不锈钢所需的原材料。我在中国船只上看到过这样的扳手和其他工具。此外，他们的油漆刷子也比我们的好得多，因为中国产的鬃毛坚硬得多，这对刷子的质量及其耐用性有很大影响。我提出可以在北京购买工具和刷子，这个建议被接受了，但我还要去处理有关近年来外国海员商店进口的中国商品受到投诉的问题。那主要是一大批用雕花花梨木制成的中国台灯，其所用灯泡跟我们的灯泡不匹配。这个任务比购买刷子或扳手要困难得多，因为根据合同，投诉期早在两年前就结束了。

这是我第一次因公前往中国。我收到了一份书面出差通知，里面明确说明，我只能得到以波兰货币返还的从格丁尼亚到北京的二等车票费用，其他费用我必须自掏腰包。我当然感到非常满意了。后来我得到了报销的车票款，但更重要的是，办护照的钱要少得多。有一项条例规定，如果在出差期间办理公务，那么护照费可以优惠。但这些并不是我这次非凡旅行的所有优点。首先，我可以在这次旅行中使用我的中文知识，并检查在多年不使用中文后我的实际语言水平。其次，除了购买工具和刷子外，我还获得了厂家更换灯罩和零配件的承诺。此外，我还参观了当时仍位于天津附近的中波轮船公司总部。

在莫斯科，我们住在农业展览馆附近的同一家廉价旅馆里。我们已经沿着之前去哈尔滨的路线走了两次。在哈尔滨逗留的最初几天算不上愉快。我从岳父母那里得知，市政府打算将所有外国人的公墓，即天主教、东正教、新教、犹太教和伊斯兰教的墓地改造成一个大公园。抵达哈尔滨的第二天我们就去了那里，寻找在我父亲坟墓边生长的稠李树，但没有找到。第二天，岳母给了我一个更糟糕的消息。她拖延了几天，没有立刻告诉我，因为她知道这对我来说将是多么痛苦。1959年，所有墓碑和较大的坟墓都被迁到了松花江边，因为那年夏天发了一场大洪水，类似于1932年我父亲还在世时我们经历过的那场一样。那些墓碑都被用来加固路堤和堤岸了，因此，我能做的只能是尝试在路堤上寻找那块刻有铭文的墓碑了。由于某种原因，加固堤岸的工人们努力确保墓碑上雕刻的名字露在上面。我花了两天的时间乘着一条雇来的小船，用从岳父那儿借来的望远镜，沿着长达两公里的岸坡寻找刻有父亲姓名的墓碑。但一无所获。我们留下的只有那段忧伤之旅的照片，其中包括孩子们在一座为纪念抗洪英雄而竖立起的纪念碑前的照片。

我们本打算带孩子一起去北京，但后来在岳父母的请求下，我放弃了这个打算，独自去了那里。二十世纪五六十年代初的北京在各个方面都与今天大不相同，尤其是在建筑方面。当时它是一个到处都是平房的城市，因为在古老的中华帝国，没有人允许建造比皇宫更高的建筑，而皇宫就是单层的建筑。直到1959年，即中华人民共和国宣告成立十周年之际，首都才建造了最初的十大建筑。在拆除了数十座四合院之后，在这里建成了世界上最大的广场——天安门广场。它的两侧建起了两座在当时看起来非常现代化的大型建筑：承担议会职能的全国人民代表大会所在地和中国历史博物馆[1]的庞大建筑群。其他的十大建筑中有一座是现代风格的，那是带有巨大中式屋顶的新火车站，当时还没有投入使用，此外，还有主要用于接待外宾的北京饭店。

▼ 我们的女儿卡塔日娜（卡夏）和哈丽娜（哈林卡）在哈尔滨抗洪英雄纪念碑前（1960年）

1　即今中国国家博物馆

我抵达北京时还是在位于市中心的老北京火车站下车。那个车站就在天安门广场旁边。车站旁边是从前外国使馆聚集的街道，能让人回想起闻名遐迩的"义和团运动"和1900年起义军包围外国使馆区的情形。紧挨着老火车站，实际上也只是几十步之遥，就是波兰使馆。我提着沉重的手提箱先向使馆走去。除了自己的东西外，手提箱里还有很多来自巴尔托纳的受损物品，需要去投诉并尝试更换新的。我将行李箱放在使馆大厅里，请门卫照看。然后按照秘书的建议，去了距离很近的北京饭店。当时，在那儿可以很便宜地订到一个中档房间，并吃上一顿美餐。这既得益于兹罗提与人民币的汇率，也因为在二十世纪五六十年代初，中国仍只被少数国家承认，主要是东欧国家。尽管一些富有勇气的西方商人会来到北京商谈生意，但那时根本没有外国游客，酒店空无一人。这家酒店所在的大街被称为长安街，意为永远平安的大街。它看起来与今天完全不同，因为整个城市

▼ 新的北京饭店大楼。1960 年我第一次到北京时就住在这里

除了北京饭店、电报大楼、广播大楼之外，看不到任何宏伟的建筑。在这条街的中部，一条又长又高、砖红色的围墙环绕着从前的皇宫——故宫。更远处则绵延着低矮一些的灰色墙壁，围绕着隐身其中的胡同——成片的平房。那些房屋都是按照传统的中国风格，依照风水的原则建造的。胡同的一个特色是它的对称性，在镶有铜钉的大门里面，主要建筑分布在一条直线上，两边是偏房。风水的原则定义了该如何将这些单体建筑安置在这片区域中，从而为房主和他的大家庭带来福气。我们的商务参赞处就设在这样一条胡同里边，并不靠近主要街道。

那个涂成砖红色的四合院外墙和红色的大门，与花木扶疏的院落中高耸的旗杆上悬挂的白红双色旗帜形成一个非常奇特的组合。那面旗帜飘扬在闪闪发光的中式屋瓦上空，令人陶醉其中。打磨得光可鉴人的黄铜牌匾上刻有波兰白鹰图案，明确告知了这栋房子的用途。但是与表象相反，这种独特之处尚未对机构工作人员与当地居民之间的关系产生剧烈的影响，正如几年后所发生的那样。几年后，使馆及其下属机构搬迁到新的使馆区，搬进新购置的馆舍。后来，我时常带些嫉妒地想起，商务参赞处的工作人员，无论是在四合院里，还是在院墙之外，都曾享有那种令人羡慕的自由自在。在入口处没有军人、警察或者其他什么人站岗。实际上，每名员工都在单独的建筑物里办公，中国员工在房子里走动，也没有任何限制。那还是与苏联保持伟大友谊的时期，尽管中苏分歧已经不是什么大秘密。雇员的住所散布在城市各处，与普通中国人比邻而居。

此外，我没有义务向驻华使馆或商务参赞处的任何人汇报我在北京的联系方式。我在哈尔滨上大学时期的一些好友非常热情地欢迎了我，在这里我有很多老同学。他们大多懂中文、俄文和英文，而在北京，这类有技术或经济教育背景的人是极为难得的人才。因此他们的收入有时是哈尔滨同一职位的两倍。在那几天里，我还去一些初次相识的人家里拜访。他们与我只有一个共同之处——在同一地方出生和长大，是一个"哈尔滨人"。这种好客不是出于某种算计，而是非常真诚而自发的，就像在被日本占领的困难时期一样。

在两家中国外贸公司，一切都进行得非常迅速和高效。因为懂中文，我可以完全独立地、没有任何障碍地在出口公司进行轻松的交流。我挑选了刷子和工具，第二天就去签定了这两个合同，并通过商务处负责巴尔托纳理赔事务的一名员工，联系了中国土特产出口公司。巴尔托纳就是从该公司进口绣花桌布和其他"本地产品"的，包括竹制品、藤制品、珍珠等。当我说自己出生在中国在哈尔滨，而且在那里度过了我的童年和青年时，我很快就与坐在谈判桌对面的中方代表建立了良好的关系。这意味着从一开始我就避免了紧张气氛，根据我对中国人的了解，我没有等到他们说投诉期已过，而是主动为延误表示道歉。结果，长时间通信都无法解决的事情，我在两天内就搞定了。最后，我们签署了一项协议，其中规定，作为例外，为了保持两家企业之间的友好关系，他们立刻处理投诉，渔夫的雕像他们马上就换，而灯罩和灯座他们将交由最近一艘船发送到格丁尼亚。如我所见，我的两个会谈伙伴都是嗜烟如命，所以在告别的时候，我把从公司那里带来的一些纪念品作为礼物送给了他们，一个是打火机，上面刻着叼着烟斗的水手，那是巴尔托纳的徽标，还有钥匙链，带有一个镶在琥珀环上的锚。作为回礼，我得到了一本带日历和一支钢笔的笔记本。笔记本很快就写满了，但是钢笔我用了好几年。

当时，中波轮船公司总部的所在地是港口城市天津，距北京不到二百公里。从1840年至1842年的鸦片战争开始，中国在西方列强的压力下被迫开放了一些贸易港口，天津就是其中之一。它因此获得了开放城市的地位。就像中国南方的上海、广州或厦门一样，这里也有租界，主要是外国人居住。1911年中国革命废除了帝制后，整个清廷与尚未成年的小皇帝——未来的伪满洲国皇帝溥仪，一起被软禁在此。那座府邸受到中国军队的保护。日本人在天津也有租界。1932年，日本特务机关设法将溥仪（是在他的同意之下）及其亲眷送往已经被日军占领的满洲。这使日本人得以创建一个号称独立的伪满洲国，我在它的"统治下"生活了十三年。

难怪那时我非常想到天津，看看日本租界和溥仪的宅邸，因为我正开始写作，或者更确切地说，我只是想开始写一部传奇小说，题材是导致中日战争和日本占领中国东北的一系列事件。我自己的童年记忆与这些事息息相关：第一批机翼上画着红太阳的飞机，我们偶然陷入作战地区后，我父母如何尝试逃离；李顿侯爵率领的国联代表团来访问我们的中学，却无法制止冲突，尽管代表团认为，日本对中国采取的是侵略性行动，不符合国际法。

我把自己的东西留在北京饭店，然后登上早晨第一班火车去了天津。尽管我在中波轮船公司没有任何事情要办，而且我的访问纯粹只是走访性质的，但我受到了奥索夫斯基经理的款待。他在天津总部代表波兰方面，陪同他的还有正在那里访问的中波轮船公司格丁尼亚分部的经理格兰博维奇。然后我又被介绍给两名中国经理，我的访问本应在那里结束。但当时，我在阿什河上中学时的两个同学的哥哥正在天津工作，是会计，名叫罗梅克·沃伊提拉克，我跟奥索夫斯基经理说我很想见见他。他向罗梅克建议说，让他带我看看城市和港口，还把公司的汽车和司机供我们用。与奥索夫斯基经理的会面以及我对他的良好印象产生了进一步的发展，为我之后五年的北京生活埋下了伏笔，具体我将在下一章中再谈。然后，我们去了城里，在那里我看到了以前的外国租界、皇帝的宅邸。我们还去了港口，在那里参观了停靠在码头上的中波轮船公司的轮船。承蒙船长的邀请，我们在海员餐厅里和他一起共进了午餐。我最后一次享用这种提供葡萄酒而且频频敬酒的午餐，已经是在十年前了，在附近的另一个港口城市——秦皇岛。

第 **18** 章

上海：奇遇之旅

公司管理层认为，我这次访华收获颇丰。外国海员免税商店的经理博热斯托夫斯基先生得到了我给他带来的中国总公司认可投诉的文件。他提出申请，要求我专门陪同他到北京和上海出差。他从谈判的角度来说服经理层：我懂中文，在购买商务部同意购买的商品时，会非常有帮助。

波中之间的贸易往来几年来一直按照商定的原则进行。双边委员会每年在华沙或北京轮流召开会议，确定下一年的进出口商品清单。波兰公司的贸易代表前往中国落实这些约定，他们只能根据清单上的货物订立合同，就各类货物的价格、分类、交货条件和其他交易细节进行谈判。

那时，巴尔托纳在港口城市（格丁尼亚、格但斯克、什切青和希维诺乌伊希切）以及机场和陆上口岸已经有了十几家免税商店。营业额最大的商店在格丁尼亚和格但斯克。考虑到复杂且饱受外国人批评的规范外汇流通的规定，公司有自己单独的规则（有时甚至是单独的商店），服务于常驻波兰的外交官、外国海员以及波兰驻外的外交使团，还有在波兰船只上工作的波兰公民，包括中波轮船公司的船和其他公司的船员。在这些商店，商品只能用外币购买。巴尔托纳的不同客户有着不同的兴趣和需求。波兰人主要购买酒，外国和波兰的伏特加酒，用外汇买价格要便宜得多。外国人的兴趣则更加多样化。船长和高级船员以及机械师，特别是斯堪的纳维亚国家的船只，是博热斯托夫斯基商店里中国珠宝首饰的主要客户，还有陶瓷，无论是成套的餐具、咖啡具还是茶具，再有就是所谓的"半古董"（主要是花瓶，半米高以上的），都很受欢迎。花瓶中卖得最好的是清末生产的明代青花瓷仿品，还有同一个时期生产的多色珐琅（彩釉瓷）制品。巴尔托纳的中国供应商是中国土特产出口公司，其主要办公地点在北京，但其最大也是货源最充足的仓库则位于上海。

华沙和北京之间已有定期的航班，所以我们全部旅程都是乘飞机进行的。我以前从未飞行过，所以内心深处有些担心，也许不是担心发生故障，而是担心将如何忍受如此漫长的飞行。我听说，一些座椅靠背的口袋中放有纸袋，以备晕机旅客使用。我在船上没有过这种症状，但是飞机不是船，而且我也年长了十岁。当时，从华沙到北京的大多数航班都在莫斯科转机，然后还要在斯维尔德洛夫斯克、鄂木斯克和伊尔库茨克三次经停。当时在这条路线上执飞的仍然是二战期间生产的伊尔12小型螺旋桨飞机，或者是战后版本的伊尔14。这些飞机大概能搭载三十名乘客，但仍然不满员，所以还携带了各种货物。从莫斯科飞北京的航班不是每天都有，而是一周两次，客舱不总是能坐满。

这是我第一次坐飞机从莫斯科飞往北京，旅途并非毫无惊险、一帆风顺。由于天气恶劣，飞机没有降落在伊尔库茨克，而是飞到了蒙古首都乌兰巴托。我们的飞机绕过伊尔库茨克，所以我没有机会从空中鸟瞰"圣海"——贝加尔湖。我们飞过大草原和戈壁滩，在临近乌兰巴托时，从舷窗里已经可以看到跑道了，这时飞行员突然拉起飞机，我们开始以巨大的弧度绕机场飞行。我还看到跑道上有些混乱，一辆卡车沿着跑道疾驰，还有人在奔跑。然后飞机来了个急转弯，倾斜机身，我看不到地面了。当飞行员重新把飞机拉平时，跑道又出现在我们面前。第二次尝试后，我们顺利地着陆了。直到后来，当我们在临时的机场候机楼中等待加油时（蒙古航空才刚刚开始客运），才了解到第一次降落时突然放弃着陆的原因。机场没有任何围墙，人们就在机场周围牧羊，在某个时候，一只脱离了羊群的羊靠近了跑道。一方面是机场工作人员在追赶它，另一方面牧羊人则只会加剧混乱。与动物的碰撞会威胁飞机和乘客的安全，飞行员几乎在最后一刻冷静地拉起了飞机。当我们环绕机场飞行时，流浪的羊已经回到了羊群。

到达北京后，我们首先参观了负责古董贸易的公司总部。在那里我们为在北京的安排和上海之旅制订了详细的计划。我的老板通过前一次访问得到了经验，他不想在北京选择瓷器，因为上海的选择范围更大。就在我们到达中国之前，有关"半古董"出口的规定发生了变化。清朝最后三位皇帝，即同治、光绪和宣统在位时期（1862年至1911年之间）制造的产品被允许出口。在中国瓷器上，很少出现生产的准确时间，最常见的是在底部带有一个四字或六字的印章，指出这件产品是在哪位皇帝在位期间烧制的。我已经意识到，阅读那些古体汉字给博热斯托夫斯基先生带来了巨大的困难。但幸运的是，我从哈尔滨带来了我的课本，其中有一个用各种字体书写的历代皇帝列表，我很有预见性地把它们抄在了我的笔记本里。就这样，我在他那里获得了古瓷专家的声誉，尽管这言过其实。

我熟悉另外一种我们要选择并签约的货物，就是金银饰品，当然是带有宝石或半宝石的。关于黄金，我只知道有14K、18K或24K的，因为父亲去世后，我们住在一个贫穷的郊区。我经常不得不陪妈妈一起去珠宝商那里，把她剩下的一些首饰卖给珠宝商。我对石头的了解要多得多。我们家里有一个蒙着天鹅绒的盒子，上面嵌着一行金色的俄文单词"乌拉尔宝石"。那是乌拉尔石头的收藏盒，是我母亲在革命前（当时她住在乌拉尔的心脏地带的叶卡捷琳堡）得到的生日礼物。那个盒子里有二十四块石头样本，约莫有栗子大小，放在分开的空格里，空格里面铺着天鹅绒衬里。她设法将这个盒子安全地带到了仍由白俄军队控制的符拉迪沃斯托克，然后又带到了哈尔滨。盒子里边有一块银矿石、一个金块和所有著名的乌拉尔石头，从祖母绿（遗憾的是，那块石头只在尖端是翠绿色的，其余部分则一文不值）到绿藻石，从玛瑙和俄罗斯碧玉（我不知道该用什么波兰名字来介绍它，但它在乌拉尔地区很常见，经常被当作护身符）。哈尔滨的珠宝商想从母亲那里把所有石头都买下来，尽管他们声称这些石头只有收藏价值，除天然形成的金块外，其他石头的实用价值很小。城里没有其他的石头加工店，而且除了黄玉、紫水晶和海蓝宝石外，其他石头连个戒指面或者别的什么首饰也磨不出来。我不能玩这些石头，只有得到父母的同意，才能打开盒子，取出石头，然后看它们的名字，仔细观察，再将它们放回去。我不仅记住了那些名字，还记得它们的产地。我们直到离开中国之前才把它们卖掉，因为听早些时候回国的人警告说，波兰海关人员可能会把它们没收。

我的宝石知识的另一个来源是依茨克松先生在道里区的主要大街——中国大街上开的珠宝店橱窗。过去，我总是喜欢站在橱窗前，欣赏巨大的切开的紫水晶洞，还有周围散布在天鹅绒上的其他宝石。

因此，当我们在北京为挑选珠宝进行谈判时，经过我的几番评论，我们的中国厂商承认我是宝石专家，尽管除了那些宝石的名字外，我对它们几乎一无所知。镶有宝石或半宝石的珠宝一直受到女士的青睐，当我们在北京挑来选去时，它们在欧洲也很流行。特别是珊瑚和绿松石在中国相对便宜，我们选得最多。珍珠不再像战前那样时髦，因为在日本出现了一个名为"御木本"的团体，开始大规模养殖人工珍珠。免税店里大受欢迎的还有镶嵌玛瑙、念珠和青金石等产品，它们的价格相对便宜，而且镶嵌在镂空银托上面看起来非常诱人。我们没有购买红宝石、祖母绿或蓝宝石，因为它们的价格即便对停靠在我们港口的船长和船东代表来说，也实在是太高了。在两天之内，我们便选定了珠宝，更准确地说，是博热斯托夫斯基先生选定了珠宝，我只是帮了点儿忙，就是对石头的外观提了一些个人的意见。

第二天一早，我们飞往上海。那天天气晴朗，机翼下面壮丽的山河一览无余。立刻吸引我眼球的是，广阔的田野里到处都有篝火在燃烧，火舌和烟柱向空中升腾。在上海，我们的工作地点在宽敞明亮的仓库里，沿着墙壁横竖摆放着许多高高的货架。货架的高度直达天花板，上面摆满了漂亮的花瓶，像我这样对中国艺术和瓷器略知一二的人，也感觉眼花缭乱。我的老板手托着下巴，在架子之间来回逡巡。他不时用手指向某一个花瓶，然后一名员工就在那儿放一个竹梯，爬上去拿花瓶，并将其交给另外一个站在桌子上的人，那个人再把花瓶传给一个站在地上的人。完成这项工作的技巧令人惊叹。我们在上海逗留的三天里，没有一件瓷器被摔坏。

这座仓库的负责人是一位老先生，他无疑是个古瓷专家。他甚至可以不用看瓷器底部的图章，就毫不犹豫地指出产品的生产年代，还可以说出是产自哪个瓷窑，无论是来自"瓷都"景德镇，还是来自为在广州的欧洲客商提供产品的福建窑厂。福建瓷的彩绘和精加工也是在广州完成的。那位老先生的英语很好，他肯定在这个行业工作了很多年，时常与外国人打交道。战前的上海被外国人称为"东方巴黎"。他仍然遵守文物行当的老规则，如果一件瓷器是仿制品，他绝不会告诉我们这是真品。

▶ 上海南京路（1961 年）

我们的挑选工作费时费力，把挑出来的花瓶，还有少量的其他产品（例如盘子、碗、茶壶等）放在指定的位置，然后对其进行造册登记。每隔两个小时我们就会休息一会儿，一起喝点儿绿茶。中午，仓库的工作人员去吃饭，我们去附近的一家餐馆吃中式饺子，之后我们在黄浦江的林荫大道上的长椅上等待午休结束——那是英国人修建的著名的外滩，位于过去的上海英租界。

我们在上海逗留的最后一天，我和我们那位中国仓库保管员单独待了很长时间。他问我怎么会中文。我告诉他我出生在中国，在哈尔滨，父亲在那儿拥有一家私人工厂和一家私人作坊。我知道，我应该以这样的坦诚赢得他的信任。我没看错，他从瓷杯上掀起盖子，喝了一口茶，想了一会儿说，1949年以前，他在闻名全国的北京琉璃厂有一家小古董店。几年后，我熟悉了那个地方，当时那里还有很多出售瓷器、字画和其他文物的商店。

当所有物品都挑选好，并且登记、清点后，我们的东道主打电话给他的领导。领导肯定就在仓库旁边的大楼里办公，因为不到几分钟，他和秘书就出现了。那名女秘书坐在他旁边，拿着笔记本和一支笔，笔记本放在膝头。千百年来，在中国每笔交易都少不了讨价还价。尽管中华人民共和国已经成立，而且这家公司是国有企业，但这个传统并没有随之消失。我的领导已经了解这一点，我当然更清楚，经过讨价还价，总能打个百分之几的折扣。我们进行得非常顺利，坐在对面的东道主接受了百分之几的折扣，然后邀请我们去另一个房间，看起来像是样品陈列室，里面放着各种物品，就是我们通常所谓的古董，但很可能都是偶然存放在这里的。有各种较小的陶瓷制品，主要是些书画用品，例如笔筒和笔

▼ 第一次公务前往上海期间参观佛寺，陪同人员有波兰领事、北京商务参赞处工作人员和寺庙住持

架、砚台和其他一些物件，以及小碗和杯子。在那儿我还看到了用水牛角、龟壳、珍珠母和景泰蓝制作的物品。上面贴有价签，但价格不像在仓库里那样标的是美元，而是按人民币计价。中国人建议我们从这些物品中为自己挑选一些东西，因为我们公司已经有了"特别折扣"，所有这些物品是为来上海的老顾客代表们准备的。按照规定，如果我们作为礼物收到这些物品，就必须将其上交巴尔托纳的管理层。这些物品的价格非常实惠，但是对我们那少得可怜的出差补贴来说，还是很高，我甚至考虑是否要放弃这个机会。我的老板低声对我说，价格很便宜，然后就开始看展品。他由我们的新东道主陪同。我走到一个架子前，拿起一个水牛角雕刻而成的莲花宝座佛像，突然间我感觉到有人轻轻拽了一下我的袖子，是我们那名管仓库的专家。他把我领到旁边的一个架子旁，指了指一个彩釉的小瓷碗，伸出大拇指说："Very good（非常好）！"然后他就退回到先前站立的地方。我看了看碗的底部，发现那里有刻乾隆皇帝年代的印章，估计它至少比我们在仓库里可以选择的那些东西要早七十至一百三十年。这位皇帝在1736年至1796年间统治中国六十年，因此在估算年代时存在这样的差异。它有一道隐约可见的裂纹，可能是生产过程中产生的，因此没有被用于出口。碗上画着两位妇女在一棵树下的图案，色调柔和，碗上还刻着一些字，但我没来得及去解读，因为此时有一辆黑色的伏尔加轿车开到仓库前边。这种车在当时主要是中国的部长和其他官员乘坐的，它要接我们去饭店参加招待会。那个佛像和茶碗我一共付了二十元（我两天的差旅补贴），我收到一张收据和一封密封在信封里的证明函。我得在过海关时将其交给海关官员。那是商品出口的许可证。

在饭店门口，我们上海分公司的负责人在等候。午餐或晚餐的等级取决于所提供的菜肴数量，当然也包括餐桌上摆放的东西。我第一次参加这样的正式宴会。在十二道菜中主要是海鲜，如章鱼、虾、海参和鱼翅汤。我以前只是听说过这些东西。此外还有加热的绍兴黄酒，喝的时候要用那种大肚细口的瓷瓶喝。此外还有著名的茅台——浓烈的中国伏特加，像纯酒精一样能一点就着。

我们订了第二天的机票飞回北京。这次机上乘客较少，据我的记忆，那是一架Li-2飞机，那是二十世纪五十年代后期苏联出售给中国的一种比较老旧的飞机，最多只能乘坐二十人。总体而言，当时的上海机场又小又旧，降落的只有飞国内航线的飞机。

在招待会上，话题谈到来中国访问的外国游客很少，而经理提到，他们希望看到更多外宾，但政治局势是一个障碍。中国历史悠久，旅游价格便宜，是世界上最安全的国家。他说："一个外国人，即使在深夜也可以无忧无虑地在上海或北京四处走动。没有任何的小偷小摸，而在美国或欧洲的大城市会怎么样呢？"实际上我们第二天就有机会验证了这一点，在中国确实路不拾遗。在签合同的时候，我老板的钢笔没墨水了，所以他在机场售货亭买了一瓶墨水，装满了钢笔。因为担心弄脏衣服和袋子里的东西，他把墨水瓶留在了小桌下面。我们坐在那里喝啤酒，等待飞机起飞。办理完登机手续，当我们上了飞机，就在发动机已经启动的时候，两名机场工作人员跑进机舱，为了寻找一个遗忘了墨水瓶的客人。没有办法，尽管不想接受，但我老板还是表示了感谢，然后把它放到前排座位的下面，希望这次能摆脱它。经过一个小时的飞行，我们的飞机遇到了一次比较严重的状况。空姐已经为我们提供了饮料并将小吃盘放在小桌板上，这时机长突然命令大家扣紧安全带，并准备紧急着陆。零食从我们眼前拿走，小桌板被折叠起来。在中国，气象服务还处于起步阶段，飞行员很晚才被告知，沙尘暴正在袭击北京，飞机必须降落到备降机场，以躲开沙尘暴。事后得知，飞机被引导到我们航线以西的济南军用机场。但在当时，坐在机舱里紧扣安全带的我们并不知道这一切。我们中的大部分人第二天要转机去莫斯科，而眼前的境况可能意味着，我们将被较长时间地困在中国内地的某处，而赶不上飞往莫斯科的飞机。早春季节，中国经常会发生破坏性巨大的风暴。当我们接近机场时，阵风越来越强，小飞机颠簸得非常厉害，以至于头顶上方行李架上没有固定的行李掉到了座位上。一些旅客受了点儿轻伤。另外，当时下着倾盆大雨，天色彻底暗了下来，能见度大大降低。那时还没有别的引导飞机着陆的方式，只是用巨大的军用探照灯把跑道照亮，引导飞行员着陆。飞机降落后，立即有一名医生进入机舱，对伤者进行了治疗。然后当地政府的代表为我们提供了雨伞，陪同我们进入候机楼。楼前就有一辆发动机已经启动的军用巴士。人们给我们递上热茶，然后我们就驱车前往火车站。那里有一列前往北京的火车，专门为了等我们而推迟开车一个多小时。我们早已饥肠辘辘，但晚餐已经在包厢里等着我们，是从当地一家酒店订的。第二天早上，我们顺利到达北京。我们被带到酒店，并享受了免费的早餐。当敲门声响起的时候，我还没有来得及刮胡子。门口站的是服务员和中国民航局的一名代表。他要我签收一笔数目不小的人民币，并解释说，这是因为机票和火车票之间的差价而退还的钱。那一刻，我看到我的老板站在门口。他拿着钱和一个包裹。我疑惑地看着他。他开口说："只是墨水。我故意忘在飞机上的那瓶。"

在这里我必须补充一点，后来我经常乘坐各种国际航班，中间也发生过由于天气条件不佳或其他原因，降落在目的地城市以外地方的情况。当然，我们也是转乘火车或大巴前往目的地的，但是却再也没有收到过因此产生的退款。

第 **19** 章

伦敦——带雨伞，戴礼帽

　　这是我第一次去西方。人们也许会觉得，那时我能得到前往世界各国旅行的护照，应该高兴得像个孩子一样。实际上，我既没有感到特别高兴，也没有期望这次旅行会改变我的生活。好吧，唯一让我开心的，大概是在英国出差一周的公杂费，能让我给妻子和孩子们买点儿衣服。我没有考虑过自己，因为我在这方面的需求始终很小。直到不久前，我才给自己买了件府绸的风衣、西服和鞋子。之前，我还在一家比较贵的服装店购买了一顶像样的礼帽，没有什么更多的需要了。在伦敦，我有许多来自哈尔滨的朋友。首先，我们那所波兰初中的校长兼老师的儿子安杰伊·格罗霍夫斯基住在那里。自从我在《环球》杂志上发表系列文章以来，我一直与他保持联系。在那些文章中，格罗霍夫斯基工程师一直都是主要人物。感谢安杰伊，我得以用他以前从未发表过的照片作为我那个系列文章的插图。我还找到了格罗霍夫斯基在西伯利亚、蒙古和中国旅行的日记。在伦敦定居的还有丽塔·柯萨科夫斯卡和她的母亲，丽塔是阿什河"波兰罗的海"糖果厂经理的女儿。战争爆发时她在东京，作为波兰大使馆的雇员。后来她从日本撤离，辗转来到伦敦，在那里见到了母亲。苏联海关官员让我学会了小心谨慎，他们在扎巴伊卡尔斯克对我记在笔记本里的哈尔滨同学的地址提出质疑，所以这些伦敦熟人的地址我没有写在行程表里，而是记在了壳牌润滑油使用说明的翻译件背面。

事实证明，这样做大可不必。华沙奥肯切机场的波兰海关官员主要对海关申报单里填写的英镑感兴趣。他们仔细清点了那些英镑，并在报关单上加盖了允许携带出境的印章。在那个时期，外币还带有一种神秘色彩，带入带出国境受到各种指令和禁令的约束。到西方私人旅行的人（数量很少）只能从波兰银行获得五美元的外汇，这笔钱经常连打一次车也不够。我们可以携带分配给我们的英镑，一先令也不能多带，而在返回的时候，不能带任何外汇入境。这对那些出国的人来说这实在是件离谱的事。这是什么原因造成的，我一无所知。可能是为了防止西方私人公司向波兰代表团成员行贿。至少这是我与已经去过某个西方国家的巴尔托纳员工进行对话时得出的结论。曾经有人对从国外带回的手表或摄影器材提出质疑，因为海关官员认为，用他们获得的外币，似乎买不起这些东西。另外一个人也遭到个人事项调查，因为他被怀疑走私外汇。然而事实上没有那么糟。无论是在出境还是入境时，我们的报税声明都没有引起海关官员的兴趣，尽管我还是因为其他原因而激动得颤抖不已，其原因我会在下面详述。

十月的伦敦，迎接我们的是阴雨连绵和浓雾弥漫的天气。壳牌公司的代表考克贝克先生到机场来接我们。通常情况下，凡涉及向我们的寄售仓库供油的事宜，我们都是与这位先生联系的。他的车停在机场的停车场上，我们得步行走到那儿去。我没带雨伞，所以在离开机场之前，我已经浑身都湿透了。当我们到达酒店，与那个英国人道别时，马尔凯维奇先生看了看我的湿风衣说，像这样没有雨伞，穿着皱巴巴的风衣，我是不能去壳牌公司的，因为我看上去就像一个城里的流浪汉。他不想为我感到丢人，所以他让我们先休息一下，然后去给自己买一件像样的华达呢大衣、一把雨伞和一双手套。我要感谢他，没有要求我再买一顶礼帽。这听起来像是个命令，毕竟他是我的上司。

就这样，我花了二十英镑买了一件华达呢大衣和一把大黑伞。在买这两样东西的时候，马尔凯维奇都是说一不二的。他坚持要我买的是一把比较贵的雨伞（六英镑），那把伞的确很优雅，非常适合在城里散步用。伞面是丝绸做的，很薄，还有一把竹子做的伞柄，加上出色的英国做工，直到今天我还保留着，而且仍然可以使用。我只需要再跟老板上一堂优雅散步的课。我记得我父亲在拿着雨伞走路时，总是握住它的把儿，每隔几步就用伞在地上拄一下。然而马尔凯维奇先生声称，这种时尚早已过时了，我不应该用它触地，而是应该将伞柄挂在手腕上。

第二天，我们被安排首次拜访壳牌公司。公司代表开着公车来接我们。没有下雨。在穿过市区时，我注意到，大多数我们遇到的英国人确实都穿着华达呢大衣、头戴礼帽，伞柄挂在手腕上。所有人都戴着手套。我们的衣着跟他们差不多，只是没有戴礼帽，而是普通的帽子。因为我们带着由我翻译的波兰文版油品使用说明，所以我不得不带它们去负责印刷各种资料的部门。他们想检查一下，印刷厂是否有波兰字体，以及一切是否都匹配。结果是一切都匹配。从办公室出来，我们去了船用润滑油的仓库。在那里，他们专门为我们组织了一次电影放映，同时举行了一场关于这些油品在船上各种设备中如何使用的讲座。演讲人有时会问我，他所说的话是否可以完全理解。我确认了这一点，因为我在乘船去波兰的旅行中就了解了这些油。此外，在将英语说明书翻译成波兰语的过程中，我也必须进一步巩固自己的知识。"好吧，"在我们回酒店的路上马尔凯维奇先生说，"您顺利通过了考试。"

"什么考试？"我没有掩饰自己的惊讶。

"因为我告诉了壳牌公司，我很快就要退休了，而您可能会成为新的部门经理。他们想认识您，并确保他们可以信任您。就是这样的例行程序……没什么重要的。"

就是这个原因，我的老板为我争取了一次去伦敦的机会。现在他说我做得很好，因为他们可能担心他们的寄售仓库会被一个不熟悉货物又不懂英语的人接管。

我们的日程安排得很紧。第二天清晨，来自著名的詹姆斯·沃克船舶密封器材厂的一辆汽车来接我们。所有航运公司的海员都知道其产品的质量。我们的中国客户也是如此。我从来没能向任何一名中国轮机长出售过波兰的密封产品。他们每次都拒绝，因为他们知道波兰产品的质量不是最好的。不过，据说这是因为他们在基尔运河或汉堡获得了回扣，而巴尔托纳只能向用西方可兑换货币采购的船长和船上官员提供回扣。况且波兰人自己也抱怨其质量，但他们有义务接受波兰产品，只要巴尔托纳有货且能够交付。

无论如何，这让我有机会去萨灵郡，那是一个小镇，据说那里生产世界上最好的船用密封器材。工厂负责人是一个典型的英国人，瘦削、高挑，举止无可挑剔。他把工长叫来，并指示他带我们参观所有部门。

展示给我们看的厂区让我大吃一惊。当我担任"波罗的海"糖果厂总工程师的职务时，各种部门委员会的一次又一次不厌其烦的检查让我们备受折磨。他们要求我们拆除那些他们认为过时的、危险的、德国人留下的传动装置。"传动"这个词过去通常被理解为由一个大型电动机驱动的一系列机器，在十九世纪和第二次世界大战之前被大多数工业企业广泛使用。在每次翻新过程中，我们都必须将这些传动装置的部分拆除，然后再将单独的发动机连接到这些机器上（我们有很多失灵的设备和发动机库存），并用防护网妥善保护。

现在，我们看到的这家工厂以生产出色的密封器材而闻名。我可以确信，根据我所看到的一切，所有那些关于生产方法已经过时的抱怨都是完全没有根据的。我惊讶地看着那些十九世纪的大型皮带轮设备，那些传送设备构成的蛛网缠绕着整个生产车间，还有几乎在每个步骤都可以看到的手工操作。他们的出色品质令我感到惊讶，但遗憾的是，我只能羡慕他们。

当我们回到办公室时，我问经理他们为什么不对生产进行现代化改造。他邀请我们去看他们的研究实验室，他们肯定在这些实验室上投入不菲。他解释说，他们要么拨付大量资金用于建造新的生产车间，这将增加成本，从而导致最终产品的价格上升，要么继续用旧设备生产二十年，生产更多的产品，同时确保高质量并扩展产品种类。另外，如果他们决定采用第一种方案，那他们将不得不解雇许多老员工，考虑到社会因素，他们不愿这样做，因而选择了后者。

第二天我们计划游览伦敦，并与公司管理层的一位人士共进午餐。行程里当然包括大英博物馆、白金汉宫、大本钟，还有皮卡迪利街和苏活区。此外，我还在高档的英式餐厅里享用了我人生第一顿使用六把叉子和同样数量刀具的午餐。我们的东道主对我从未喝过英式咖啡感到惊讶，所以话题自然而然地转到东西方饮食的差异上，然后是关于茶道和中国。另一方面，对我来说全新的体验是喝咖啡时没有甜点，只有一大盘我压根儿就不喜欢的各种奶酪。我跟马尔凯维奇先生约定，在没有任何会见的星期六各自休息。他似乎无意中顺便问了我一句，是否要写一份关于我们这次英国之旅的单独报告。换言之，就是我是否收到任何人的指令，要监视并汇报他的一举一动。因为谁都知道，他在伦敦和壳牌公司有很多朋友，这在波兰各种权力机关不会赢得信任。各种权利机关，他指的肯定是安全部门。而当我告诉他，我在英国也有朋友，而且是不太喜欢人民波兰的朋友，但我还是想去拜访他们，我希望这是我们之间保守的秘密时，他感到很惊讶。

我给格罗霍夫斯基打了电话，并约他在星期六见面。他住在伦敦附近，他在自己家中向我解释，该如何乘坐市郊火车到他那里。我们花了几个小时回忆童年的经历，对比了我们截然不同的命运。我没有他那样的戏剧性经历。他比我大三四岁。1938年夏天，我父亲派他去克拉科夫的采矿冶金学院学习。他参加了抵抗德国的九月战役，然后被关进了苏联的劳改营，之后随安德斯将军一起到达伊朗，在托布鲁克加入了其他部队。他曾在非洲和卡西诺山作战。在耶路撒冷，他无意中遇到了我们哈尔滨初中的另一名毕业生：作家特奥多尔·帕尔尼茨基。他是从库比雪夫撤离的，当时是波兰大使馆的一名雇员。话题转到德国人进入波兰后在哈尔滨发生的事件。他告诉我，他的兄弟马里安是如何于1942年离开日本的。他在1939年12月通过哈尔滨初中的结业考试后，到日本上大学。与波兰共和国驻东京大使馆下属的哈尔滨和上海领事馆一样，在太平洋战争爆发后，波兰驻日大使馆不得不关闭，人员撤离。由于波兰学生想参军，罗麦尔大使将他们列入使馆人员名单，以便他们可以以这种方式撤离。马里安·格罗霍夫斯基和布罗尼斯瓦夫·罗麦尔（波兰驻日大使的侄子，也是哈尔滨的一名初中生）因此加入了外交人员行列，乘坐日本的龙田丸号轮船从横滨港撤离。该船悬挂着国际红十字会的旗帜，尽管日本和盟军的潜艇在太平洋水域四处出没，但所有人都幸运地抵达了莫桑比克的马普托。在那儿，他们被当作战俘用来交换日本外交官。后来他们到了苏格兰，然后是诺曼底登陆。格罗霍夫斯基因此获得了勇士十字勋章和法国荣誉军团勋章。罗麦尔在诺曼底登陆时负伤，在战争临近结束时，他们在德国境内，在解放集中营时得以重逢。那座集中营里关押着德国海军中反对希特勒的军官。

关于1939年以后我们在哈尔滨的命运，我不得不花了很长时间去讲述，因为发生了很多事。1940年初，领事馆和"波兰之家"的领导们制订了一个计划，准备将波兰志愿者从哈尔滨派到在法国重建的波兰军队中去。初中所有年级都有学生报名，包括我们初中一年级十五岁的孩子。这肯定是爱国主义的本能反应，但重要的是激情，我们谁也不想比我们的学长们更孬种。显然，没有人同意我们加入志愿军的行列。当时我还不到十五岁。我没有告诉妈妈我去参加了体检，但是我们并没能站到委员会面前，而是被送回了课堂。报名的一共有几十人，包括所有来自二、三和四年级的高年级同学，以及初中毕业生。入选的要求非常严格，首先是要成年，其次是身体健康。除此之外，作为家中唯一男性的独生子和单亲母亲的孩子，都不在挑选之列。领事馆（应该相信）没有钱，九月战败后，来自波兰的汇款就终止了，但它还是坚持运行了两年。剩下的只能靠公民的奉献精神（包括波兰犹太人和卡拉伊姆人以及娶了非波兰妻子的下等波兰人）。人们拿来了戒指和其他有价值的家庭纪念品。但是，所募得的资金仅够为十四名志愿者购置装备和旅费。所有被选中的都是那些最需要的专业人员——驾驶员、机械师、无线电操作员和运动员。他们从哈尔滨乘火车去了上海，然后从那里乘法国"费利克斯·罗素号"轮船驶往马赛。在塞得港他们得知，法国已经投降了。1940年6月，他们向驻扎在叙利亚霍姆斯的考潘斯基将军领导的喀尔巴阡步枪大队指挥部报到。在那里，还有来自印度支那外国军团的希维克同学加入他们。然后，他们在托布鲁克、加查拉、安科纳、帕苏卡尔诺和卡西诺山作战。他们参与在非洲和欧洲战线上的战斗，因而作为军官获得了十次晋升，四个军事十字勋章和十个勇士十字勋章。其中有两个人牺牲，布伊诺维奇在安科纳附近，希维克在卡西诺山附近的593高地。其中一名志愿者卡伊德维奇后来在英格兰的波兰303中队服役，获得了三个"勇士十字勋章"，获奖理由是飞往华沙并向国内投送武器弹药。我提到的那些人是第二次世界大战中奔赴前线的一部分哈尔滨人。哈尔滨中学的四名毕业生若文多夫斯基、索莱茨基、鲁道夫和柯萨科夫斯基在日本人入侵香港前就读于那里的大学。他们加入了志愿国防军，为保卫香港而战。鲁道夫和柯萨科夫斯基（“波罗的海”糖果厂厂长的儿子）在保卫赤柱炮台[1]的战斗中牺牲。所有波兰人，包括牺牲的鲁道夫和柯萨科夫斯基，均被英国战争部授予“太平洋之星”和“香港防御”奖章。

当我要离开时，安杰伊问我第二天是否想去教堂做礼拜。住在伦敦的大部分波兰人都会去那座教堂。我说想去，尽管我知道那座教堂肯定受到与内务部特勤部门相关的使馆人员的监视。在那儿，我遇见了丽塔·柯萨科夫斯卡，她邀请我共进晚餐，我很高兴地接受了邀请。我想见一下柯萨科夫斯卡夫人，她是阿什河“波罗的海”糖果厂厂长的妻子，也是我在这家公司的第一份工作期间的“贵人”。多亏了她，我从糖厂获得了奖学金，才得以上大学。

格罗霍夫斯基一家和柯萨科夫斯基一家的款待，极大地丰富了我对哈尔滨那些老熟人的了解。这主要是由于我在他们各自家里的书架上找到很多当时在波兰找不到的书籍。其中第一本是我们住在哈尔滨道里区时同一座楼的邻居——犹太医生考夫曼的回忆录。1945年，斯米尔兹在他与苏联城市当局的一次会晤中将他逮捕，然后将他送到哈巴罗夫斯克，又从那里送到了西伯利亚的劳改营。这是对他担任哈尔滨犹太复国主义者联盟主席的惩罚。在治愈了劳改营负责人的一场重病后，他得以离开劳改营，然后又离开了苏维埃俄国。用了一个通宵，我一口气读完他在移民以色列后出版的回忆录。另一本我在英国逗留期间阅读的回忆性书

1　位于香港赤柱半岛的南端，于1936年由驻港英军建造。该炮台在1941年12月8日爆发的香港保卫战中，多次轰击入侵香港岛的日军。

籍，是赫尔曼诺维奇神父撰写的。我也是在哈尔滨时认识他的，当时他是圣米科瓦伊中学的老师兼副校长。我在伪北满大学的几个同学曾在这所高中学习。赫尔曼诺维奇在东方礼天主教会工作了二十年，该教会除了前面提到的男子高中外，还为女孩子建造了两所寄宿学校——乌尔舒拉圣女修道院和方济各圣女修道院。我的妻子也曾就读于乌尔舒拉圣女修道院，那所学校毗邻我们的波兰初中和圣斯坦尼斯瓦夫教堂。1948年圣诞节，中国安全部门逮捕了在高中工作的神父，并将他们带到苏联边境，交由苏联安全部门接管。赫尔曼诺维奇神父被判处劳改二十年，七年后被释放并送回波兰。

在伦敦期间，我试图说服所有跟我谈话的人，我所回归的波兰不是苏联，这在当时的移民圈里大概并不受欢迎，因为我说完后，等待我的是一段长长的沉默。直到今天，我也不会收回我多年前说过的话，我们所回归的那个波兰，和苏联不可同日而语。

在英国逗留的最后一天，我们有半日闲暇，我与安杰伊·格罗霍夫斯相约，一起去逛伦敦的书店和旧书店。那时，我已经在为《认识世界》和《知识与生活》等全国发行的杂志撰写科普文章，所以我一直在寻找有关丝绸之路上的旅行者和探险家的书——奥莱尔·斯坦因、斯文·赫定，但一无所获。直到几个月后，安杰伊才设法找到了斯文·赫定和阿尔伯特·冯·勒·科克的旅行记录，并于1962年寄给了身在波兰的我。我还想在旧书店里找到贝尼奥夫斯基《回忆录》的英文版，可惜也没有成功。就在我们启程之前，波兰的书店上架了一本列昂·奥尔沃夫斯基的书——《莫里西·奥古斯特·贝尼奥夫斯基伯爵》。在那本书中，贝尼奥夫斯基被描绘成一个无耻之徒和谎话连篇的骗子，这在我看来毫无依据，而且与我在初中时学到的关于他是一位民族英雄和地理探险家的观点大相径庭，于是我决定证明这些观点的荒诞不经。从英国回来后，借助娜塔莉亚在书店和国际新闻与读书俱乐部阅览室工作之便，我得以读到奥尔沃夫斯基的书在当时所收获的那些热情评论。那些评论里说，应该"揭露"贝尼奥夫斯基，去掉他头上的光环。这样一篇以诽谤方式评论他的文章发表在《新书》杂志上，尤其令人气恼的是，它的作者是地理学家弗莱沙尔教授，我对他此前的著作非常看重。尽管他的评论显示他并没有读过《航海日志》，但他口不择言地称贝尼奥夫斯基为骗子和胡编乱造者，这让我非常痛心。此外，他还重复了奥尔沃夫斯基的那个独树一帜的观点，即"著名的莫里西·奥古斯特·贝尼奥夫斯基不是波兰人！"。写下这一观点的是《世界最著名探险家》（1959年）的作者，这本书里列举的探险家中没有一个是波兰人。而对我来说，重要的是他有波兰血缘，而且自认为自己是波兰人，否则他不会为波兰的事业而抛头颅、洒热血，也不会在波兰共和国的旗帜下进行他的探险之旅。1962年初，我写了一篇评论，并从新书出版社开始，在华沙一家一家地拜访出版社。之后我去了世纪述说和认识世界出版社，结果都是一样：奥尔沃夫斯基是战前著名的外交官和研究员，弗莱沙尔是享誉波兰国内外的学术权威，而我呢？好吧，我不得不承认我还是一个年纪轻轻、默默无闻的作者。此外，我在自己评论中援引了错误的信息来源。我提到了格罗霍夫斯基、德国人和日本人的观点。自那时以来，已经过去了半个多世纪，我发表了三十多篇文章（其中大部分在具有影响力的外国刊物中）和六本有关贝尼奥夫斯基的著作。其中的最后一本——《发现家还是骗子？莫里西·贝尼奥夫斯基在太平洋》于2015年由格但斯克国家海事博物馆出版。我并不想"我的观点最终获胜"，但我相信事实胜于雄辩，我发自内心地希望为捍卫贝尼奥夫斯基作为航海家和地理探险家的好名声而尽一点绵薄之力。

我们从伦敦飞往哥本哈根。天气遂人所愿。当飞机降落在卡斯特鲁普机场时，仿佛马上就要降落在水面上，或是降落在连接哥本哈根和瑞典马尔默的海上高速公路上。"海虹老人集团"的代表在机场迎接我们,并将我们带到附近的一家酒店。第二天,他们带我们去了工厂,我们在一个小时之内匆匆参观了工厂,然后去吃午饭。在餐厅里有一个惊喜。我不确定马尔凯维奇先生是否也有同感。我们在那儿碰到了佐根·基斯坦·赫普。他在丹麦是一个传奇人物,是该公司的创始人,同时也是一个社会活动家和文化促进者。他还是一位发明家,在世界上首先发明了水下涂料的配方。这种涂料可以涂在船舶的水线以下(防污涂料)。在赤道附近的热带地区航行的船员所面临的问题之一,就是各种类型的贝类会长满船舷以下的船体,导致船只的航行速度变慢。赫普的油漆能防止贝类生长。这就是为什么在格但斯克新港工作期间,我无法向船只出售在格但斯克-奥利瓦生产的波兰水下涂料的原因。那家工厂紧邻"波罗的海"糖果厂,生产各种油漆和奥利瓦牌清漆。我们刚开始尝试制造类似的油漆,但效果还不是很好。马尔凯维奇和"老赫普"已经相识多年,他们共同签署了在格丁尼亚启动其寄售仓库的合同,我在离开波兰之前曾看过那份合同。赫普仅比马尔凯维奇年长几岁,很显然他们彼此之间非常熟识。他已经知道,将来我要代替马尔凯维奇担任货物仓库管理部门的负责人,这次是带我来接受质询。我在技术方面很在行,但在政治方面就差一些了。他没有隐瞒自己刻意与人民波兰保持距离(否则还能怎样呢?),并且表示,年轻人会对社会主义着迷,但这是一个效率低下的体制,无法与资本主义竞争。没错,但是我开始和他争论,这让我的上司感到非常紧张。我说,波兰人民共和国是一个福利国家,给每个人都有工作,有免费的大学,并为每个工作者提供退休金,而在资本主义制度下,我的父亲去世后,我的母亲和我一起被扫地出门。他开始向我解释,资本主义已经发生了变化,在欧洲更是如此。几年前,他将自己的工厂股份分配给了员工,并创立了在社会上很活跃的"赫普基金会",他只给自己保留了很小一部分股票。我觉得有些不好意思,因为他将我的批评联系到了自己的头上。不过，后来他向马尔凯维奇表示，他很喜欢我，而且他最初也和我一样，对待资本主义怀有类似的抱怨。在结束我们的谈话时，他说，他可以给我们希望购买的丹麦商品20%的折扣。我还有一些没有花完的外汇，很想给自己买一把电动剃须刀或者一台照相机，但我没有说出口，因为我觉得这可能不符合规定。马尔凯维奇先生对此很生气，直接跟我说："您很愚蠢。"然后，他开始解释说，这20%的折扣不是来自资本家赫普的礼物，而只是丹麦实行的退税政策，只要在丹麦购买的商品携带到境外，便可享受这种优惠。当时我似懂非懂，不过我还是被说服了，于是订了一个飞利浦牌剃须刀。公司员工将我们订购的物品送到了机场。我花了很长时间，才弄明白什么是增值税退税机制。

第 20 章

到北京赴任

　　我去英国和丹麦出差返回波兰不久，就被要求去中波轮船公司供应部讨论有关从我们寄售仓库中供油的事情。在走廊上，从秘书处附近走过时，我遇到了一名从某处回来的该公司驻格丁尼亚办公室的波方经理——奥索夫斯基经理。我两年前在天津与他相识。他邀请我到他的办公室，并以当时我认为非常礼貌的方式问我，与他们的供应部门合作如何。然后，他建议我调到中波轮船公司工作，这让我感觉很突然。他承诺我会获得更高的薪水并可以去上海出差，他认为我的中文知识在上海可以大有用武之地。这个提议对我来说不只是鼓励。当然，我回答说，我很想去他们的上海总部工作，但是在解除与"波罗的海"糖果厂的工作关系时我已经吃过一次亏，现在我不能重蹈覆辙了。

　　"但是我们可以这样办，先给您办好调令。"当时，巴尔托纳隶属于对外贸易部，而中波轮船公司则隶属于航运部，我向奥索夫斯基提到了这一点。他回答说，他会让人给对外贸易部的干部司写一封信，并让我第二天来取信。第二天我去的时候信确实已经写好了。

我签收了那封信，在从中波轮船公司回来的路上，我在思考如何跟巴尔托纳的管理层说这件事。该公司的新总经理是一名充满激情的艺术爱好者，并且可能在华沙大学艺术史系上过函授班。有时我去找他签名时，我们会谈到远东艺术。他知道我出生在中国，了解中国艺术。他读了奥索夫斯基经理的信，没有提出任何不同意见，就让我去人事处办理去华沙出差的手续了。

在外贸部干部司，接待我的那位女士让我稍等一下，然后拿着我的信出去了，显然是去找自己的领导。过了很长一段时间她回来了，把我带到一间办公室门前，门上的标签写着"海外代表处事务部主任"。

接待我的主任开门见山地提了一个问题："您通过了国家汉语考试吗？"

我回答："是的。"

"在哪里？"

"就在这儿。"

"在这栋楼的这一层。"

"那为什么我的记录里没有您呢？"我不知道是怎么回事。我通过了考试，我认为我每月收到的中文能力补贴就是证明。这个补贴是发给外贸工作人员的，每通过考试并获得一份语言能力证书，便能获得一份补贴。他打电话给某人，问对方那里是否有我参加中文考试的证明。他放下电话，问了我的经历。他问的问题与其他人一样：我的出生地在哪里，父母是怎么到中国的，我学习的地方，回波兰的时候是在哪里上大学。我像往常一样一一做了回答。

几分钟后，一名工作人员走了进来，就是与他通过电话的那位。他手里拿着一个公文袋，交给了主任。他看了看说："您还通过了英语和俄语考试？"对我来说这是自然而然的事，但对他来说显然不是。"不，"因为他思考了一会儿说，"这改变了事情的性质。我们会回函奥索夫斯基经理，但您可以在返回格丁尼亚后直接告诉他，我们不同意您调到中波轮船公司。我们需要您。"

看到我的表情后，稍顿了片刻，他坚定地补充说："我们驻中国的代表处需要您，但这需要一段时间。"

简而言之，我调到中波轮船公司的事算是吹了，但是我获得了某种承诺，我会被派往外贸部下属的一家驻外机构。在将来，这个机构可能是驻北京的商务参赞处，但也不一定。以布任斯基为例，他会中文，却被派到了朝鲜，由此看来，可能是去朝鲜、越南或蒙古。在所有这些国家，懂俄语似乎就足够了。但我知道，除了蒙古以外，在这些国家中，汉语也被用于贸易谈判。因此，我在未获得调动许可的情况下回到了格但斯克，按照主任的意思，我将这个结果转告了中波轮船公司的经理。我在华沙拿到一份要填写的表格，其中包括我的履历和照片。我按照要求交给了巴尔托纳的人事处，但是我觉得，无论是我的经理还是人事部门的工作人员，都没有拿我在部里听到的信息当回事。是的，我可能会离开，但是在不知道什么时候的未来。这一小插曲并没有影响到我在公司里接下来的工作。我仍然在技术进口和寄售仓库部门担任评估师，我仍然是马尔凯维奇经理的非正式的接班人，准备从他手里接管该部门。

1963年，是我在这家外贸企业工作的第四年。我又加薪了，而且工作越来越顺手。这无疑是由于我接到科技总局技术翻译团队转来的很多翻译任务。有时候有些任务非常紧急，都是为格但斯克造船厂承担的紧急工作，考尔诺维奇先生总是挑选最过硬的翻译人员来承担这些翻译工作，也包括我在内。我们是一个配合非常默契的团队，每个人都专注于不同的领域，而我对内燃机领域的俄语术语非常精通。在"米柯瓦伊·雷伊号"上实习的两个月也很有帮助。并非每个人都能像我一样在下午四点就可以开始工作，这项工作常让人筋疲力尽。他们中的大部分在造船厂或其他与海事相关的企业中工作，直到晚上六点甚至更晚才能参加我们的工作，所以只能在夜里工作。我们轮流在小组成员中的某人家里碰面，喝很多咖啡（为了保证翻译质量，考尔诺维奇先生禁止大家喝酒），一直工作到清晨。我们的工作采取合作形式，每个人都分到相同的页数，必须完成，报酬也是平均分配。这项工作的报酬非常高，因为当时我们每个人都是将西方厂家的英语说明书直接翻译成俄语，绕过了波兰语，所以是两倍的价格。

1963年8月，外贸部干部司的一名工作人员来到格丁尼亚。他和公司的管理层谈了人事问题，但同时也询问了我的情况。我必须立刻填写另外一份调查表和另一份履历表。我知道，这可能与我和驻外机构事务处负责人的谈话有关，但也可能是由于我的领导即将退休。我更相信，这与我将接他的班有关，这在公司里已经不是什么秘密了。但是，有关我可能驻外的消息在公司里不胫而走，除我以外的所有人都确信，我会被派往北京商务参赞处工作。苏联与中国之间的关系恶化，使得一些中国机构的雇员拒绝用俄语与客户谈生意，这自然增加了对既懂中文又懂英语的雇员的需求。在此情况下，我自然是去中国常驻的合适人选。但只是候选人。直到很久以后，我才知道派我驻外的事拖延了超过一年的原因是由于外部压力，当时派出了另外一个人。

在波兰驻华大使馆和其下属机构中，当时大多数员工至少会说俄语，但是懂中文的员工寥寥无几。懂中文的是中国大学的毕业生，但都是同一届的，所以这批毕业生无法满足成为汉学家的所有要求。正是由于缺少会中文的员工，中波轮船公司的负责人看上了我，而这也正是我被留在外贸部的原因。1963年9月初，我终于被叫到外贸部去办理与这次外派相关的手续。我原本应该去北京，担任商务参赞处一个部门的负责人，负责对中国的机械设备出口，包括负责对中国市场最重要的波兰出口商Cekop（成套工业设备出口集团）的对华业务。

我乘夜行列车从华沙回来。早上，当我告诉妻子和孩子们，我们全家将去中国时，她们还以为我是在开玩笑。我必须对她们发誓说，我所说的一切都是真的。我意识到，我们的这次常驻将给母亲带来多么大的伤害。在波兰，除了我们她没有任何亲人。但她很冷静地接受了我的决定，我们大家都知道，最终能否摆脱这种插花住一间公寓的窘境，都取决于我的这次常驻。因为全家所有人都受够了与他人共用的厨房、浴室和走廊，希望最终能拥有一套独立的、自己的公寓房。

对使用何种交通工具，部里给了我两种选择，我们可以乘飞机，但可以携带的免费行李限额有限（总共大概是一百或一百五十公斤），其余的行李需从格但斯克装船运过去。另一种可能性是乘火车去北京，那样的话我们可以将一些物品放到行李车厢，我们会拥有专门的行李票。我们决定乘飞机，放弃从海上运送任何东西。我的方便之处在于，我已经知道使馆的公寓是什么样子。我知道公寓厨房里的设备基本齐全，大都是前任留下来的。另一方面，我的妻子比我更了解中国的物价，她知道我们不需要带餐具和玻璃器皿去中国，但一定要带电熨斗、烘干机和收音机。出发前几天，在与驻外机构事务部主任的谈话中，我提到十年前有家公司想聘用我，但他们不能给我提供住房，所以我不得不放弃那次机会。他问我是否仍想在向中国出口机器设备的某个投资集团工作，我说我当然想。他让我一个小时后来取一封公函，是给华沙人口流动控制登记办公室的信。那仍然是一个重要的机构，没有得到它的同意，就不可能在华沙上户口并永久居住。公函里说我要去北京的贸易代表处工作。函中同时提到，回国后，只要我在华沙获得落户许可，我将在华沙的外贸部门获得一份工作。

1963年9月底，我们乘飞机离开华沙。当时从莫斯科到北京的飞机一周只有两班，而我们是带孩子一起走，我们一共是四个人同行，携带了很多卢布用于在莫斯科停留两晚的费用。用省下来的钱我们买了一块手表，给女儿们买了两个洋娃娃，还买了一些胶卷。我用的是一台廉价的苏联相机，但我学会了用它拍照，能拍出效果很棒的照片。在莫斯科停留两天之后，我们终于可以前往机场。在出境大厅，一位穿着便服的先生向我走来，而他磕鞋跟的动作让我毫不怀疑他是名军人。他问我是不是卡伊丹斯基。我当时没想到他怎么知道我的名字，以及他怎么知道我正和我的妻子和孩子们一起旅行。他从远处就认出了我们，毫不犹豫地来到我们面前，可能是因为他知道我们是一家四口一道旅行。他礼貌地请我和他一起到墙边的一排座椅处。那里坐着一位女士和两个孩子。他向我介绍说，这位女士是波兰驻北京武官的妻子，也飞往中国。他们请求我在飞行期间和在苏联境内经停时照顾她和她的孩子们。

我说当然可以。在办理完登机手续后，所有行李都已被送上飞机，我们几乎没有任何手提行李。因此，我帮助她把手提的东西带上了飞机，而我的帮助也就到此为止了。她的丈夫在北京机场接她，她丈夫当时还是一名中校，但后来当过国防部长，就是弗洛里安·西维茨基将军。

当时的北京机场很小，几乎没有任何登机设施。护照在飞机上就已经被收走了，之后会在抵达大厅归还。接机的人们聚集在机场的停机坪上，可以非常靠近飞机，甚至可以帮助乘客拿手提行李，然后跟他们一起去机场的航站楼。

在机场停机坪上迎接我们的是商务参赞处的行政主任瓦平斯基先生，他帮我们把行李放进一辆公用的面包车，然后驱车前往新的外交区。这个地区是从头开始建设的，并且事先已经准备好了相当现代的基础设施。这是我第一次去那里。1960年我第一次访问北京，第二次是在一年后，那时使馆各个机构的员工住所散布在城市各处，有种种的不便。如没有热水供应，电路设备陈旧，需要限制照明，更不用说用熨斗和其他家用电器了。在使馆区建造波兰大使馆的决定，无疑受到波中之间迅速增长的贸易影响。1951年成立的联合航运公司中波轮船公司对此也提供了帮助。波兰大使馆就坐落在历史悠久的日坛旁边，在一条名字相同的街道上（日坛路）。中国人也希望在华沙建设自己的大使馆。中国大使馆几乎与波兰驻北京大使馆同时建成，位于博尼弗拉特尔斯卡大街上。面包车把我们送到了我们的公寓楼门口。

使馆建筑群呈四边形，周围有四条街道环绕。一切都是崭新的，地面铺着沥青，有宽阔的人行道，使馆的周围树木葱茏，有整齐的树篱环绕。使馆在北京的位置如下：

从使馆馆舍往北是日坛，日坛实际上是一个大公园的一部分，当时大门上挂着挂锁。公园里开了附近唯一一家中餐馆，可以随时在那里品尝美味的中国饺子。南边与波兰使馆相邻的是捷克斯洛伐克大使馆，在建筑上比波兰使馆差很

▶ 波兰驻北京
大使馆的新楼
（1963 年）

▼ 波兰驻北京大使馆的大门（右侧）。左侧建筑是商务参赞处的办公楼，1963—1967 年间我曾在那里工作

多，而且由黄色砖墙环绕。使馆东边是保加利亚大使馆。只有在西边，在日坛路对面，高高的篱笆挡住的老城区仍完好无损。在这道围墙的后面，直到二十世纪七十年代尼克松总统访华后，才开始建设美国大使馆。

波兰大使馆四周是镂空的金属栅栏，但这并不意味着可以从外面看到使馆里发生的一切。楼房的布局正好可以遮挡馆舍的中央部分，包括一个游泳池、一个儿童乐园和一个不大的花园，花园里刚刚栽种了李子树。在随后的几年里，那些树上每年都会开满美丽的粉红色的花朵。

大使馆的主楼有两个侧翼，主楼一共三层，如果我们把大楼地下部分当作独立的一层的话。地下室里有车库、锅炉房、大电影厅、杂物间（据说还有通往避难所的入口，然而我在使馆前后一共工作了九年，从没有看到过那个入口）。也许确实有地下掩体，只有内部的人知道，也许只是一个传说。北楼下面是车库，里面有几辆小轿车，有两三辆"尼斯"牌面包车、"星"牌卡车和一辆"桑河"牌或"伊卡洛斯"牌大客车，主要用来运送员工和客人去长城和周边其他值得一游的地方观光游览。南楼下方是一间锅炉房和各种设备间，包括用于中央空调的设备。关于这些设备，我之后还会提及。那里还有中国锅炉工、园丁和清洁工的用房等。在中央部分，最重要的是之前提到的电影厅，使馆有时会邀请中国客人和外国人来观赏波兰电影，每个星期日都给孩子们组织童话故事会。

一楼的中央部分主要是一些举行仪式的场所。共有三个大宴会厅，其中一个被称为"镜厅"，是最大的宴会厅；另一个是"鸡尾酒厅"，主要为举办各种场合的会议和酒会，主要是鸡尾酒会。客人在那里主要是站着用餐，食物从餐厅里预订，服务人员托着大餐盘在客人中间穿梭不停，供客人自己取用。从镜厅可以前往露台，那里主要是在夏天使用，而在冬天，可以从这里前往另一个小厅，在聊天的同时可以欣赏到颇具异国风情的植物和棕榈树。主楼的楼上设有大使馆的两间办公室，包括一个秘书室和一个小会议室、使馆参赞们的办公室和其他外交官的办公室。商务参赞处位于北翼，我在北翼的二楼分到了一个大房间，在楼房的西翼设有使馆领事部、武官处、人民论坛报和波兰通讯社的记者办公室，还有外国客人接待室。

馆舍东侧的三栋建筑是员工公寓，我们通常将其称为"公寓楼"。它们正面朝北。每座楼里都有十七套编号的公寓。所以说，如果三座楼全部住满的话，可以容纳五十个员工家庭。公寓当然有所不同。五人间带阳台和露台，是给公使衔参赞和使馆参赞住的，而比较简陋的单间则是给那些单身、没有家庭的人员用，比如实习生或者外贸集团派来就成套设备或船只采购进行谈判的人员居住。每座楼都有一个单独的可以上锁的楼门。该门通往北边的那条街，通向日坛公园的正门，另一侧向南则可以直达长安街，从那里乘公交车可以到达市中心。

使馆的北侧还有一栋较长的公用建筑，遮挡着使馆内部，那里有八间客房供国内来宾居住，还有一间带厨房和附属房间的员工食堂、一间带电视的休息室以及一间带乒乓球台的休息室。

波兰大使馆里最吸引人的是一个游泳池。它是沿着公共用房建造的，长度至少为四十或五十米。公共用房和泳池之间有一条宽阔的步道，放着躺椅和小桌子，可以在游泳后享受日光浴和休息。公共用房里有一间带淋浴室的更衣间，为在游泳池里游过泳的人提供淋浴，看上去就像是当时在波兰播出的美国电视剧《王朝》中哈灵顿庄园里的场景。然而那景象更让我联想起塞得港最后的英国殖民者。我们从中国乘船返回波兰时在苏伊士运河曾经目睹过的场景。

为了对使馆的全部设施进行一番检视，且让我们移步到南侧，那里有一座体量与公共用房相仿但明显更加考究的建筑，那就是大使官邸。还要说一说两个体育设施——公共用房和第一座公寓楼之间空地上的排球场和大使官邸旁边的网球场。在温暖的季节，主要是大使和参赞们使用网球场，他们会邀请其他大使馆的同行一起打网球。而在冬季，那里是人人都可以用的溜冰场。我对大使馆的建筑进行了比较细致的描述，以说明未来四年我们的居住条件，与哈尔滨郊区生活的十九年，以及在格但斯克合租公寓里度过的另一个十几年有着天壤之别。到达北京后不久，我就意识到自己并没有因为生活条件比以往任何时候都大为改善而心满意足，相反，我感到某种不适，我将在下一章中解释其缘由。

第 **21** 章

新环境，新体验

　　我得到了一笔安家费和第一笔薪水，还有给我妻子和孩子的补贴，发的是人民币，同时，我得到善意的提醒：节俭开支，免得下个月底需要申请借款。有时候在新来者身上会发生这种情况，尤其是在冬天，他们屈服于妻子的压力，把第一笔薪水全花在了购买裘皮上。在中国，裘皮大衣的价格对使馆雇员的工资而言是相对便宜的，而在因战争而满目疮痍的波兰，二十世纪五十年代谁要是拥有皮草，那就是某种身份的象征，显示更高的物质生活水平和社会地位。特别是在北京的商店和寄售商店里不乏比较珍贵的皮草。一些使馆的员工，主要是东欧国家的使馆官员，在进入位于王府井大街中部的裘皮商店时，本打算给妻子购买价格为五六百元人民币的裘皮，但在配偶和销售人员的劝说下，他们最终被说服购买一千二百元甚至更贵的裘皮。但是，这种情况在我身上并没有发生，因为不可能发生。在哈尔滨，由于天气寒冷，欧洲妇女在冬天大都穿皮草。的确，她们穿的皮草通常已经使用多年，比较旧了，在冬季以外的其他季节里都保存在衣柜或衣箱里，并撒上卫生球。我的妻子也有过自己的第一件皮草（在出发来北京之前我们把它卖掉了），她对买新皮草不感兴趣。

如我所料，在厨房里我们发现了很多锅，几个平底锅和一只水壶，而橱柜里装满了盘子和杯子，甚至还有一瓶原产于中国的白兰地以及一套酒具。同样如我所料，床上铺着床垫。因为我们从格但斯克带来了床单、枕头和毯子，所以在最初入住北京的日子里，唯一的大笔支出就是购买窗帘。后勤主任的妻子帮助我们采购，她陪我们一起去布匹商店，而且帮我们选择窗帘的布料。她还开车把我们带到一家老瓷器店，并建议我们利用有汽车的机会，买两个便宜的中国花瓶放在窗台上。的确，在一层公寓的每个窗口里，我都看到了这样的花瓶。由于它们实际上确实很便宜，所以我们接受了建议，并带着第一次计划外的战利品回了家。它们起到了装饰窗户的作用，而且经常更换的鲜花，也有利于在干燥的北京增加室内空气湿度。

在中国，一些食品仍然需要凭票供应，但这不适用于外国人，他们可以根据需要在专门商店里购买。在纺织品中，只有棉花是定量购买的，要凭专门的布票购买，而中国人得到的布票很少，是按照中国的长度单位"尺"计算的，一尺大约相当于三十厘米。分配给外国人的布票也是按尺计算，但要多得多。布票是每三个月发放一次，我们头三个月的份额在抵达的第二天就拿到了，我们正好要去买窗帘。当时中国人对人造纺织品还一无所知（据我的记忆，当时波兰人对此也知之甚少），丝绸很贵且不太实用，所以剩下的就是买棉布了。

当我们到达中国首都时，使馆区还没有专供外国人的食品店和工业品商店。一些外国使馆仍在市中心。购物通常是结伴而行，每周两次。去购物的方式是这样的：在某个约定的时间，一辆小面包车会开到中间那栋公寓大楼的门口，然后把愿意去购物的人带到故宫附近的一条名为锡拉胡同的街道上，那里有专供外国人购物的商店。这种购物被称为"锡拉胡同之旅"。大多数员工的妻子只能到那些商店去购物，主要是由于语言障碍问题，至少在到达后的头几年，这种语言障碍使她们难以在城里的市场上或服务当地居民的商店里顺畅沟通。在面向外国人的商店里，工作人员通常会说俄语和英语，有一些售货员甚至可以用波兰语进行良好的沟通。

我妻子不喜欢这种"团购"，主要是因为她在中国待过很多年，很快就发现，质量相似的食品在城里要比在外国人商店里便宜得多。在到达后的第二天或第三天，我们就摸清了从公交车站到菜市场以及几家较好的工业品商店的路线。因此在外国人商店里，我们只买一些城里买不到的东西，包括面包、牛奶、奶制品以及根据欧洲配方生产的熟食。

康斯坦丁·西莫诺莱维奇（席蒙叟）是作为俄罗斯驻北京使团的随员开始自己外交生涯的。他在《我的中国人》一书中提到，他那个时候，专供外国人的商店位于使馆区，购买商品时要出示名片。厨师或男童也可以拿着名片去，因为商店的工作人员知道他们中谁在哪个使馆工作。然而在市场上，也就是那些自由市场，情况则完全不同。那里的卖家也有自己的判断，哪家的雇主在外交等级上职位比较

▼ 波兰驻哈尔滨领事康斯坦丁·希莫诺莱维奇（席蒙叟）的书《我的中国人——驻华十八年》封面

高，卖给他们的东西价格也就更高些。他在那本书中写道："公使买母鸡花了七十美分，参赞花了六十美分，秘书花了四十美分，而我只花了三十五美分。一个外国学生甚至只花了二十美分。"可以肯定的是，那个时代已经成为过去，市场上的私人摊主被国家支付工资的售货员所取代，但对待外国人的方式跟从前似乎没有什么改变。我们很快发现，在市场上买一只鸡或者一条鱼，所付的钱只是我们在锡拉胡同所付价格的一半。西莫诺莱维奇所描述的一些旧习俗仍然保留了下来。

让我们回到抵达北京后的最初几天，在此期间，我们在新的公寓里大致安顿下来，并开始适应使馆通行的习惯。女儿们第一时间结交了朋友。刚来没几天，她们就开始串门儿，去拜访新朋友，结识他们的父母，当然也会带新朋友来我们家，看她们带来的玩具。刚到使馆不久的一次晚餐时，和女儿们的交谈让我一时语塞。桌上铺着漂亮的中国手绣桌布（当时它们很便宜，因为几乎没有从中国出口到西方），冰箱里塞满了一个小时前从外国人商店里买来的各种食品，而桌子中间一个大盘子里盛满了各种在波兰难得一见的水果：香蕉、柚子、橘子。香蕉之前她们大概只吃过一次，那是我去英国出差时带回来的。这时我的小女儿问了一个令我略感尴尬的问题："爸爸，现在我们是富人了吗？"

考虑到过去一个月我们的生活质量发生了巨大变化，这个问题是合理且可以理解的。在格但斯克，我们没有那么漂亮的家具或地毯，也没有集中供暖、煤气、热水或冰箱，更不用说游泳池这样的奇迹了。也许那时我们已经算不上贫困了，但我们的孩子对早晨在冰冷的厨房里用冷水洗漱仍然记忆犹新。实际上我们从哈尔滨买了一个中国保温瓶带到波兰，但是早上的热水只够我们大家喝茶用。如何向一个九岁的孩子解释，公寓里的所有东西，或者说几乎所有东西都不属于我们？在搬进这套公寓之前，我必须签署一份附有公寓设施清单的协议，并承诺所有设施在我们离开中国时应该保持与收到它们时一样的状态。我必须为孩子们在锃光瓦亮的家具上留下的划痕，以及浆果或果汁在地毯上留下的污渍支付赔偿金。

所以我一定让她们失望了。也许在如今，在资本主义已经重返波兰的今天，这似乎有点儿匪夷所思，但我从来没有想过要比其他人更富有。我只是想摆脱贫困，不想在某些方面太让人另眼相看，比如说没有一件像样的衬衫，不能像其他人那样有独立的公寓，或者在月底之前就没了钱。现在？当然，我们并不富裕，但我们拥有了正常生活所需的一切，我们公寓的室内布置与邻居们没有太大的区别。

关于我们当时的公寓以及我们邻居所居住的公寓，我还要补充几句。那几栋楼相距十到十五米，它们之间有两条过道和一条狭窄的草坪，草坪上有几个花坛。因为社交生活的圈子就是那些人，所以几个月后，各家各户彼此之间就可以说是无所不知了。从每栋楼房的窗户上，都可以清楚地看到邻居厨房里发生的事情，那家女主人或她家的阿姨正往锅里放什么。唯一逃避互相串门、八卦和无聊的方式就是进城。至少在我们看来，科诺斯大使的自由主义态度首先在于，他不干涉员工如何打发业余时间，这对我们非常重要。当时，许多我们从前在哈尔滨的朋友都住在北京，波兰人、俄国人、中国人和众多的混合家庭。北京在苏联红军离开东北后或在二十世纪五十年代接纳了他们。他们中的绝大多数当时在寻找机会去西方，而在去上海或香港的途中或长或短地在北京停留。几年后我才知道，科诺斯大使对我们的了解远远超过他在正式表格中所能读到的，我不知道他是从何而知的。显然，他在哈尔滨的"白俄移民"中有自己的线人。在我们北京大使馆启用的头几年，懂中文的人比较匮乏，所以聘用了一些来自哈尔滨的懂中文的人。

1963年，北京的食品供应仍然很紧张。在"大跃进"之后，中国对许多产品进行了定量配给。水果，尤其是南方水果，不总是能在锡拉胡同的外国人商店中买到，而在普通市场上则几乎绝迹了。但柿子除外，这是一种生长在北方的水果，由于变质快，通常只在秋天的一小段时间在北京出售，然后整个冬季都出售冷冻的柿饼。欧洲人通常不喜欢柿子，但是我和我的妻子从小就熟悉它们。到达北京后，女儿们立即尝试了它们，起初她们觉得柿子太涩，不好吃，但几周后她们就把柿子都吃了。

在北京生活的头几周，我们在大使馆的食堂吃午餐。厨师是中国人，但他能烹饪很不错的波兰菜，使馆的一些员工有时会在那里用餐，更不用说来自国内的那些出于可理解的原因算计每一分钱的代表团成员了。办卡的价格低于单顿的午餐，每周有两次中式菜肴，当然非常适合我们。在周日和节假日，午餐更加丰富多样，而且提供甜点。我们没有在食物上节省开支，但实际上我们没有任何服装开支，因为我或多或少地知道正式礼服和晚礼服的要求，所以我们都在格但斯克把这些衣服做好了。在出国之前，除了各种指示和建议，我在外贸部还阅读了非常详细的外交礼仪文件。除了其他事项，例如在招待会上的举止要求外，还包括应该如何着装。因此，我不得不缝制三套新西服，一套是黑色的晚礼服，一套白天穿的较厚的灰色羊毛西服，还有一套中国产的较薄的"夏季"毛料西服，料子是我几年前在巴尔托纳公司出差时从上海带回来的。那身最贵的黑西服，我在北京只穿过两次，第一次是在中华人民共和国国庆节那天在人民大会堂举行的正式招待会上，第二次则是在波兰国务委员会主席亚历山大·萨瓦茨基去世后，我在使馆摆放的悼念册旁值班时。娜塔莉亚和孩子们也从波兰带了至少够穿一年的衣服，因此在抵达北京的头几个月里，我们没有太多的花销。

荷兰使馆的一名一秘在即将离任离开北京时，与我们使馆的一名一秘在私下聊天中提到，他想廉价出售自己的摄影器材。那是他使用了三年的禄莱福莱6×6相机，以及雅西卡8毫米摄影机，包括三个配好的镜头以及放映机、幕布和各种小物件。带有蔡司镜头的德国禄莱福莱是一种高级相机，记者和专业摄影师经常使用，而带有轻巧手扭更换镜头的相机在当时算是最新技术奇迹了。我渴望购买这套设备，而且价格非常实惠。那是我来北京的第三个月或第四个月。我有点担心，在花了一个多月的薪水买了一些非必需品后，我们下一个月的生活可能会受影响。当时，我觉得自己太着急，做错了事，花了那么多钱在这些漂亮的玩具上。但生活证明了这一决定的正确性，我后来出版了许多书，其中大部分插图都是用这台禄莱福莱牌相机拍摄的。

我的大办公室除了桌子和扶手椅，还有一张小圆桌和一个衣架。另外，在两面墙上有很多壁柜的门，大多数——就像我当时想的那样——是之前就建造在墙壁里边的，从未使用过。只有一个壁柜里放着几个文件夹，还有几个硬纸壳的文件盒，里边放着正在执行的合同。我到达北京时，商务参赞是考拉尔先生，他曾是外贸部二司（所谓的方向司）的副司长和司长。他负责与亚洲国家（主要是中国）的贸易。我持的是公务护照，以非外交人员身份来到北京担任部门负责人。这个职位仅比驻外机构中最低等级——助理的级别略高。我所持的公务护照在使馆里被认为比我以前所持的护照"要好"。这种护照有着小牛皮封面，但这并未改变我不是外交官的事实，而外交使团中的等级是由护照决定的。商务参赞处只有三名外交官，参赞和他的两个副手：技术随员和经济随员。作为负责处理我国技术出口事务的员工，我直接隶属于技术随员多布罗沃尔斯基工程师。此前，他曾担任二十世纪五十年代波兰交付给中国的一家糖厂的建筑经理，在中国工作了数年。现在，他即将结束其在商务参赞处作为技术随员的四年任期。

多布罗沃尔斯基工程师向我展示了我的房间，打开壁橱，他让我看看其中的文件。他说，这里的文件并非全部。"大跃进"失败后，由于中国的经济形势，波兰与中国的贸易额在逐步下降，所有的大笔投资都被暂停，因此，投资中心，也就是那些向中国出口机械设备的公司不会派代表来了，我只是接管那些仍在执行中的合同。

"现在请您把隔壁房间的文件搬过来。"他简短地说，"Cekop的代表很快就要离开，然后您得把那个公司未完成的事务也接过来。"

他从衣袋里拿出一串壁柜的钥匙，还有一个上面有四个小孔，类似酒瓶盖的东西，还有一个中间有数字的金属印章，上面写着"北京商务参赞处"。

"这些壁橱中有公开文件和内部文件。"他解释说，"下班后请务必将其加封。不时会有检查。"

波兰的那些贸易总公司与北京的商参处之间的商业往来信函中没有机密文件。我在那个房间里工作了四年，幸运的是，我的涉密级别仅限于内部信件。壁橱的加封或者说加密方法是先将一根绳子从固定在门上的铁环里穿过去，然后穿过那个铁瓶盖上面的小孔，再把工程师多布罗沃尔斯基给我的一块儿封泥按到瓶盖里，在上面盖上我的印章。第二天早上，进入房间后我要做的第一件事就是检查封泥上的印章是否被触动过。

1962年，在制订下一轮员工轮换计划时，人们认为，中国不会迅速从"大跃进"造成的经济危机中解脱出来，所以关闭了很多在中国的经贸总公司代表处，而我只要把几个仍悬而未决的投诉问题解决掉就可以了。与中国经贸总公司的所有商业和技术通信通常都是用英语进行的。由于我的英语和商务信函写作能力在马尔凯维奇先生的部门里得到了"打磨"，所以在北京商参处工作时，他们决定由我来处理之前遗留下来的事务。其他一些出口总公司的代表仍留在北京，但预计他们的合同将在未来几个月内终止。因为我的领导很快意识到我熟悉机械设备，所以每隔几个月就把一些新的总公司的事务交给我。我作为商参处里除多布罗沃尔斯基工程师外唯一一个了解机械设备的人，就突然变得不可或缺起来。

1963年秋，当我到达北京时，大使与商务参赞之间已经达成协议，商务参赞处懂中文的工作人员要共同参加新闻通报会的工作。这份工作是指每天从党报《人民日报》或其他中央报纸中翻译一段不大的文章或文章段落，或者是文章摘要，并在当天就交到使馆秘书处。收集起来的信息经过改写，被复制成几份，随后被发送到所有参与新闻通报会的部门领导案头。我立即被纳入这项工作中，我不用汉语已有十二年了，并且对我来说中文媒体中普遍使用的政治术语非常陌生，这使我在开始阶段遇到了很多困难。多布罗沃尔斯基是商务参赞的第一副手。也许是因为临近回国，他并不太严苛，也从未在下属面前强调过自己的职位。他的爱好是DIY（自己动手做），甚至在办公室也不放弃。一次我去他的办公室请他签名，发现他手里拿着一把锯子。他几乎没看电报的内容就签了字。只有与他的母公司Cekop的通信是例外。那些通信他有时会修改或添加一些内容，但我无法质疑这些修改的正确性。通过他手中的那把锯，我对他有了同行的好感，并尽力不辜负他的信任。但我没能避免第一次尴尬。

有一天他对我说："您明天五点钟去机场接Cekop公司的代表，一共四个人。也许行李会比较多，所以请开'尼斯'车去。"代表处的员工，不管是不是外交官，工作时间都无限制。这意味着，如果收到邀请的话，外交官晚上也必须去参加招待会，而像我这样持普通护照的员工则有义务将各个公司的代表从机场接回并送到机场。我在中国工作的岁月里，这种接送机的工作有数百次。

现在，回到我第一次接机。那是十一月初，所以当我和中国司机一起到达机场时，天已经全黑了。我在机场大楼前等着"我的那些代表"。大部分乘客已经从飞机上下来，我不知道该如何在人群中分辨出我要接的客人。这时我看到一张熟悉的脸。"是您吗？"

那是几年前我在扎布热参加培训时认识的一名工程师。那时他是主讲人，大概当时是在制糖厂工作。现在，他代表Cekop经中国转机去越南。他们一行四个人，第二天要乘飞机飞往河内，所以我和他们一起等行李。这时另外四个波兰人走近我。一个人说他来自Cekop，问我是不是负责接他们去使馆宾馆的卡伊丹斯基。因为没有人接他们，所以他给多布罗沃尔斯基打电话，对方告诉他"那个卡伊丹斯基"应该在机场，还把我接他们的车牌号给了他。这就是为什么他们在这里找到我的原因。我有点不知所措。幸运的是，我还没有和那些要飞往越南的人离开机场，于是，所有人连同行李都坐进了那辆九座的面包车。我误接的那些代表预订的饭店在城里。所以我把他们先送到了饭店，然后和"我的"客人回了大使馆。到家的时候已经晚上十点了。

第二天，多布罗沃尔斯基工程师一早就把我叫到办公室。我看到他很生气，因为他从与代表们的谈话中得知，一切并非都按预期进行。"您为什么接了那些飞往越南的代表，却不注意接我们的人呢？那些人来自工业部门，有专门的经费

▶ 我在哈尔滨医学院药学系就读时的学生证（1949 年）

在过境国家乘车往返机场。我派您去接Cekop的代表，您应该全程照看他们在北京的生活。"

之后我对他们的接待已经无可指摘了。我带他们一起去了中国公司，送他们去了火车站，因为他们要去的工厂位于中国某个边远的地区，然后我又去同一个车站接了他们，带他们去购物、去医院，并邀请他们到我家里吃晚饭，以某种方式补偿在机场接他们时发生的尴尬。多布罗沃尔斯基工程师比我更快地忘记了这件事。由于需要照顾分配给我的外贸公司的波兰代表，也使我有义务在其中有人生病的时候，陪同他们去中苏友谊医院。陪他们去购物也是我责任的一部分，包括经常去传统中药店。这重新激发了我对中国药学的兴趣，这种兴趣源于我在哈尔滨医学院药学系学习的经历。

在第一次世界大战后，中医曾被认为疗效不如西医而备受冷落。那时我经常不得不回答我所照看的代表们的问题：这些药物包含哪些成分？其特性是什么？所以，我购买了给"赤脚医生"们编的中文书籍（赤脚医生是口头称呼，指那些接受了短期医学培训的年轻人，之后这些年轻人被送往各地，多数情况下是偏远的、没有医疗服务的村庄）。这些书主要讲述了传统诊脉、针灸和传统治疗方法及用药等问题。我阅读了这些用非常简洁的语言编写的书，并根据从中获得的知识，在向中国医生描述症状时尝试使用书中使用的术语。因此，我做了一个词汇表。在出发去医院之前，我总是用在医院里跟医生交流时可能碰到的方式，尽量了解患者的症状细节。当然我遇到的大部分情况就是普通的感冒、支气管炎或类似的问题，但也碰到过风湿类疾病和胃病，以及神经痛、偏头痛，甚至肾结石。

必须说，我很早就确信，至少某些中药是有效的，因为在东北经常发生胃病、感冒、流感等疾病，我就经常服用父亲配制的药物，或者是当地的"中成药"（区别于医生自己配制的药物，是工厂里生产的，或者是中药店按照医生药方煎制的药物）。前者最重要的是东北核桃（类似于意大利核桃，只是长一些，壳较厚且更难弄开，核桃仁较小），实际上是成熟果实的绿色外壳。得将它们剥下来，放进一个玻璃瓶。在这个过程中手会变成棕色，就像接触了碘一样，而且很难洗净。用白酒或酒精浸泡那些核桃外壳，就成了治疗消化道疾病的有效药物，对夏季东北常见的腹泻（包括血性腹泻）非常有效。在"城里"的药物中，我最早记住的是"六神丸"的细小颗粒。它们只有针头大小，一个疗程的药量用一个豆角大小的玻璃小瓶就能装下。那些药丸包含六种成分，其中最重要的是蟾蜍粉或青蛙皮。在药学院学习期间我已经知道，生活在五、六世纪的中国医生陶弘景已经描述了用晾干的蟾蜍皮和青蛙皮治疗扁桃腺炎的方法。而至少二百年前，中国人就学会了从蟾蜍和青蛙的皮肤中获取"毒液"，并利用其具有的很强抗菌和消炎作用成分。直到2008年，意大利科学家才研究了这些蟾蜍的分泌物，发现水生蛙皮中所含的肽对对抗生素产生了抗药性的细菌菌株有效。所有这些促使我开始收集"城市药品"（中成药）包装中附带的使用说明，并就其组成成分和疗效进行手写注释。

第 **22** 章

最后的此类合同

在我从Cekop公司的前任手里接管的事务中，最耗费精力的是在东北地区，有一个尚未完成、仍在不断投诉的投资项目。那个项目所在的小镇被称为铁力，位于中苏边境附近。那是一个木材干馏厂，在波兰专家的监督下，建造于东北地区密林深处，使用的是波兰原创的技术，几年前在波兰东部的哈伊诺夫卡首次使用。哈伊诺夫卡位于比亚维斯托克原始森林地区，那里有丰富的木材资源，可以用这种新方法进行加工。然而，事实证明，哈伊诺夫卡不是中国东北，在对哈伊诺夫卡周围生长的树种进行干馏处理时表现出色的设备，在处理树脂含量很高的针叶树（东北的森林大都是这种针叶林）时没有通过测试。当时，在1965年春，工程即将结束时，还有五六名波兰专家正在该厂工作。由于波兰延迟交付设备，以及在现场调试设备和获得项目确定的技术参数方面的困难，工厂交付使用的时间被延迟了。

这个遥远的建筑工地和在那里工作的几个波兰人被封闭在密林之中，与世隔绝。两年来这个项目一直由我直接负责，这意味着我要收到来自各方的意见和抱怨，包括位于北京的签署了采购合同的中国进口总公司，以及Cekop公司和专家们。就在几天前，我收到了华沙的一封电报，要求商务处派我去铁力，去现场查看专家们为何抱怨东道主没有善待他们。这不是新鲜事。很长一段时间以来，他们一直抱怨得不到适当的医疗服务，甚至怀疑中国人往他们的食物中撒了有毒的粉末。商务处的领导未处理这些投诉，主要是没有严肃对待此事。在中国，专家在一些小地方的建筑工地上工作时，由于不懂当地的语言，而且直接与中国人打交道，在紧张的情况下会做出一些神经质的反应，我们认为这次也可能是如此。但是，现在华沙的Cekop总部进行了干预，因此决定应该让我去建筑工地，到现场评估情况，并提交一份全面的报告。

这次出差让我很开心，因为去铁力要经过哈尔滨，我将有机会回到我童年生活的城市，并探望少数几个仍留在当地的朋友。乘火车从哈尔滨到铁力大约二百公里，然后只能乘吉普车从铁力到达施工现场。当然，只有在Cekop的中国伙伴同意的情况下，这样的旅行才有可能，因为需要工厂的代表到铁力接我并将我带到施工现场。

我乘坐莫斯科—北京的国际列车从北京前往哈尔滨。到哈尔滨的时间是第三天早上。前往铁力的旅客列车要到晚上发车，所以我有一整天时间参观早已计划好的地点。走上月台的那一刻我五味杂陈：这是我出生的城市、我的童年和青年时期待过的城市，过去的许多回忆都与之有千丝万缕的联系。

"您来自波兰大使馆吗？"一名在火车站迎接我的旅行社工作人员问。

我做了肯定的回答。

"请跟我来。您没有行李吗？"

我没有。我把这次为期几天的旅行所需的一切都塞进了旅行包。车站前有一辆汽车在等着我，将我带到了附近的和平饭店。在日本占领期间，我知道那是一家豪华酒店，称为"大和酒店"，专供日本人使用。二十世纪五十年代，格鲁什凯维奇领事来哈尔滨的时候就住在这家酒店的一套公寓里。是他说服了我回波兰。女导游告诉我什么时候可以吃午餐，询问我对菜单有什么特别的要求，并建议我稍作休息，然后再在城里漫步。

"汽车下午五点来接您。"离开时她说，"请提前几分钟下来。"去铁力的火车五点四十从同一个站台发车。

我走到饭店外面，坐无轨电车去了曾经是我父亲墓地的方向。实际上那里已经没有公墓了，而是劳动群众休憩的公园。公园是在1958年将哈尔滨所有外国公墓（天主教、东正教、穆斯林和犹太人的公墓）迁到城外后，在其原址上修建的。我不知道为什么要先去那里。五年前，当我们来探望娜塔莉亚的父母时，我也去这个地方寻找了父亲坟墓留下的唯一痕迹。那是我在坟墓旁边种植的一株稠李。实际上我当时种了两株，但只有一株活了下来，而且长得很漂亮。那时我没有找到它，因为那次是盛夏，而现在是春天，树上应该开满鲜花。我独自一人在空旷的公园里漫步，但是依然没找到稠李。

我的中学也面目全非了。周围被木棚子遮挡，因为现在整座建筑里都是私人住房。教堂里现在是一个什么机构（后来我发现那是一个婚礼礼堂），但门是关着的，所以我向不远处的大学主楼走去。从远处我就看见，我的第一所大学的正脸和门廊都没有变化。当年，当我读到贴在大门上的告示，发现我已通过入学考试并被大学录取时，我曾坐在那里让激动的心情平复。乘出租车到道里区，那里的中国大街像一座露天博物馆。我无法抗拒沿着河滨步道漫步的想法。五年前，我还在洪水前经过加固的边坡上徒劳地搜寻过父亲的墓碑。我有几个大学同学的地址，但已经没时间去拜访他们了。

旅客列车开了一整夜。我的车厢里没有隔间，旁边床铺上的旅客鼾声如雷，让我难以入眠。当我终于睡着的时候，似乎只片刻工夫，列车员就拿着茶杯来将我叫醒，说我还有半个小时到站。

我们终于到达铁力。铁力是一个被原始森林环绕的小镇。林间道路崎岖不平，越野吉普车不时陷在重型卡玛兹卡车留下的车辙里。到工厂的十几公里道路都是这样。我是在第二天下午回程，所以我们立刻商定，当天就与中国人讨论Cekop的问题，而第二天则讨论我来此的主要目的，就是专家们的私人生活问题。东道主有一份长长的意见清单：从供货不及时到声称的参数与实际不符。他们认为我们的专家应该为后者负责。但是我知道另一个原因：我们出售的技术仅在哈伊诺夫卡进行了工业规模测试，而且所用的原材料也与铁力所使用的原材料有着不同的特性。

晚上我出去呼吸新鲜空气，警卫像影子一样跟着我。我只能在厂区内散步，不能去到外面，因为周围有很多熊，甚至会到大门口来。自古以来熊就生活在这里，而人类是不久前才在这里出现的。第二天，我与我们的专家们进行了谈话。一个小时后，我就知道所提出的大多数问题是由于他们在这里太久了，每天只能彼此之间或者与少数几个中国人打交道。我已经在这里吃过了午餐、晚餐和早餐，没有发现什么可抱怨的。我试图了解，为什么他们认为中国人正在毒害他们，以及他们是怎么做的。

"他们在我们的食物上撒一些白色的粉末。他们这样做，肯定是让我们不会骚扰在这里工作的女人。我们不知道那是什么粉末，以及在这里待三年后，会不会影响我们的健康。"

我选了他们中两个最确信所谓投毒的人，并请他们带我去厨房。厨师是个快乐的胖子，我把我们那些专家的怀疑告诉了他。他突然大笑起来，然后伸手从架子上取下一个大铁罐，洗了手，然后将湿手指探进罐子里。

"这是毒药？！"他问道，同时伸出沾满白色小晶体的手指，用舌头在上面舔了舔，大声说，"这是味精！"他说这话的方式，就好像正在向附近一个鄂伦春村庄里尚未开化的养鹿人解释汽车的用途一样。味精是一种在中国广泛使用的调料。从化学意义上讲，它叫谷氨酸钠，用于增强菜肴的味道，在战前的欧洲，也用于美极鸡汤块中。我不知道是不是厨师的表演发挥了作用，或者是因为我向他们保证，吃味精调味的食物不会生病，总之专家们停止了抱怨。很快，在工厂投产后，他们自己也健康地回到了北京，然后踏上了归途。

1965年底已经很清楚，我们与中国的贸易在逐步下降，而贸易谈判和签署的1966年双边协议表明，在贸易额方面我们落后于德意志民主共和国和捷克斯洛伐克。

外国驻中国的代表机构可以接触到的中国报纸，没有发布任何历年的经济统计数据，一般也不发布与外国公司签订的合同信息。关于贸易谈判的消息得到更严格的保护，以免被外国媒体获取。有时，来自香港地区或日本的记者在前往北京的途中接触到一个外贸代表团，在得知了该公司的名称和业务范围后，就会发表中国人对什么感兴趣的文章。这些消息更多的是基于猜测而不是事实。我们使馆和商务参赞处都订阅了香港的一些比较严肃的报刊。我主要对两本英语月刊感兴趣。一份是《远东经济评论》，主要刊登经济信息，包括大多数西方国家估算并披露出的经济和对华贸易数据；另一本是《中国新闻分析》，是美国驻香港总领事馆的出版社出版的。该出版社以其消息灵通并与中央情报局（CIA）联系紧密而闻名，因为该领事馆对中国所有的广播电台进行非常广泛的系统监听。那里被雇用的分析人员——"白色情报"专家，一起讨论各种话题。刊物的每一期都会设定专门主题，其中一期全部涉及中国的能源状况。作者提请人们注意该国在工业和家庭供电方面遇到的困难，并预测在不久的将来这些困难将会加剧。在放弃了在长江上建设水力发电站的雄心勃勃的计划后，中国将被迫购买新的燃煤电厂。文章的字里行间提到，中国似乎已寻求法国公司提交报价。

我担心当Cekop向中国提供了一系列成套设备，并经过多年经营后，该公司已经完全不再对双边贸易抱有希望。而此时我刚受命接手该公司北京办事处的事务。的确，假如有新的合同，也不会是由我来处理，否则，他们就不会要求其代表返回华沙。但是现在这是我的领地，我真的很想在该领域取得一些积极的成果。在我接手的Cekop的文件里，我发现了125兆瓦成套发电机组的宣传材料。根据《中国新闻分析》的报道，最适合中国国情的是两倍以上功率的机组。我知道，法国和苏联拥有此类机组。因此我向Cekop发函，询问我们是否也有类似的设备。他们没有，但是可以重新提供按照瑞典著名公司ABB的许可生产的带涡轮的125兆瓦现代化机组的报价。在之后去负责进口成套设备的中国技术进口总公司参加会议时，我汇总了宣传资料，并写了一份报价函，着重强调了有关瑞典涡轮机许可证的信息，涡轮机是由埃尔布隆格的一家工厂生产的。我的主要职责之一就是寄送或亲自转交从国内收到的宣传资料和产品说明书。但时代不同了，中国客户变得更加挑剔，因为他们已经与许多西方国家建立了外交和贸易关系，不再愿意从人民民主国家进口他们认为过时的技术。我没有指望报价单能激起客户的兴趣，我这样做更多的是出于责任感，而不是希望成功。"大跃进"之后中国经济的波折导致波兰机械设备出口严重下降，这种趋势一直在持续。

然而，事实证明，与我的担心相反，中国人开始对收到的材料产生兴趣，甚至比我更彻底地研究了它们，并开始向我提出各种问题。他们主要对我们在火力发电厂中使用褐煤的经验感兴趣。他们知道，我们在该领域处于欧洲领先地位。我耐心地参加了接下来的一系列会议，将问题转交给华沙，向中国公司提供了详细的答案，并附上新的产品说明书，然后又是新的问题和新的答案。成套设备的合同不是一两周或一两个月就能签署的。在这个案例中，准备期持续了大约一年。

当Cekop已经在准备具体报价时，我收到一条消息，即项目的主办方中国水利电力部改变了输出数据。他们不再想要褐煤发电厂，而是要求改变报价，针对燃煤电厂。我们很快设法获取了这些新数据。1965年6月，我收到了给Cekop公司代表团的访华邀请。他们希望这是一个主要由工程师和专家组成的代表团，能够澄清他们的疑问。7月中旬，在炎热的仲夏时节，代表团抵达北京。他们总共有十一人，是各个行业的杰出专家——锅炉方面的、发电机方面的、涡轮机方面的、自动化方面的。乏味的会议和交谈从清晨持续到夜晚。当然中午休息两个小时，但是周六也要工作。完成工作后，我们的同事们在游泳池旁享受日光浴、游泳，而我做笔记、翻译，然后再做笔记、再翻译。7月22日，在我们的国庆节之际，波兰大使馆举行鸡尾酒会，我们所有的专家都受邀参加。他们提醒我，不要不小心向外国外交官透露会谈的细节，以免他们把合同搞黄。因为使馆范围内只有我了解会谈详情。我告诉他们，如果希望在合同签订之前保守商业机密，那就也应该避免将谈判细节透露给我们的外交官，因为有人可能会将其传递给苏联同志。在招待会期间，不久前认识的法国商务参赞理查兹先生与我接触。法国不久前才与中国建立外交关系，但所有迹象都表明，双边贸易发展良好。他看了看正在与我交谈的两名工程师，然后貌似不经意地说，他非常担心，中国人想在法国购买电厂的谈判没有带来预期的结果，谈判被搁置了。毫无疑问，他从我们的外交官或其他兄弟国家外交官那里知道了中国与波兰人正在进行的谈判，并且有一个来自Cekop的代表团正在北京，而且可能像其他人一样对细节感兴趣。我请他注意，我们不是竞争对手，因为我们不提供二百五十兆瓦的机组。他当然知道这一点，但他担心中国人会从苏联那里购买这种机组。

据说理查兹先生是戴高乐将军的远亲，这表明了巴黎对与中国进行贸易所给予的高度重视。我们粗略地聊了与东道国进行贸易的困难程度，以及中国合作伙伴的不可预测性，但是远远地绕开细节。他从服务员那里取了一杯葡萄酒，并提议为我们的谈判成功干杯。他非常健谈，也很友善，但过了一会儿，他注意到另一群人中有一名苏联贸易代表，于是喝了一口酒，并祝愿我们达成良好的合同，然后端着酒杯向那个小圈子走去。

Cekop代表团团长瓦塔工程师向我抱怨说，中国人在会谈中过于关注细节。会谈从原来的一周拖延到差不多三周。合同的初稿几乎已经准备就绪，只有附件仍须检查、修改，并在每页上签字，合同一共有五百页。代表团终于要离开了，我也可以享受两年一次的回国休假，旅费可以报销。尽管我和妻子都习惯了哈尔滨炎热的夏天，但我们还是喜欢避开北京的高温。要知道哈尔滨有松花江，河畔微风吹拂，而且可以跳入水中纳凉。在北京虽然有一个游泳池，但是在阳光灿烂的日子里，周围的石头地板和水泥都被晒得滚烫，几分钟后我们就不得不匆匆逃离了。这个月我们在格但斯克凉爽的海边度过了愉快的时光。

返回北京后的几天或十几天，我收到了一个通知，要我第二天去中国水电部大楼，与Cekop的谈判就是在那里进行的。我很难抑制自己的激动，因为我知道这可能是巨大的成功，或者是整个在北京期间的最大失败。我把它看作个人成败，是因为在准备这份合同的过程中，我投入了大量的精力。

中方跟我会谈的人带我去见他的领导，这是成功的预兆。如果他们回答"不"，他会在自己的房间里直接告诉我。过了一会儿，我已经知道这是成功的标志。他的领导告诉我，这是一个初步的决定：他们倾向于从我们这里购买两套发电机组，但首先希望我们在波兰接待一个由他们的专家组成的代表团。专家们要了解生产该机组各组成部分的相应厂家。我很高兴地准备了一份电报草稿，通知国内，中方合作伙伴有兴趣为南京附近的淮南电厂购买两套发电机组，他们将于近期提供煤炭指标。我请Cekop的领导层初步告诉我，他们什么时候能够接待中国技术代表团，该代表团打算参观所有为发电机组生产设备的厂家。

答复第二天就到了。Cekop期待中国代表团的到来，并将带他们参观为机组生产设备的所有工厂，以及几个使用褐煤和硬煤的波兰发电厂。电文的结尾是希望我作为商务处负责Cekop事务的主管，而且是懂中文的波兰人，能够陪同代表团访问波兰。商务处的领导当然表示同意。

中国人宣布代表团将于1965年11月10日抵达华沙。我去旅行社预订机票，但发现直飞莫斯科的所有座位都已订完。11月7日是"十月革命"纪念日，节日前后这条航线上客流增加是可以理解的。11月7日早晨仍有从北京飞往伊尔库茨克的空余座位，然后我可以赶上当天从符拉迪沃斯托克飞往莫斯科的飞机，或者自担风险飞往伊尔库茨克，然后在那里尝试预订从北京来的航班。我选择了后者，结果我得到了票。伊尔库茨克大雾弥漫，但飞行员大胆降落，让乘客们一阵欢腾，因为那天是节日，一切都表明，他们在离开北京之前已经庆祝过了。到莫斯科的国际航班上还有一个座位，需要额外付一点儿卢布。这次访问的行程预计为四周，因为人们希望仍然有机会说服中国代表团购买褐煤发电厂。我们在科宁和图罗舒夫的发电厂可能会给代表团留下深刻印象，因为它们都很大（两者都生产两千兆瓦以上的电力设备），而且在当时的条件下是非常现代化的（图罗舒夫的"图卢夫"电厂两年前刚刚投入运行）。我们将开车在波兰旅行，这样他们就能够参观更多他们感兴趣的企业，并参观华沙、罗兹、埃尔布隆格（不幸的是，预计的时间不够去格但斯克，而我只有在12月初才能匆匆回趟家）、科宁、弗罗茨瓦夫、卡托维兹和西里西亚的其他几个城镇。那时我意识到计划很紧，接下来会是怎样的一个月在等我。最终，中国代表团在中国大使馆代表的陪同下抵达。技术会谈开始：首先在Cekop的总部，然后在能源设计部和能源建设部。他们有很多问题，回答这些问题不是原计划的两天，而是花了三天时间。在离开华沙之前，他们想参观谢凯尔卡发电厂，因为他们听说我们在那里使用煤尘，这让他们很感兴趣。然后是一次漫长而劳累的波兰之旅，位于埃尔布隆格生产蒸汽轮机的机械制造厂，位于拉齐布什的拉齐布什锅炉厂，位于弗罗茨瓦夫生产发电机的电力机械厂，还有科宁、图罗舒夫、斯塔洛瓦沃拉、卡托维兹的发电厂。此外，还参观了凯尔采和罗兹的一些辅助设备厂。最后还去了克拉科夫和诺瓦胡塔。

当我来到拉齐布什的时候，有人打电话给工厂管理层，询问是否有个叫卡伊丹斯基的在他们那儿。他让我一定按照提供的电话号码，给位于库西尼亚·拉齐波尔斯卡的机床厂打个电话。我拨打了那个电话，结果发现接电话的是一个大型机床生产车间的负责人，这种机床用于加工车厢车轮和机车车轮。那名负责人是波贝尔工程师。我想起来，一年前，我陪他们一起去过中国国家机械集团公司的总部，还陪他们一起去了长城。那时他邀请我在暑假期间参观他们的工厂，但我时间不够。现在，他要我一定找时间见个面，因为他想给我展示经现代化改造的车床，并向我提供宣传手册，以便我向中国人推荐。在二十世纪五十年代，他们交付了十几台这种类型的机床用于机车车辆，但在去北京时，他没能签署新的合同。中国人选择了比利时的或法国的机床。

"只有二十公里。我们为您派车。"

每天的旅行已经让我精疲力竭，但是我有一个不能拒绝的理由。整整五十年前，我父亲在哈尔滨中东铁路总维修厂启用了这种大型机床，用于蒸汽机车的车轮组加工。当时他是一家比利时公司的代表，该公司在乌克兰的机械厂生产机

▶ 中国代表团访问位于弗罗茨瓦夫的 Dol-Mel 电力设备厂，洽谈采购电厂设备事宜。该厂生产发电机组

▶ 中国技术代表团在华沙与 Cekop 公司就从波兰进口电厂机组设备事宜进行会谈

床。假如我……我不喜欢假设，但是假如十年前我同意住在华沙的工人宾馆，那我可能在几年前就到北京工作了，也许会由我与中国国家机械集团公司就这些机床的销售进行谈判。如果命运如此曲折，以至于我偶然发现自己身处拉齐布什，并且有一次难得的机会，能够重复父亲曾经开始的经历，那我该怎么办呢？

第二天早上，我接受了对方的建议。我同锅炉厂的管理层商定，他们带中国代表团出去转几个小时，与此同时，我去了库西尼亚·拉齐波尔斯卡。我看了他们的生产流程，拿到了宣传品和其他参考资料，并在午餐时间回到了我的中国客人中间。

我们以盛大宴会向中国代表团道别，同时深信，他们对这次旅行非常满意，电厂的合同已经板上钉钉了。我又花了三天时间去格但斯克看望母亲，并预订了12月10日从莫斯科飞往北京的航班。在我离开华沙之前，Cekop的管理层给了我一封感谢信，感谢我为他们所做的工作。我还设法去了趟人口登记处，在那里，他们找不到我在华沙上户口的申请，要求我提供一份副本。

几个月以来，莫斯科—北京航线已经主要由TU-104B喷气式飞机执飞了，这比迄今为止在该航线上使用的伊尔18螺旋桨飞机要快得多。我记得，俄罗斯人夸赞这种飞机非常稳定，对晕机的人非常友好。为了证明这一点，他们建议乘客在座位前面的小桌子上立一支铅笔，在飞行的大部分时间里铅笔将保持直立的状态。整条航线的天气都很理想，所以我也按照他们的建议立了一支铅笔。它的确立了很长时间，直到后来飞机开始转弯的时候才倒下去。我们在斯维尔德洛夫斯克和伊尔库茨克有正常的中途经停（当天气情况复杂时，这些飞机会降落在可以接收它们的鄂木斯克和新西伯利亚的机场）。我们在午夜之后才到达伊尔库茨克，在过境休息室的椅子上小睡了几个小时之后，被通知可以吃早餐了，并且准备出发。在吃了机场传统的煮鸡蛋和一杯牛奶之后，我们通过了边境检查，在飞机上就座。出乎意料的是，即使在戈壁沙漠上空，飞机也没有太颠簸。日出时分，我们看到下面的皑皑雪山。北京的冬天通常都不下雪，覆盖八达岭群山的皑皑白雪对我们许多人来说很不寻常。每个人都冲向舷窗，几分钟后，我终于看到了我在机翼下努力寻找的东西——熟悉的长城像一条蜿蜒的丝带。此刻，红色的太阳在它身旁的雪地上投下了长长的黑影，透过舷窗也清晰可见，像一条大河般在群山中蜿蜒流淌。那是长城的长影子。当时我第一次将这种"长影子"与"长城"联系起来。后来，每当我看到或书写有关这份人类双手创造，且有成千上万的建设者为之付出生命的杰作时，这种联想就反复出现。二十年后，我在一本关于前往中国的波兰探险家的书名里使用了它。

《长城的巨影——波兰人是如何发现中国的》，这就是那本书的题目。

当我回到北京时，情况已经很清楚，贸易谈判和签署的1966年双边协议对波兰来说并不令人满意。就贸易规模和结构而言，我们已经落后于德意志民主共和国和捷克斯洛伐克。基于事实，我对为什么会这样有自己的看法。但不幸的是，我的看法与我的上级向华沙转达的观点并不一致。简而言之：我坚信我们的贸易额下降是由于经济原因，而商务参赞处发给国内的信息却是基于所谓的政治原因。

除了与波兰贸易公司和机器设备的中国接收者之间的日常往来信函外，我的职责还包括起草更宏观的调研报告，涉及来自"东方集团"和西方国家有竞争力的供应商信息，另外还要参与编写商务处年度报告中我所负责的部分。我非常重视这项职责。在浏览使馆收藏的历年《远东经济评论》旧刊时，我注意到过去几年里，世界有色金属交易市场的价格出现显著上涨。以前，从中国的进口满足了我们对锡、汞、钨、钼和锑的几乎所有需求，而中国在前一年大幅限制了这些矿产的供应量。

当时，我做了一个负责任和可靠的员工该做的事。在去波兰度假前，我起草了一份研究报告，提出了对我们与中国贸易的糟糕结果的看法。这纯属我个人的观点，没有与商务处领导沟通。首先，我描述了贸易额下降的经济原因，所附表格显示了中国出口金属价格的急剧上涨。其次我斗胆提议，如果我们希望获得更多的有色金属，就应该增加钢铁在对华出口中的份额。我提交的报告是供商务处进一步加工的内部材料，我出发前在参赞召集的一次会议上提交了这份材料。他态度冷淡，这可以理解，但我坚信自己是一名出色的分析师，客观事实与我在报告中所陈述的一样。

而当我在圣诞节前回到北京时，简直是五雷轰顶。说我向大使馆透露了商业机密，我的报告造成了混乱，我的观点毫无道理，我的行为完全超出了权限，应该受到惩罚。完全无法解释，我没有把办公室的任何秘密带到使馆，像往常一样，我把需要签字的信件放到文件夹里，那份倒霉的报告也在里边，我把一份副本交给了商务处，另一份留在了我的壁橱里，钥匙给了在我离开期间负责处理我公司事务的人员。直到今天，我也不知道到底是谁干的，以及使馆商务处获得了这份材料后发生了什么糟糕的事情。

整个1965年，商务参赞处与使馆之间的关系逐渐恶化已经是显而易见的了。随着夏季的来临，矛盾更加激化。每年夏天，波兰驻北京使馆里最具吸引力的地点之一就是游泳池。游泳池在五月底就已经注满了水，而在六月就已经有很多游泳爱好者了，更多的人则愿意在夜晚时分到泳池旁纳凉。许多代表团成员也可以使用游泳池，在夏季代表团肯定比其他季节多。他们从一早就开始在游泳池里游泳或在泳池旁休息，因为他们与中国贸易人员的会谈通常是在上午或下午，在午饭以及中国实施的十一点半至下午两点的午休后举行。之后游泳池就被放学归来的孩子们占据。下午四点下班后，使馆各机构的雇员则占据了那里。泳池西侧的深度很浅，可以给那些很快就学会了游泳的孩子使用。卡夏和哈林卡在游泳池开放一周后就能够游过游泳池的全长了，而卡夏可能在两周以后就具有了从"跳板"上头朝下跳进水里的能力了。

但是，泳池真正的拥挤时间晚餐后的傍晚，即从晚上七时至午夜。北京没有太多的晚间娱乐活动，有时会有外国艺术家来访，但更多时候会向外国使馆提供中国艺术团体的表演，从歌剧到芭蕾舞表演，再到莎士比亚或契诃夫的戏剧表演，当然都是中文，带英文字幕。当时，我们会组织集体去剧院看演出，乘坐的是我们使馆的大客车。经常推荐的是杂技马戏表演，其中一些是来自中国偏远省份的团体表演。由于孩子的缘故，我们经常去看杂技马戏表演。每周至少周日晚上，在使馆电影院放映信使从波兰带来的电影，其他的夜晚则只剩下游泳池。通常在最酷热的高温日子里，中央空调会失灵。那套系统是将空气通过冷水管道降温，然后再吹进建筑物。但是在七月和八月，水温要比平常高得多，结果使我们难以入眠。这就是为什么游泳池在晚上如此大受欢迎。日落之后，凉爽的微风从水面拂过，为了占到空余的躺椅，必须抓紧时间晚餐。当所有躺椅都已经占满时，人们就带着自己的椅子来到泳池边。

在夏季的几个月里，在游泳池旁边和谁坐在一起还没什么关系。但这很快就成了一个严重的问题。形成了一种势力范围划分：公寓楼一侧是使馆的势力范围，而商务处办公楼一侧则是商务处的势力范围。从字面上和引申的角度讲，我们都更接近使馆区，尤其是当我们在孩子做完作业，拿着自家的板凳来到泳池边时。那个时候，人们已经知道到秋天大使就要更换。科诺斯大使即将结束他的五年任期，在泳池边大家八卦说，他已经在收拾行李了。

在这种复杂的、从某种意义上说极不寻常的情况下，谁是继任大使人选绝非毫无意义。来自华沙的工作人员总是对上层的各种摩擦十分了解，甚至在他离开之前他们就预言，来的将是一个亲莫斯科的人，因为科诺斯对他们表现得很听话。而且他们希望北京大使馆的负责人，是一名能取悦"老大哥"的外交代表。1964年，皮耶库特副商务专员被派到北京商务处负责经济事务，他在离任前曾在最高审计署工作，因此，他非常了解当时的情况（那已经是哥穆尔卡统治的最后几年）。他毫不怀疑，对他和对我来说情况可能会变得更糟。他在来之前就知道，我是因为什么冒犯了上司，并且他也确信，是我向大使提交了分析我们与中国贸易困难的原因的材料，让他们如此气愤。

第 **23** 章
在蒙古度假与洪灾

1966年，在中国待了三年之后，我有了一个月假期，可以回波兰探亲，但是得自费。我们决定到距北京两个小时火车车程的北戴河度假。海边的温度比首都要低几摄氏度，尽管娜塔莉亚和我习惯了高温，但考虑到孩子们的缘故，我们宁愿在凉爽的气候中度过假期。出乎意料的是，我有机会去距离并不太远的蒙古度假。

由于蒙古供应不足，驻乌兰巴托的使馆和商务处工作人员每年领取两份工资，而且不是蒙古图格里克，而是人民币，以便他们购买当地市场上没有的商品，主要是食物如肉制品、罐头食品和酒，还有衣服和家用电器。他们常常无法一次在北京花掉这些钱，于是便请求中国同行帮他们购买，然后请代表团成员或其他渠道把东西寄给他们。这样，我们与当地商务处的一名员工沃伊茨基先生一家有了密切的联系。回国途中在乌兰巴托小住几天的代表团成员们通常会很乐意带这些包裹，因为接受者作为回报，会带他们出去游玩，并请他们到家里吃饭，这让他们额外省了一些钱。今年春天，沃伊茨基夫人来过北京，并给我们带来了邀请全家去蒙古玩两周的邀请函。我们的公务护照让我们无须申请签证即可在蒙古逗留，但部里希望每位员工在计划离开驻在国时都要提前通报，因此我们必须有邀请函才能获得护照。

长久以来，我就对蒙古悠久的历史情有独钟，从成吉思汗的征服到俄国革命和内战期间该国的动荡事件和复杂命运。这种痴迷起源于二十世纪四十年代后期，那时我作为蒸汽机车司机的助手在东北地区四处行驶时，有机会参观了许多与成吉思汗有关的古迹（或仅是传说与这个伟大的征服者有关），包括被波兰人发现和描述的古迹"成吉思汗堙壕"。十年后，我开始对1911年的蒙古革命时期和二十世纪二十年代的一系列事件产生了浓厚的兴趣，包括冒险家、白军将军罗曼·恩琴·冯·斯特恩伯格男爵如何夺取了乌兰巴托。1958年第二次去哈尔滨时，我岳父向我讲了很多关于他自己的生活和命运。他十六岁那年加入红军，只是因为每个报名者都可以得到一双新鞋和糖。在第一次与白军部队的小规模冲突中，他被俘并被判处一年徒刑，服刑后他没有被释放，而是被交给了恩琴男爵。那时男爵要去蒙古征服库伦（今乌兰巴托），正好缺人。他把所有他认为是红色军官或政委的因犯都处决了，其余的都编入了他的部队。军官起义后，布尔什维克俘虏了男爵，我的岳父连同那支部队的残余人员来到了哈尔滨。我岳父允许我描写他在蒙古的经历，包括恩琴与保卫库伦的中国革命军之间的战斗以及对该城市的胜利进军。其中一些信息是关于当地中国银行所藏黄金的扑朔迷离的命运，男爵当时抢劫了这些黄金。我将他的讲述中所包含的信息写在了《古董商》等故事里，发表在《环游世界》上，后来又写进了《我的亚特兰蒂斯回忆》（文学出版社，2013年）和《卡吉米日·格罗霍夫斯基、成吉思汗和恩琴男爵的黄金》

（图书与知识出版社，2014年）。

参观当地博物馆对我帮助最大。第一个是国立中央博物馆，甚至我的女儿们也留下了深刻印象，因为那里收藏着从二十世纪三十年代以来在蒙古挖掘出的规模巨大的恐龙骨骼。第二个博物馆是博格达汗宫博物馆，他于1920年被推上了蒙古汗位，推举他的不是别人，正是自称为蒙古汗的恩琴男爵。许多见证者描述了这件事的前前后后，包括当时身处库伦的波兰作家安东尼·费尔蒂南德·奥森多夫斯基和卡米尔·吉日茨基，以及卡吉米日·格罗霍夫斯基和我的岳父。我是从工程师格罗霍夫斯基和我的岳父那里获得了有关"恩琴宝藏"的最初信息。这包括从库伦的中国银行掠夺的近一吨黄金，还有从逃往东北的沙俄将军和高官们那里抢来的成箱的钻石和珠宝。他想将这些东西运往欧洲，但没有成功。多年以来，我一直想确认，关于这批珍宝命运的三种流行版本中哪一种是正确的。这三个版本是：根据格罗霍夫斯基的说法，宝藏被埋在他拥有采矿特许权的贝尔湖岸边；卡米尔·吉日茨基的版本则认为，黄金被埋在蒙古西部的某个无法落入布尔什维克之手的地方；我岳父的说法是，忠诚于恩琴的士兵成功地将这些财宝运送到了中国，并将其存放在古老的佛教寺庙甘珠尔庙或海拉尔地区的某个寺院里。

我们决定七月份去蒙古，因为那时是蒙古人民共和国的国庆节，也是人们常说的那达慕大会。每年与这个节日有关的庆祝活动吸引了无数游客来到蒙古首都，今年夏天，各国驻北京使团的许多人都去参加蒙古国庆节。当然，不可能没有马术表演、射箭比赛和体育比赛，其中最重要的是摔跤。

我出于个人兴趣和公务的原因，很高兴去蒙古。我几次坐火车经过乌兰巴托，记忆中也有先赶走跑道上的羊群，然后再让飞机降落的经历。1958年，我在《环游世界》杂志上发表了一系列报告文学，题为《众神离开山丘》，其中有恩琴手下一个曾经参与过库伦之战的军官的日记选段。在写这篇文章的时候，我并没有对蒙古以及这座城市本身做近距离了解。恩琴曾经三次猛烈攻击这座城市，而我的写作主要是依靠我所熟悉的文献，主要是安东尼·费尔蒂南德·奥森多夫斯基的书《人、神、动物》。我既没看过乌尔嘎[1]的众神，也没见过环绕在城市周围的群山（也许只是从火车车窗里看到过）。我想亲眼看看博克多格根"活佛"的宫殿，还有奥森多夫斯基日记中提到和描述过的最重要的建筑。

我们提前订购了火车票，以便能在那达慕大会前至少两天抵达。去乌兰巴托的路上没有任何意外。1966年的乌兰巴托是一个与今天完全不同的城市，给人的感觉是一个中国小县城，因为寺庙和修道院都是中国风格的。除了那些当时被忽视的喇嘛庙之外，城里没有任何重要的建筑。苏式剧院是个例外，据我记忆，那是斯大林的礼物之一。1924年以前，当蒙古成为苏联的第一个卫星国时，今天的蒙古首都被称为库伦，它是蒙古语"orgo"（意为宫殿）的变体。那座宫殿是博克多格根"活佛"的宫殿。除了庙宇和蒙古毡房外，库伦还有两个古老的商业区——俄罗斯区和中国区，因为几百年来，唯一连接俄罗斯边境小镇恰克图与北京的商路就从这里经过。蒙古人民共和国成立后，大量的俄罗斯元素开始出现在库伦的建筑中。当我们在蒙古度假时，以及后来由于北京示威活动的加剧和学校的关闭，迫使我不得不将妻子和孩子送往那里时，乌兰巴托看起来更像是西伯利亚小镇。我们在乘坐西伯利亚铁路前往北京的途中经过了很多那样的小镇，而不像是一个比波兰大几倍的国家的首都。到处都很脏，而且地面挖得乱七八糟，因为一个小区正在建造大量的楼房，主要供蒙古政府官员和苏联专家居住。与我们在北京的供应相比，这里有很多不足之处。最令人担忧的是普遍的酗酒和贿赂。

---

1 旧时外国人将乌兰巴托称为乌尔嘎，意为宫殿。

我们从住在这里的沃伊茨基夫妇那里早就知道这一点。去管理部门办哪怕是最简单的生活琐事，如果没有一瓶酒做礼物的话，那就将是一个痛苦的旅程。

乌兰巴托的文化生活与"文革"前几年的中国无法相比，但作为首都，它也建造了诸如国家歌剧院和芭蕾舞剧院、话剧剧院和国家音乐厅等高端文化设施。在北京，我们每个星期都会收到邀请，去观赏包括波兰在内的友好国家或西欧著名乐团的来访演出。我记得，我们在1965年底看到的演出之一是一个法国舞蹈团表演的芭蕾舞剧《吉赛尔》和其他芭蕾舞剧片段，剧院里座无虚席。我们在乌兰巴托逗留期间，只有苏联的戏剧团体和交响乐团在演出，但是他们来得比较频繁，而且总是可以买到首演的门票。

沃伊茨基一家住在乌兰巴托的一个新区，那是一个由几座高层住宅组成的住宅区，位于高坡之上，远高于市中心。我们为假期制订了周详的计划。当时在蒙古有许多波兰专家小组在工作，在乌兰巴托和蒙古北部，在达尔汗，在苏联边境附近以及戈壁沙漠深处，在从前蒙古帝国的首都哈拉和林附近建设各种工业项目。在蒙古活跃着波兰的古生物学家，设法在那里找到了几具恐龙骨骼，这一成就可与美国人先前的发现相媲美。蒙古的戈壁沙漠与撒哈拉沙漠，甚至附近的塔克拉玛干沙漠不同，因为它的地表坚硬结实，越野车可以在上面行驶。多亏了代表乌兰巴托的商务参赞处照顾波兰专家的沃伊茨基先生，在我们逗留的第一天，就见到了来自达尔汗的工程师们，并了解了何时以及如何能够参观建筑工地。的确，在蒙古西部的某个地方，河水泛滥，但据专家们称，蒙古人已经控制了局势，洪水不会妨碍我们的计划。我发端于初中最后一年的梦想，就是去哈拉和林，尽管过去的辉煌在那里已经荡然无存。

上午，我们参观了自然博物馆，那里有猛犸象的骨骼、恐龙蛋和世界各地的史前生物，以及位于乌兰巴托市中心的大型百货公司。商场里的商品与莫斯科差不多，但种类要少一些，化妆品部拥挤不堪，因为有新的"幽灵"（俄语中"香水"与波兰语中的"幽灵"是同一个词）到货，所有妇女在排队后，都对着自己试喷这些"幽灵"，因此得赶快从那里逃离，因为无处不在的高浓度气味（十年前，当我第一次在莫斯科买它时，甚至觉得很好闻）让人难以忍受。我们走出商厦，走进新鲜、清冷的空气中，一辆前往我们居住的住宅小区的公共汽车恰好驶来。我们已经很饿了，所以开心地想到，大约十分钟后就可以回到"家"里了。快要到站时，车里传出尖叫声，坐在娜塔莉亚旁边的一名俄罗斯妇女向我们解释说，公共汽车上有小偷。小偷偷了一个妇女的钱包，车上的尖叫声就是这个原因。在我们明白发生了什么之前，驾驶员自动锁上了车门（那在当时和当地都是一辆很现代化的苏联公共汽车），然后开足油门驶过了我们的车站，疯了一样地狂奔起来，一直驶出了建筑物密集的地区。同时，他通过对讲机与某人联系，并用蒙古语翻译了些什么。我们很快发现，他停在了公共汽车的终点站。一些车站的工作人员和两名警察在那里等着我们。他们一个接一个地命令乘客下车，检查他们的书包和口袋。几分钟后，小偷就暴露出来，并被带到了车站里。受害人找回了自己的钱。因为那辆车要回场了，我们不得不下车，等待另一辆公共汽车把我们带回去。我们比预计的时间晚了一个半小时才回到小区。

第二天早上，我们去了体育馆，与那达慕相关的主要仪式都在那里举行。使馆和商务处的所有汽车都开来了，再加上两辆专家们乘坐的越野车，即便如此我们也才勉强坐进去，因为想看节目的人超过了座位数。体育场上有不少吸引人的地方。在典礼正式开始之前，我们还抽空骑了马，只花了几个图格里克。曾几何时，在阿什河骑马对我来说并不是什么稀罕事，但现在不太顺利。毕竟，离我上次坐在马鞍上已经过去了将近二十年。我们给孩子们找到了几匹蒙古矮马，一个举止谨慎的男孩牵着马笼头，孩子们在附近的蒙古包周围绕了几圈，我们就不得不走到前排，在为客人预订的长椅上坐下。我们观看了射箭比赛，在休息后等待摔跤比赛时，有一个迟到的人说，某处的大坝决堤了，洪水也可能威胁到乌兰巴托。我们尚未意识到局势的严重性，继续观看节目。我带了几卷在莫斯科购买的、当时很难弄到的一种德国牌子彩色胶卷，希望能有更多的度假收获。遗憾的是，在下一个休息时段，我们就看到组织者中间发生了一些混乱。片刻之后，看台上也出现了混乱。大坝决口和体育场可能被淹的消息一定是真实的，因为治安人员要求大家撤离体育场，所有观众都涌向了大门口。幸运的是，我们驾驶的商务处的车位于非常靠近体育场后门的停车场，我们不必和慌乱的人群一起从正门挤出去。

很难想象水上涨的速度如此之快，已经淹没了通往我们小区的道路。在某些地方，水已经很深，以至于有可能淹没发动机。到了下午，人们已经知道，这场灾难造成的破坏是巨大的。位于城市低洼地区的、主要由蒙古包组成的定居点彻底被水冲走了，人们突然发现自己无家可归。第二天一大早，眼前的景象非常可怕。蒙古毡房并不是建在地基上，而是柱子直接埋在泥土里，而且埋得并不深。这使得这些移动式房屋很容易被水冲走或被风吹走。这里洪水并不常见，因此，人们没有预见到，水会在短短几个小时内造成如此巨大的破坏。泛滥的洪水表面，漂浮着昨天还是某人房屋的一部分的物品，支撑蒙古包的杆子、一些铁箍、屋顶的某些部分、房门，还有为蒙古包保暖的毡片，所有这些构成了眼前令人毛骨悚然的景象。乌兰巴托四面环山，因此洪水无法迅速找到出口，而是裹挟着这些人类物品，在较大的建筑物之间来回冲刷。匆忙组织起来的救援队忙于从水中捞出任何可能还有些价值的东西。所有及时拆开蒙古包，并将其从洪灾淹没地区转移出来的人，都可以在指定区域将蒙古包重新支起来。

那天晚上晚些时候，洪水淹没了发电厂，整座城市一片昏暗。在使馆工作人员和专家们居住的建筑物中仅安装了电炉，没有燃气。更糟的是，自来水也停了。到处都是水，但并不意味着可以用它来泡茶或做饭。我们看到，附近的水面上漂过马匹和其他牲畜的尸体。

在我们居住的建筑物附近，有人发现了一眼小小的泉水，我们从那里取水饮用和洗漱。去那里得穿过一片泥泞的沼泽地，但没有办法，没有其他水源。我们用酒精灯煮茶，直到酒精用尽。我们不得不承认，假期不成功，但是面对周围发生的巨大悲剧，这点儿忧虑算得了什么呢？接下来两天我们的忧虑加深了，因为洪水冲垮了土拉河上的桥梁，我们无法乘火车返回北京。我们的回程卧铺车票已经订好，钱已经支付。然而我们清楚，这只会给我们的东道主带来更多麻烦，因此我们决定绕道回北京——乘飞机从伊尔库茨克中转。幸运的是，机场没有被洪水淹没。然而事实证明，这条路也是不可能的，因为不只我们想离开乌兰巴托，近期飞往伊尔库茨克的机票都已经预售一空。沃伊茨基一家的一位俄罗斯邻居碰巧有来自伊尔库茨克的客人，她告诉娜塔莉亚，有两架飞机将抵达那里的机场，她为自己的表兄们在其中一架飞机上安排了位置。

我们和娜塔莉亚一起去了机场。有关临时增加航班的信息很难打听到，但是在围着机场大楼转了几圈之后，有人把我们领到了我们要寻找的房间。一位蒙古官员听完了我们要购买加飞航班的机票的请求，点了点头，说明天所有的机票都已经售完了，如果我们想乘下一班飞机，那应该在两天后再来。已经决定放弃的我跟妻子说，我们什么也做不了，回小区吧。

"再等一会儿。"当我已经离开房间时，她回答说。

这个"一会儿"拖延了很长时间。过了一段时间，我不得不回去跟她说，别再浪费时间了，算了吧。而这时她正拿着打开的钱包在数钱。蒙古人正在填写机票信息。

我们出来后，我问她如何设法说服了那名官员，为我们在飞机上找到了位置。她没有回答，而是向我展示了她的手："你走后，她跟我说我的戒指很好看。所以我把戒指取下来给了她。马上就有座位了。"

确实，她手上的两个银戒指已经不见了，那是我在北京专门订制的。一个上面有珊瑚珠，另一个带着绿松石。几周前我自己从珠宝商那里取回来的。但是多亏了它们，我们在第二天才终于坐上了苏联的An-24飞机，飞越贝加尔湖。事实证明，在伊尔库茨克，我们能够用卢布购买莫斯科—北京航线的机票，飞机将在两天内到达。机场酒店里有空余的房间，所以至少我们假期旅行的结尾是完全成功的。我们可以参观这座城市并游览贝加尔湖。

从乌兰巴托返回时，我听说信使已经带回了大使关于增加外交官职位的提名，其中一份关于我的提名是由特隆普钦斯基部长签署的。我成了副商务专员，但条件是薪水保持不变，这在当时是心照不宣的。对我来说恰好没什么关系。估计外贸部可能将此视为来自重要的"兄弟"部的压力。实际上，我预见到这并不会改善我的直属上司对我的看法。但重要的是，这件事改变了我的护照颜色，从棕色变成了深蓝色。制作新护照需要我立刻提供照片，在北京照相没有任何问题，我的照片第二天就可以取，而在蒙古则需要花三天时间，而且必须找到一种方法能将照片快速发往北京，以便赶上回波兰的信使。最终，我在北京的公寓里找到了妻子合适的照片，在中国照相馆里将其复制，并跟我的快件一起寄往华沙。下一次信使来的时候，我们就收到了外交护照。

第24章

在革命风暴中心

　　这件事发生在1964年和1965年之交。报纸提供的信息强化了我们从不可验证的消息来源获得的关于越战可能蔓延到邻国的认知。

　　我仔细阅读了越南的所有新闻稿。由于无法接触到加密电报，所以我不知道对于苏联的提议——如果有的话——华沙做何反应，但不需要多花心思就能意识到，如果不是中国人，越战可能会具有更大的危险性。我不再与大使馆分享我的想法，尽管人们仍然记得朝鲜发生的那些并不太久远的事件，当时美国飞机轰炸了中国的边境城市和铁路设施。那时，侦察机经常出现在哈尔滨上空，直到我前往波兰之前的最后几周，仍然有公务联系的哈尔滨蒸汽机车和车厢修理厂工作量骤增，主要是维修被炸毁的火车头和车厢。我的脑海深处一直有个想法，就是麦克阿瑟将军会毫不犹豫地往我这个三十万人口的城市投下核弹，假如麦克阿瑟真的获得总统的批准，也许那时我就已经不在了。显然，美国人和中国人都不想重蹈朝鲜战争的覆辙，并努力避免直接开战，而如果苏联的米格飞机再次从中国机场起飞，那么战争一定是会爆发的。

1967年对中国来说又是动荡的一年，但是正像暴风雨来临前的寂静一样，没人预料到，事情很快会与北京外交使团的预测完全不同的方向发展。在我待在北京不到三年的时间里，越南局势急剧恶化。美国卷入越南战争，最初是向南越提供军事装备、顾问和军事教官，后来随着时间的推移，演变成了常规战争，从轰炸北越的军事（以及平民）目标，到最后向战区派遣越来越多的正规美军。美军在越南采用"焦土"战术，在轰炸越南村庄时使用凝固汽油弹和化学制剂（著名的"橙剂"）摧毁田地里的农作物，这意味着越来越多的平民，特别是妇女和孩子们成为这些袭击的受害者。

同时，尽管革命情绪高涨，而且每天示威游行不断，但使馆区内的生活还是很正常的。科诺斯大使几乎每天都会出去进行离任拜会，而我将自己的职责分成两部分，一是到中国各家贸易公司参加会议，二是参与观察城里主要地点的情况，以便外国代表处能够从中得出结论，尽管这种结论跟用茶叶碎末占卜没有多少区别。

1966年秋天，一个委员会到我的办公室进行了安全检查，他们在我到办公室之前就来了，并发现一个壁橱上没有留下我的签章。我确实记得，在离开办公室前像往常一样盖上了印章，但这毫无意义，我怎么证明呢？我不能说有人故意破坏了印章，因为我没有证据。假如我确实忘记了加盖签章，那么蜡封上应该会有我的指纹，但是蜡封被从那个瓶盖的后面挖了出来。我拒绝签署检查结论，因为我并不认可……

与此同时，大使和斯塔霍维亚克参赞先后回国。我不得不承认，我不再拥有"保护伞"了（也就是说，没有人可以保护我了），所以我随时都可能面临另外一个阴谋。所有人，尤其是我本人，都对谁将成为科诺斯大使的继任者，以及他是否会清理自己的使馆很关注。我在北京还能待多久，肯定将取决于由谁担任新大使。由于我可能比预期的时间更早离开，我已经有所准备，并且告诉了娜塔莉亚。她同意我的看法，我们设法减少开支，因为我很想筹集些钱来购买一辆二手车。十年来，我一直持有有效的摩托车和汽车驾照，但是自从我将在"波罗的海"糖果厂工作时作为奖品得到的摩托车卖掉以后，就再没有任何机会使用我的驾照了。

不久之后，人们首次提到了新任大使的可能人选——罗津斯基。我不知道他是谁，以及他可能代表领导层中的哪一派，但皮耶库特出于个人原因对高层的变化比其他任何人都更感兴趣，几天后他就传来消息说，对这次变化，我们大概不应该怀着什么美好期待。参赞对这项任命非常满意，因此结论就很明显了。他还了解到，那应该是一名战后返回波兰的美军军官，已经担任过驻其他地方的大使，并且写过一本有关中美关系的书。

对这个信息很难进行任何解读，当然，前提是它得是真实的。我请在使馆图书馆工作的娜塔莉亚在书目中找到那本书。的确有，就躺在书架上，近年来从未被借阅过。书里没有任何作者传记信息，但是基于书的内容，可以很容易地形成对作者本人的看法。书名是《美国对中国的侵略》。在读了前几页之后，我就可以得出结论，我们的参赞是有理由感到高兴的。实际上，如果波兰党和政府的领导层在评估中国对越南战争的立场以及苏联参与其中等方面存在重大分歧的话，那这位新大使肯定不是斯塔霍维亚克和科诺斯所喜欢的那一派。该书没有掩盖作者的反美情绪，而是坚持了这样的论点，即美帝国主义打算占领中国并使之成为美国殖民地。二十世纪五十年代初，这并非一个孤立的观点，但是在二十世纪六十年代，它已经被古巴危机所掩盖。美国从1964年开始参与越南战争，这使得中国政治家有时会暗示，他们预计美国会对他们的国家发动侵略。美国对与朝鲜接壤的中国城市发动的空袭行动仍然让人记忆犹新。

1965年我在格但斯克和格丁尼亚度假期间，听到很多与我们关系亲疏不一、但经常拜访华沙各部委的朋友的观点。他们认为，皮耶库特所形容的波兰领导层中存在的派系是源于对哥穆尔卡领导下的政治、经济政策的失望，这是个缓慢而持续的过程。在四十多岁的人们中间这种失望感尤其强烈。他们已经有机会访问西方国家，并且已经在各部委或者在党的中央机构中担任了更高的职务。他们意识到在哥穆尔卡保守的统治下，经济处于停滞状态，并且看到了变革的必要性，尽管他们意识到这样做需要时间。更换大使之前不久，两家贸易公司的代表来到北京，我跟他们相识已经有三年时间了。我个人邀请他们在一家中餐馆吃饭。当然，在一连串的敬酒之后，我听到了与巴尔托纳和中波轮船公司的同事们相似的观点，说哥穆尔卡肯定很快就会下台，因为除了空洞的讲话外，他无法向波兰人提供任何东西。如果真是那样，可以预料，可能至少会提名一位像科诺斯一样的温和人士作为驻北京大使的提名人选。

在北京这片封闭的波兰圈子里，所有人在与国内来的代表团成员的对话中或从家人的来信中获得的来自国内的任何信息，都会迅速传播开来，成为聊天和猜测的话题，之后很难弄清是谁以及为什么发布这些消息。我尽量不重复听到的消息，而且也让娜塔莉亚注意，因为永远无法确定其中哪一个只是谣言。在罗津斯基大使到达后，两段此类信息在使馆的居民楼之间流传了很长时间。第一条我和皮耶库特立刻认定是真实的，新任大使在他下属的小圈子里表示，他已经获得了所有授权，"立即整顿所有那些在我们的驻在国发生复杂情况的背景下，播种分歧和动摇波兰集体团结的人"。无论是内容，尤其是这个口头宣示所用的语言，都是党内亲苏派上层的语言，过去曾经打过很多交道的皮耶库特对此毫不怀疑。

根据第二条信息，罗津斯基大使的授权超出了使馆的内部事务，涉及重大政治，就是说他将获得授权，可以在苏联和中国之间进行调解。如果这是真的，那么在这两个国家之间的意识形态分歧已经达到无以复加的地步时，进行调解的想法只能证明哥穆尔卡及其周围的人对分处黑龙江两岸的两个国度的情况仍然心存幻想。

斯诺访问中国已经过去了两年时间，在此期间，中美两国之间的关系并没有太大变化，但中苏两国之间的关系显著恶化。与这种关系恶化相关，中方决定召回所有在苏联高校学习的中国学生，原因或者说借口是他们在莫斯科红场的游行示威以及1967年1月25日苏联民警使用武力对待他们的事件。这一事件被中国媒体报道，并被外国记者广为传扬。

早些时候，我们的中国司机已经开始拒绝去苏联使馆，以前是他们送我们的孩子去学校。暂时不能因为他们不服从命令而解雇他们：波兰司机太少，无法保证使馆的正常运作。当然，已经考虑过这些示威活动扩大到其他使馆附近的可能性，但是这种情况当时还没有发生。我们还是增加了一项额外的职责，就是每隔一天要为苏联大使馆运送物资。我和皮耶库特以及商务处的司机别尼亚斯一道被分配参加这样的值班工作。具体情况是这样的，早上我们的"尼斯"车会去商店买面包、牛奶、肉制品和其他产品，大约十一点的时候我们把这些东西和账单收齐，然后一起交给"苏联同志"。选在午饭前出发并非偶然，因为这时一些示威者会离开通往使馆大门的主要街道，通行起来比较容易。别尼亚斯是一位经验丰富的驾驶员，已经在北京市内开过好几年车，他必须非常小心。车辆以每小时不超过五公里的速度蜗行，但还是会反复与示威者的衣服发生摩擦，很容易造成，或者由示威组织者挑起事故。

我们移交了运来的食品，在警卫室后面的房间里待十几分钟。在那里我们主要回答一些有关城市其他区域情况的问题（实际上，如果不打开我们带来的某一个瓶子，几乎不可能离开）——按照旧俄文的说法："没有伏特加你就办不成事！"这意味着没有伏特加酒，问题就无法解决。最高潮发生在1967年2月5日至6日，当时苏联最高领导层决定，住在苏联大使馆的所有外交官和其他工作人员家属都要离开中国。这也直接影响到我们使馆里那些孩子在苏联学校上学的家庭。两天前，即2月4日，商务参赞让我第二次跟他跑这条线，因为他将代表大使，向苏方提出在其使馆雇员家属疏散时我们可能提供的帮助。他需要我，因为商务处除了我会讲中文外，已经没有别人了。他认为和一个不懂中文的人一起去太冒险了。我们到达时没有任何问题，但是参赞与他的苏联同行及之后和苏联大使的会谈时间比预期的要长，所以我和司机被带到电影院看苏联电影。那部电影我已经看了好几次了。几天前我们已经知道，我们的新大使希望所有员工都去机场护送离开的人，因为隔壁的捷克人和保加利亚人也收到了同样的命令。苏联大使馆是北京最大的使馆之一，连同贸易公司的代表以及记者、保安人员和其他人员肯定有数百人，因此，预计会有"苏联航空"的专机来接他们的家人。此外，在机场的示威活动可能会比使馆附近更紧张，而且这可能要花一些时间，因为旧北京机场的候机厅离跑道很远，且汽车无法开到飞机附近，只能步行到达。这一切都使得对方可能会把数千名示威者带到机场上，而且没有人怀疑会有游行示威。许多外国新闻记者也去了那里，因为自从中国学生从莫斯科返回以来，记者从北京发出的报道全是有关中苏关系恶化的消息。我们亲眼目睹了"1号敌人"发生变化的情形，以前的美帝国主义现在逐渐被"苏修"所取代。

在准备出发去机场之前，我们的领导将所有员工集中到会议室并宣布说，根据使馆的安全规定，使馆所在地应当有留守人员，因此皮耶库特和卡伊丹斯基留下值班。这让我感到有些奇怪，因为使馆拥有训练有素的来自政府保卫局的员工，他们的唯一任务就是在需要时保护使馆。与他们相比，皮耶库特和我在这些事情上完全不在行。与皮耶库特不同，我不是很敏感，没有想到其中会有什么算计，但他立即开始怀疑此决定是否有些阴谋。很快，事实证明他是绝对正确的。

我们的值班任务没有任何意外发生，如果说有意外的话，那就是夜晚时分，一些留在机场的苏联机构雇员在与飞往莫斯科的妻子和孩子们告别之后，被带到了我们的大使馆，无法回到苏联大使馆，大使馆人员分散到各个同样派人去了机场的其他使馆。每个人都必须接待并安置一个苏联人过夜。我负责接待的是我的同行，来自俱乐部公司。他不饮酒，而且感觉很累，所以我们为他准备了一个房间，在持续了一个多小时的晚餐后，我们就睡觉了。

2月6日之后，按照之前安排的值班计划，我和皮耶库特又去了一趟苏联大使馆。使馆门前的抗议人群仍然像以前一样密集，但是组织者想出了一个新主意——在整个使馆周围播放广播。示威者每隔几个小时就会轮换一次，而革命歌曲、叫喊声、从录音带上播放的讲话声混杂在一起，使我们很难在嘈杂声中进行交流。这次，负责接收我们带来的食品的使馆工作人员一定要我们多待一会儿。他们想向我们展示他们的"自娱自乐"，即在影剧院进行的业余表演。我们获得了通行证（仅在大门口附近警卫室旁边的房间内无效），然后被带入使馆内部——这是我最害怕的——房间里早已为我们准备了丰盛的招待会，包括很多玻璃杯——按照那里的习俗——不是小酒盅，而是大玻璃杯。我们发现自己处于超现实的现实中。我们三个客人和两位照看我们的主人在一个空荡荡的大房间里，他们关注的就是我们的酒杯不要空（虽然对我的胃来说很不好，但我们捍卫了驾驶员的清醒），而幕布后边则一派繁忙，如在高速公路上一般。他们先演了一出独幕剧，大概是安东·契诃夫的《三姐妹》的改编版，但角色是男人演的。然后是芭蕾舞表演，在那儿，我看到了那些平时不仅举止庄重甚至是地位崇高的外交官此刻有多么可笑。他们彼此拉着毛茸茸的大手，在我们面前跳芭蕾舞剧《天鹅湖》中的"小天鹅之舞"。我想，这是他们缓解过去几周所承受压力的方式。

苏联使馆附属学校关闭，已经成为我们许多有学龄儿童特别是有高年级儿童的父母必须首先解决的问题之一。当时卡夏已经就读九年级。根据苏联的教学计划，这是准毕业班，因为苏联学校的学习时间一共是十年，而不是像波兰那样持续十一年。哈林卡上六年级。当然，娜塔莉亚和孩子们回波兰的可能性始终存在，但正是由于波兰中学是十一年制，毫无疑问，两个女儿都至少需要复读一年。幸运的是，部里很快就提出了另一种解决方案。高年级的学生可以在乌兰巴托的苏联学校完成学业，而他们的母亲可以陪伴他们在蒙古逗留四个月。像北京的学校一样，乌兰巴托的学校也是免费的，但我们不得不自掏腰包支付公寓的租金。波兰驻乌兰巴托大使馆将提供所有必要的协助。我和娜塔莉亚都已经去过蒙古，知道那里的情况，不太希望借助当地使馆的任何帮助。因为那将是有职权的某个具体人物的帮助，然后我们将不得不通过购买和寄送各种东西来答谢，有时这很麻烦。我们宁愿避免这种情况。但是，目前还没有更好的解决方案，于是我们报了名，娜塔莉亚和孩子们将留在蒙古，直到学年结束。

这是我在中国已有职业生涯中最艰难、最漫长的六个月。我的性格平和，这可能不算是什么特别的优点，只要可能，我总是尽力避免在工作中发生冲突。但是，这里的事情涉及许多我不希望也不会放弃的原则。可以预见，我将不得不为自己在贸易额下降方面的执拗付出苦涩的代价，只是不知道何时何地发生。我为任何的可能性做好了准备。

在接下来的两天中，我们设法安排好了与娜塔莉亚和孩子们去蒙古相关的所有重要事项。乌兰巴托比北京更北，并且海拔更高，这使得那里的冬天更加严酷。我们不得不给女儿们穿上用中国粗布制成的带帽子的中式"大衣"，这又是一笔计划外开支。它们的式样并不雅致，但里边絮的丝绵和骆驼毛在寒冷多雪、风沙频繁的蒙古气候中表现完美。在去年的蒙古之旅后，我们认识了那里商务处和大使馆的大多数工作人员。我们为沃伊茨基先生和其他一些人提供了一些小服务，主要是在北京购买食品，然后找机会送到蒙古。通过电话联系，对方答应帮忙，但也请求帮他们携带各种物品，其中最麻烦的是酒，尤其是蒙古人最看重的纯酒精。在中国，它仅用于医疗目的，没有人喝，因此也就没有消费税，所以价格仅为蒙古的几分之一。然而火车上禁止携带易燃品，而且中途要经过边境，会有许多中蒙海关人员。

在乌兰巴托的火车站有两辆汽车在等我们，并把我们带到了准备好的公寓。然后就开始了。我不知道我在那里的两天里，有多少蒙古官员来过我们的公寓，但是每个人都很重要，每个人都必须签字，当然我必须用我带来的"玻璃瓶"感谢他们每个人。离开的时候我感觉疲惫不堪而且严重缺觉，但娜塔莉亚后来在这间公寓方面就没有任何问题了。这间公寓有家具，但其奢华程度要远逊北京。值得安慰的是，只需要待四个月。此外还有窗帘、窗纱、电炉，甚至还有冰箱和收音机。

在这四个月的时间里，我有几次离开北京去蒙古度周末，有一次甚至利用五一假期去待了几天。因为孩子们上的是一所苏联学校，所以她们获得了去一个给建设小区的苏联专家专用的食堂用餐的权利。那里可以买到面包、杂粮粥，有时还可以买到肉制品和奶酪。可笑的是，最困难的事情是在乌兰巴托很难买到所需的蔬菜，例如做汤用的基本蔬菜，如胡萝卜、香菜、芹菜或葱。传统上蒙古人并不耕种土地，也许不是因为懒惰，而是由于古老的迷信，即挖土会激怒死者的灵魂并带来不幸。乌兰巴托周围的土壤肥沃，不仅可以生产马铃薯，还可以生产黄瓜甚至特定品种的西红柿。多年来，农业和园艺业都是由在蒙古定居的或自二十世纪五十年代开始居住在这里的少数中国人从事的，他们将自己种植的蔬菜供应给首都市场。离首都较远的地方，例如在遥远的达尔汗市，那里有波兰专家组在工作，对他们来说要弄到胡萝卜或香菜来煮汤是个大问题。由于蒙古在中苏争端中毫不含糊地支持苏联，所以我的家人到达乌兰巴托时正值中蒙关系矛盾升级。作为回应，中国人开始撤回在那里工作的专家。在蒙古生活了多年的中国人，包括那些向当地市场供应蔬菜的人，也自愿离开了。在蒙古注册的外国机构的雇员必须自己在菜园里种植所需的蔬菜。后来，我还看到很多外国使馆和其他机构的院落里出现了菜畦。

1967年8月2日，我结束了在商业处的工作。实际上，我最后一次上班是7月31日，但是北京到莫斯科的火车每周只有两班，下一次发车时间是8月3日。火车现在经过一条较短的路线，穿越蒙古，将于8月8日到达莫斯科。从莫斯科到华沙的航班已经是每日一班，因此我们计划在第二天，也就是8月9日从莫斯科出发。在这一过程中，日期非常重要。

在出发前几周，我按照当时通行的规则，用轮船把搬家的所有东西，包括汽车全部运走了。那辆汽车作为驻外机构雇员的财产，也可以免税。在格但斯克，海关部门检查了该清单是否符合事实。如今，这似乎很奇怪，但当时我不得不在单独的栏目中列出所有从中国带走的书籍，要附上每本书的书名和作者。由于我一直是个书虫，而娜塔莉亚是古旧书商的女儿，所以我们有二百三十八本书！因为交付海运的东西得在大约三个月后到格但斯克接收，所以我将一箱床上用品和秋天的衣服带到了火车站，出示票证后，我把行李箱交到同一列火车的行李车存放。

出发之前，我必须向商务处的行政部门提交旅行计划，包括从北京到莫斯科的出发日期和时间，在莫斯科的停留时间以及从那里出发到华沙的日期和时间，以便为我算出在中国、蒙古人民共和国和苏联境内的差旅补贴和其他旅行费用。前面提到的8月9日被行政部门确定为我们从莫斯科出发前往华沙的日期，这对我来说有着非常重要的意义。我也有权将人民币交给财务处（如果没记错的话，最高额度是一个月的工资），然后按照汇率在莫斯科的商务处领取相应量的卢布。

我在中国旅行社购买了火车票，只是该旅行社没有为我们提供从莫斯科到华沙的座位票。票面写的是"开放"票，具体座位将由莫斯科的铁路售票处或旅行社分配。商务处的员工（那些勇敢一些的）在我们出发前一晚带着鲜花来和我们道别。

我们在与列车长交谈时得知，他可以为我们预订8月9日前往华沙的火车座位。电报可能是在伊尔库茨克发出的。在北京，没人提前告诉我们，列车时刻表在7月发生了变化。我们于8月8日早上，而不是晚上，抵达莫斯科。我去了商务处，去领取我交出的人民币所应换得的卢布。有人问我为什么没有买一台苏联冰箱，因为蒙古和中国商务处的一些人已经这样做了。

我不知道有这种可能性。我们家里没有冰箱，它将非常有用。显然，我要么错过了信息，要么没人告诉过我。我有记录证明卢布来自兑换，所以我可以向莫斯科外交使团服务部提出申请，让他们帮忙购买免税的奥卡电冰箱，并将其运往格但斯克。在波兰，当时很难买到冰箱，而且我们没有富余的兹罗提，因为我在北京获得的少量用兹罗提支付的工资，完全给了母亲过日子和交公寓租金。问题在于必须在莫斯科多停留两天，以便完成购买冰箱的相关手续。因此，我把前往华沙的车票改到了8月11日，由于头等舱已经没有空余座位，所以他们建议我们乘坐前往柏林的火车，在那列火车上为我们预订了四个座位。

我需要在十四天内结算差旅费，并向驻外机构管理处归还我的护照和交通费打折证件，凭那个证件我有50%交通费折扣。因为有孩子和很多行李，所以我们不打算在华沙停留，而是当晚就坐上了去往格但斯克的卧铺火车。休息了两天之后，我带着旅行票据和护照回到华沙。

"嗯，您终于来了。"我在驻外机构处听到了这样的问候语，"请马上去向干部司主任报到。"

我不知道他可能要我做什么，尽管我下意识地怀疑，这可能与我在北京时与领导存在分歧有关。他让我坐下，从壁橱里拿出一个纸质文件夹。那肯定是我的档案。他在里边翻找了一会儿，终于在书桌抽屉里找到了它。那是北京商务处的来函。

"这么久您去哪儿了？"

他肯定从北京得到了我应该在8月9日而非8月11日入境的消息。因此，我向他解释了为什么更改从莫斯科到华沙的出行日期，并补充说，旅费我会按照规定结算，在那里多待的两天，我将费用自理。他接受了解释，因为他没有提出其他问题，而是从桌子上拿起一支笔，在日历上写了些什么。过了一会儿，他把一份文件交给我看，可能是几天前从北京发来的，是在我离开后寄出的，但提前到了华沙，因为我是乘火车旅行，而信使是在同一天或第二天乘飞机离开的。我读了那封信，简直不敢相信自己的眼睛。那是对我妻子非常恶毒的诬告。说她从一个"中国公民"那里拿了一些金戒指和其他珠宝，而且没有付钱。大使馆的一些孩子跟那位中国女士学习俄语。仅仅是和"中国公民"交易金戒指，就将被认为是严重的外汇犯罪，而购买物品不付钱则更像是欺诈行为了。指控是荒谬的，而且没有任何具体证据支撑。我告诉主任，我在格但斯克有一个财产转移清单，所有的黄金制品都记录在案，而且我保留了所有购物账单，我可以按要求提交这些账单。主任让我再读一遍那些指控，并尽快以书面形式将答复发给他。我这样做了。这个案子对我们来说没有任何后遗症。那次谈话大约一年后，当我已经在巴尔托纳担任部门主管的时候，有一次我到部里办事，我惊讶地得知了到底发生了什么。原来，在北京给干部处的信件中，附有我的财产转移清单。而所有对外汇犯罪的指控，海关"黑队"都会介入，并对嫌疑人进行仔细的检查，包括下车和搜身。这样的一个"黑队"据说在边境上等了我们两天，却没有等到。这就是为什么主任问我那两天去哪儿了的原因。

1973年夏天，我们在波兰度假时，我与签署了那封信函的商务专员在格但斯克大街上偶遇。当时他在波兰船舶进出口公司（Centromor）工作。我当然跟他说了一直压在心头的这件事。他向我道歉，说他是被迫在那封信上签字的，实际上那封信就是为了阻止我继续在外贸部门工作。

几个月后我才确认，去机场送别苏联驻北京大使馆员工家属那场戏，即让皮耶库特和我留在使馆值班也是有特定目的的。我当时在波兰媒体上读到，波兰驻北京使馆全体成员，受到了波兰共和国国务委员会的高度表彰。他们被授予指挥官十字勋章、骑士十字勋章和金质十字功勋奖章。我只想补充一点，除了皮耶库特和卡伊丹斯基外，其他所有人都得到了。

第**25**章
重返巴尔托纳

在我出国工作的四年多时间里，尽管所有人都在谈论需要进行重大变革，但在海洋经济和外贸领域变化有限。巴尔托纳增加了几艘新的远洋轮船，中波轮船公司仍然是巴尔托纳的重要客户。这需要公司方面做出巨大努力，扩充库存商品范围，保证能够与汉堡和基尔运河上的外国船舶供应商竞争。当时有规定，要求外贸公司管理层保证从驻外机构离职回国的雇员能够返回相同或同等职位——同样重要的是——保持收入相当。在出国之前，我在巴尔托纳工作了五年，口碑很好（评语中写道，我很友善、谦虚、勤奋、善于团队协作等），但我担心来自北京的评价可能不会那么好，而且会影响我的未来前途。

但情况没有那么糟，尽管总经理已经变更。萨科维奇经理已经退休，商业部门由布奇玛经理接管，他是从比利时或荷兰的一个贸易代表处回来的。在到巴尔托纳任职之前，他像我一样，也得到到朝鲜调解委员会工作的建议，他接受了这一建议。他是一名经验丰富的外贸员工，后来我们合作得很好，直到1982年初我退休为止。总经理也发生了变化，在我到公司报到后的第二天，他叫我去谈了一次话。他建议我暂时回到工业技术产品部工作，是评估师岗位，工资略低于我离开前的水平。去北京之前我原本应该接手的技术进口部主任岗位目前已经有人了，所以我同意了，不希望由于自己的想法与管理层发生龃龉，更何况技术翻译团队张开双臂欢迎我。格但斯克造船厂有很多订单，但是缺少高效的翻译人员，所以我立即收到了紧急的文件翻译任务。

在我的一生中，从未缺乏的一件事就是工作。另外，我也一直在寻找，追求。回国以后，我发现出版政策方面发生了一个对我来说非常重要的变化，就是取消了禁止出版中国题材书籍的禁令。自从1960年中苏之间的意识形态争端公开化以来，一直到1967年，除了从苏联媒体上的转载和《人民论坛报》及其他支持苏联意识形态立场的媒体之外，所有有关中国的出版物都被叫停。1962年，我参与其中的波中友好协会关闭，《中国》月刊取消，我一直投稿的《认识世界》《知识与生活》《环游世界》和《航程》都不再接受我的稿件。我的文章主要涉及中国文化、历史和与其他国家的文化关系。现在重新出现了这样的机会，尽管没有以前那么广泛，但我已经有了略微不同但更加雄心勃勃的计划。我提议写一本关于1949~1969年二十年间中国经济的书，因为我毫不谦虚地坚信，当时在波兰没有人比我更熟悉这个问题。我当时没有意识到，这个话题仍然很敏感。我打算在书中强调我对一些问题的看法，而恰恰是这些看法最终导致我提前离开北京。在离开中国之前，我已经准备好了这本书的大纲。当我不得不返回首都归还护照和优惠证时，随身携带着编写大纲。我不记得为什么带着这个大纲去了图书与知识出版社。也许是因为，我知道他们那里有一个专门负责出版经济类图书的部门；也许只是因为，它是离外贸部最近的出版社，有轨电车一站地，就在车站旁边，几乎是在《环游世界》编辑部的对面。在出国之前，我经常去那里。图书与知识出版社经济编辑部的负责人格鲁贝洛娃女士很热情地接待了我。她说，她将与总编商量我的提议，然后也许理事会会进行研究，如果做出决定，她会立刻通知我。在谈话中，她说她认识罗布曼的编辑。罗布曼在他们那里出版了一本有关中国西藏的书，中国政府允许他访问了那里。所以我提到，我们在北京一起住了三年，我们的楼房彼此相邻。对出版我的书，没有立刻获得答复，他们肯定询问了高层的意见。

我回到巴尔托纳已经有两个月的时间了，这时从外贸部来了一封关于我的函，是发给公司总经理的。干部司要求我在1967年10月20日去首都华沙工作四天，原因并未说明。经理暗示说可能会有一个中国代表团来，需要一位翻译，但我对这个说法并不相信。华沙至少有几位汉学家精通中文。也许与我在北京的经历没什么关系，但是不确定性总会让人胡思乱想。当我到达干部司时，我发现，这四天里我将听从波兰国际事务研究所的安排。我需要立刻向研究所主任托马拉博士报到。主任告诉我，他们将委托我研究中华人民共和国的对外贸易，他们将向我开放图书馆中的资料，让我能够在这四天里阅览我可能感兴趣的所有内容，然后返回格但斯克，并在一个月的时间里准备一份约三十页打字稿的论文。他问我是否愿意承担这项任务。我当然知道我应该承担并且可以做到，只是不明白为什么要由我来做这件事，毕竟在华沙有外贸部和一支每天从事这方面研究的专家团队。作为回应，主任对我说，他们确实有专业人员，但是由于使馆领导和商务处的意见不同，而且他们认为我对波兰与中国的贸易额下降的原因分析是正确的，因此领导们希望我更广泛地表达意见。

也许是因为他们认为我起草的那份报告以及后来的另外几份材料看法准确，我那本题为《1949年至1969年中国经济发展概览》的书得到了出版社的积极答复。1968年1月初，图书与知识出版社表示同意出版。我需要在年底前交付打字稿，由于习惯性的时间缺乏，我在合同截止日期前的最后一天（1968年12月31日）才提交了打字稿。但是这本书招致了评阅人的很多意见和批评，然后又在印刷厂里躺了好几个月，直到1971年才正式发行。而且，它立即引发了针对我的一系列严厉指控，而且几乎彻底断送了我在涉外部门继续工作的机会。同时，在我被任命为评估师后不到一年，巴尔多纳总公司的一个部门负责人职位空缺，但那是一个负责供应外交机构的部门，是整个公司中最大的部门，与我的学历或专业经验毫不相干。由于有一条规定，就是说我应以离开前的同等职位被聘用，因此管理层遇到了问题。他们可以将我的继任者调到另一个部门，从而为我腾出这个地方，或者可以让我接管驻外机构供应部。贸易经理请我到他那里去，并尝试说服我，总经理已经习惯了与工业技术产品部的负责人合作，而且他做得不错，况且我也有很丰富的贸易经验（微微向我欠身表示鼓励），我负责驻外机构供应也毫无问题。他让我考虑一天，第二天给他答复。

让他没想到的是，我不确定是否愿意为了经理这个头衔和增加的几百兹罗提去担任这个职务。作为评估师，我没有太多的工作，下午四点准时下班，在家里可以安静地写书。有时我还接一些翻译任务，以免语言变得生疏。另外我又应约给波兰国际事务研究所撰写另外一篇文章。我咨询了几个在出国前就与我合作良好的人。他们的意见都不令人鼓舞。"那是一个难以预料、无聊至极的部门，成百上千的订单，成百上千的货物和成百上千要签字的账单。此外，你将整天与趾高气扬、胡思乱想的外交官打交道。他们不知道如何坐在桌子旁，却订购各种异国情调的商品和酒类，在不理智的情况下对所有东西都提出投诉。"考虑和解决投诉将是我的日常工作。还有一些麻烦的投诉，因为它们是对的。最近，在送往美国驻莫斯科大使馆的供货中，刚好在收货之前发现，一瓶五星级的法国拿破仑干邑白兰地已经被人喝光了，然后还在里边撒了尿。幸好在货品被带入房间之前，这桩盗饮高档酒事件就被发现了。经理本人不得不在莫斯科商务处代表的陪同下前去道歉。"你需要这个吗？你将不断答复各种投诉，如果你碰到特别纠缠不清的人，还会给你告一堆恶状，你就会成为替罪羊。"

第二天，在和经理一起乘电梯的时候，我非常坚决地表示，希望继续当评估师。但是在他的办公室，我不得不改变主意。原来，他们已经和部里沟通并确定了我的任命，现在退出已经不合适了。那当然会让管理层感到难堪。另外，我有一名非常出色的副手，就是前边提到过的萨德克夫人。在我拒绝之后，就是她接受了提议。据说，她是个穿裙子的男人。最后——这也很重要——那是一个处于发展之中的部门，而且有很多出国的机会。最终，我成了那个部门的经理。外交机构供应部用可兑换货币为世界各地的驻外机构供货。既包括外国的，也包括波兰的。巴尔托纳在这方面已经拥有丰富的经验，商品种类繁多，价格具有竞争力。其他东欧国家还没有这样有活力的企业。我花了几个月的时间才了解了我这个新职业的所有来龙去脉，也牺牲了不少业余的时间，我不得不在下班后仍然待在办公室里。这里的一切都不一样，有我从未打过交道的商品零售种类，与其他部门、会计部门和收货人之间的合作原则以及不同收货人的不同要求。西方的酒精饮料、化妆品和名牌服装供应商已经与巴尔托纳合作多年，并将波兰视为向"铁幕后面"其他国家拓展业务的前哨，因此，他们的价格政策似乎对巴尔托纳也偏爱有加（甚至相对竞争对手皮卫斯出口公司来说也是如此）。这就意味着客户数量的不断增加和部门的发展。在我开始工作时，部门已有近三十名员工，全是妇女。此外，巴尔托纳刚刚接管了一些外贸公司根据合同向驻外工作的波兰专家提供供给的工作。

"你每年至少有两三次要去利比亚、伊拉克、叙利亚、埃及出差，因为没人跟你竞争。毕竟，无法派妇女去阿拉伯国家。你明白吧？"

今天，我毫不怀疑，那些说服我的人是有道理的。通过接任驻外机构供应部经理的职务，我将有机会进行各种异国旅行。然而这次不是去亚洲，而主要是去非洲，特别是北非国家。我从北京回来不到五个月的时间，就得知需要紧急飞往利比亚。波兰公司在那里赢得了几笔重要的招标，是道路和城市建设方面的投资。外贸部对波兰员工在该国高度密集的两个项目中巴尔托纳的营业额过低表示不满。当时Cekop公司签订了一份大合同，目的是重建一座城市几年前被地震摧毁的部分，在不久的将来，那里雇用的波兰人总数将增加到四千人。每个员工都是巴尔托纳的潜在客户。那座城市被称为巴尔卡或巴尔切（目前这座城市的名称为迈尔季），位于利比亚东北部名为昔兰尼加的地区，在地中海沿岸。来自西方国家以及苏联、波兰和保加利亚的公司参与了其重建工作。可以理解的是，Cekop和外贸部都希望在第一份合同中做到最好，因为这将决定接下来的合同花落谁家。按照当时波兰的条件，工资水平是非常高的，但是尽管如此，Cekop在招募优秀专业人士方面还是困难重重。当地的气候让许多人知难而退：高温、潮湿、沙尘暴、热带病、与家人分离两年。因此，人们努力创造条件，以最大限度减少提前回国的申请。按照部里的说法，巴尔托纳有助于实现这一目标。公司管理层从驻班加西的波兰领事那里收到了一个吸引人的项目，更确切地说，是从以前在我们驻华沙分公司工作的克莱伊诺茨基那里发来的，他目前是领事馆商务处负责人。他建议，在发给利比亚的商品目录和价目表中除食品和酒类外，还应包括家用电器以及配件和装修材料，这些商品可以依据财产转移的规定在波兰收货，从而符合免税条件。在利比亚工作的主要是建筑工人，其中大多数人攒点儿美元，主要是为了改造装修自己的公寓或房屋。私下里，我还收到了他的一封来信，提议我们调研，是否有可能获得外贸部的同意，允许从利比亚回来的员工用美元购买波兰汽车，并且直接在华沙附近的热兰汽车厂提货。

　　所有这些都使得我必须紧急前往华沙，以了解开展这一看上去有利可图的业务的前景如何。主要是在利比亚，波兰企业还将修建一条连接首都的黎波里和该国最遥远的南方地区的沙漠高速公路的一段。但也包括伊拉克，Cekop 已经向伊拉克派遣了数百名工人并运送了设备，在摩苏尔附近建造一座油田。在对外贸易部，巴尔托纳的经理们有自己的信息来源，但他们也知道，在我有过驻外经历后，我也有我的信息渠道。他们愿意为在各部委举行的会谈做好准备，因为他们知道，汽车是一种不愁卖的商品。在用美元销售波兰汽车方面，华沙通用银行（Pekao S.A.）已经开展了有限的业务，但该银行隶属于财政部，而我们隶属于对外贸易部。这方面的规定并不严谨，在争夺美元方面我们是竞争对手。那么，为什么从国外归来的人可以在巴尔托纳购买冰箱或洗衣机，汽车就不能买呢？

　　我很想得到这个问题的肯定答复。最终我注意到，在这个此前我一直没放在心上的部门，出现了令我真正感兴趣的东西。毕竟是四五千个拥有外汇的人，而现在公司和部里对我的评价如何，将取决于我完成这项任务的情况。我雄心勃勃，将其视为巴尔托纳的机遇，当然也是我自己的机遇。在华沙，我去了银行，假装是刚刚从"第二支付区"（这是当时波兰对使用流通货币的国家的称呼）回来的。我获得了完整的信息，在提交了曾在上述地区工作满两年的证明后，我可以从他们那里购买波兰汽车。为此，我必须向银行账户支付一千两百五十美元或等值的其他可兑换货币。可能是"华沙"223或224，也可以是波兰依照意大利许可证生产的最新产品"菲亚特125 P"，发动机排量为1.3或1.5升，那在当时是最新的汽车。如果我没记错的话，第一辆"菲亚特"于1968年初在热兰工厂下线。几个月后，华沙通用银行开始接受预付款用于出口转内销，马上就出现了排队现象，相比于向银行付款后几周就可以提车的"华沙"牌轿车，"菲亚特"得等大约八个月才能提到车。

但是，给我及我们的管理层留下最深刻印象的并非这些信息。尽管1969年并不是预示着改革的年份，但我了解到，政府内部在讨论将出口转内销事务从财政部转移到外贸部负责的问题。如果是这样，那么唯一可以接管这项业务的公司就是巴尔托纳。多亏在北京工作期间结识的一些熟人，我有机会与Cekop的部门负责人见面，就是他在负责巴尔卡的重建合同。他告诉我，平均每个建筑工人在两年后可以节省大约三千美元，这笔钱主要会用于购买汽车或公寓，或者——如领事建议的那样——建造自己的房屋。他们中的大多数来自小城镇或村庄，那里的建筑成本比大城市低得多。有些人投资了一些较小的机床、制鞋机、塑料成型机、针织机等，这些东西可以让他们的家人在家里赚钱。对我而言，这是个宝贵的消息，特别是因为我所在的部门也销售缝纫机或针织机。

对巴尔托纳来说，当时的利比亚是一个完全未知的地区。在我之前没有人去过那里，所以我不知道该住什么旅馆才能避免超标，如何从机场去市里以及在哪里用餐，才不至于让差旅费一点儿都不剩下。因此，与曾经去过那里几次的人交谈对我来说非常重要。更重要的是，我很快知道不会像最初设想的那样与华沙分公司经理一起去，而是要独自前往。我应该入住的黎波里的大使酒店，因为它离机场班车的巴士终点站很近。克莱伊诺茨基领事不建议从机场乘坐出租车，因为机场上等客人的出租车司机像苍蝇一样多，而当我被拉上一辆出租车并启动后，就将不得不按照他的要求给钱，通常会比我该付的交通费高很多。为什么选择大使酒店？因为这家酒店给波兰人提供特别的折扣，并且Cekop的人都住那里。我们在利比亚的住宿标准是十美元，而这家酒店最便宜的房间，含早餐是十五美元。这是英国人、法国人、美国人和意大利人所付的价格。但当地的波兰人承诺会将所有到达这里的波兰人都带到这家酒店，所以他们与老板达成协议，含早餐的价格控制在十美元以内。的黎波里不乏旅馆，房间经常是空的，因此饭店同意了，但只适用于较差的房间，没有海景。保加利亚人付的价格甚至更低，因为他们的酒店限额比我们低。此外他还建议我，通过酒店的前台订出租车去机场，并告诉我旅程的费用不应超过五美元。

我回到格但斯克，感觉任务完成得很好。菲亚特125P/1300在银行的价格为1450美元，而菲亚特125P/1500是1550美元。巴尔托纳拥有种类繁多的商品，差不多有几千种。有些商品利润率较高，其他的利润率就低些，但当时比利润更重要的指标是营业额，汽车可以显著改善该指标。因此，我不必隐瞒自己对利比亚之行的某些期望，既源于我对巴尔托纳经济指标的关注，也源于对"我的"部门的经济指标的关注。这次紧急出差定于一月成行，但已经来不及将价目表和商品目录交给外边的公司进行打印装订了。我的员工将它们用复印机复印，而彩色封面是在印刷厂里制作的。当然，我不会误以为，在汽车这类问题上，决策能在一朝一夕内做出，但是在巴尔卡期间，我可以了解到人们是否愿意购买菲亚特，而且更重要的是，他们的积蓄是否允许他们购买。

当时，我们还没有意识到，巴尔托纳不仅不能从华沙通用银行接手这项业务，还会出现一个比银行更具危险性的竞争对手。1972年初，另一家单独的出口转内销企业皮卫斯（Pewex）出口公司成立了，该企业获权接管银行的一些现有业务，并在全国范围内建立美元商店网。最初只有十几家，而在波兰人民共和国末期，它们的数量已经增加到了八百四十家。尽管当时巴尔托纳和皮卫斯出口公司的经营范围有一定的区分，但共存并不容易。由于竞争，出现了一系列问题，包括协商价格，从工厂争抢有吸引力的商品以及随之而来的厂家提高价格等。

在北京商务参赞处工作期间获得的经验，使我决定不超越自己的职责范围，就像我在表达对双边贸易额下降原因的看法时所做的那样。1968年和1969年的气氛有利于巴尔托纳在阿拉伯国家的业务获得佳绩，也与当时在波兰发生的一些政治事件有关，即苏联和东欧国家通过提供投资贷款，增加对阿拉伯国家的经济支持。这后来在外贸公司身上看到了恶果，这些外贸公司无力支付往伊拉克运送设备的运费和施工款。然而，在1967年夏天，苏联（后来也包括东欧国家）谴责以色列在阿以战争（所谓的"六日战争"）中的行动，并断绝了外交关系。这些国家也开始组织谴责"以色列帝国主义企图"的集会，这很快就演变成反对"犹太复国主义"的情绪，甚至是反犹情绪。虽然我年轻时曾在犹太人众多的环境中度过，其中有许多人宣称自己是犹太复国主义者，但我从不是一个反犹主义者。我在那次"六日战争"期间知道，使馆和商务处的许多员工像一次伟大节日一样庆祝以色列的那次胜利，但这对我没什么影响。1968年3月，我不在波兰，所以我对华沙的学生示威活动以及对示威者的镇压几乎一无所知。我没有带收音机，而在我停留的地方，也没有渠道接触外国媒体。

第 **26** 章

我的阿拉伯国家之旅

我带着装满小册子和目录的手提箱，乘坐意大利航空公司的飞机抵达的黎波里机场。在Cekop同事的建议下，我还带了一大堆最近几周的报纸和彩色杂志。对Cekop营地的居民们来说，因为他们在巴尔卡收不到波兰报刊（很少有人会英语，而且即便会也没什么用，因为很少有英语出版物能到达巴尔卡），所以这些是最好的礼物。我得尽量公平地分发它们。在机场航站楼上，仍然可以看到英语标志"Idris Airport（伊德里斯机场）欢迎您"。伊德里斯一世已担任利比亚国王十年，尽管他名义上还在行使权力，但这已经是一个有议会和政府的君主立宪制国家。实际上我到达利比亚时是他执政的最后一年，1969年7月发生的一次军事政变推翻了他的统治。在机场的利比亚银行分行，我得将美元兑换成利比亚镑（当时利比亚镑就像英镑一样，相当于三美元）。按照收到的提示，我到达了大使酒店，接待员看了我的护照，说我作为波兰人每晚只须付三镑多一点儿。

　　我预订了第二天飞往班加西的航班，还抽时间参观了附近椰枣树环绕的王宫。有人告诉我，一方面是作为逸事，另一方面是出于好奇，说伊德里斯国王希望利比亚成为椰枣出口强国（当时每年约有四万吨），并宣布每个种植椰枣树的人将获得五英镑奖励。还创建了一个专门机构来检查是否真的种了椰枣树，然后才会付钱。只是没有任何后续政策，将成熟椰枣采集、干燥、交付商店以及转交给专门出口企业等事务的顺利完成。结果是成熟的椰枣掉了一地，要是没有孩子捡的话，就会一直在地上，直到烂掉。身处巴尔卡的波兰员工高度称赞椰枣的价值，他们很快就掌握了用椰枣自制伏特加的方法。这种酒在波兰通常被称为"私酿烈酒"。

　　克莱伊诺茨基领事在班加西的机场迎接我。我们先去了饭店，在那里，我向他展示了准备的宣传材料和我的指令，除了一再重复的代表团应该遵守的命令和禁令外，还包含我必须完成的任务：在班加西和巴尔卡同Cekop办公室和巴尔卡建筑工地的管理人员进行会谈，收集专家们在当地购买商品的价格信息，并将价格表和目录转交给被我选为巴尔托纳推销员的人。此外，我还要收集针织机和其他机器的初始订单以便准备报价，再有就是了解大家对汽车的兴趣。

　　在最后这件事上，我需要格外慎重，以免在公司管理层提交允许巴尔托纳销售汽车的正式申请前，在华沙引起争议。我的问题是，我不知道该怎么做。领事建议把问题留给他。此外，他希望我们也会见一下班加西的苏联和保加利亚贸易公司代表，向他们提供价格表，并尝试说服他们购买我们的产品。有一些我没想到的问题，例如，在利比亚港口交付货物的阿拉伯船舶贸易商承诺付给那些负责收集订单的人员巨额佣金。此类佣金得由我们的管理层决定，我只有回到格丁尼亚后才能获得此类许可。我也没有准备去拜访外交使团，因为我的手提箱里已经塞满了宣传材料，甚至连塞进一套轻薄的热带薄西服的地方也没有了。在酒店，我与领事规划好了除周末以外可以使用的五天时间。星期六，他想带我去看昔兰尼和其他希腊城市的遗址，附近地中海沿岸这样的遗址非常多，而星期日，则出发前往班加西以东约四百公里的托布鲁克。波兰所有三个驻外机构的管理层都声称，他们当然支持所有旨在增加员工购物清单中波兰商品，特别是巴尔托纳所供商品份额的举措，况且我们的管理层愿意降低与本地供应商相比竞争力较弱的商品的利润率。负责收集订单的人也不需要特别地劝说，就向我提供了他们报给当地公司的价格。在巴尔卡逗留的最后一天，我从员工那里收到了一瓶前面提到过的"自酿烈酒"。

"七十度，您可以检测！"

我费了很大劲儿才说服那个试图送给我这份礼物的人，说我不会把这瓶自酿酒带到波兰，因为我还想再来找他们。在谈论自酿酒的时候，我无意中得知，最受员工们欢迎的产品之一是意大利糖。它最便宜，因为离意大利最近，而且当地的轮船贸易商会随每五公斤糖赠送一盒免费的酵母，可以加到糖里制作伏特加。地方当局要么不知道，要么不想知道，所以睁一只眼闭一只眼。自酿酒的问题是在几个月之后，在君主制被推翻后才开始出现的。

星期六早晨，我们开车去了托布鲁克。我之所以想去这座城市，主要是因为格罗霍夫斯基的儿子在我第一次去英国时就向我介绍过这座城市。经过多年分离，他在托布鲁克附近的某个地方与他的兄弟重逢。他本人在安德斯将军在苏联成立波兰军团时就加入其中，而他的兄弟战前在日本学习，后来被日本人在非洲沿岸某个中立岛屿上与一个日本战俘做了交换。他参加了盟军在诺曼底的登陆，最终又到了非洲，并与兄弟重逢。这座城市本身毫无趣味可言而且肮脏不堪，但为纪念在托布鲁克附近战死的人修建的战争公墓保存完好，整齐的坟墓上摆满了鲜花，令人至今记忆犹新。我和领事沿着那些整齐排列的坟墓徘徊，寻找波兰人的名字。有很多。在第二次世界大战中自愿参加安德斯将军军团的十四名哈尔滨人中，有一人战死，但不是死于托布鲁克，而是死于意大利的卡西诺山。

从托布鲁克返回途中，我们在昔兰尼废墟边停了下来。从学生时代开始，我就梦想成为一名考古学家（但我也想成为一名作家、外交官和飞机工程师），因此我对非洲地中海沿岸的古希腊和罗马城市的历史非常熟悉。领事比我知道得更多。昔兰尼以及附近的港口城市阿波罗尼亚和附近另外三个港口，是由公元前在这片海岸上殖民的希腊人建造的，从而形成了所谓的"五连城"。后来，在它们落入阿拉伯人手中之前，曾先后属于罗马和拜占庭。构成此城市群的另外三座城市分别是今天的班加西、巴尔卡和托克拉。

我和克莱伊诺茨基领事一起坐在昔兰尼废墟的阴影下，坐在阿波罗神庙和罗马浴场之间一根倒伏的、有两千多年历史的石柱上，喝着冰镇的"雪碧"（我讨厌可口可乐，自从十年前我第一次在北京品尝可口可乐开始），我们谈到了历史。在中国期间，我弄到了几本关于丝绸之路和罗马东部地区的书籍，现在那个罗马东部地区就展现在我的面前。

在两天内，我就完成了指令中详细列举的所有任务。施工现场管理人员为我组织了几次与员工的见面会，这样在离开班加西的时候，我就带了一大批具体的订单。巴尔托纳管理层将此看作一项重大成就。我也是，因为我作为驻外机构供应部负责人以来，还没有取得什么重大的成就。

利比亚之行结束后，有个内部人士向我透露说，在我担任上述职务之前，甚至还有担任副总经理的可能性。但由于格但斯克省当局一位有影响力的人物和巴尔托纳企业委员会主席的反对，我的候选人资格落空了。

我没有理由为失去被任命为巴尔托纳副总经理的机会而烦闷。在"波罗的海"糖果厂担任经理五年后，我已经完全"治愈"了职务晋升的欲望。原因很简单，我不是个喜欢冒险的人。但是还有其他一些原因，更加实际的原因。正是因为这些原因，在与食品工业相比被高看一眼的行业（在人民波兰，由于可以理解的原因，在外贸企业工作被认为比在普通工厂里工作更体面）里担任副总经理也并不令我兴奋。我喜欢与我的教育背景和职业相关的工作，即使它让我面临艰巨的挑战。而如果一个岗位需要花费大量时间在毫无成果可言的会议上，花在参加各种各样的研讨会和接待客人上，有时甚至会遇到各种尴尬和令人不快的情况，那我就会感到不自在。从利比亚回国后我还了解到，巴尔托纳接管汽车销售业务，向从利比亚回国的员工出售汽车一事压在了部里，达成积极解决方案的可能性很小。实际上高层已经决定由外贸部门接管，但最终支持为此成立一个新的贸易企业的一派占了上风，当然该企业的总部会设在华沙。过去经常是这样，会先找一位潜在的经理，然后再根据他的能力调整未来企业的经营范围。这个在痛苦中经历了大约两年时间才诞生的公司是皮卫斯内部出口公司。有人认为，与三联城和海洋相关（船舶补给、向免税区供货、为在波兰的外国海员设立商店、为"小市场"提供服务）的巴尔托纳的业务范围太广了。"小市场"是指那些各行业的贸易公司都不想服务的国家或地区，其中包括加那利群岛、马耳他、直布罗陀、休达。当时甚至考虑，应该拿掉我们的驻外机构的供应业务，并将这项业务转移到华沙。然而暂时一切还保持原样，为从利比亚归国人员提供服务的业务并未被剥夺。我们的行业投资公司在阿拉伯国家赢得了新合同，其中最大的合同落在了专门从事矿山建设的塞特罗札普公司（Centrozap）头上。他们将在伊拉克北部建一个硫黄矿，那一地区已经被称为伊拉克库尔德斯坦地区了。与利比亚相比，为那里的工人提供必需品的状况更加糟糕，这不仅是因为该矿位于伊拉克的边远地区，而且还因为两年前那里发生了军事政变。来自上层的压力意味着，我们的商务经理必须去一趟，而我——作为一个已经在阿拉伯国家有旅行经验的人——被任命为他的顾问和助理。我对这次出差感到满意,因为这一次我们的路线经过贝鲁特,我们波兰航空公司的飞机可以飞到那里,然后从黎巴嫩到巴格达。由于斋月即将到来,只有伊拉克航空公司的飞机还有空位,这后来成了我又一次空中历险的原因。我们从华沙起飞飞往黎巴嫩的时候天气晴好,三个小时后我们在蒙蒙细雨中降落在贝鲁特,尽管没有雨伞(我那把豪华的伦敦伞太长了,无法随身携带,后来在贝鲁特我买了一把折叠伞),我也几乎没有注意到。在那里我们换乘一架黎巴嫩国际航空公司的喷气式飞机,差不多半个小时后,我们就顺利抵达了巴格达。这次我们的饭店位于巴格达市中心,底格里斯河沿岸,非常靠近火车站,饭店名也是大使酒店。第二天,我们要乘坐快速列车前往摩苏尔,然后再前往米什拉格,建设中的矿山就位于那里。可能只能乘坐越野车才能抵达那里,而且有人告诉我们说:"我们会到那儿的,如果阿拉允许。"

    1970年的巴格达与发生军事政变的三年前完全不同,但尽管如此,有些变化还不是很明显。大使酒店是一家五星级酒店,配有空调,那个季节在当地是非常理想的。房间的价格是五伊拉克第纳尔,合三十五美元。但幸运的是,饭店住宿超标的决定不是我做出的,我们当时的标准是四第纳尔。博物馆是开放的,所以下午我们去了最重要的一个博物馆——伊拉克博物馆。在饭店前台可以领取城市地图,甚至是两张。通信录也是政变之前的,封面写着"欢迎来到伊拉克",首页上的信息说,我们可以去巴格达的三个歌舞厅和夜总会。据说在巴格达也有赌场,但我们被告知,它不久前已经被关闭了。另外,出差指南也不允许我们有这种奢侈行为,分配给我们的外汇就更是如此。因此,在参观了博物馆之后,我们就只能在咖啡厅里欣赏灯光闪烁的底格里斯河,然后在空调房间里美美地睡上一觉了。4第纳尔的房间没有空调,但经理不太担心超标的问题,因为预计我们在摩苏尔可以省很多钱。事实上也确实如此。在摩苏尔和米什拉格天气要凉爽得多。

我们收到的指示与我前往利比亚时差不多，只是增加了一点，就是了解工地上食堂和自助餐厅的供应情况，以及尝试探讨在工地上开设巴尔托纳商店的可行性。我们11月26日回到巴格达，第二天将飞往贝鲁特。一天后，斋月就将开始，这是一个宗教节日，在此期间，穆斯林从日出到日落禁食。我们被警告说，最好在斋月之前离开伊拉克，因为在此期间，处理哪怕最简单的问题都可能碰到困难。前互联网时代有一个不成文的习惯，就是保险起见，应该在出发前一天到航空公司办公室确认自己的机票订单。我们在入住自己的空调房之前就先这样做了。空调房比第一次入住时更令人向往，因为气温上升，从较为凉爽的摩苏尔返回后，在巴格达露天市场上稍走几步就已经汗流浃背了。我们飞往贝鲁特的航班预定于早上六点十分起飞，所以我们必须在凌晨四点起床，吃点儿东西后，乘出租车去了机场。那里的人潮拥挤不堪，到处都是阿拉伯人，没有办法靠近问讯处。而且根本没用，因为在整个机场上我们找不到一个人能向我们解释，为什么不办登机、他们在等什么。过了一会儿我们才发现，他们在等待飞往黎巴嫩的飞机起飞。我们被落下了，另外几个与我们处境相同的外国人也被落下了。我们问到的每个机场工作人员都会用英文回答"Moment（稍等）"或阿拉伯语"Ana la arif"（我不知道）。

因此，我们连同没有托运的行李，坐在起飞大厅里，等待着事态的发展。时间非常长，我们意识到，每延迟一小时，我们赶不上贝鲁特起飞的波航飞机的危险就会上升一些。留在斋月里的伊拉克是一个令人无法接受的前景，但事情看起来确实有可能发生。我们查阅了航班时刻表，却没法高兴起来。黎巴嫩航空公司在这条航线上每周有两个航班。同样是一周两次，但在不同的日子，汉莎航空的飞机从贝鲁特飞往法兰克福。要命的是无法跟巴格达的汉莎办公室通电话。过了差不多一个小时，办登机手续的柜台开始有了动静。终于有个人用英语向我们解释，由于业务繁忙，旅客名单上出现了错误，他们在黎巴嫩国际航空公司飞机上的座位被销售了两次。所以"我们很抱歉"，但"我们"会尽一切可能，让有票的乘客今天能够飞往贝鲁特。只需要每人多付五第纳尔，一小时后便将有一架额外的飞机。一个跟我们谈话的人在收护照，另一人站在旁边收钱。当然，索要收据毫无意义。我们已经没有第纳尔了，但是他们接受了美元，所以我们不得不从节省的差旅费中支付了十四美元。别无选择。如果我们整个斋月都留在伊拉克，那么经济损失将更多，更不用说压力和其他精神伤害了。

终于，门开了，我们带着行李走上停机坪。首先引起我们注意的是类似于二十世纪三十年代，也许是战争期间——二十世纪四十年代的一架破旧的老飞机。双引擎双螺旋桨，表面斑驳不堪，而且很脏。它就停在离我们这群人大约三十或四十步的地方，三名机械师或其他地勤人员站在发动机旁大声争论。我们大致已经猜到了——是关于飞机的技术状况。其中一个人把手在引擎盖下过了一下，好像要说服另一个人："看，我的手是干的。这里没有泄漏。"

因此，我们应该感到害怕，但我们只想坐上飞机，即使是这样一架看起来安全状况十分可疑的飞机。天气很热，可能至少有40℃，一点儿风也没有，提着手提箱走了四十米后，我感到汗水已经汇成小溪沿着脊背流淌。舷梯车终于来了，我们将行李放在推车上，终于可以登机找座了。当我们进去后才意识到，飞机比从远处看要大。肯定是战争期间研发的，这可以从蒙皮的凹痕上看出。座椅套不是崭新的，但是座位足够。大约有四十个。里面和外面一样热，但令人惊讶的是，一位飞行员从驾驶舱拿出一箱罐装百事可乐并发给了乘客。显然是从每位乘客五第纳尔里边出的。可乐很凉，所以可能是刚才从机场自助餐厅里拿给我们的。发动机开始工作，我们收到了盖有"离境"章的护照。

飞往贝鲁特的航程风平浪静。起飞时我的耳膜有点儿痛，因为那架旧飞机看起来密封不好，但是其他一切正常。起飞后大约一个小时，飞行员，可能是军人，在贝鲁特机场轻轻地着陆了，乘客们报之以热烈的掌声。实际上在我们出发之前，波兰报纸上就已经报道了黎巴嫩局势不稳，以及那里居住的黎巴嫩人与巴勒斯坦难民之间关系紧张的消息，但贝鲁特的生活还是一切如常，很难看到穆斯林和基督徒之间任何紧张关系或不满的迹象。与利比亚或伊拉克的穆斯林妇女不同，贝鲁特的穆斯林妇女打扮得像欧洲妇女一样，没有遮住脸，而且比其他阿拉伯国家的妇女开放得多。市中心有很多咖啡馆，我们看到那里的漂亮女孩不回避化妆，而且像欧洲女孩儿一样独立。在喝了一杯优质的浓咖啡之后，我们偷偷数了数钱，巴格达机场的经历消耗了我们的结余，我们商定，分开几个小时，各自去逛逛商店，务实地考虑考虑个人购物计划。在我的购物清单上，优先考虑给女儿们买一些衬衣或裙子，她们长得太快了，我上一次旅行为她们买的衣服很快不能穿了。我还想为妻子寻找一件礼物。她很少要求我带具体的东西，我不得不依靠自己的直觉选择。在一条小街上，我发现了一家不大的珠宝店，橱窗里陈列着项链、手镯和其他珍珠制品。可以毫不客气地说，在与博热斯托夫斯基先生一起在中国购买珠宝后，我对珍珠已经非常了解了。我可以通过珍珠的大小、形状、颜色来判断其价值，当然也可以准确区分真假珍珠。但是，这里的报价让我感到惊讶。出于好奇，我走进了商店，店主看起来是个阿拉伯人，我向他询问橱窗里的项链。我发现他很健谈，向我解释说珍珠绝对是真的，是日本人御木本人工培育的，因此每件商品上都有一个标有"御木本珍珠"字样的标签。

　　大约在半个小时里，我是这家商店唯一的顾客，因此我可以根据珠宝商的建议，很踏实地选择一条非常漂亮的项链。这些养殖珍珠当时可能还没有到达欧洲，或者至少在我访问伦敦或罗马时没有看到过它们。我偶然了解到，一个日本人在一些特殊的、能把水加热到适当温度的水池中养殖它们，而且使用了日本周围水域盛产的最好的珍珠贝。为了使珍珠贝生产出珍珠，异物必须进入外壳，通常是一粒沙粒，珍珠贝用自己产生的分泌物从外面包裹沙子，从而形成珍珠。这种养殖珍珠分为两种：较便宜的是用镊子将塑料球植入贝壳中获得的，而较贵的则是植入了相对较圆的沙粒。我选择了较贵的，上边带有一个精致的金扣。

第 **27** 章

"黑色星期四"和剧变之始

1970年12月，格但斯克海岸温暖多雨。我通常是开车去上班，除非加油站没油或者是雪比较大，那样我就会乘坐三联城的小火车。12月14日星期一，我坐进自己的汽车。我总是把车停在热罗姆斯基大街上，巴尔托纳的拐角处。如果还有时间，我会去普瓦斯基和圣扬大街拐角处的售货亭买报纸。那天，有消息经媒体迅速传播开来，宣布从周日开始提升物价，而在当天——中央委员会第六次全会开幕。往回走的时候，我看了看巴尔托纳大厦对面的海军参谋部大楼正面。那里没有像往常那样繁忙，但是不时会有黑色豪华轿车开到楼前，高级海军军官从车上下来，哨兵立正行礼。另一侧，在我们停放汽车的地方对面，有一排供军人居住的两层建筑，住在那里的大多是将军和上校们。差不多有两年时间，我的办公室窗户就正对着其中一幢建筑物。有时候，我偶然能看到有人从这座楼里搬出去，随后又有人搬进来。开来一辆卡车，士兵们从卡车里鱼贯而出，从篷布下面拖出一些沙发、衣柜、书柜之类的家具，搬到公寓里，挪动位置，调整方向，拆卸和清洁。我暗自好奇，他们是否能得到些买啤酒或香烟的零钱，或者仅仅是为了执行命令而受到剥削，就像其他人一样。我很庆幸从来没有与军队有任何瓜葛。

那天，外汇银行所在的热罗姆斯基大街在早上七点半的时候显得特别委顿和空旷。与此同时，在员工办公室里和巴尔托纳大楼的走廊上可以听到激烈的讨论，经常提到的一个词是"涨价"。他们讨论了星期六举行的基层党组织公开会议的过程。在那次会议上，按照哥穆尔卡的指示，大家阅读了中央委员会解释涨价必要性的信函内容。多年来，巴尔托纳没有过如此暴风骤雨般的会议。本来应该表示支持这一决定，但恰恰相反，没有通过任何决议，消极言论如此之多，以至于很难在会议纪要上达成一致。基层党组织的书记本应该带着这份纪要去格丁尼亚市委，但他在那里了解到，巴尔托纳并非例外。所有格丁尼亚的企业，气氛都差不多。上班几小时后，新港办公室主任打电话给公司管理层，通知说格但斯克列宁造船厂的工人停止了工作。在同一天或第二天，出现了造船厂工人挂出的第一幅横幅，其内容很快在三联城到处出现："给哥穆尔卡的干面包。"晚上，时任省长塔德乌什·贝伊姆出现在电视上，呼吁人们保持克制与冷静。

1970年12月15日星期二上午，我刚刚走进办公室，脱下外套，贸易经理的女秘书就打来电话，要我马上到经理办公室去，因为事情非常紧急。我在五楼办公，等我签署了一些文件并下到四楼时，食品进口部的负责人已经在他的办公室里了。

"听着，爱德华，"他对我说，"我们必须给格但斯克省委送三到四公斤橘子去……"我并没有真正意识到我和我所在的部门与运送橘子到格但斯克省委有什么关系。当然，我作为驻外机构供应部的负责人，其实是那种临时外放性质的负责人，确实负责从巴尔托纳的仓库将橘子发送到格丁尼亚港口办公室，后者再将其提供给驻外机构，但我们在这方面的工作程序是有明确规定，不可能说从仓库里提了橘子，然后不发往国外，而是在国内消费，无论是用兹罗提还是外币。在国内市场上，柑橘类水果是稀罕物，通常是在节日期间投放市场。橘子在圣诞前夜才会出现在店铺里，因为在国外的采购就是这样计划的，使从船上卸货、运送到仓库以及从仓库到商店的过程能在最短时间内完成。在12月15日，三联城仓库里还没有橘子，因此看得出，这是一个勉为其难的请求，甚至可以说是需要巴尔托纳执行的命令。同时，没有任何合法的路径可以将货物从外汇商店转给用兹罗提销售的渠道，更别说免费送给党委。我的经理对此一清二楚，当然省委的工作人员也都知道。好吧，但是如果省委的同志因为当天有来自华沙的重要客人，请你帮忙，你怎么能拒绝呢？会议上大家一筹莫展，会议结束后，管理部门向港口办公室发了一份内部命令，要求他们给总公司的驾驶员三公斤橘子，然后免费转交给省委。之后一个月，那个按照口头指令把橘子给出去的仓库管理员一直因为少了的橘子而苦恼，直到终于找到一个摆脱困境的聪明的解决办法，就是说橘子腐坏了，算成了自然损耗。

会议结束后，贸易经理叫住了我，所有人都出去了，就剩下我和布奇玛在房间里，他开始把压抑的愤怒释放出来："想象一下，泽农·克利什科从华沙飞来，然后就给省委书记打电话，要立刻送三公斤橘子来。因为，你知道，克利什科同志爱吃橘子。他妈的我也喜欢橘子，但我买不到，尽管那些家伙认为，你在巴尔托纳工作，就可以随便拿仓库里的任何东西。"

我们知道整个三联城正在发生的事，尽管我记得，当有人点燃了格但斯克省委大楼时，格丁尼亚和格但斯克之间的电话通信已经中断了。也许这些信息是司机们带回来的，就像关于巴黎公社造船厂的集会以及造船厂工人沿着我们港口办公室所在的波兰大街游行的消息一样。我四点半下班，沿途经过市委时，那栋大楼周围已经布满了全副武装的海军士兵。

第二天，我把汽车停在车库里，坐三联城之间的小火车上班。连接格但斯克和格丁尼亚的电力铁路线在许多地方都非常靠近公路，在这些路段上可以看到装甲车向格丁尼亚方向缓缓前进。海军司令部前面有很多汽车。几个小时后我们才得知，市委书记或者省委书记已经在那儿了，他们将接待来自巴黎公社造船厂的工人代表团。夜里，造船厂、港口和其他海事机构的全厂罢工委员会成员本应被逮捕。消息传来说，我们在格丁尼亚的港口办公室也没有上班，这是可以理解的，因为港口区的工作已经完全瘫痪了。那天，格但斯克死了几个船厂的工人，船厂工人宣布举行"占领性"罢工。下午晚些时候，巴黎公社造船厂的员工仍在工厂厂区。他们得知，船舶工业联盟暂停了船厂的工作，直至另行通知。造船厂的整个区域都被军队包围。当娜塔莉亚晚上六点下班回到格但斯克时，整个城市已经实行宵禁，不允许举行任何集会。警察甚至出现在我们海滨的扎比昂卡区，在那里我们已经有几个月都没见过他们了。晚上，不久前还担任格但斯克省委书记、目前担任政治局委员的斯塔尼斯瓦夫·考乔维克在电视里出来讲话，他被华沙派来解决格但斯克的冲突。在讲话结束时他呼吁说："我再说一次，船厂的工人们，我向你们发出呼吁，回去正常工作！所有条件都已具备，这也是需要的，以便我们能够平静地庆祝和迎接新年。"他的呼吁成为接下来发生的悲剧的直接诱因。

12月17日星期四，即1970年的"黑色星期四"，我也是坐火车上班。在格丁尼亚中央火车站已经可以感觉到，有不幸的事情发生了。更远的地方，在韦伊海罗沃方向，穿过格丁尼亚造船厂的城市列车停止开行。可以听到催泪弹爆炸的声音，但像往常一样，我沿着圣扬大街顺利到达普瓦斯基大街。在巴尔托纳大楼前，人行道上的小广场上，海军士兵正在列队，当我走上大楼入口处台阶时，我听到一个军官的命令，从声音能感觉出，那个军官很紧张："上子……"走进电梯到达五楼的时候，我意识到那个命令可能是："上子弹！"也就是说那是实弹，但这看起来如此荒诞，以至我立即就放弃了这个想法。没有人工作，大楼的楼梯和走廊上，三五成群的员工在讨论昨晚省委第一书记考乔维克的呼吁，以及接下来几个小时将会发生什么。我的部门妇女最多，她们已经出现在门口，请我去管理部门申请让她们放假回家。我下到四楼，管理层已经在考虑这种可能性。不时有人从普瓦斯基大街和圣扬大街的交叉路口回来，带来最新的消息。从格丁尼亚造船厂站起，游行队伍正在缓缓向市国民委员会大楼行进。有人传来消息说，他们用门板抬着一个被打死的人。

在我们那栋大楼里办公的所有外贸企业管理层召开了一次会议，会议共同决定停止工作并提前放员工回家。我尝试给娜塔莉亚打电话，但没接通。国际新闻和图书俱乐部位于圣扬大街的正中心，距离巴尔托纳可能只有半公里，但要到达那里，我必须先穿过马路，到达与2月10日大街的交叉路口，然后绕路前往妻子工作的地方。书店已经决定关门，我们很快就可以尝试回家了。我们到达了诺沃特卡山附近的郊区火车站，从那里已经可以看到不远处市政府所在地的白色烟雾，听到催泪弹的爆炸声。当然，任何方向的火车都已不再行驶。用手帕挡住口鼻，我们穿过连接格丁尼亚和格但斯克的大道，来到马路的另一侧，然后朝大海走去。这样我们就可以通过小巷和格但斯克湾岸边，到达我们位于海边的扎比昂卡区。距离大概有十五公里，但我们走得很慢，路上吃了娜塔莉亚早上给我准备的三明治，大约两个小时后我们到达索波特。在索波特的栈桥附近，有人告诉我们，从索波特到格但斯克的火车已经开行了，但我们得出的结论是，继续沿着海滨紧靠沙滩的滨海大道前行将会更快、更容易。当我们终于回到家时，天已经黑了。

海岸惨案导致人员伤亡后，很快就发生了人事变动，因为在12月20日的中央委员会第七次全体会议上，哥穆尔卡被劝说辞去了党的第一书记的职务，由爱德华·盖莱克继任。此前，他是卡托维兹省委第一书记。盖莱克被认为是一位好领导，他能够从华沙为西里西亚的发展弄到更多的钱，而且能够很好地利用它，例如加大建设力度，实现产业现代化。然而这并没有使局势平静下来，尤其是在波兰滨海地区，那里的船厂工人于1971年1月再次举行罢工，要求新领导人到工厂来，要求取消涨价、增加工资和增加市场商品供应。盖莱克满足了这些要求，他和新任总理彼得·雅罗谢维奇来到什切青和三联城，同意取消涨价，同时提高最低工资，并推翻了哥穆尔卡团队制订的下一个五年计划。新计划包括一系列投资，旨在实现工业现代化并提高农业和工业生产，包括增加日用消费品的份额。卡托维兹钢铁厂、格但斯克北港、多座新的煤矿开始建设（当时，煤炭仍是世界市场上追捧的出口商品），并开始按照菲亚特的许可生产小型乘用车。新投资需要经费，但当时波兰资金紧缺，于是盖莱克决定向西方借贷，而之前哥穆尔卡对此则避之犹恐不及。我个人记得，从新班子开始运转的最初几个月起，我们就被告知，在经济领域，华沙将更加重视生产企业管理层（包括外贸企业一线的经验，而这方面在哥穆尔卡执政的最后几年非常缺乏）我们经常在经理办公室坐到深夜，只为讨论准备向华沙提交的方案，与之前的决定相反，我有很多想要说的。

其中一个话题是拟议中的按照美国许可在波兰建设提神饮料可口可乐和百事可乐工厂。我认为，这不是一项可以给波兰带来更大利益的投资，因为我们要为配方和进口的瓶子支付费用，而我们国内的贡献将仅仅是水。与其投资给美国人发明的奇异饮料，不如将这些资金投入玻璃厂，生产橙汁和柠檬水，这将是明智的选择。我们在计划经济下每年夏天都紧缺橙汁和柠檬水。尽管每年都承诺，但在这方面没有任何改善。我的反对者认为，波兰人很快将接受可口可乐和百事可乐，因为这里边最重要的不是口味，而是波兰人自从人民波兰成立以来就一直渴望现代化的西方生活方式。

甚至在12月事件爆发之前，我们的管理层就收到部里发来的信息，说巴尔托纳可能要从华沙一家总公司接手新业务，即参加国外展览和博览会。当时，我没有对此信息给予任何关注，认为它跟我的部门毫不相干。我错了，而且误判得很严重。盖莱克团队开始执政后，增加我们对西方国家出口的压力加快了业务移交的决定。此外，移交工作将在预计的改革框架内"跑步"（这个名词从那时开始就被频繁使用）进行，也就是说在最近几周内完成。我不知道其原因是什么，也许根本原因是希望在"行业优化"框架内消除所谓的经营范围重叠，因为在某些市场上巴尔托纳与其他外贸公司确实存在竞争关系。华沙肯定认为我们拥有经验更加丰富的员工，因为我们既可以从仓库里出口各种商品，也可以从工厂直接出口各种商品，因此对巴尔托纳来说，接管额外的业务应该不难。从长远来看将创建一个新的部门——可以叫"展览和博览会部门"，但此时，管理层正在紧张地思考，可以将这项业务分配给哪个部门。业务扩展事务通常由宏观贸易部门处理，但问题是类似巴尔托纳一样的公司，商品种类非常丰富，而且与我们仓库中的大多数商品并不重叠。1月中旬事情已经明朗，这次"跑步"进行的移交意味着我们将接手伦敦博览会的参展事宜，当时此项工作已经启动而且正进行到一半。这是一个国际性的展览和贸易活动，历时一个半月，名称为"理想家居展览会"。顾名思义，它主要涉及家居用品。展会开幕时间是在二月底，距现在正好还有六周时间。在专门为移交举行的工作会议上，我和其他部门经理持相同的观点，即在这种情况下，我们不应该完全接管所有工作。但管理层坚持认为，他们别无选择，因为部里迫切要求，而且这是最高层的指令，我们必须完成这项任务。

从华沙送来的资料证实了我们最糟糕的假设。在这个部门面前，波兰任何一个乡合作社都不会感到难堪，乡合作社的商品在城里通常被视为质量低劣、陈旧且不适合在城市家庭里摆放的。在我们收到的目录中，有被归为"木制、皮革和金属日用品"的柳条和稻草制品，还有亚麻制品以及搪瓷的锅碗瓢盆，西里西亚的波兰钢铁厂还在生产这些东西。此外还有来自民间工艺总公司（Cepelia）的产品：民间玩偶、琥珀产品等。总计有几百甚至数千个项目。在分类如此烦琐的情况下，不可能将这项业务设在宏观贸易部门，当时那个部门只有三四个人。在接下来的一次会议上，宣布由我的部门负责伦敦博览会，理由是我的部门人数最多（将近三十人），而且我的大多数员工经验丰富，因为她们组织了向世界各地外交机构供货的工作，而且懂外语。还说我已经有十二年进出口贸易经验，无论是在进口行业还是出口行业，应该能够应付。有些论据甚至是很合情理的，但我尽力拒绝，避免由我的部门接管伦敦交易会。我将担任展台负责人和一个被指定的三人小组的组长，该小组将前往伦敦四十五天，我负责的将是一项从未参与过的活动。此外，我是一名工程师，在过去的几个月里，我一直要求派我到技术进出口部门工作。为了避免与管理层发生冲突，我同意了接管驻外机构供应部，但我未必要同意接手一个乡村合作社。我甚至不认为，去英国出差六周对我来说是一笔很大的经济收入。在达成令所有人满意的妥协之前，又过了好几天。管理层同意成立两个团队，每个团队将在伦敦为展会服务三周左右。而我们作为管理人员，同意为这一困难的、实际上是毫无准备的"节目"承担起责任。第一组包括宏观贸易部和技术与工业品部的经理，第二组由我和进口部负责人组成。首要任务包括从波兰向展览会运送货品，与展览馆（名为奥林匹亚大厅，是英国最大的展览馆）的管理人员进行沟通，雇用当地员工，接收运输的货品，布置展位并在中途将所有事务移交给第二组。坦率地说，解决方案是一项艰巨的任务，因为没有时间，也没有条件按照相应的法规来接管展位，并编制完整的已售商品和库存商品清单。

我发现，作为展台负责人，我的职责没有上限，尽管在展厅里待上十个小时甚至更多时间已经让人精疲力竭了。我们聘请了当地员工、销售助理和仓库员工。仓库员工主要负责确保展位上摆满各种商品。从在展厅里经营的公司那里借来的收银机（个头很大，装饰精美，但使用不便，用手摇曲柄，如今仅在博物馆中可见），使我们可以随时监控销售情况，我的职责是检查销售款并将款项每天存入银行，银行距离我们的展位仅几步之遥。出差指令还要求我不得在展台后面接待客人，不得在那里与不时来和我们攀谈的外国企业家进行商务洽谈。每隔几天我们就会举行品鉴会，售货

▼ 在伦敦奥林匹亚展览大厅举行的伦敦"理想家居博览会"上，本书作者与波兰展台的工作人员在一起（1971 年）

员把罐子里剩下的东西制成小三明治放在柜台上。结果我们的柜台前一直人潮涌动,而我借此机会大致看出,哪些波兰火腿和肉制品在不列颠群岛最受欢迎。到达后不久我就意识到,坚持要求管理第二支团队而不是第一支是一个非常明智的选择。在理想家居展览会开幕前五天抵达伦敦的第一支队伍,备展任务非常繁重,而我打算在两天之内关闭展位,以便有时间与使馆和商务参赞处交流。实际上,在展厅活动结束后的两天之内,我们将仓库里剩余的未售出商品移交给物流企业,对方开了收据,这样我们就不再被展台拴住了。剩余的商品不多,这里我应该得意地说,后来的财务结算和货物结算都没有任何问题。

在出国之前我就预计,将能够至少为自己找出十几个小时去满足非公务兴趣,那就是到大英图书馆寻找与我正在写作的书籍相关的资料。这本书是我向国家出版社(PIW)毛遂自荐的,而对方也对该提议很感兴趣。我已经完成了两本书,尽管第二本尚未正式付梓,但是打字稿已经被图书与知识出版社采用。我还有更高的目标。坦率地说,我的关于中国经济的书销量一般(五千册在1970年不算一个大印数),而国家出版社的书,尤其是我努力跻身其间的系列,印数要高得多,布面硬皮装帧,还有漂亮的彩色封套。

我在初中时对多种职业的向往早已随风而逝了,但成为作家的愿望从我们的波兰语老师切斯瓦夫·波博莱夫斯基表扬我的文笔不错开始,就一直萦绕在我脑海。他还说我可以尝试跟随我们学校的学长特奥多尔·帕尔尼茨基,那时他刚刚在利沃夫发表处女作,是一部名为《三点零三分》的长篇传奇小说。我知道这件事,但还没有机会阅读。这个愿望几乎从我中学毕业那天开始就一直困扰着我,尽管我当时考虑的是纪实文学而非小说,与帕尔尼茨基后来的兴趣(《银鹰》《最后一个罗马人》)相去不远。因为那是关于曾经将中国与中亚以及罗马帝国东部各省联系在一起的丝绸之路主题。为什么是丝绸之路呢?如今,我把它看作哈尔滨中学的教师兼校长——工程师卡吉米日·格罗霍夫斯基对该校的教学大纲进行改革的结果，同时也是我参与哈尔滨波兰东方学会活动的结果，在很大程度上还要感谢我们的"远东历史和地理"那门课。那门课我们用的是日本出版的英语教科书。在战争爆发之前，我们从波兰驻东京大使馆收到了十几本。那是一本多多少少以宣传为目的的教科书，但其中有关丝绸之路的信息比较可靠。日本考古学家对日本与西方之间的早期联系进行了广泛研究。早在近九十年前，格罗霍夫斯基就曾写过，日本与西方之间的联系早已存在，通过东北和朝鲜，来自中亚和波斯，甚至来自地中海周边地区的西方商品、图案、发明和思想就传入日本，后来的研究也证实了这些观点。

因此，我的出版兴趣很早就开始围绕考古话题展开。二十世纪五十年代末和六十年代初我在中国的时候，中国考古学家挖开了明朝皇帝万历的墓，并允许外国记者发表从墓中挖掘出的物体照片。它可能没有像埃及的图坦卡蒙墓被发现那样引起轰动，但国际新闻界写了很多文章。我的与中国历史和中国考古相关的文章发表在《知识与生活》《认识世界》或《航程》（《波罗的海日报》的周六/周日增刊）上。那些文章当时已经完全成熟，编辑部都很乐于接受。

在华沙出差时，我去了图书与知识出版社，请他们出一个证明，证明我正在为他们写一本书（那本关于经济的书），如果大英图书馆能够允许我接触所需的原始资料，出版社将不胜感激。我去伦敦后见到了安杰伊·格罗霍夫斯基，从他那儿了解到，出版社的推荐信可能还不够，因为英国的学术图书馆通常需要大学或其他学术机构的推荐信。但是我受到了非常友好的接待，因为阅览室的负责人首先向我询问了滨海地区十二月事件的过程，然后亲自带我到通行证办公室。在那里立刻给我拍了照片，片刻之后，我就获得了三天的通行证，授权我进入阅览室以及古籍和手稿部。

在图书馆阅览室里的感觉很奇妙。在奥林匹亚展厅里待的三个星期，伴随我的是整天的忙碌与嘈杂，而在这里，我找到了自己需要的所有书目。由于其中大多数是二十世纪的出版物，因此我能够负担得起将感兴趣的章节和段落进行影印，为此我花了一些差旅补贴。这些材料我直到三十年后才有机会使用它们，但那是另外一个故事了，属于这些回忆中的另外一章。

在我家地下室的一个盒子里，我找到了一张从伦敦寄往格但斯克的明信片，上面有大本钟和议会大厦，日期为1971年3月22日。明信片上有我的字迹："真诚地问候你们大家。今天我给俱乐部写了一张明信片（我妻子在格丁尼亚国际期刊和图书俱乐部工作）。我有很多工作，展览从上午9:30开到晚上9:30。实际上，早上8:30就得到场。展览将于周六闭幕，然后会轻松一些。"

第**28**章

出乎意料的提议

　　自我们从中国归来，我和娜塔莉亚每年都会在新年假期之际寄送明信片，祝福斯塔霍维亚克一家，他们的问候也总会如约而至。1970年12月，我们也没有忘记发送贺卡，尽管已经临近圣诞夜了。当时邮局运作不佳，所以在一月的头十天里，圣诞节和新年的问候才纷至沓来。在寄来的明信片中，也有来自斯塔霍维亚克一家的。除了通常的礼貌问候外，上面还有一句话表达了一种信念，即滨海地区发生的事情显然是毫无意义和可怕的，但也许它终将为人们期待已久的变化铺平道路。这些变化将朝着我们在北京梦想的方向发展。

　　北京……作为一个工作场所，我认为它已经是履历表中翻过去的一页，我从来没再想过，就在几周以后，这个地名将为我带来新的机会，也许比三年前结束的那次更加成功的机会。当时各种事件飞速发展。1月23日，什切青发生了总罢工，爱德华·盖莱克决定立即与总理彼得·雅罗谢维奇一起前往什切青和三联城。在那里，他向工人们发出了那句著名的呼吁："怎么样？你们能帮忙吗？"
这带来了罢工的平息。尽管巴尔托纳并不是一个拥有工人的企业，但它也通过了
一项决议，表示准备帮助新的领导班子。

巴尔托纳的商业活动一直与沿海地区其他海洋企业密切相关。几乎从盖莱克
离开格但斯克的那一天起，旨在振兴海洋相关产业的会议频率就显著增加了。人
们认为，既然造船厂、港口和其他海事机构如此强烈地支持新的领导班子，那么
我们经济中的这个领域即便不被置于优先地位，至少也会得到充分肯定（后来建
设北部港口的决定至少部分确认了这一想法）。在外贸部，与之前相比，有海洋
企业参加的会议更加频繁。1971年2月初，我就去华沙参加了一次这样的会议。

那已经是盖莱克和雅罗谢维奇访问格但斯克之后的事了，但中央委员会第
八次全体会议还没有召开，那次会议将对十二月事件进行评估。我们的会议上午
就结束了，所以我有时间去外交部。在大楼一层的通行证办公室，一张通行证已
经在等着我，是依照斯塔霍维亚克司长的指示准备的。我跟他一起去了位于外交
部大楼地下室的自助餐厅，然后我听到了一个完全出乎意料的信息和一条提议：
"现在还不能百分之百地确定，"他对我说，"但很有可能我不久就要去中国了。
这次是作为大使。您还记得我们在北京的谈话吗？"

当然，我清楚地记得。

"他们向我保证，如果我接受这一提议，我将可以自己选择专业团队，与
他们一起完成波兰外交政策所面临的新任务。我需要一个了解中国经济和对外贸
易的人，并且能够在使馆处理与中国的经济合作和科技合作相关的事务。我想到
了您。"

他问我是否愿意与他一起到中国工作。我无法给出否定的回答。我们聊了一
个多小时。在此期间，我了解到了许多以前从未听说的东西。关于新领导集体打

算执行更加独立于苏联的经济和贸易政策，以便在与外国的关系中最大限度地利用我们的经济潜力。由于盖莱克本人就是在西方接受的教育，所以他将努力促进波兰与西方国家之间的经济联系。最后，我们应该比以往更加独立自主地塑造与中国的关系。

回格但斯克时，我对谈话感到很满意，尽管我意识到，这很可能只是出于一位内心高贵者的好意，仍然需要上级的同意。情况可能会有所不同。我已经很清楚，外交部和对外贸易部的圈子都一样，对外面的人非常封闭。我的候选人资格很容易就会丧失，完全出于一个冠冕堂皇的理由（工程师，尽管有硕士学位，但没有外交方面的学历和工作经验）。让我感到突然和开心的是，就在我们华沙谈话之后仅仅一个星期，也就是在造船厂工人回答"我们帮忙"之后的几个星期，我收到一封有外交部抬头的挂号信，内容简明扼要，但对我来说很明了。我被告知，外交部干部司要求我尽快就驻外工作事宜同外交部联系。这封信的日期为1971年2月11日，信的末尾在括号里有一个手写的"508室"。我是在十三号、星期五收到这封信的。在波兰，如果一个月的十三号恰逢星期五，被认为不是好兆头。但是，十三对我来说一直是个幸运数字。周一，我把那封信拿给商务经理看了，并请求允许我前往华沙。2月17日星期二，我出现在了驻外机构处负责人的办公室，并于当天返回格但斯克，带着一摞调查表和表格。那是一种很特殊的感受：在经历了失败之后（我坚信自己在北京所做的比其他人要多，但回国时声名狼藉，还没法解释），现在，我仿佛重新开始了自己的汉学生涯，仿佛获得了重生。

当然，要求我尽快前往华沙并不意味着我的中国之旅同样紧急。一切都"按程序进行"，也就是说，从全面审查拟外派候选人开始，审查由专门为此成立的一个跨部门小组进行。我们非常仔细地填写了拿到的表格。三月初，我把签好字的表格寄回了外交部，并随信附上了我的简历、照片、两个文凭的复印件和通过三种国家级外语考试的证书。

因为我们的小女儿哈林卡当时正在读高中二年级，所以我并不着急，我希望在我们出发之前，她能获得毕业证书，否则，我将不得不一个人去中国。当我在干部司向接收我的文件的女职员提到，我有一个上学的女儿时，她笑着说："不用担心，六月底之前您肯定走不了。"大概在四月下旬或五月初，我在报纸上读到了关于中华人民共和国国务院总理接待斯塔霍维亚克大使的消息。这使我相信，我的外派问题应该会得到积极的解决，但我也知道随时会有各种情况发生。接下来的这几个月的事实证明，我的担忧并非没有根据，因为有人希望我在丑闻氛围中迅速从北京返回。对我来说幸运的是，针对我的指控是不真实和无效的，关于这个我之后再说。

我在报纸上发出广告，要在华沙找一个房间，租期一个月。第二天，我就从酒店搬到了一个私人的出租房间。因为整个六月，我都不得不待在首都参加强制性的行前实习。以前从未在外交部门工作过的人，规定的实习期是整整三个月，但具体情况常常迫使干部司缩短实习期，我的情况也是如此。起初，我们计划于7月15日飞往北京。

在一月第一次与当时还是大使候选人的斯塔霍维亚克司长会面时，他表示希望我完全接管与中国的科技合作事务，因为我上次在北京工作时对这个问题就已经很熟悉了。他像我一样认为，科技合作不应被视为职业旅游，因为有一些领域，我们的专家可以从中国的丰富经验中受益。作为一个"外边来的人"，我在通信处接受了很好的培训。

每个实习员在外交部大楼里的级别之旅中，最重要的地方就是被称为"领导司"或"地区司"的地方。去中国工作的是由二司负责，该司负责所有亚洲国家。该司司长是罗穆阿德·斯帕索夫斯基，后来曾担任外交部副部长和波兰人民共和国驻美国大使（后因在1981年军管期间叛逃美国而被缺席判处死刑）。

地区司的培训流程主要包括了解之前几年与该驻外机构工作相关的材料，这些对我来说恰好非常熟悉。还要与该司负责中国及邻国事务的具体人员进行交流，邻国中最重要的是越南。在波兰媒体上，关于中国的报道还很少，尽管二十世纪六十年代初由于中苏意识形态之争而实施的禁令早已失效。由于准备写文章和与图书与知识出版社签署的出版合同，我获得了进入华沙波兰国际事务研究所图书馆查阅资料的权限。从在那里读到的文件中我了解到，1971年的中国已经不再是我上次常驻时正经历"文革"动荡的中国了。越来越多的迹象表明，中国已经接近于打破自我孤立，而走上扩大国际合作之路。我去大使馆开展外交工作的那一年，最重要的年度事件是周恩来团队邀请美国乒乓球队访华，这是紧张了三十年的中美关系出现解冻的先兆。

我对那本探讨1949年至1969年中国经济状况的书的导言感到满意。在那本书出版之前（1971年初出版）的最后一刻，我设法补充了一些内容，成功预测了中国外交政策的积极变化。那是在长时间沉寂之后，当时出现的第一本也是唯一一本涉及此话题的书。在那篇导言中我写道，在国际舞台上，新路线的表现首先是中国外交的进取，证明了中国渴望重建自身的国际声望，而在1966—1968年间，中国的国际声誉遭到了巨大打击。到1970年底，中华人民共和国已经在国外派驻了二十九位大使，而在"文革"高峰期，驻外的只有一位大使。中国对发达资本主义国家提出了一系列贸易和外交倡议，其结果是加拿大和意大利最近与中国建立了外交关系，预计奥地利不久也将对中国给予外交承认。

那是在1970年。然而，真正的外交承认和将使馆从台湾迁往大陆的高潮是在1971年至1975年间，即我在北京使馆工作期间。只须提及一下，在那几年中承认中国的国家数量（五十二个）几乎等同于1949年至1971年承认中国的国家数量（五十五个）。以前，在较大的西欧国家中，只有斯堪的纳维亚国家（自1950年起）和法国（自1964年起）在北京设有大使馆。在1971年至1974年间，英国、德意志联邦共和国和西班牙以及其他七个西欧国家加入其中。

在赴任前我就告诉他，我写了一本关于中国经济的书，当时他建议我以笔名出版，因为作为外交人员，我必须征得部长的同意才能出版。那本书出版后，我把第一本作者赠书送给了大使。

1971年7月1日，我收到了部长签署的任命书。但是斯帕索夫斯基司长认为，对一个从未在部里工作过的人来说，一个月的实习期是不够的，他又给我延长了十天的时间，以便我阅读有关中国外交政策的宏观文件。在部里的实习结束后，我还要处理各种家庭和个人事务：获得我因公驻外的各种证明；把公寓交由母亲照管；安排将我的国内工资用波兰兹罗提定期支付给我的母亲；整理行李并用轮船托运；辞掉妻子的工作；还有我那本书的二校，如果出国前完不成，那本书可能就会从1971年的出版计划中删除，而我想避免这种情况。

我是在一个非常有趣的、充满了一系列重要内部事件的历史时刻来到北京的。从外部还看不到内部正发生着怎样的变化，在离开华沙前，我有机会看到一些中国报纸，当时情况似乎是相对稳定的。1971年4月14日，一群美国乒乓球运动员抵达中国，这是新中国成立以来的第一次。球队受到中国总理的接见，从而开启了尼克松访华前的"乒乓外交"。开放的趋势体现在美国商人、记者、文化和科学界人士对中国的频繁访问之中，还有1971年7月9日，尼克松总统的国家安全特别顾问亨利·基辛格对北京进行的秘密访问。一个月后的8月11日，我站在了北京机场的停机坪上。关于基辛格的那次秘密使命以及他获得了中方发给尼克松总统的访华邀请一事，当地的外交使团还一无所知。

1971年夏天，长城内外炎热而干燥，使馆建筑内的通风设备，也只有嗡嗡作响的空调，在这种情况下工作让人觉得十分糟糕。一天工作后在游泳池里游泳并不能让人长时间舒畅。斯塔霍维亚克大使已经递交了国书，但他仍在对其他使馆的负责人进行礼节性拜访。正如我提到的那样，自我离开中国以来，使馆的数量大大增加了。

1971年是使馆的过渡时期，当时人事变动很大，这无疑是十二月事件后华沙领导层变更的结果。前任离开了职位，他们的继任者刚刚担任职务或者还在波兰准备出发。在前任大使的旧队伍里，几乎已经没有人留任了。使馆里大概只剩下两名讲中文的员工——我在1963年就认识的帕维尔赤克夫妇，我是第三个。帕维尔赤克一家也早已经准备就绪，归心似箭了。在国外常驻的最后一段时间是非常难熬的，我自己就亲身体会过。当大部分东西都已经寄回国内时，你会突然发现，缺了某样特别需要的日常用品。

我原本在大使馆处理经济事务，但根据大使的命令，我不得不接管中国的政治问题。出于可以理解的原因，中国的国内问题一直是汉学家的研究领域，因为不懂中文，就注定只能得到二手信息。因此，自从开始担负起使馆一秘的职责，我就不会抱怨没工作做。在这方面，上次常驻的情况又再现了。但持续的时间不长，因为在接下来的几个月里，大多数空缺的职位，特别是与专业人员相关的职位就都已经补齐了。到年底时，我们在北京已有三名一秘和另外两名新来的二秘。

在北京，观察中国中部、南部以及西部和北部等边远地区发生的情况是非常困难的。而当你到北京以外的地方时，视野就会大大扩展，当然每次都要向中国政府提交外交照会。然而，离开北京的私人旅行仍然难以实施。公务旅行主要是前往天津港和附近的秦皇岛，那里有中波轮船公司的船只和波兰远洋航线的船只停靠。去南方的信使旅行在这方面是一个例外。外国人尤其感兴趣内陆省份，因为"文化大革命"似乎已经结束了，但是一次又一次地使人想起它。尤其是位于北回归线附近的广州，远在中国南方，是让外交使团感兴趣的新的潜在信息来源。广州有我们的总领事馆，但它的职责和兴趣范围与我们的完全不同。往广州和路程只有一半的上海总领事馆送邮件，不是由华沙来的信使，而是由持外交护照的机构雇员完成的。一种办法是先将邮件从北京转送到上海和广州，然后从领事馆搜集他们要发送的邮件，这种情况是由使馆外交官完成的；另一种方法是领事馆的邮件被当地的领事运到北京，然后再由他们将华沙寄到北京的邮件带回去。

我跟大使商定，派我去下一次快递旅程。从几个方面考虑，这可以使我更好地了解首都以外的中国经济状况。领事馆仍然在订阅的当地报刊，经常包含一些重要信息，涉及农业、工业、建筑业以及当地人民政府的变化和省内的状况。

就这样，到达中国后不久，我就去了上海和广州出差。我之所以选择了乘火车，是因为从车窗可以看到附近的村庄。此时正在成熟的粮田或空旷而未耕作的田地，表明至少在一些地区，情况离正常状态还相差很远。早上到达广州，转交完邮件并在总领事那里吃过早餐后，我就去了城里。我设法在城里买了几本当地的出版物，而且还翻阅了领事馆订阅的报纸。连续两个晚上，我都收听当地广播节目到深夜，尽管无法预测在哪个波段上可以捕捉到一些有趣的东西，然后我带着这一切回到了北京。

第**29**章

外交四年

　　1971年9月初并未预示任何非同寻常的事情，即那些即将在中国发生的戏剧性事件。现在，我新职务的性质与我在商业机构中工作时的根本不同。那时，我整天坐在办公室里，如果外出，也主要是去中国的机构、车站或机场，以及不时去东欧各国的使馆或商务处办公室参加俱乐部会议。现在，我额外获得了20%的补贴，根据现行规定，该补贴应全部用于外交会谈和招待会。这些活动是相互的，这意味着如果我的另一个大使馆同行邀请我在有或没有配偶的情况下在餐厅或家里共进晚餐或午餐，我应该在一段时间后邀请他参加类似的午餐或晚餐。我们的薪水远低于西方国家，这是我们与这些国家的外交官社交有限的原因之一。第二个（尽管不总是）避免与他们经常接触的原因是避免激怒苏联大使。苏联大使对我们与广义上讲的西方国家打交道时展现出的更大独立性，总会表现出疑虑。

　　我不知道，这是由于当时的政治气氛改善引起的，还是斯塔霍维亚克大使从华沙新领导层那里得到了这样的指示，波兰使馆在他的领导下，我们的外交官和其他人员享有更大的自由，这使得波兰使馆在东欧各国的使馆中脱颖而出。与外国人会面时，谁也不需要有另一个人员陪同，而其他东欧国家都以苏联使馆为榜样，遵循这一原则。斯塔霍维亚克大使还取消了在出使馆执行公务时要在"外出登记簿"上登记的规定。与外国外交官会面，只要访问前在秘书处口头汇报一下即可。员工的妻子去外国人商店或者只是出大门就要到门卫处登记的规定也被取消。三座住宅楼生锈的门锁上了油，并将钥匙交给了住户。使馆的大门在白天重新敞开，客人可以像多年前一样，将汽车直接开到主楼门前的车道上。

然而，过去多年形成的按照实务部门不同的工作领域分成不同俱乐部，并举行定期会晤的制度没有太大改变，即按照外交政策、国内政治和经济政策进行分组。根据我的情况，我肯定要加入"经济俱乐部"。朝鲜人、越南人和阿尔巴尼亚人没有参加。与罗马尼亚人的联系仅限于偶尔会面，主要是国庆节的时候。苏联大使馆对员工的对外联系一直有最严格的规定，从1968年开始，捷克人也非常严格。两人单独会面是不可能的，而且两个使馆参加各种会议时也都是二人同行。碰巧的是，在同一时间，娜塔莉亚在圣乌尔舒拉修道院学习时的一位同学，又是我在哈尔滨的伪北满大学学习时的同学——维拉·希考洛娃此时正在捷克斯洛伐克大使馆担任翻译。但是，我们与她的私下见面都是秘密进行的，这并不难，因为我们拥有小门的钥匙。前任大使创立的"大使俱乐部"仍然存在，还有那三个实务部门工作人员俱乐部是必须参加的。俱乐部成员的聚会每月一次，每次在不同的使馆举行。这意味着每次都由不同的人担任东道主。因此，在我抵达之后不久，在寄往华沙的第一份邮件中，就收入了两篇专报，是基于我与捷克斯洛伐克和苏联同行的交谈而写成的。第一篇涉及捷克斯洛伐克社会主义共和国与中国之间的科技合作，第二篇是关于1971年签订的苏中贸易协定，该协定的签署已经大大延迟。苏联与中国的贸易曾经比中波贸易、中捷贸易和中德贸易高出十倍，而在1970年，它创下了历史新低，现在仅显示出轻微的改善。

新老板为我设定的任务——至少在头几个月中——更为广泛。我来北京时是作为他未来团队的第一人。我需要为他提供有关中国经济和贸易中所发生的一切可靠而全面的信息，即使这被认为是商务参赞处工作的重复劳动。他的座右铭，大概完全符合盖莱克的新领导层的路线：当然要同苏联保持友好关系，但要有尊严且不屈从。我将监控所有对我们与中国的贸易产生负面影响的事务，并给出结论，即使我们阵营的朋友可能不高兴。遵循的原则是："友谊是友谊，但更贴身的是衬衫。"而且让我自己判断在俱乐部会议上该说些什么、哪些应该只有自己知道。

我在苏联大使馆的同行是诺维科夫一秘，据说他是一位位高权重的将军之子。他的行事方式与前任苏联贸易代表——商务专员考洛莱夫截然不同。每次与我会面他都从问题开始："怎么样？先生？"不等我反应，他就自己答道："就像在波兰那样，谁钱多谁就是主人。"这当然让我很生气，但我没有表现出来，只有一次我跟大使说，他每次这种挑衅言论让我很愤怒。我很难忍受他的无礼而继续装得彬彬有礼。他大概的回答是："是的。您现在是一名外交官，这使您必须控制自己的神经。"有一天，我偶然在外国人商店里碰到了一位阿根廷朋友，在我上一次常驻期间，他在阿根廷公司驻中国的一家半私人销售机构工作。自20世纪六十年代初开始，苏联拒绝向中国供应粮食，中国的处境极为艰难，阿根廷就一直向中国出售谷物和肉类产品。我从他那里了解到，阿根廷可能再有一个月就要在北京开设大使馆了。

1970年是中国对发展中国家政策发生重大变化的一年。包括墨西哥和阿根廷在内的许多拉美国家或者已经与中国建立了外交关系，或者正在为这一步骤做准备。

与阿根廷人的会面让我又完成了一篇专报，是关于中国对拉美国家政策变化的。不过，对于日后确立我作为中国内部局势分析者地位具有重要意义的是一项较大的研究。在该研究中，我对当时中国人民解放军的情况进行了评估。当我刚刚完成研究报告，准备通过信使发送时，出现的情况证明了我在报告中所提观点的正确性。

我作为大使馆一秘在北京的生活一切如常。我花了很多时间参加外交招待会，乍一看似乎很吸引人，但是一段时间以后，它就变成愉快程度有高有低的任务了。这些招待会往往是持公务护照临时来北京的人员羡慕外交官之处。

1972年初对我来说不像上一年年末那么耗费精力。自从两名新的一秘到达北京，我将负责的中国国内事务和政治事务转交给他们之后，得以专注于经济和科技合作问题，在接下来的四年中我将负责处理这方面问题。

在一月下旬，我们期望着信使的再次到来。邮件先放到大使的办公桌上，因此当他的秘书打电话给我，让我去找大使时，我并不感到惊讶。我发现他正在分发邮件。由于我已经将原先的部分职责转交给了华沙来的两名一秘，所以我的办公桌上准备的是一份有关1971年中国农业成果的文件。我认为，大使找我是因为我的调研，或者部里有什么新的要求，但是我错了。他递给我一份公函，并让我坐到办公室后面的小客厅里仔细阅读这两张纸。他有时在那里接待访客。

他说："我马上结束就过来。"我坐在舒适的深扶手椅里开始阅读，简直不敢相信自己的眼睛。我刚刚把新的工作岗位坐热，威胁就已降临到我的头上，以至我不得不意外离开。第一页上只写着"大使收"，而第二页上是关于我有所谓不当行为的公函，我的老板将对此做出回应。

信的日期为1972年1月19日，是写给航运部长的，而涉及的内容是——如信中所写——《中华人民共和国1949—1969年经济发展概述》，作者W. Kański（我的笔名），图书与知识出版社1971年出版。立即引起我注意的是指控我泄露了国家机密并要求追究我的责任。在最好的情况下，我可能立即被撤回并清除出外交队伍。因为我对指控的行为完全不认同，所以很快就恢复了冷静，尽管在最开始的一刻感觉怒发冲冠。这封信没有设密级，因此利用大使把我独自留在休息室的机会，我拿出一直放在口袋里的笔记本，誊写了信的主要内容和要点，但还不知道如何为自己辩护。我被指控在书中透露了1951年波兰人民共和国政府与中华人民共和国政府之间关于建立中波海运公司的秘密协议内容，这可能会对波中关系产生负面影响。为此在华沙举行了一次跨部会议，由斯帕索夫斯基司长主持（中国事务归他所在部门统管），来自外交部和航运部的其他几个重要人物也参加了会议。将对我提起纪律处分程序，而这本书将由新闻审查机构，即新闻出版物和舞台表演管理总局从出版商的仓库中收回。

我坐在大使办公室后面的休息室里，试图理解我能透露波中协议的哪些秘密内容，因为我从未亲眼看到过那份政府间协议。我在北京有那本书，所以我可以检查，尽管这是一本脚注很少的普及性学术读物。我不确定我写了什么以及在哪里写的，以及我是否给出了信息来源。如果没有提供，我会遇到麻烦，因为我把同出版社和审稿人通信的文件夹留在了格但斯克，而请快递将这些材料送到北京要花几周的时间。

然而大使似乎对这封信无动于衷。当他走进来时，我已经知道，该如何回答关于信息来源的问题了。我在手稿中写了，中波轮船公司是一家经纪公司。而该书的审稿人——罗布曼编辑对它有数十条评论，其中包括：那实际上是一家航运公司，但由于美国对中国的封锁以及当时（1951年）的国际形势，该公司被注册为经纪公司。二十年后，这当然已不再是任何秘密了，但是有人提出了指控，我就不得不自证清白。在我的脑海中，有这篇文献的作者及其标题。那只能是几年前在莫斯科出版的苏联作者斯瓦德科夫斯基关于中国对外贸易的书。二十世纪五十年代，斯瓦德科夫斯基曾担任苏联驻北京的贸易代表，我多次引用他的书。我还记得，是从波兰国际事务研究所的图书馆借到那本书的。也许在我们大使馆的图书馆里，或者捷克人的图书馆里就有这本书，我可以从维拉·希考洛娃那里快速了解一下。实在不行，也可以去苏联大使馆找。

我把这一切告诉了大使。

"那就请找到那个信息来源。然后写一份报告，可以是写给我的，我们尽量让这个信使回去的时候能够把你的答复带回去。"

因此，我大约有三天时间来解决此事。信使留在北京，等待我们北京的外交官将邮件带到广州和上海，并把要发往国内的邮件一起带回。这通常需要两天，第三天打包，第四天早上飞机就飞往莫斯科了。斯瓦德科夫斯基的书我们使馆的图书馆里没有。维拉回了电话，说他们也没有那本书。"去找俄国人。"她建议，"他们肯定有。"所以我坐进了汽车，没有提前通报就直接开车去了那里。我设法进入了图书馆，结果发现确实有那本书，但有人建议我只在阅览室里浏览。最终，我获得了外借两天的许可。直到坐到车里，我才意识到我甚至没有想到要查阅它是否包含我所寻找的信息。我不想在苏联门卫面前翻看它，所以开出了围墙，开过了几个街区，直到找到一个合适的角落，把车停在那里，看看我是否错了。有那条信息！有关与波兰贸易的信息，在第281页。内容如下：

> 1951年1月，在签署1951年贸易协定的同时，波兰和中国签署了关于航运、相互交换邮件和电报通信的协议。根据该协议，建立了一家中波混合航运公司，以维持中国和波兰港口之间的运输联系。该公司的轮船

还服务中国与欧洲其他人民民主国家的贸易。

所以我可以松一口气。当我向斯塔霍维亚克大使展示这本书时，他只说这是浪费两位部长和来自两个部门那些官员的时间来处理这种通信，而且他说他会提出自己一些更强有力的论点。当天晚上晚些时候，我按他的意思给他写了一封信，故意强调了斯瓦德科夫斯书中所用的"中国—波兰航运公司"一词。

大使对于针对我的指控不属实感到非常高兴，因为把我送回国内的前景会让他很尴尬。在最初的几个月里，他真的很需要我。他只是告诉我说，他已经向外交部致信，而且认为案件已经结束。

我还得尝试阻止华沙的审查部门将我的书从书库里收回的举动，航运部会为这件事跟他们联系。因此，我请同一位信使给图书与知识出版社转交了一封信，在信中将我向大使介绍的一切又重复了一遍。外交部对此事没有回应。幸运的是，印出的书没有变成纸浆，而是很快就卖掉了。

1972年夏天，在中断多年之后，中国外交部宣布将组织在北京注册的外交使团团长和他们的夫人前往中国西北地区参访，而且他们可以从使馆工作人员中选择随行人员。我是幸运儿之一，可以成为第一批参访从"文革"开始就一直对外国人关闭的河南、山西、陕西和青海等省的人。这些省份都位于北京以西。这次，我们将参观中国的两个古都——西安和洛阳，参观享誉全国的先进农业生产队大寨，参观龙门石窟、度假胜地"暖泉"和一些小城镇。一方面，我们要访问两个有着近两千年历史的中国古都；另一方面，我们将被带到大寨大队，该大队几年来一直被当作自给自足的典范——只依靠自己的力量。

斯塔霍维亚克大使出身于农业部，对农业问题非常熟悉，但也期望我的随行将有助于他评估整个中国的经济状况并得出正确的结论。我们所有人都知道，在

1960年苏联拒绝向中国提供一百万吨粮食之后，中国被迫从西方国家进口大量小麦，这显然是他们想避免的。但是中国农业的真实情况如何，仍然停留在猜测之中。现在，我们有机会了解更多的情况，并至少可以将我们的估算与现实的某些部分进行比照。

这次旅行对我来说尤其具有吸引力，因为我的一些与工作无关的兴趣。由于对与丝绸之路有关的主题感兴趣，我很高兴将可以看到中国的古都，尤其是西安。这是商队从地中海到"丝国"的主要目的地，希腊人和罗马人这样称呼中国。毕竟，这个丝国指的就是中国，就是今天的西安，在中国古代称为长安。

我从小就对中国的历史兴趣浓厚。在初中的最后几年，长途旅行就是我的梦想。哈尔滨有很多旅行方面的书，无论是在我们的初中图书馆里，还是在"波兰之家"的图书馆中。但是，我没有任何旅行的机会，主要是由于经济原因，也是因为日本人对外国人在伪满洲国旅行进行了非常严格的控制。所以我只能读书和做梦。我还梦想有一天能够去中国的新疆。中国的西北地区让我着迷，那是连接中国与罗马帝国东部各省的古代丝绸之路不可分割的组成部分。第一次在北京的商务处工作期间，我只有过一次前往北京以西不远处的小城——大同的机会，它的位置是在商队的支线上。北线穿过大同到达朝鲜半岛，再到日本，后来被称为"草原丝绸之路"，而南线则通往两个古都——长安和洛阳。要抵达长安，西方的商队必须经过漫长的陆路，当时在有利条件下，要花两年半甚至更长的时间。它的存在归因于四个大帝国对丝绸贸易的兴趣，这些大帝国涵盖了欧亚大陆的重要区域：罗马帝国、安息帝国即古代波斯、从东边与其接壤的贵霜帝国（月氏）和中国。沿着丝绸之路诞生和繁荣了许多古老的城市、繁华的绿洲，西方商人在前往长安的途中在那里相会，用他们的商品来换取中国的丝绸。我自认为非常了解中国的历史，而唐朝（618—907年）的历史让我尤其着迷，因为当时中国是一个非常现代的国家，对西方的新思想、文化交流和贸易都非常开放。

我们旅行的首站是离北京最近的河南省洛阳市。这座始建于公元前十二世纪的城市是中国最古老的城市之一，五个朝代曾在此定都。我们匆匆游览了它的主要古迹：城墙的片段和皇家陵墓。在我们到达前几个月，从墓中挖掘出了北魏时期（386—534年）的许多珍贵物品。人们准备在当地博物馆展出，但很明显，它们是从别的地方，肯定是更安全的地方运来，匆匆放在临时展柜中的。从洛阳出发，我们去了位于洛阳城以东几公里处的白马寺，据说那里存放着公元一世纪用白马从印度运来的佛经。我们有外交部的口译员，但只有找到当地会说英语的科学家后，对客人提供的语言服务才能更为高效。这些客人中只有少数会说中文。我们又和那名会说英语的科学家一起去参观了龙门石窟。从那些雕像的风格和技巧以及装饰上可以很容易发现，那些石窟主要开凿于公元六世纪和七世纪，也就是中国史无前例的对外开放时期，因为那些装饰经常是将中国图案（龙、凤等）与波斯、中亚和印度的图案混合在一起。

在与他的对话中，我提到我曾在中国生活和学习，包括中国医药。我看到他是那么高兴，并立即将我们引向一个人迹罕至的山洞，他称之为"药方的洞窟"。洞窟的墙壁上有几十个古老的医疗处方。我们还了解到，使用这些药物治愈的患者或他们的亲属在那里竖立了报恩的神像，并在那里展示使他们恢复了健康的药物配方。几年后，我听说在洛阳召开了一次有关这个不寻常石窟的学术会议，传统中医的医生对其有效性进行了测试，并将它们发表在专门的刊物上，以供人们实际应用。

我们旅行的下一站是西安。中国导游安排我们在西安停留的第一天参观古城保存的古迹：城墙、宫殿建筑群的遗迹，著名的塔楼（鼓楼和钟楼以及大雁塔和小雁塔）。晚上有一个招待会，期间我得知在西安博物馆里保存了一块石碑，上面刻有基督教在中国传播的历史。我们有机会见到了它，并被允许拍照。后来我在自己的书中使用了它们。

两年后，中国外交部组织了外交使团团长的另一次实地访问。这次是去中国东北，即从前的"满洲"。此行的主要景点是参观广为宣传的模范工业企业大庆。大庆实际上是在发现了油田之后成长起来的一座新城，被当作农业大队大寨的工业对应物。外交部预告说，考虑到分配的预算和艰苦的条件（通信和住房），大使夫人们将不受邀参加此行，但他们可以带一名专业方面的工作人员。也许是由于我的出身，或者是由于我的技术背景，斯塔霍维亚克大使选择了我陪同这次旅行。我很高兴能再次回到我的生长地。这有两个原因，首先是三十年前，我就沿着这次计划中的旅行路线——从哈尔滨到齐齐哈尔——往返过多次。当时，作为哈尔滨工业大学的三年级学生，我不得不在蒸汽机车上担任火车司机助理以获得学分。第二个原因，也是个人原因，对一个没有像我这样在东北经历过战争的人来说可能难以理解。在哈尔滨居住的时候我就知道，波兰人（波兰地质学家卡吉米日·格罗霍夫斯基和爱德华·阿奈尔特）早在几十年前就已经在黑龙江省的这一地区发现了原油，并且将有关信息发表在东省文物研究会的论文中。但尽管如此，日本人对这一发现一无所知，虽然他们一直在整个伪满洲国领土上搜寻石油矿藏。要知道由于缺乏汽油，他们的飞机用含酒精和苯的混合物飞行。正是由于这个原因——正如曾与日本人作战的波兰飞行员维托尔德·乌尔班诺维奇在自传《中国上空的火》中回忆的，这种飞机的速度和机动性都比美国飞机差。假如他们二十世纪三十年代在大庆发现了石油，战争持续的时间可能会更长……我与斯塔霍维亚克大使分享了这些信息。他说："那么等我们从大庆回来，请将这些信息写入你的报告中。"我没能写报告，而且我们哪儿也没去，斯塔霍维亚克大使和我都没去，"东欧卫星国"的其他大使也没有。当中国人告知所有外国外交使团，由于这座位于密林深处的新建工业区还缺乏合适的住宿条件，所以每个使馆只能有两个人参加大庆之旅时，所有大使都接受了这一点。只有苏联大使除外，他认为他应该带两个，而不是一个随行人员。当中国人拒绝了他时，他就声明说那他就不去。

1972年底，使馆里发生了很多事情，这意味着节前和节日期间我都无法休息了。一切始于一份密电，华沙要求中国人尽快落实交付一万吨肉，以便在圣诞节前到达波兰。根据协议，他们应该在年底前完成这份合同，但那样的话这些肉最早要到十二月底或来年一月份才能到达波兰。今天已经没有人再记得，那时市场上始终存在肉类短缺问题，而节日之前必须得把肉类摆上商店的货架（一万吨看似只是一艘船，但一千万公斤对于满足波兰的需求来说已经不少了）。大使要求所有在政府部门中有较好人脉的人共同努力，争取获得批准提前启运这些肉。我恰好有这样的关系。我不知道我的关系发挥了多大作用，但是那一年波兰圣诞节餐桌上有不少中国火腿和肉肠。另一方面，我们在悲剧的阴影中度过了那个节日，那是由于我们的"约瑟夫·康拉德号"船上的水手在越南海防港的遭遇。12月20日上午，美国人可能对巴黎和平谈判缺乏进展感到不耐烦，因而轰炸了河内和海防，"康拉德号"当时正停泊在海防。美国人还向它发射了导弹，从而引起大火，船体侧面破裂，发生倾斜后沉在了海底。船上的二十八名波兰水手中，有四人遇难，三人受伤。美国飞行员甚至用机关枪向救生艇扫射，"康拉德号"的水手当时正乘坐救生艇向等候入港的"莫纽什科号"轮转移。要将所有"康拉德号"的幸存者送回家，唯一可能的路线是从河内到北京。但是，他们不得不等待越南人修复被轰炸过的机场。

显然，这一事件在北京的外交使团中引发了很多猜测。据越南报道，"康拉德号"是三次袭击的目标。在它旁边的是苏联的德威诺戈尔斯克号，却在那次轰炸中毫发无损。越南能够有效抵抗美国入侵，主要归功于苏联和中国的援助。那么，为什么波兰轮船遭到如此大规模袭击呢？此外，几个月来，它被困在被美国布了水雷的海防港里无法动弹。猜测是没有止境的。我也有自己的见解，并在备忘录中向大使提出了自己的见解。"康拉德号"的船员幸运地抵达北京，休息了几天之后，他们便可以飞往华沙。在波兰，他们被当作英雄迎接，但是在表彰方面，国务委员会并不像五年前对待北京使馆工作人员那样慷慨，尽管这次有人丧生，而那次甚至没人被抓伤过。

1973年为我们的家庭生活带来了期待已久的变化。娜塔莉亚的父母有五个孩子。三姐妹是连续三年出生的，然后，经过几年的停顿，另外两兄妹也降生了：一个姐姐和一个弟弟。这可能就是为什么她一直想要孩子，即使我们即将进入未知世界。卡夏是在我们既没有公寓又没有家具，几乎是一无所有的时候出生的。

▼ 1972年，波兰商船"约瑟夫·康拉德号"在越南北部港口海防遭到美国空军轰炸

三年后，同样在娜塔莉亚的鼓动下，哈林卡出生了。那时我仍然需要借钱才能撑到下个月一号。然后是那场疾病，看起来似乎我们有两个孩子也就到头了。十几年后出现了再要一个孩子的话题。我们的财务状况稳定了，还清了房款，有了车。我很不好意思地承认，多年来我终于能够在银行账户里存下一些钱了。我们把孩子们养大了，开始意识到再过一两年，就剩下我们自己了。到北京后不久，第三个孩子的话题就又被提起。在格但斯克度假时，中心的医生确认说，我们可以再要一个孩子，尽管他怀疑由于年龄的原因，生出的孩子是否会健康、没有缺陷。我们开始寻找一位好医生，能够质疑或确认这个令人不快的诊断。我们发现，有一家私人诊所是由拉乌凯尼茨基医生经营的，十几年前就是他在门诊部大街的医院里为我妻子两次接生。那时他是一位新入职的妇科医生，现在他已经是格但斯克著名的专家了。我很高兴地跟他通了电话，并且为妻子挂了号。多亏有他，我们有了第三个女儿。

考虑到几方面原因，我们不想过早地向大使馆透露这件事，而我们在北京的

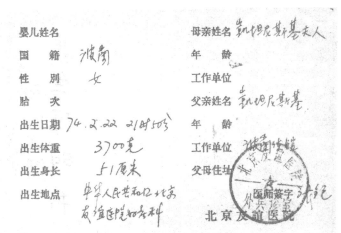

▼ 我们最小的女儿亚历山德拉的出生证明，1974 年由北京友谊医院出具

生活直到她怀孕七个月都平静如常，这时她才向同在图书馆工作的一位女士透露了自己的情况。娜塔莉亚那时四十二岁，而我已经快五十岁了，这引起了一定的轰动。1974年1月，我通过广告，在一家西方机构买了两辆旧婴儿车，一辆用于婴儿，另一辆是轻便可折叠的儿童车。二月，我在半夜把已经出现临产腹痛的妻子送到医院。我不想打扰任何人，而是自己开车。诚然，这是她怀的第三个孩子，但医生说，中间间隔了这么长时间，必须进行剖腹产。妻子同意了（尽管我必须签署手术同意书），剖腹产是在不进行药物麻醉的情况下进行的，只是将两根针从侧面插入，在胯骨和臀部之间。她后来告诉我，她可以在手术台上方的镜子里看到整个过程。而我确信了中国针灸麻醉的效果。女儿于1974年2月22日出生，健康。妻子分娩后没有任何并发症，而我不得不改变自己的生活方式。母乳喂养奥拉两个月或更长时间后，就不得不换成奶粉。在西方外交官中，我已经有很多朋友。通过这些朋友，我可以迅速从香港给婴儿买罐装牛奶。当时还添加了豆浆，这在当时是新产品，但制造商宣传说，其成分与人乳非常接近，而且奥拉长得出乎意料地好。直到我们离开中国，她在北京一年四季都没有生过病。

第30章

马耳他插曲——成功与失败

回到格但斯克后，我立即与技术翻译团队取得联系。那里也发生了变化，已不再是安杰伊·考尔诺维奇的"私人倡议"，而是回到了核心技术组织的框架之下。我得到保证说，他们很乐意我立刻归队。我只需要向他们提供巴尔托纳同意我与他们合作的证明即可此后这类第二职业的事，由总经理的副手负责，经济经理毫不犹豫地签署了同意我和翻译团队合作的证明。根据当时的规定，失去我应得的职位及随之产生的结果，使我每月总共损失一千三百兹罗提。这已经很多了。后来发现，还不止于此。因为在此期间，开始实施新的工资标准，外贸部门的薪水也大大提高。尽管经济上有损失，但工作量要少得多。有一阵子我甚至没有自己的办公桌，因为他们真的不知道该拿我怎么办。我为此感到非常遗憾，尽管由于这种被迫的无事可做，我晚上不再感到疲倦，而且从翻译中获得的收入比在巴尔托纳挣得还多。现在，将造船厂的文件从英语翻译成俄语的每页翻译价格几乎是我去中国之前的两倍。总之，我已经暂时接受了降级，等待事情进一步的发展。

在我出国的四年中，外贸企业的运作发生了许多重大变化。这也大大影响了巴尔托纳。除了前述工资标准变化外，公司通过将业务拓展到所谓的"小市场"，扩大了自己的贸易疆域。到目前为止，那些市场都是由行业总公司提供服务。由于这些市场的贸易额仅占这些公司商业活动的很小一部分，因此他们对来自这些市场的询问、建议和订单并不十分重视。自成立以来，巴尔托纳一直是一家多行业的公司。在格但斯克和格丁尼亚的仓库中，我们有很多出口货物库存，当然我们能够以更好、更经济的方式与这些"小市场"进行贸易。这不是新的尝试，早先格丁尼亚公司已获得了与西班牙加那利群岛的独家贸易资格，对行业总公司来说，这样的交易额不值一提。在将此项业务交给巴尔托纳几年后，该群岛已成为我们业务的最重要方向之一。整个加那利群岛是一个免税区，由巴尔托纳经营了多年。现在移交给巴尔托纳负责的新市场国家主要是一些岛国和小岛国，其中包括欧洲的冰岛、塞浦路斯和马耳他，也包括直布罗陀、休达、赛德港等新的免税地区。

我现在已经被调到总营业部，该部门在巴尔托纳的成立时间要比基本行业部门晚得多，它被称为"储藏室"。外交部和对外贸易部的某些部门也有相同的称呼，因为通常是将从国外职位返回的人员或定期重组的受害者临时安排到那里。在外交部，档案部是这样的单位，在巴尔托纳则是总营业部。它主要处理不在行业部门职责范围内的事务，包括对新产品种类的查询、外国公司的合作建议等。在浏览装有当前事务的文件夹时，我注意到了很多否定的回答，特别是涉及一些技术产品的："我们不经营""我们没有"。有一个案例是马耳他于1975年2月写的一封信，其中要求我们提供所有船用钢丝绳的报价。我还在格但斯克办公室工作并负责为中波轮船公司的船只供货时，我们也收到过单根钢丝绳和马尼拉绳的订单，或者我们的工业部门不生产，或者是由于巨大的国内需求不出口。

马耳他来函不是针对某一种绳索提出需求，而是针对非常广泛的种类。上面印有"马耳他海事"的公司名称，这个名称当时对我毫无意义。但是在中波轮船公司有人告诉我，马耳他海事是一家马耳他航运公司，与马耳他干船坞船厂有关，后者是该国首都瓦莱塔的一家大型造船厂。当然，我可以像我的前任一样回信说，我们的报价单里没有钢丝绳。然而直觉告诉我，值得关注的是该询价是否很有希望。盖莱克上台后，启动了卡托维兹大钢铁厂，我们获得了西方的大量贷款，以此建造新的工业企业。我知道，许多工厂，尤其是西里西亚的工厂，都获得了可观的资金用于追加投资。所以我给位于扎布热的"利诺德鲁特"工厂打电话，十五年前，我设法从那儿为我服务的中国船只弄到了几根钢索。我不认识任何与我谈话的人，但我了解到，如果价格对他们有利可图，他们可以将一定数量的钢丝绳出口到马耳他。他们邀请我参观西里西亚，看看现在的企业什么样。钢丝绳对每家船用杂货商来说都是重要货物，而在这里我们收到了船东的询问，其中包括数十根各种类型的钢缆。就像我猜到的，不仅是在船上使用，还用于起重设备。

我将与扎布热的厂长进行的令人寄予期望的电话内容转告了商务经理，并提出前往西里西亚的建议。他同意了。所以在年初，我带了一包巴尔托纳的年历和一次性香水样品（我们增加了一些著名的法国品牌，如迪奥、香奈儿或兰蔻）前往。根据具有几千年历史的中国传统，礼物总是有助于会面谈生意的人之间建立友好关系，与贿赂无关。巴尔托纳详细记录了从西方供应商那里获得的所有试用品和样品，例如装有外国酒的瓶子，或带有"非卖品"字样的香水。如果我从外国承包商那里收到类似物品，根据经理层的决议，我会把它们送到样品室。每次从样品室取任何东西都会有详细记录，谁什么时候以什么目的领取了这些试用品和样品。我的登记上写的目的是"刺激出口"。

就这样，我带着一包沉重的年历和一个较轻的样品包装箱去了西里西亚，这些东西实际上对我与绳索制造商的第一次接触有很大帮助。后来，这些接触产生了几份可观的国外合同，对我个人而言，它们给了我很多道德上的满足感，并且在某种意义上也有物质上的满足。

在扎布热，我了解到在1972年，即我访问西里西亚之前的一年，在扎布热、比托姆、索斯诺维茨和瓦乌布日赫的四家西里西亚绳索工厂合并为一家企业——"利诺德鲁特"工厂，这是重组的一部分。凭借购买的现代化设备，现在他们可以满足国内需求并开始出口其产品。在比托姆，我买到了一件非常合身的深色西服，这正是我需要的，在格但斯克，我一直找不到合适的西服。从北京带回来的所有西装都是适合炎热天气的，对于波兰和欧洲的气候，我需要一件像样的纯毛料冬装，现在我可以带一套回格但斯克了。

根据收到的报价单，我与技术出口部门就巴尔托纳的利润达成一致，并向马耳他发送了报价。答复很快就到了。我们的潜在客户接受了一些商品的价格，对另外一些货品则提出要百分之几的折扣，而且要求的折扣是在公司为促销而采用的折扣范围内。这是我回到巴尔托纳之后的第一个小成功。商务经理认为，我应该继续处理马耳他市场，尽管按照权限划分，钢丝绳的出口业务已经应该由技术和工业产品出口部门负责了。所以，我继续答复"马耳他海事"的询价，发送报价，宣传我们的技术和工业产品。我是1958年以来巴尔托纳格丁尼亚总部里唯一一位工程师出身的员工。我的马耳他联系人显然认为他们正在与公司中更重要的人打交道，因为我的名片和个人签名章上都用英文写着"专家"。

有一天，商务经理叫我马上下去。我当时在五楼工作，而管理层在四楼，所以我下了楼。从马耳他来了一封信，是写给我的，里面除了对当前项目的一些讨论外，还邀请我去与"马耳他海事"和"马耳他干船坞"造船厂会谈，因为他们想扩大与巴尔托纳的合作范围，目前的合作只涉及钢丝绳。

马耳他的话题当时经常出现在国内媒体（国外也一样）上，因为前一年在该岛举行了议会选举，这是作为社会民主党的劳动党连续第二次获胜。其主席多姆·明托夫再次成为政府首脑，他决心改变该岛的半殖民地地位（在此前，该岛事实上由英国总督统治）并确保其独立性。我对马耳他历史的了解比我们的经理们要多一些，因为在1972年1月，当我还是北京大使馆一秘的时候，中国和马耳他建立了外交关系。几个月后，多姆·明托夫本人率领马耳他代表团对中国进行了正式访问，在人民大会堂获得了高规格的接待。当时，我就这次访问的过程给对外贸易部写了一个汇报。商务经理认为，我是这次出访的天然候选人，该提议被部里接受，我应该一个人去那儿。因此，我从隔壁的波兰外贸商会和货运公司的员工那里收集了有关该国现行法规的其他信息。我们在华沙的办公室把我带有意大利过境签证的护照寄给了我。我从银行收到了预支款，是意大利里拉。我们的银行没有马耳他镑。巴尔托纳在意大利有代理商，我可以通过他预订在意大利的住宿，他知道我们的住宿标准是多少。波兰没有马耳他大使馆，因此我只有在到达罗马后才能领取马耳他签证。从罗马到瓦莱塔的线路是由意大利航空公司提供服务的，该公司在华沙设有办事处，因此我确认了到达罗马后第二天飞往马耳他的飞机席位。返程票是开放的。我去的是一个未知地区，这就是为什么公司给我设定了十天的出差时间（这很多，通常巴尔托纳的员工出差到欧洲国家最多只能有一个星期）。这样是为了万一食宿费用超标，我不至于缺钱。在当时严格的外汇规定和我们会计锱铢必较的情况下，总是得注意，确保不会发生不够支付酒店费用的情况。假如真的发生钱不够的情况，就只能尴尬地向波兰驻罗马大使馆借钱，或者在台伯河桥下度过一个谚语中所说的夜晚。

我把抵达日期告知了我的马耳他联络人，并请对方帮我预订旅馆房间，但要符合波兰国家银行规定的住宿标准。他在瓦莱塔机场迎接我，开车送我去旅馆。

他说："房间价格符合您的住宿标准，含英式早餐。"

打开行李后，我看了看书桌的抽屉，里边有酒店信息。我的房间价格超标，而且超很多。我有些不安，于是下楼到前台询问。经过确认，我的房费恰好是我的限额。

对方说，"马耳他海事"在他们这儿有特别的优惠。

第二天早上，同一名员工开车将我带到公司的管理部门。会议室里有几个人在等我。我们交换了名片。最重要的一位叫米齐。但每两张名片中都会有一张上面写着：总裁、董事长，或者至少是执行经理或经理。我呈上了我的名片：专家。但让他们最感兴趣的并非我的职务。出发之前，我订制了公务名片，印刷厂的经理提议不用纸片印刷，而是印在薄木片上。那种名片非常精美，并散发出淡淡的清香。我从昂贵的中国扇子那里知道这种香气，因为它们是用芳香的檀香木制成的。我坚信这些檀香板条一定是来自中国（因为是易货贸易，而不是像印度尼西亚或马来半岛那样使用自由兑换的外币），所以我说它们是用中国檀香木制成的，我出生在中国，而且在那儿工作了很多年。

我没有料到，他们会对我的生平细节如此感兴趣，会议的前半个小时，我们实际上一直在谈论中国。从这次谈话中，我了解到马耳他总理多姆·明托夫刚刚从中国访问归来。毛主席接见了他，中国人很可能会投资马耳他经济，具体说是扩建当地的造船厂。这很快得到了证实。中国的确向马耳他提供了一千多万的贷款，用这些钱建造了岛上最大的6号干船坞，其结果是创建了一个新的造船公司：马耳他造船公司。在这次有关中国的开场白中，我得到的第二个甚至更有价值的消息是，瓦莱塔造船厂最近已经是一家国有的公私合营股份公司，国家资本占大部分，而正是归功于造船厂的资本，与之相关的运输公司"马耳他海事"才得以创办。此时此刻，我已经意识到，与向马耳他出口钢丝绳相比，我这次偶然的马耳他之行可以给巴尔托纳带来更多的利益。

因此，我拿出公文夹，里边有按照他们的要求准备的报价单，目的是展示我们的竞争力，然后我将其交给了米齐先生，米齐先生似乎是这个小组中最重要的人物，他旁边有一位助手。令我惊讶的是，他对报价单的兴趣完全微不足道。他翻了翻报价单，将其交给助手，然后从助手手中拿了一张纸。在之后的几分钟开场白中，他透露了为什么邀请我来参加这次会议。就是说，他们建议巴尔托纳和"马耳他海事"成立一家贸易服务公司，向进入马耳他港的所有船舶提供一切必要物品，包括他们自己的船（当时有两三艘）和外国船只，以及修理外国船只的马耳他干船坞船厂。在谈话中我了解到，属于英国大亨百利的多家私人造船厂国有化后，英国人从该岛撤出了合作企业。明托夫总理设法获得了中国人和俄国人的保证，他们都愿意在马耳他船厂维修自己的船只，这保证了这家公司将能够从中赚取很多钱。而我立刻想到，波兰和中国的合作者也会希望中波轮船公司与这家公司建立合作关系。他们的初步建议涉及巴尔托纳拥有的所有外国和波兰商品。双方将各拥有该公司50%的股份，我们将提供我们的货物作为实物入股，而他们将以场地和现金（即我们迷恋的西方货币），以及开展业务所需的其他一切入股。他们请我将建议转给我的上级，并请波方起草该协议的草案，因为我们更加了解这方面的事务，然后在马耳他或波兰开会讨论该协议。

马耳他一直是一个双语国家，但数十年来在官方领域英语占据主导地位，我的所有对话者都说得很好。听到他们的建议，我简直不敢相信自己的耳朵，但我立即意识到，通过我向巴尔托纳提出的这项提议，可能会大大增加我们的营业额，而且不止于此，这个想法与波兰改革派所要求的扩大对西方开放，逐渐且和平地削减对苏联经济的依赖相一致。

1975年是盖莱克十年的一半。在哥穆尔卡被剥夺权力后，四十岁的一代人在外交部和外贸部（更高层的情况我不得而知了）这两个部中都有了发言权——他们越来越大声地表示赞成有限的制度变革。有限的，是为了不激怒"老大哥"，但是要能够改善我们的经济状况。成批的大使和商务参赞从国外回到两个部委，他们已经不是由哥穆尔卡路线的追随者委派的，而是由当时被认为是改革派的盖莱克团队委派的。他们在工业、运输和贸易行业担任重要职务。我记得当时在华沙，开始越来越多地使用"党的混凝土"一词，而那些勇敢者在部委大楼的走廊里也谈论"融合"的必要性。当时，它的含义可能与今天略有不同。用当时的语言讲，它具体指的是将社会主义中最好的东西与西方资本主义在二十世纪下半叶还值得夸耀的最佳部分结合起来。当然，这些思想在"党的混凝土"中间不受欢迎，勃列日涅夫及其身边的人甚至将其理解为公开的"修正主义"。

在我第一次去马耳他期间（以后几次去也同样），我有机会近距离了解马耳他摆脱英国监护权并获得独立后所创建的制度是如何运作的。我记得，在得知明托夫总理国有化的马耳他干船坞船厂是当时最大的"国有"企业（因此没有外资）后，我得到的一个启示是，它也不是严格意义上的国有企业。实际上，这是一家国家和私人合营的公司，由工人代表选举产生的管理委员会进行管理。我们回想起了1956年在"波罗的海"糖果厂关于南斯拉夫模式及其工人委员会的激烈讨论，哥穆尔卡迅速认定那是不必要的。我忍不住说我们工厂曾经有一个管理委员会，我自己甚至领导了那个工人委员会好几个月。简而言之，在这几天里，我成功地与所有对话者建立了非常友好的关系，他们不仅向我展示了马耳他最重要的古迹，而且还开车带我环岛游览。这不是一次身心俱疲的旅行：我们一天之内转遍了全岛，其中包括两个小时的午餐时间。

这次马耳他之行很成功，回国后我接到命令，负责准备马耳他人期待的公司协议草案。我在巴尔托纳档案库里找到一些资料，另一些对该项目有帮助的材料在中波轮船公司那里。中波轮船公司可能是战后波兰第一家利用外资的公司，其他信息我得到华沙的行业总公司那里获得。在华沙我试图打听出，斯塔霍维亚克大使是否已回外交部工作，但回答总是闪烁其词，称他可能在休假或请病假了。我知道他的家庭住址和私人电话号码，但我不觉得应该与他私下联系。如果从北京回来后遇到任何麻烦，他可能不希望见面。

斯塔霍维亚克大使在离开北京之前，已经起草了关于我和第二年将要轮换的其他专业人员的评语，并寄给了外交部。信使离开后，他让我读了关于我的评语。其中提到，在使馆工作期间，我一共写了五十篇备忘录和调研报告，主要是关于经济问题的，而我也因为对中国国内外政策的研究而获得了各公司总部的好评。此外，在我任职期间，使馆的建筑物和设备进行了为期几个月的翻新，大使认为，他应该委托作为工程师的我，对翻新工程进行监督，翻新工程是由国内派来的施工队完成的。这些职责是很耗费精力和体力的。在这份给我看的评语中，还有对我出色完成监督翻新工程的赞赏。

过了六个月，也就是1976年1月，由干部司司长签署的评语，最终交到了我的手里。那里谈到了我的经济知识、掌握三种语言，但其中最重要的部分是：

> 他的特点是勤奋，对公务认真负责，系统和仔细地收集事实材料，其评估具有可靠性和准确性高的特点。在使馆工作期间，他很好地完成了委托给他的任务，在工作中投入了大量的努力、精力和个人的创见。

　　该评语的签署日期为1976年1月28日，我是在1月8日回到波兰的，只是不是当年，而是一年前的1月8日。那么，是什么阻止了我在返回后立刻——或者返回后一周、两周或是一个月内得到这份评语呢？我找不到答案。更重要的是，几乎在收到来自部里的这份评语的第二天，经理就建议我担任从前的职务。1976年2月10日，我成为合并的技术和工业产品部门的负责人。合并是因为它包括了自我离开以后已经有所收缩的进口和反而取得了增长，而且有望在不久的将来蓬勃发展的出口。当然，我毫不犹豫地接受了这个提议。这也极大地提高了我的薪水，因为现在包括职务补贴在内，我每月能拿到五千五百兹罗提，这比我到目前为止的收入要多得多。

　　商务经理让我继续跟进与"马耳他海事"的合同事宜，且仅在准备好合作合同后，才将其移交给总销售部。我也希望对自己未完成的工作负责，因为我不认为把未完成的事务交出去是最好的解决方案。成功者趋之若鹜，失败者门可罗雀。

　　1976年6月，合同草案几乎已经准备就绪，我第二次飞往瓦莱塔就剩下的细节进行磋商，但双方管理层对此的理解略有不同。例如，我在草案中写道，公司将"优先处理来自波兰的商品"。马耳他人在这句话后面加上了半句："条件是这些商品在质量、价格和交货条件方面具有竞争力，且不在马耳他生产。"他们还设定了一个附加条件，即公司将向批发商和分销商供货，但无法向零售客户供货。所有这些评论和保留意见都需要我们的管理层接受。在接下来的几天中，我通过给格丁尼亚打电话，消除了所有这些疑问，并将其纳入了草案之中。同时，我的对话者要求巴尔托纳在计划合同签订日期前提供"马耳他海事"仓库中将存放的全部货物清单，我们的管理层承诺将尽快提交。除此之外，出乎意料的是，我收到了给巴尔托纳的书面邀请，邀请我们参加每年9月举行的为期两周的马耳他国际博览会。当我将这个信息传递给管理层时，他们立即开始与部里进行磋商，并决定巴尔托纳应参加博览会。我的对话者们强调说，波兰将因此成为东欧第一个可能参加此项展会的国家，这样一来，会使天平向成功的方向倾斜。准备参会的时间很短，不到一个月，甚至在离开马耳他之前，我就收到指示，要在当地收集所有信息，以帮助我们确定参加这次博览会的费用，并就展位的大小和我们想要展出的东西做出恰当的决定。

多亏了我的新朋友们，我得以在很短的时间内收集到所有这些信息。特别是我在拜访马耳他各机关时认识的一对跨国夫妇——布罗克多夫夫妇。先生是马耳他记者，他的妻子奥瑞莉亚·布罗克多夫是波兰人，可能是当时岛上唯一的波兰人。她爱上了马耳他，认为它是世界上最美丽的地方，尽管正如她所说，"我的灵魂永远是波兰人"。他们于1970年在伦敦相识，奥瑞莉亚女士因公在那里常驻，是一家波兰旅游公司的职员。当然，他们邀请我去了他们的别墅，那是马耳他为数不多的带有游泳池的别墅之一。马耳他长期缺水，因而拥有游泳池非常奢侈，水费和泳池税都很高。

多亏了布罗克多夫夫妇的帮助，我有机会在专业向导的陪同下参观了许多马耳他古迹。那位向导的祖先是二百年前来到马耳他的，作为一名出色的工匠，他曾为装扮当时统治该岛的马耳他骑士而工作。

回到格丁尼亚后，我得知我被选为马耳他博览会期间的展位负责人，那当然是巴尔托纳公司的展位，但我们将以波兰展位的称号出现在展会上。这是博览会组织者的建议，因为"巴尔托纳"这个名称在当时的马耳他还没有知名度，但"波兰"则不同。他们可以在媒体中提到一个国家，而且是来自"铁幕后面"的国家。正如一位记者所说，这给他们增加了额外的声望。在波兰方面，一位外贸部女代表的到来将提高我们展位的声望，她勇敢地忍受了与我们参加博览会有关

▼1976 年，马耳他国际博览会上的波兰展馆，巴尔托纳公司代表波兰参加展会

的所有艰辛。尽管我有两个本地雇员从事所有必要的体力劳动，但高温和延长至十小时的开放时间都让我们经受了考验。

在马耳他国际博览会的两个星期中，我晒成了棕色，差不多认识了多姆·明托夫政府的所有部长，并在展位上接待了马耳他共和国总统安东尼·马莫和他的夫人。在这两个星期中，由于没有时间去餐厅，我们主要靠比萨和法式长棍面包充饥，但也为此节省了很多马耳他镑。在展台上，我也有机会接待了明托夫总理的兄弟（这对我既造成了正面影响，也造成了负面影响，如下所述），他是一位神父和马耳他教育与文化部下属的马耳他国际学校的校长。正如我的新波兰朋友奥瑞莉亚夫人所说，这所学校以其高水平的英语教学而享誉欧洲。马耳他的课程在西欧国家非常受欢迎，因为它们是由一些优秀的老师（大多以英语为母语）开设的，而且比在英国要便宜得多。我确信这样的课程对我们当时正在英语专业学习的女儿哈林卡会很有帮助，我能负担为期三周的夏季课程费用，而且我钱包里

▼ 在马耳他国际博览会期间，马耳他总统安东尼·马莫携夫人参观波兰展厅，我当时担任展厅主任

有现金。困境是由其他原因造成的。我们计划把租住的公寓买下来，为此需要攒一笔钱，我们希望我能够从今年这次最长的出访中多省下来些钱。我们在北京工作的四年期间，由于护照限制的放宽以及无论是跟旅行社还是完全私人出国旅行都变得相对便宜，美元兑兹罗提的黑市汇率大幅上涨。巴尔托纳大楼旁边的银行门口，出现了传说中的"钱贩子"，在他们那儿可以购买美元。黑市汇率与官方汇率有很大不同。在1976年，一美元兑换几十兹罗提，而三年后就已经达到一百兹罗提了。马耳他国际学校为期三周的英语课程费用为八十马镑（约合二百美元）。再加上酒店住宿（一百马镑，这远远超出了我的能力）或学校宿舍（三十马镑，可以接受）的费用。住学校四人间的好处是，学生在放学后也可以说英语。最终我决定为这门课程付费，因为我自己谋生也全靠我的语言技能，所以我努力确保我们的孩子能很好地掌握英语和俄语。只要我在翻译团队中有额

外的工作，我就可以不靠这点儿美金也能买下公寓，但是纠正我女儿英语发音的机会可能不会再有了。

我打电话给明托夫神父兼校长，我提到了他的邀请，并表示希望见面。他说我可以一个小时后到，他会在学校的办公室里等我。他和他那身居高位的兄弟一样和蔼和友善。他开玩笑说，他们兄弟俩在私下里非常喜欢彼此，但是他们的观点截然不同，因为他是神父，而总理是社会主义者，而且很可能会成为马克思主义者。我为哈林卡报了夏天最后一期培训班，从8月28日开始。仍然有空位，但是如果我再延迟几天报名，宿舍可能就没有床位了。一共只有一百二十个床位，按照申请顺序决定。神父校长翻阅了放在他桌上的两个厚厚的笔记本，计算了几分钟什么，然后告诉我说，我的女儿会有地方住，因为她将被看作第一个从"铁幕后面"到他学校来的学生。我请求神父提前接受我的全部款项，因为我担心如果我把钱带回去，就必须到一个一个窗口去办各种许可，才能再次将钱带出国。他接受了这笔钱，并亲手开了一张收据，同时开玩笑说，在他兄弟的领导下，马耳他用不了多久估计就和我们那儿的情况一样了。这张收据使我一年后免于受到非常严重的指控。

在罗马，我抽时间到当地的商务处待了几分钟，与负责巴尔托纳事务的工作人员会了面，并为差旅证明盖了章。我还有一个晚上的时间留给自己，我想去罗马郊区，波兰代表团的成员过去常常在那里买便宜的衣服。那是一条短街，楼房大门里是一些廉价批发商和主要是波兰犹太人经营的商店。在一个半小时内，我花了二十多美元，带了一大包各种打折的衬衫、鞋子和牛仔裤回来。飞往华沙的飞机第二天早上起飞，所以我在一家波兰旅社过了一夜。我还请老板娘为我女儿预订了她计划到达罗马那天的房间。这次旅行我剩下大约八美元，我在海关申报单上填写了这笔钱，然后将其存入了我的银行账户。

我们都觉得女儿的马耳他之行非常成功。明托夫神父的学校开设的语言课程水准很高，住房条件还可以忍受。她结识了许多同宿舍的有趣的朋友，我记得她与她们之间的通信保持了好几年。在课程结束一年后，消极影响意外地出现了，当时我正全心全意地致力于推动技术出口发展（由于时间不足，我很少处理工业品出口，而交由我的副手负责）。与"马耳他海事"合作的有关事宜我已经转交给了总销售部，所以我不再有兴趣参与了。公司的组建取得进展，尽管没有马耳他人所期望的那么快。1977年夏天，巴尔托纳的代表团在总经理的率领下访问了马耳他，他将在马耳他签署合作协议。回到格丁尼亚后，他将我叫到他那里，毫不掩饰自己的愤慨。他声称，在马耳他期间，他得知，我在马耳他博览会上接受了外国人的一些"物质利益"。起初我无法理解到底发生了什么，但他解释说，有针对我的投诉，说我公务出国期间，为我的女儿办理参加英语培训的事。他知道这个培训的费用超过三百美元，并且确信我没有为此付费，这使我违反了规定。

我回答说我没有违反任何规则。我自掏腰包为女儿支付了学费，如果总经理要的话，我可以出示相关的账单。我很少像这次那样，有所有材料为自己的话做证。

我有课程和宿舍的付款证明，海关的证明显示，我从私人账户中提取了一百三十美元，回波兰的时候，我只有八美元。我不记得总经理是否为这些毫无根据的怀疑向我道歉，但认为事情就此过去了。当时对嫌疑人的指控不必提供证明，这不是他的错。嫌疑人必须证明那些指控不是真实的。

既然针对我的指控被撤销，我认为事情已经了结。管理层敦促我抓紧制订未来半年获得订单的出访计划。他们认为，由于我精通向阿拉伯国家出口的事务，所以我应该陪同贸易经理一起访问突尼斯。在法国波尔多的海洋出口展览会上，巴尔托纳参加了展览，突尼斯船商法蒂·库默向我们的代表介绍了他想从波兰进口的我们商品清单中的产品，其中包括绳索和其他技术产品，我得到了那份清单并准备报价。我们要飞往英属直布罗陀，越过直布罗陀海峡，到达非洲海岸与摩洛哥接壤的属于西班牙的休达，再从那里飞往突尼斯市。直布罗陀和休达是免税区，尽管面积分别为七平方公里和十八平方公里，但巴尔托纳在那儿已有数个买家。我们还不了解突尼斯。经理问，我的部门是否与卡萨布兰卡有任何业务往来。我说没有，因此我们计划去的卡萨布兰卡就被淘汰了。我填写了所有签证申请表：英国的、西班牙的和突尼斯的签证表，这些签证表被送回我们在华沙的办公室，该办公室将其提交给各个大使馆。

与斯塔霍维亚克司长的会面带来了出乎意料的信息。我们在外交部的咖啡厅里坐下，相互寒暄并聊了几句关于我的家人和他的妻子之后，他告诉我他正在为国家经济出版社撰写一本学术著作，涉及1949—1979年的中国经济。因为这本书有部分内容将与我1972年出版的书有交叉，他想问我是否同意他利用我在商务处和使馆工作期间编写的资料，以及我是否愿意接受审稿人的工作。当然，我对这两件事都没有任何异议，恰恰相反，我的长期领导现在向我询问这件事，让我感到很荣幸。有一刻我想，既然他是负责中国事务的司长，那么他可能第二次被提名为驻中国大使，更何况他突然问我是否想念中国，我回答是的。碰巧几个月前，我去了北京和上海，以我的观察来看，中国正在发生变化，努力推进改革。他持相同观点，并且问我是否会因为这些积极的变化再去中国。这次是去位于南部的广州总领事馆，那里需要会中文的人。显然，两个人的馆，英语用处不大，俄语根本用不上，哪怕处理最琐碎的事务，也必须具备中文知识。之前已经问过一些人，但没人愿意去，因为气候原因，因为供应原因，因为孩子无法上学。那时大概还没有人想到战争，也许已经千钧一发，但是只有中国和越南领导人知道。他说，如果我对此感兴趣，我们可以先去领事司，在那儿我可以和利索夫斯基司长直接谈。

当然需要学习领事业务，我对此知之甚少。如何避免犯错，并防止出现签证被视为无效而持该签证的人从边境被遣返等问题。这种事曾经发生。但是我也必须了解这种领事馆的工作特点，由于只有两个人工作，我必须学会自己做所有事情：从用中文写外交照会，到跟派来修理地板或水龙头的水管工争吵维修质量问题。在领事司，我有机会查看了1975年至1978年的领事档案。前两任领事谢莱克和日比科夫斯基都反复要求司里边，不要把不懂中文的人派到他们那儿。这可能就是为什么很难有人既符合这个条件，又愿意去这个艰苦且财务上没有吸引力的机构的原因。广州总领事馆的领区范围包括广东省，毗邻的广西壮族自治区、云南省和贵州省以及海南岛（当时还不是省）。广西壮族自治区与越南接壤，云南省与老挝和缅甸接壤。部里收到中国报纸总是要延迟几天，我大概是在那里第一次读到邓小平访美以及1月29日与卡特总统会晤的消息。他当时似乎说了打算惩罚越南，因为越南入侵柬埔寨，站在其背后的是"纸北极熊"。

当我听到有关中越战争爆发的广播时，实习结束的日期已经确定，那是1979年2月16日或17日。我们已经确定了从华沙出发的日期。实习结束后，我收到了机票领取单，一张国家工作人员工作证，凭此证件我在波兰境内可以享受50%的火车票折扣，还有干部司认证过的物品清单，这些东西我们都作为行李随身携带。在华沙，唯一需要处理的事务是领取我们的护照。根据规定，我们不能早于出发前三天领取护照。

我带着一沓调查表格返回格但斯克，这些表通常是由申请出国人填写的。我不确定娜塔莉亚会对这项提议做何反应，但她没有异议，而且显然很高兴。我知道她甚至准备好第二天就前往中国。广州缺少学校对我们不是问题，因为在那里任职通常最多三到四年，而当时奥拉还不到五岁。我了解了一下广州的供应：那里确实没有牛奶，但是可以每天订购水牛牛奶。我已经喝过了，可以下咽。缺少面包也是一个事实，但是领事馆的工作人员有面粉、大米和杂粮的配给，而娜塔莉亚在哈尔滨就掌握了在广州生活非常宝贵和必要的技能——她知道如何烤面包。没有欧洲肉制品——小问题了。

十月底，我将填妥的文件寄给了外交部。12月初的某一天，我发现我到广州担任领事的资格已经获得了部长的批准。我不想太早将我可能驻外的消息告诉巴尔托纳的领导，而现在良心让我得赶快这么做了。我请经理寻找一位能接替我管理这个部门的人选，也放弃了诱人的直布罗陀、休达和突尼斯之旅。如果我此时出国，回来把一堆乱七八糟的事交给我的继任者，那是不公平的。我现在提出，他们还能有时间为我的继任者办签证，从而代替我前往。

我们决定这次不用轮船运送任何东西。首先是因为，从离开哈尔滨的那一刻起，四分之一世纪以来，娜塔莉亚和我已经习惯了游牧般的生活方式。当时，我们三个人的随行行李限量为三百公斤，现在外交部为我们承担了从奥坎切机场到广州每人三十公斤的超重行李费，加上每张机票可携带的三十公斤行李，总计一百八十公斤。这足以让我们满意了。

从使馆工作返回之后，我一直在关注中国及其周边发生的事件，这不仅是因为这与我的职责有关，而且因为我非常关心这些问题。多年来我对中国的好感从未改变，我希望"文化大革命"能够完全停止，希望中国开始进行宣告的改革。

第 **31** 章

在广州总领事馆

又一次搬家之旅，但是这次进行得快捷而顺利。在莫斯科，我们不用离开谢列梅捷沃机场，因为转乘从莫斯科到北京的航班只需要在离港大厅等候几个小时。伊尔62飞机比Tu-104的优势在于，它无须中途停留，整条航线在十小时内即可完成飞行。它更安静，飞行更舒适。整个飞行过程中天气都很好，因此容易入睡，这样在抵达北京时就会精力充沛。我们去了城里，和早年一样，乘公共汽车去市中心。唯一的缺点是缺钱。我的第一笔工资和安家费（大概是我半个月的工资，以人民币发放）只能在广州领取。晚上我们拜访了同样出生于哈尔滨的武官亚历山大·科辛斯基，他也是哈尔滨波兰中学的毕业生。科辛斯基不久前有机会访问了哈尔滨，哈尔滨的中国接待人员和向导们同意对正式的行程稍作改动。他们一起去了他回波兰之前居住的那个区。尽管哈尔滨市扩大了很多，但那座建筑被保留了下来。他讲述了自己当时的感受：他重新坐在门廊边，抓起一把儿时曾在上面奔跑的沙子。遗憾的是，我最后一次去哈尔滨并没有留下特别美好的回忆。我是十五年前去了那儿，但是我们的不再是我们离开时的样子。我们原来居住的用木屑"压缩"建造的木房子已经不见了。取而代之的是多层的公寓楼，很丑，但非常适合当时的需求。哈尔滨在成长，公寓短缺，在过去我们大约二十人居住的那块地方，现在的居民一定已经超过二百人。

我告诉科辛斯基，在主要的购物街王府井，我在一家委托商店里看到一只银色怀表，就像我父亲以前戴的一样。十九世纪和二十世纪之交，电话是最流行的发明之一，该品牌的手表十分时尚。就像二十世纪六十年代苏联的"史普尼克"[1]牌手表一样。上边刻的字为西里尔字母，还刻有一个电话听筒。他主动提出借给我一百元人民币，等我们下次见面时再还给他。我父亲的纪念品不多，所以我又去了市中心，买下了那块手表。在前往广州之前，我还必需带上藏在冰箱里、装有最后一支疫苗的保温瓶，对所有在广州工作的员工及其家人这都是必须的。那是从日本进口的脑膜炎疫苗。娜塔莉亚和奥拉去附近的一家外国人商店又买了两块面包、一根香肠和其他一些在广州没有的东西，包括香菜和胡萝卜。

我们乘坐中国航空公司的飞机从北京飞往广州，但这已不再是几年前我们一直乘坐的超期服役的伊尔14，而是中国决定进行改革开放后购买的崭新的波音707。所有座位都坐满了。大多数乘客是外国人，从外表上看，都是商人或游客。两个小时后，我们飞到了沐浴在阳光下的珠江上空。我们正飞向不断扩大的三角洲，中国人称之为珠江口。飞机绕了一个大圈。我不由自主地贴近舷窗，看绿油油的稻田被抛在身后，看闪着银色波光的珠江像一条丝带缓缓地浮现。从我们现

1　是第一颗进入行星轨道的人造卫星，由苏联于1957年10月4日在拜科努尔航天基地发射升空。

在的高度看，三角洲仿佛一只巨大的酒杯，然后，当它离开广州时，弯弯曲曲的杯脚就落在后面。我们经过了被称为"虎门"的典型狭窄区域，然后发现自己已经在珠江开口的上方。左翼下方可见锯齿状的海岸线，在其尽头的某个地方是香港。飞机再次划出一个巨大的弧线，我们眼前展现出珠江口的对岸，被流进酒杯状河口的密密麻麻的水网和河道切成薄片。远处能看到一个狭长的海岬，上面长出另一颗珍珠——澳门。几分钟后，我们降落在广州机场。领事馆负责人塔德乌施·日比科夫斯基博士、他的妻子、中波轮船公司的代表马莱克·弗朗茨科夫斯基先生和他的妻子及两个女儿在迎接我们。简而言之，这是整个生活在广东的波兰侨团。在十几年前第一次去中国出差时，我就认识了日比科夫斯基博士。我参加中文国家考试时，他是我的主考官。然后，有几个月我们曾一起在北京的使馆大楼里工作：他在南楼，我在北楼。那时他在武官处工作，穿上尉制服。现在我们的公寓彼此相邻。过去，领事馆和航运人员总数曾达到十几个人，但是随着优先级、领区和货运的变化，上海和天津成为大型远洋船舶的主要接收港口。

波兰人民共和国总领事馆位于沙面的人工岛上。1840年中国在鸦片战争中战败，获胜的英、法两国在这里建立了代表处，紧随其后，其他国家的领事馆也先后建立起来，包括日本、美国、荷兰和其他欧洲国家。习惯于建立殖民地前哨的英国人很快就意识到，一块被珠江的浅水支流与广州其他地区隔开的土地，完美地符合他们的使用目的。为了安全起见，他们选择了在河边建造代表处，加深了支流的河道，用碎石块加固了河道两岸的护坡，形成一道护城河，从而使沙面成为一个人工岛，并在河道上架起一座悬空的桥梁。在几十年的时间里，整个岛屿都是一个享有治外法权的地区，一艘英国巡洋舰永久停泊在珠江岸边，舰上的水手则不间断地注视着连接该岛与中国广州其他地区的桥梁情况。

英法两国一道参与了1840年强加给中国的鸦片战争，尽管它们历史上存在恩恩怨怨，但能够和谐地管理沙面。岛的西部大约三分之二的地区属于英国人，东面三分之一的地区属于法国人，那里有一座建筑精美的天主教教堂（我们在那儿的时候那里还有一个仓库）。该岛长约一公里，宽只有三四百米，逐渐成为一座堡垒。有一条开阔的林荫大道从东到西贯穿岛的中央，两旁遍植棕榈树、樟树和其他亚热带植物，大道有一个法英混合的名称：Central Avenue（中央大道）。它曾经是一条步道，除了自行车外，其他任何车辆都不得通行，何况通往该岛的唯一一座桥梁也没有机动车道，上岛需要走台阶，而所有的物资都靠驳船提供。从波兰在此建立代表处开始的二十年里，直到1975年，总领事馆一直位于珠江岸边。我还记得第一次去广州时看到的样子，那里有宽敞的花园，水面上阵阵柔风袭来，缓解了七月的酷暑。但是那栋建筑已有一百多年的历史，它的木结构迅速损坏。建筑物被拆除，领事馆搬到靠近中央大街的一栋新楼里，挤在另外两栋房子之间。因为预计其工作人员将减少到三名，所以规模要小得多。底层是办公区，二楼有两套公寓：领事馆负责人和领事的住所，另外还有两间客房，三楼还有一套公寓，是给总领事住的，在我到达时已经是空的了。没有足够空间来容纳花园，只有一个小院子，院里种了几丛茉莉花和两棵香蕉树。我仍然记得中央大街的美景，那是一条长满棕榈树、樟树和其他亚热带植物的步道，还有一个供儿童嬉戏的游乐场……每隔几米就有固定的长椅，大人晚上在那里休息，孩子们在附近玩耍。

中央大街——这是我进入领事馆大楼前的第一个失望。它紧挨着领事馆大楼，有一个用木结构覆盖的庇护所临时入口，堆放着成堆的砖头，还有一些混凝土搅拌机，到处都是水泥和石灰扬起的灰尘。根本没有可能在下班后坐在长椅上休息，更不用说孩子们玩耍的地方了。

当我们进入那套三居室公寓时，第二个失望正等着我们。每个房间的家具

都不一样，这不算什么，我们曾经用箱子做衣柜，所以可以忍受椅子的颜色不一样。然而最糟糕的是，任何房间里都没有空调，而我前几次来的时候就知道，员工的公寓和办公室都装有空调。在北京，气候干燥，没有空调的影响不是特别明显，因为在最热的几个月里，中央冷却系统打开，还可以凑合工作。广州的情况则不同。春天是最潮湿的季节，然后湿热的天气来临。蚊子在春天是一场噩梦，而空调不仅能够冷却空气，还可以使空气干燥，蚊子就会迅速从房间里消失。

英国人建造的带有木台阶的运河桥仍在那儿，看起来跟一百三十年前没什么两样。在桥的另一侧，一条宽阔的购物街与运河平行，那条街建在城墙外边，为越来越多居住在沙面的外国居民和在港口停靠的外国船只上的水手提供服务。那条街原本叫作沙基路，但在我们入住期间，它已经更名为六二三路。

在广州的第一晚我至今记忆犹新。旅行令我们疲惫不堪，所以打开行李，立刻就睡着了。深夜时分我从剧烈的瘙痒中醒来。蚊虫飞过头顶时发出嗡嗡的叫声。它们特别喜欢奥拉，显然孩子娇嫩的皮肤更容易刺穿，所以它们无情地吸吮着她的血。她的脸上仿佛满是皮疹。早晨，我们发现了蚊子这么多的原因。窗户下面有用于安装空调的开口，临时用硬纸板或木板遮盖。我去找日比科夫斯基领事寻求解释。他说，当然有空调，但总是坏，这里的维修费非常昂贵，新空调本应该从国内运来，但是没有来。通过干预，我所能达成的唯一结果就是同意将一台损坏的空调送去修理，但我必须自己将其送到维修店。

我们开始考虑，如何逐步改善我们的生活和睡眠质量。

前几次到中国工作时，我总是随身携带一些最必要的工具，例如锯子、锤子、螺丝刀和钳子。现在我的行李里也有。我要做的第一件事就是密封窗户下方的开口，使蚊子无法进入公寓。然后，我买了一些当地的驱

▶ 从沙面岛看广州六二三路（1980 年）

蚊剂，送娜塔莉亚和女儿去河边做一次长时间的散步，然后我把驱蚊剂喷在整个公寓里。第二天，我在床上支了一个简陋的架子，用我们带来的窗帘缝了一个临时的蚊帐。我们后来发现，这种蚊帐在广州具有广泛用途，因为有一天醒来后，我看见我头顶的蚊帐上有一只巨大的蜘蛛。

在离开华沙之前，我收到了二司发来的关于我在领事馆应该负责哪些事务的指令。除了我最了解的经济问题外，还有：中国政府对移民的新政策，广东出口博览会的作用，香港和澳门在领事区范围内的影响，教育制度的变化等。

工作上我是领事馆负责人的下属，所以必须执行他的所有指令，但是在选择调研题目方面，我有充分的自由，因为我的老板不喜欢经济话题。他是人文学者，在大学里研究中国古代史，是儒家思想的专家。在"文革"期间，当儒家思想被引入现实的政治斗争之后，它就成了一个非常有价值的知识领域，在抵达后的第二天我就知道，除了即将开幕的春季广交会，我应该先做什么。这个我认为的优先问题是中国农业领域发生的变化，而这甚至不用出城就已经可以注意到。

▼ 1980 年在广州清平路开放的自由市场。我在买一个老旧的水烟袋

人民公社——庞大而低效的农村组织被取消，土地被交给农民租种。从部里的资料中我已经知道，农村自留地的政策已经放宽，他们最多可以占用村镇所拥有土地的5%，而几年前，还禁止农民将自家生产的农作物到城市里出售。现在情况已经改变，在广州的大街上非常明显。到达后的第二天，我们就可以从街头小贩那里买到南方水果，而在北京，这些水果只有在外国人商店里才能买到。商贩就坐在人行道旁，铺开一张床单，上面摆放几把大香蕉。傍晚，我们出去散步时，我看到将沙面与城市其他部分隔开的运河上有一条小渔船，甲板上挂着煤油灯。岸边挤着十几个人，每个人都拿着小额钞票。走近时我发现，船主在船头上放了一个木炭炉，上面盖着铁丝网。旁边一个大筐里装着小贻贝，他从那里取出几个放在铁丝网上。受热的贝壳自动张开，渔夫把它们用竹镊子装进纸袋里递给排队的人，另一只手从顾客手中接过两毛钱纸币，然后揣进自己的怀里。这些都是我们在领事馆旁边就可以观察到的变化方向的极好例证。在消失了十五年之后，第一批街头小贩——中国自由市场的开拓者小心翼翼地回来了。

我的办公室位于老板办公室的旁边，房间装有空调，所以早上我开窗工作两三个小时，然后关上窗户，打开空调。在热带地区，从星期一到星期五工作六个小时，但这不适用于有事情发生的日子：去中国机关办事、会见客人或去参加正式会谈和招待会。尽管如此，我的闲暇时间仍比在格但斯克时多得多，于是我将部分时间用来写一本关于工程师格罗霍夫斯基的书。出发之前，我及时从国家图书馆订购了他的日记的微缩胶片。那些日记涉及他前往西伯利亚、中国东北和蒙古的探险以及他生平中的其他部分，我想在书中更全面地介绍他的生平。我带来了一个照片放大机，借助它可以自己制作所需的页面。我还带了一台便携式打字机，所以来广州不会扰乱我的写作计划。

中越战争已经不再是头版新闻，新闻仅提及一些中国裔的越南人（波兰媒体中所说的华人），其中大部分随着撤退的中国军队一起离开了越南，现在主要定居在广东省和海南。我开始调研的前两个主题都是由当前需求决定的。每年的4月15日广交会开幕都有很多外国人来参加：商人、外交官、记者。我们所面对的，看来在某种程度上具有转折意义：十一届三中全体会议上宣布了新的"开放政策"，在此之前几个月举行的交易会对外国交易者来说可能是一次检验，以了解这种开放在实践中会是什么样的。大量的外国客人入住，而为外国客人提供服务的少数高标准酒店几乎爆满。

二十世纪五十年代初在城市另一端建造的广交会大楼几乎无法容纳所有有意愿的参展商，其中一些位于临时搭建起来的展馆中。我乘坐无轨电车去那里，因为不远处就是电车的终点站，从那里乘车半个小时，就可以在会场正门前下车。尽管领事馆负责人有一辆配有中国司机的体面的黑色丰田汽车，但他从未提议给我使用，而我也知道自己在领事馆中的位置，因此也没有要求过动用那辆车。何况出于经济原因，该车购买时未配备空调，且由于该车是礼仪用车，所以是黑色的。夏季车内升温极快，所以我更喜欢乘坐通风良好的无轨电车。每隔一天，我会轮流去展销会现场或附近的五星级酒店，在咖啡厅的小桌旁就座。小桌子数量有限，总有人愿意坐下来。他们主要是与中国有业务往来的西方公司代表，但也有当时涌入广州的大批记者和北京代表处的员工。西方外交官也利用这次旅行访问香港和澳门，而我们这些来自人民民主国家的外交官则只能满足于在广州的旅行，展销会期间，可以借机买一些香港产的服装、计算器或其他电子产品。我们的领事馆是当时中国南部唯一的外国领事机构。在共产党取得胜利后，西方国家对在那里开设领事馆不感兴趣，苏联由于意识形态纠纷关闭了原本设在那里的总领事馆，而越南人在我们到达前几个月，在面临中越冲突的情况下，也关闭了自己的领事馆。

正是因为只有波兰仍然在广州设有领事馆，所以在广交会期间，有很多外交官和商人从北京给我们打电话或前来拜访。他们相信，而且也确实如此，我们掌握中国南部政治形势和经济状况的更多信息，尽管仅仅从中国出口商展示商品的数量和范围得出结论，更像是在算命。当然，按照华沙的指示，我准备了自己对广交会产品的评估报告，但我并没有很重视这份调研任务，因为我知道，出席大会的使馆代表和北京商务处至少还会提交两份非常相似的调研成果。司里的部门人员也许会读，也许根本不读，然后将其放入文件夹中。在代表巴尔托纳出差期间，我不止一次参观过一些国家建立的免税区。外资在那里有较好的投资条件，但通常不会是相同解决方案的简单复制。我对某些解决方案感兴趣，甚至在"马耳他海事"公司的项目中尝试使用这些解决方案。现在读到中国打算在内地与香港和澳门的毗邻地区建立这样的区域，我深信中国人正在为新的解决方案铺平道路。关于这些，华沙的部长级机构里也在悄悄进行讨论。在波兰，谈论的不是经济区，而是免税区，但中国的改革将对那些愿意在"特别经济区"经营的外国公司做出更大让步。当时我很天真地相信，我有责任向华沙通报这些大有前途的计划，并且波兰当局也会希望借鉴中国的经验（我在北京大使馆工作时，曾负责科学技术合作事务，中方提出的主题之一是关于我们的住房合作社是如何运作的）。因此，我创建了一个单独的文件夹"经济特区"，并在其中放置了剪报和笔记，主要是从广交会期间的会谈中获取的。

1979年，在开始第三次为期近三年的中国任职经历之际，我很有俗话说的运气，因为具有转折意义的三中全会做出决定，要打破中国的当时的状态，实行对外开放。就在这时我被派往该国南部的广州，那里已经在准备为广东省创办两个中国面向外部世界的最重要的"窗口"。在接下来的一年里，对落实中国新政策极为重要的两个总领事馆——日本和美国总领事馆在广州启用。结合这些情况，我感到非常幸运，这使我在1981年波兰实施军管、我被召回之前，有机会几次去我领区内最有趣的地方进行外交旅行。1979年以前，由中国倡议的外出旅行，只能是俗话所说的"难以成真的梦"。而现在，在对广西壮族自治区和云南进行了非常成功的访问之后，广东省人民政府外事厅又为在广州的领事馆负责人组织了三次广东省内的外交访问。这些行程包括前往深圳和珠海的经济特区，以及为期十天的海南环岛之旅，那里此前对外国人一直没有开放。

广州总领事馆位于北回归线以内这一事实对我们来说非常重要，因为由于亚热带气候恶劣，在广州工作的雇员有幸每年公费回国度假。北京和上海始终羡慕这种特权。经历炎热气候和欧洲人基本生活物资短缺之后的短暂休整，意味着我们开始以不同于之前在北京的方式规划生活。毕竟在广州需要自己烤面包，还有种种其他的生活不便。从抵达到下一次出发，对我们而言就是从抵达到预计的回波兰休假时间——1980年6月。在我抵达时，日比科夫斯基领事就告诉我，由于没有替补人员，他上一年的假期没有休，因此他将在七月或八月去波兰休假两个月。在那之前，我必须熟悉所有事情，以便我可以在他休假期间接管领事馆的所有事务。由于他的妻子不想辞掉在华沙的工作，那么她只能在度假时来看他，所以他几乎一直单身一人。除领事馆外，在广州生活的只有一个波兰家庭，就是前面提到的中波轮船公司的雇员马莱克·弗朗茨科夫斯基先生一家。弗朗茨科夫斯基一家住得不远，也在沙面岛上，但我们只在公务场合见面，私下见面很少。由于有大概两个小时的午餐时间，所以广州的中波轮船公司办公室延长了工作时间。另一方面，该公司的波兰员工住在英国人留下的坚固厚重的建筑中，这相较领事馆的优势在于，房子里不会像领事馆的新楼那样，受到广东湿热空气的困扰。

在日比科夫斯基领事回国休假前，我们签署了一项议定书，由我接管领事馆

的资产和银行里的资金，总共
约有十万人民币和几千英镑。
他还给我留下了三张空白支
票，他认为这些支票足以让我
支付楼房租金和其他每月需要
定期支付的账单。我在办公室
里有一个自己的保险柜，需要
单独的钥匙和密码才能打开，
密码只有我知道，尽管保险柜
里除了我们的护照和最初的积
蓄外，没有任何东西。现在，
我还必须把领事馆负责人的密
封信件，以及带有钥匙并盖章
的信封放在里边。当然，我无
权打开这些东西。

▼ 在广州总领事馆的楼上升起波兰国旗（1981 年）

　　从一些出版的报纸中我了解到中国人正在准备各种改革，包括改变与社会
主义国家用卢布结算的方式。一种版本是，最终人民币将成为可兑换货币，而在
过渡时期，一段相对并不太长的时期将引入购物券，以此形式领取薪水，并在外
国人商店里购买包括外国商品在内的各种物品。多年来在中国，商品价格，特别
是食品（其中一些中国人是凭票供应的）的价格对外国人来说是非常便宜的。他
们的收入是中国人的很多倍，但吃饭非常便宜，花几美元就够日常开销了。这在
中国报纸上经常报道，可以预料的是中央政府自己开始对此进行批评，或者至少
是完全同意的。在某些情况下，例如在国内乘铁路或飞机旅行时，使用了双重价

格，这遭到西方国家的批评。新规定将开始调整这些现象。

当然，关于这个过渡期会有多长，以及中国是否和何时使自己的货币可兑换，我们都一无所知。有人预计，这是从海外中国移民的汇款中获取外币的一种方法，而不是什么新方法，因为它在东欧国家早已运作多年。唯一的区别是，中国人以人民币面额印制了自己的购物券（古巴人后来也这样做了，那里普通比索和外汇比索的体系可能一直沿用至今）。我们曾认为，这个过渡期在中国会持续较长时间，但是我们全错得离谱：人民币可兑换的时间比预期要早得多。

在领事馆负责人不在的两个月内发生了一件事，对我在广州的工作生活产生了重要影响。有一天，我收到了省外办关于参观建设中的深圳经济特区的邀请。当然，我确认接受邀请，认为这将是在当地生活的外国人的集体旅行。令我惊讶的是，邀请是单个发出的，仅针对目前担任领事馆负责人的我个人。我不仅感到荣幸，而且感到非常高兴，因为我将能够亲眼目睹迄今为止只从零星新闻报道中才知道的事情。对我来说，真是一个幸运的机会，因为领事日比科夫斯基不在，这次深圳之行才落到了我的头上。

就在几周前，允许外国人在中国投资的规定生效。我在一份报纸上读到，他们将可以在中国各地建立自己的工厂，而在另一份报纸上警告说，不是在中国各地，而只是在经济特区，而且条件是外资份额不超过49%（即外国投资者在公司管理中没有多少发言权）。一份报纸甚至猜测，中国政府未就现有企业的私有化，以及外国资本能否参与这一私有化进程做出决定。在去深圳的前夕，我拿出一个装着笔记和剪报的文件夹，并准备了一系列问题，希望能得到答案。

的确，我的思维方式使我与商务处和北京大使馆的同事以及我现在的领导日比科夫斯基博士有所不同。我意识到自己与众不同的地方是，我不断地将中国在特定领域发生的事情与我们在波兰当前和可能发生的事情进行持续的比较。我天真地以为，通过传递一些有关中国解决方案的正面信息，我可以鼓励读到这些解决方案的官员。那些在华沙谋划改革的人，可以考虑在波兰借鉴这些中国方案的可能性。因为我知道，作为在那个特殊时刻置身当地的唯一波兰人，我几乎可以每天从现场观察到这些变化。不幸的是，这只是一个天真的想法。

正如我已经提到的那样，每年两次的广交会使得北京的来客大规模抵达广州，有关该省组建经济特区的信息使来宾数量进一步增加。北京使馆和商务参赞处人员的来访是最耗费时间的（级别越高，耗费时间就越多）。我必须到机场接机，帮他们入住并"照料"他们，带他们到广交会，邀请他们去餐厅和协助他们购物。最后这件事需要我们（我或娜塔莉亚）事先踩点，因为对外国人有吸引力的商品只能在某些商店购买，这些商店有时位于城里相距遥远的不同地区。这些商品包括日本计算器（也许已经在广东制造，但上边还贴着日本制造的标签）、香港生产的女式上衣和毛衣，以及其他能激起妇女购物欲望的小装饰品。在外国客人中也有我们的老朋友——来自各国使馆和商务处的汉学家，他们与我们大约同时返回中国，我们一直很高兴地欢迎他们来广州。在北京期间，我们与匈牙利沙波夫妇成为朋友，后来他们两次来广州访问我们。拉什洛·沙波当时是使馆负责经济事务的一秘，现在已经晋升为使馆参赞。像我一样，他对经济事务以及与之相关的特区也很感兴趣。我们花了很多时间讨论它们在中国取得成功的可能性，以及苏联和东欧国家对此兴趣索然的前景。

所以没什么可奇怪的，当时我的第一篇调研报告就是关于中国经济特区的。在第一阶段一共有四个，都位于中国的南部，其中三个是深圳、珠海和汕头，都位于"我们的"广东省，第四个是厦门市，位于紧邻广东东部的福建省。

在广州工作的三年中，我去过深圳三次，每年一次，不仅是为了观察该区域的发展情况，也为了了解该特区组建过程中犯过的错误，这些错误都被立即消除并纠正了。深圳被选为第一个拥有特别优惠的地区，是因为它就位于香港对面，可以充分利用这一相邻的优势。那是一个由三个小渔村形成的三万人的小镇，总面积不到三平方公里。在我们抵达不久，关于准备在那里建经济特的消息，就被一些媒体透露出来。消息显示，中国人请求联合国根据UNIDO（联合国工业发展组织）建议的工业发展事务特别议程，协助制订经济特区的建设方案。几年前，我有机会在马耳他接触了那些建议，我坚信它们也可以在波兰使用。

如果我说在当时，在1979年下半年，这个特区与我阅读新闻时所想象的相一致，那并不符合事实。建设管理处位于一个匆忙组装的营房里，在那里，首席工程师在我们面前的地板上铺开一张巨大的地图，并向我们展示了两三年后将会是什么样子。他稍后向我们展示的码头已经差不多准备就绪，但是还说不上具备港口的功能。然后我们去了未来的工业区，繁忙的景象确实令人印象深刻。这个巨大的空场上，各种挖掘机和推土机开来开去，但这并没有改变一个事实——广场又大又空。尽管在香港宣传了设立这一特的想法，但该区域适用的法规尚不精确，因此外商对其进行投资的兴趣仍然很低。当年（1979年）七月发布的合资公司（含外资）法还留有许多空白。与工发组织的建议相反，中国人最初不想听到纯外资的企业，而将外资在合资公司中的份额限制在49%以内。这意味着在中国投资的人实际上对这些公司的运营没有任何影响。要获得这种影响，他们至少需要拥有1%的优势。他们还设定了限制条件，要求企业在十五年后必须转为国有资产。幸好为了企业家，也为了他们自己，中国人很快意识到，他们在毁掉这个宝贵的倡议，因而撤销了这一条款。一年后，当我再次访问该地区时，已经有几十家纯外资企业在那里运营，其中大部分属于日本人。1981年秋，当我第三次来到那里时，在那里全速运转的企业和注册的企业已经超过一千家，尽管中国人仍然只接受那些承诺高利润的现代项目，例如生产出口产品的企业。

实际上，从我在报刊上第一次读到有关深圳经济特区的内容开始，我就知道应该收集有关该项目筹备工作的所有信息，并起草一份全面的调研报告给外交部。这中间还有一个情况，毕竟将特区置于香港地区对面，这意味着香港地区将在不久的将来成为这一决定的主要受益者。香港地区已经人满为患，缺少新建设用地，房价飞涨，饮用水和生产用水严重短缺，中国内地以相对较高的价格给其供水。此外，还必须从中国内地购买电力，价格也是由中国内地供应商决定的。深圳最早的投资项目之一可能是两个现代化住宅小区（一个多层住宅，另一个是独栋别墅），位于殖民地边界附近，主要以吸引人的价格向香港地区居民出售。它们大受欢迎，以致在预售阶段就已经销售一空。第二个便利对香港企业家来说更为重要，就是将生产转移到特区，可以享受到比香港本身或新加坡、马来西亚、斯里兰卡低得多的税率。特区里的总税率定为15%。很快，随着单独的蛇口工业区的创建，税率降低至10%。我很难掩饰对这些解决方案的浓厚兴趣，因为它们是事实上的改革，而并非表面文章，就像在波兰仍然发生的那样。

省政府在决策时享有很大的自主权，这在社会主义制度中绝对是新颖的。深圳发生的事情在中国媒体中被称为引入市场经济要素，而不久前的"社会主义计划经济"体系本身也被改为"中国特色社会主义"。在管理"波罗的海"糖果厂期间以及与"马耳他海事"谈判公司条款时，我获得了很多经验，甚至可能太多。它们告诉我，我们所拥有的严格而烦琐的法规，使我们无法利用任何公司的创意，现存的制度注定它们只能被束之高阁。

因此，我没有隐瞒自己对经济特区创新性试验的浓厚兴趣。在我看来，这是向改革方向迈出的重大步伐，我们在波兰也都曾梦想这样的改革。从1979年冬天到1980年秋天，我在发给华沙的几份调研报告中都写到了这一点。当时我们的驻华大使雷赫沃夫斯基丝毫没有干涉我在业务领域的举动。我通过信使将它们直接寄到外交部二司，并抄送大使馆，以便他们在北京知道我在写什么以及是如何写的。然而，在驻北京大使变更后，情况发生了变化。

第**32**章
出乎意料的晋升

从1980年初开始，我们能够在不出领事馆大门的情况下观察到，在很短的时间内，广东省当局如何发展了之前几乎不存在的旅游业。整理了中央大街，填埋掩体，清除瓦砾，种植新的树木来替换在施工中受损的树木。现在，我经常看到成群的外国游客从窗下经过。但是这只持续了几个月。

着眼于旅游业的发展，需要旅游基础设施迅速扩大和现代化改造。人们决定，通过向外国建筑公司贷款投资的方式来发展宾馆建设（这时我才学会原本不知道的英文术语"开发商"），并用宾馆经营过程中获得的外汇收益来偿还这些贷款。中外合资公司也允许建造酒店，中方提供具有吸引力的地理位置、劳动力和基础建筑材料，其余则由外国承包商负责。我们比预期的更快感受到该计划实施所带来的最初效果。出于历史原因，吸引外资的绝佳地点当然是沙面岛。在复活节前后的某个时间，当我们像往常一样围着我们那块寂静的飞地散步时，我注意到珠江上异常繁忙。我们通常看到的是客船在河对岸的工业区和沙面岛旁的码头之间穿行。我们可以欣赏到如画的风景，木帆船张着帆，将各种各样的货物从下游运往上游，或从上游运往下游。

但是现在，巨大的驳船和同样宽大的木帆船驶到小岛附近下锚，船上装载着碎石和沙子。我们还不知道那可能意味着什么。因此，第二天当我有机会与外办的一名工作人员交谈时，我问他这支奇怪的船队意味着什么。他回答说，已经决定在河上建造一座大型的现代化酒店，而这项投资是由一位著名的香港资本家提供资金的。第二天，数百名工人出现并开始卸货，将碎石和沙子直接倒入河中。在沙面这样一个树木茂盛、植被覆盖的小岛上，我们过去感受不到尘土，但是现在，在微风的吹拂下，让我们想起春天困扰哈尔滨的来自戈壁沙漠的沙尘暴。在露台上，在我们不大的小院里，在窗台上，每天都有一层厚厚的油腻的灰尘。然而，事实证明，更糟

▼ 我们抵达广州后，几乎每天都可以看到珠江上渔船云集的景象

糕的情况仍在前面等着我们。几天后，打桩机出现在领事馆附近，这时我们明白了，这里持续了一个多世纪的安宁与寂静已经一去不返了。打桩机是如此之大，类似于巨型的锤子。因为这座超过三十层的摩天大楼将建造在打入河底的混凝土桩上，这些大型设备就是干这个用的。目测那些桩子可能有几米或十几米长，在一根这样的桩子被打入地下之前，打桩机要击打数十次，而每一次击打都让我们觉得领事馆的楼房在地基上颤抖。打桩机每天三班倒，二十四小时工作，在它们的陪伴下实际上是不可能入眠的。当然，我们关上了窗户，我试图用泡沫塑料堵住窗户以隔音，但都无济于事。事实证明耳塞更好（一种古老的中国发明，在药房可以买到）。

那个决定在我们这个僻静的小岛上建造豪华现代酒店，并以诗意的名字"白天鹅"为其命名的，是世界著名航运公司"香港环球航运集团"的总裁。他的决定也破坏了我们的私密生活。这位香港资本家以在西方可能早已为人们所熟知的方式和速度建造酒店，但对广州人来说这还相当陌生，因此每天从早到晚，好奇的人们都会成群结队地聚集在河畔，甚至有组织来河畔参观的团队，一直到晚上很晚。因此打桩机轰鸣，由于广州的夜晚像南方所有地方一样都漆黑一片，所以人们竖起数十根配有大功率探照灯的灯杆。其中之一一直直射着我们的卧室窗户。另外，由于沙面岛是一片密集的建筑区，仅被一条主路和几条狭窄的街道所分割，所以无法从陆地一侧运输物料。唯一的解决办法是摧毁中央大街上宽阔的绿化带，并为那里的工人建立仓库和工棚。其余材料存放在一条条小街上，放在从前的英国网球场和运动场上。在工程开始十几天后，我们已经意识到，在准备工作初始阶段投放的沙子、砾石和石头被用来筑起一道围堤，里边的河水将被抽干，以建造未来摩天大楼的地基。立刻出现了数十艘木帆船，将河底挖出来的污泥装运走，运到建筑工地之外。最初交付使用的配套投资之一是一座宽阔坚固的桥梁，通过该桥梁开始运送建筑材料，并在将来供酒店客人使用。

正如我已经提到的，广州位于北回归线内，所以我在当地总领事馆工作的特权之一，就是每年可以公款回国度假。我无法确定，是否从广州领事馆建立以来就一直如此，还是某位有影响力的总领事搞成了这件事。但是在最酷热的天气里，逃到波兰海边待上整整一个月的可能性，使我们急不可待地等待着计划中的假期在七月初来临。总共是二十六个工作日，包括周六和周日正好一个月，另外还有额外的十二个工作日进行体检。我不知道为什么只有员工才有体检这项义务，而家庭成员就不涉及，尽管所有人在这里都可能遭受热带病的侵害。鉴于检查是为了"捕获"这些疾病中的某一种，所以实在没什么可高兴的。我总共花了四天时间，包括去华沙取相应的证明。剩下的假期我们可以自行决定如何度过。

我和我的上司日比科夫斯基领事之间在1979年春天确立的工作关系直到我们回国休假的那一天都没什么问题。我们原计划在1980年6月底回国休假，但考虑到领事馆旁边的施工项目给大家带来的烦恼，我们决定提前一个月回国，而不等到广州湿热难耐的夏季来临。

我从四月就可以休假了，因此在与日比科夫斯基领事商定日期后，我们决定于5月22日离开广州。时间确实很短，但足够向外交部提交报告，并收到以快递方式送来的北京到华沙段机票。我在当地预订了广州飞往北京的机票，并且计算出应该在7月8日结束休假返回广州。但为了以防万一，我要求行政司的女士们为我订了开放的回程票（即没有具体的出发日期）。

我与广州领事馆负责人在一起的工作和生活，当然受到各自性格的影响：日比科夫斯基和我一样是一位学者，他把每天所有的空闲时间都花在翻译一些中文文本上。实际上，在华沙，他是一位研究孔子和儒家思想的杰出专家。而我每晚都忙于为湖区出版社（Pojezierze）写一本关于格罗霍夫斯基的书。在工作中，我可以自由选择调研主题，而且在不用提醒的情况下，履行了行政事务方面赋予我的所有职责。我不介意他与我保持一定的距离，因为我知道他多年来一直是华沙大学的科研人员和教师。还在格但斯克工大时，我就有机会观察到，大学里的职位是多么等级森严。教授与讲师之间或高级博士与助教之间不可能存在友谊，主要是由于地位差距，而非其他原因。因此，当我在回波兰的途中得知，日比科夫斯基博士将于7月31日从广州领事馆被召回时，对他丝毫没有向我透露这方面的信息，并没有感到惊讶。我已经经历过由于直接上级发生变化而带来的不愉快经历，但是我预计——事实证明我错了——日比科夫斯基的继任者将是二司的一名员工，当然要懂汉语。

在北京，另一个惊喜在等待着我，而且这个惊喜足以让使馆员工，特别是夫人们欣喜若狂。我们从华沙收到消息，从五月开始，我们的薪金将以美元支付，这意味着我们将出乎意料地获得比以前多得多的钱。但这并非出于我们在华沙的上级的善意，而是因为中国决定人民币可兑换。到目前为止，我们可以将在中国存下来的人民币通过银行转到波兰，金额可以达到工资的50%（在引入许可证后甚至可以高达75%）。只是如果没有特殊需要，没有人这么做，除非他们有集资买房等需求，因为这对员工不划算。对那些以当地货币在中国领薪水的人来说，将中国商品（丝绸、皮革、珠宝）运到波兰，要比将人民币支付到银行的账户上（银行将人民币元兑换成兹罗提）更有利可图。

我在外交部上交了护照，并约好六月下半月到华沙与有关的各司局进行会谈。我也见到了斯塔霍维亚克司长，他提到将确保奇雷克部长在我回波期间接见我。似乎一个半月的假期可以有很多休息和家庭团聚的时间，但是时间在格但斯克比我们在中国南部要快得多。在那里娜塔莉亚总觉得时间特别漫长，尽管她比我更喜欢广州，因为我一直偏爱中国北方不太炎热和比较干燥的气候。我们在格但斯克有一个女儿、一个孙子和一个孙女。我们的第二个女儿已经在华沙生活了一段时间，那年夏天的一部分时光，她也和我们一起在海边度过。

在格丁尼亚有一家热带疾病中央研究所，我必须去那里做检查，研究所的主任是斯维什医生。在他那里，那些从热带地区回来的人遭受了真正的酷刑。直到今天我还记得，那一大杯像苦艾一样苦的泻药盐溶液，让我在之后的半个小时都无法离开厕所。此外，我已经准备好了那本书的打字稿，需要尽快将其连同建议的插图一起送到奥尔什丁。

1980年6月底，我去了华沙。我从斯塔霍维亚克司长那里获悉，已经有一个去广州接替日比科夫斯基博士的人选，但是仍然不知道他是会担任总领事馆的馆长还是总领事。他还充满信心地告诉我，他和领事司司长都建议保持原状，并将领事馆馆长的职务交给我。如果需要任命一名总领事而不是领事馆馆长，那么凭我的履历就根本没有机会了，因为总领事的候选人资格需要得到很高层的认可，大概是在政治局一级，而领事馆馆长是由部长任命的。我必须提前两天预约一位与外交部合作的医生，向他提交热带病研究所的检查结果，并获得一份健康证明，以证明我可以返回中国。

当我到二司时，得知干部司正在找我。那位即将前往广州工作的候选人想见我。这次会面是第二天在外交部食堂举行的。他的预定出发日期是6月31日，即比我提前一周到达广州，而且是与妻子一同前往。那次会面时我得知了一件最令我担心的事。他从未去过中国，不懂中文，只会英文，而且还问我，能否在那里找到一位英语老师。这引起了我合理的怀疑，即他的英语也不怎么好。

我从来没有想过为职位而战，直到那一天，我都没有考虑过，是想要得到一位新的领导，抑或由我自己接替日比科夫斯基的职位。但现在我不得不面临这个问题。他不会中文，这意味着我会有更多的工作，尤其是我之前与老板分工的行政事务，现在我将不得不处理两个人的活儿。从北京的经验我知道，特别是那些占据较高职位而不懂外语的人，他们只会签署一个他们将学会外语的声明，而实际上寄希望于无论如何都会有口译员陪同。

我跟司长讲了我的疑虑，并说如果他是我的主管，我可能没有时间进行实质性工作，除了要求早日调回，我可能别无选择。他向我保证，将尽力防止这种情况发生。

按照计划，我们于1980年7月7日到达北京。在那儿我了解到，新领事比我提前一周抵达北京，然后在抵达的第二天就去了广州。日比科夫斯基领事在机场接我们，这意味着他仍然是领事馆负责人。他和妻子在一起，他妻子就像一年前一样，是利用一个月的假期来看他的。他提到为新领事准备了那套三层的大房子。那套房子已经空了很长时间，是前任总领事住过的，家具都盖着。

在接下来的两个星期里，我处理了等待我回来处理的行政事务，那是黄铜镇纸下面压着的厚厚一沓账单。冰箱断了电，是空的，所以下午我们三个人一起去购物。我们购买定量分配商品的商店看起来与出发前没啥区别，而在主市场和沙面岛前面的小市场上，变化已经非常明显。无论是国有商店还是市场上私人摊位的鱼类种类明显增加，娜塔莉亚对此感到非常高兴。而我则对众多的水果种类惊讶不已，包括去年我们在广州根本看不到的水果。那是七月初，我们还买到了一大堆好吃的荔枝，非常可口，遗憾的是它们无法长时间存放。荔枝仅生长在中国南部并在六月成熟，仅在这个月。历史故事将这种水果与八世纪一位皇妃的名字紧密联系在一起，她就是后来成为玄宗皇帝第二任妻子的杨贵妃。据说她是一位出色的舞者，也热爱荔枝，要求臣子在整个六月定期将荔枝送到长安的皇宫里。骑马的信使沿着驿路昼夜兼程，只为在荔枝尚未腐坏之时能够送到中国的另一端。在那个时代这大约需要花一周的时间。如果水果已经腐坏，妃子就会怒气冲天，怒气会发泄在信使头上，结果往往是信使被处死。1972年，我和斯塔霍维亚克大使一起去西安参观时看到一个大土堆，据说下面埋葬着被杨贵妃处死的信使。除了荔枝，现在我们还可以在市场上买到木瓜、柿子、柚子、橘子和其他水果，其中有一些我是第一次在中国见到。

一天晚上，我听到隔壁日比科夫斯基领事的房间里有物体移动和大声交谈的声音。这是第一次发生，所以我披上睡袍来到走廊上。与此同时，我听到了正在驶来的急救车声。他只来得及告诉我，他妻子疼得厉害，他必须送她去医院。当他几个小时后返回时，我没有问他夜间警报的原因。他只说医生尚未确定病因，但警告说可能需要紧急手术。大概已经是第二天晚上了，他很着急地来找我们，说医生认定在上腹部发现了严重的炎症（我不确定他当时是否提到了胆囊，因为那是胆囊炎），所以必须进行手术，以免脓液溢到整个腹腔。他还说不得不向使馆报告情况。

好吧，开始了。我不自觉地被牵涉到整个事件之中，因为领事在医院期间，我接到了北京打来的一个电话。电话是质疑没有日比科夫斯卡夫人病情的信息，以及广东医院里没有适当的血型（可能是一种罕见的血型，被医生标记为Rh阴性）。还质问我们为什么没有去省外办进行有效干预，以及省会城市怎么可能缺少手术所需的一升鲜血，还说我们在这里的目的就是为了表现出更多的主动性并独自处理这些问题。我不能直接说，他们发泄不满找错了人，只能礼貌地回答，我将所有内容都记下来了，等尚在医院的领事馆负责人返回后会立即转告。他很晚才回来，说他第二天一早会打电话给北京。

已经很晚了，但我还没有就寝，我听到日比科夫斯基领事的房间里电话响了几次。我等着我的电话响，但最终馆长屋里的电话也沉寂了。第二天晚上他来找我们，可以看出他多么疲倦和沮丧。他只说妻子感觉好些了，不再疼了，但可能仍然需要动手术，医院仍然没有进行手术所需的血液。他的私人家庭麻烦突然变成了公共事务，这让他不安。

日比科夫斯基领事大概在7月29日住进了医院。按照使馆的指示，我要去跟医生进行一次谈话。他被诊断为神经衰弱。接下来的几天里他应该待在医院里，他们给他服了药，但建议他保持镇定，避免紧张。我与新领事一道收到了大使的指令，要求我们清点领事馆的资金，确认会计记录的一致性，并编写交接清单。

财务文件已经整理妥当，我当天晚上检查了一下。出纳那里不缺现金。我将此通知了使馆的会计。接下来的几天平静了。但是在短暂住院之后，我的老板就再也没有上班，很快我们就不得不送他去机场。他们最终可能是在预定期限内离开的，但是很难理解为什么这么匆忙。对我来说，这是意外的转折，有一个想法挥之不去，那就是我可不想以这种方式结束在广州领事馆的工作。

日比科夫斯基领事回国的那架飞机，先把信使从国内送来。邮包将在两天之内从北京转递到广州。我接到电话通知，要我去机场接信使并打开邮件。那里应该包含有关总领事馆下一步运作的指示。我打开的第一份文件是我被任命为馆长的任命书。签署日期为1980年8月1日，是奇雷克部长签署的。

两个月后的1980年9月29日，在广州国宾馆举行了中华人民共和国成立三十一周年招待会。多年来，首次有代表美国和日本等资本主义国家的总领事出席。除了广东领事机构的工作人员外，嘉宾还包括许多在广东各项建筑工程上工作的外国专家、大学校长和高校教师以及商贸公司的代表等。

如果我的一生中有什么要感激美国人的话，那就是我在广州工作的三年中，有机会彻底了解华南地区。日本人对中国也很重要，但美国人更重要。也许，如果日本人和美国人不在那儿，就不会像1980年至1981年那样组织多次诱人的旅行。因此，我得以访问了广东、广西和云南，以及当时尚未建省的海南岛和毗邻广东东部的福建省。与以前我在北京工作时外出参访的次数相比的话,这次真的很多了。由于这些我参观的地方都恰好与卜弥格在中国南部的活动区域相吻合,所以不需要付出很多努力,我就拥有了大量独一无二的信息和照片,后来可以用在我为这位波兰传教士兼学者创作的传记中。

云南这个名字的意思是"彩云之南"。该省的大部分地区都位于云贵高原,海拔一千至两千五百米,因此尽管该省位于北回归线上,但云南的冬季温暖,东部和中部的盆地地区在一月的平均温度为10~16℃;夏天温和,七月的温度在20~26℃之间。这就是为什么中国人称云南为四季常春,意思是"一年四季都是春天",或者更诗意地称为"永恒春天的土地"。

在计划出发的前几天,我收到了云南之旅的详细行程。与往常一样,东道主制订了详细的旅行计划,从离开广州机场的时间到中间的每个环节以及返程时间。通报说,省会昆明市的温度应在20~23℃之间,天气晴好,不需要带雨伞或雨衣。行程很紧张——我们每天都要在路上行驶几个小时,只有在返回之前,我们才会有时间在昆明四处走走。离开广州那天正下着小雨,所以必须带伞。起飞后不久,云层消失了。我们在七百米高度飞行,下面是绿油油的稻田,阡陌纵横,像棋盘一样。郁江像一条蓝灰色丝带在阳光下闪耀。我展开一张中国南部省份的地图。我们现在应该在广西和云南两省之间。之前我阅读过中国的百科全书,在国内度假期间,我在华沙国家图书馆发现了几篇我以前不知道的战前出版的关于卜弥格的文章,现在我看到,在我们下面的某个地方,应该是一个与他的生平有关的地方——安龙。1659年,他从欧洲回来后,就是赶往那个地方,向永历皇帝呈交迟到的复信,那些信里有来自遥远的欧洲,包括新任教皇亚历山大七世的鼓励与支持。那些信迟到了至少五年,因为他等待枢机主教们承认他受到质疑的中国派往教廷的特使身份,就持续了这么多时间。最终,他也未能获得欧洲人在南明王朝与满人的斗争中提供帮助的承诺。明朝最后一位皇帝期待基督教廷在道义、财政和军事上提供支援，但卜弥格没能拜访欧洲最重要的王室，而是在洛雷托[1]的一座修道院里被软禁了五年，直到他被平反并被重新派往中国。可能就在这里，在我们机翼下的某个地方，在过去从越南到北京的"皇家大道"沿线，就埋葬着这位中国皇帝的波兰使者。当我在思考我们那位不知疲倦的旅行者到底命运如何时，我本能地把目光移出地图，从舷窗向外望去，下面可以看见一个不大的县城，是安龙……

下午两点，我们准时降落在昆明机场。第二次世界大战期间美国陈纳德将军率领的"飞虎队"就是从同一个机场起飞去进行空战的。将这座机场未启用的部分加入我们的云南之旅，无疑具有某种象征意味——主要是为美国总领事威廉姆斯先生准备的。就在这里，在解放后改建的跑道与风景如画的滇池之间的某个地方，曾经是美国空军第十四航空队的指挥部。该队在香港、缅甸和印度支那的战斗中享有盛名。

我们的行程包含昆明及其旧机场，这令我特别高兴。甚至在我第一次来中国之前，我的书架上就有维托尔德·乌尔班诺维奇的书《中国上空的火》。他是唯一一个在中日战线上自愿与日本人战斗的波兰人。在出发之前，我在领事馆的图书馆里找到了那本书，并想在我们参观旧机场时提及它。对我而言，乌尔班诺维奇不仅在波兰，而且在中国也值得尊敬和缅怀，因为他对中国人民表现出的友好情义、深厚的人道主义精神、对中国人民选择的发展道路所持的尊重态度，以及对影响中西关系与合作的现实原因的理解。

---

1 位于意大利安科纳省的市镇。

离开飞机后我环顾四周，寻找书中描述的场景。但片刻之后，三位省政府的代表就走过来，开始了正式的欢迎仪式。广东来的陪同人员将我们介绍给对方。首先是日本人，然后是美国人，第三个是我。中国人拥有世界上最悠久的外交历史，大概也有着最复杂的外交礼仪。尽管我负责的是广州最古老的总领事馆，该馆已经不间断地存在了将近二十五年，但我只是一个领事，这使我在客人排名中名列第三。对主人来说，田熊和威廉姆斯的情况要复杂一些。虽然美国人更重要，但两人都是总领事。日本驻广州总领事馆比美国提前一年开放，此外田熊是一位资深外交官，这是他第四次来中国（尽管前三次不是作为外交官，而是作为贸易代表），认识许多北京的高官，并且已经动了退休的念头。总之，由于种种原因，他应该得到更多的尊重，对外表现出这种尊重在整个东方都如此重要。

在机场大楼的贵宾室里，我们应邀讨论了行程，主人向我们提供了有关云南的一些整体信息。我们了解到，该省生活着二十三个少数民族，其中最后一个是一年前才在一个偏远且人迹罕至的地区发现的——大约只有一千人。

接下来我们要去昆明饭店，放下行李并吃过午餐后，就从参观博物馆开始我们的游览。在参观博物馆时，一只毛茸茸的动物吸引了我的注意，为我们讲解的工作人员称那个动物是食蛇鼠。如他所说，它确实吃毒蛇，而且如此珍贵，以至于它们被套上银项圈散步。关键是，它们具有中和蛇毒的出色能力。假如猎捕毒蛇的人或者周围的某人被毒蛇咬伤，只要让这个动物在伤口上撒尿，那个人就得救了。中国人用这种尿液浸泡多孔的石头，然后将石头按在被咬的地方，让石头"吸取毒液"。

遗憾的是，人的一生中有一些难以复制的机会，使他可以做一些非同寻常的事情，而如果他由于某些原因，经常是平庸的理由而没有去这么做，那么在以后很多年中他一直会因为错失机遇而悔恨交加。对我来说，这个错失的机会就是参观昆明的博物馆，而那只是我站在非凡展品前的一瞬间。我带着相机，可以（当时我是嘉宾之一）给它照相。但我没有做。我可以问带领我们参观的博物馆工作人员，这种动物的动物学名称是什么。我没问。至少我可以问一下，这种动物是否仍然生活在该省，或者它是否已经灭绝或属于濒危物种，就像马可·波罗所描述的大鸟罗奇一样（关于其曾经存在，只有博物馆保存的巨大鸟蛋可以证明），或者像詹姆斯·库克和莫里西·贝尼奥夫斯基看到的海牛和动物世界的其他代表一样。我没有问。

第一个描写并且为它绘图的欧洲人正是卜弥格。多年后，当北京外国语大学海外汉学研究中心请我将早已被人遗忘的卜弥格的中医著作从拉丁语翻译成波兰语时，我必须设法解决这个多年来令我着迷的谜团。那时我再次查阅了所有可能包含食蛇鼠相关信息的来源。我找到的唯一参考文献来自北京医学专门学校药学系于1931年出版的中药百科全书——《中药学》中的一卷。那里提到，在十六世纪"中国药学之父"李时珍的著作中曾写道："在唐朝（618—907年）时，中国皇室作为礼物收到了来自克什米尔的食蛇鼠，它的头部是尖的，尾巴是红色的。如果被蛇咬，则可以让这个动物闻一闻伤口的气味，然后在其上小便，便可使人恢复健康。"

它一定是一种稀有、昂贵且未知的动物，否则它不可能成为进献给皇帝的礼物。卜弥格在《中国地图集》和《中国植物志》中都将食蛇鼠形象地描绘为一种红棕色的动物。

第33章
在海南岛

对我后来的学术兴趣（在学术会议上发表并在波兰和国外出版的五本书以及许多其他作品）——有关卜弥格的生平和科学活动——产生至关重要影响的是那次去海南岛的非凡之旅。1980年夏天从波兰度假归来时，我带了在华沙国家图书馆获得的卜弥格作品的缩微胶卷。那是从1656年在维也纳出版的他的《中国植物志》副本中复制的。这是一本手工上色的副本，大概来自扬三世·索别斯基国王图书馆，是维也纳的耶稣会士送给国王的礼物，以感谢其支持耶稣会在波兰、意大利、奥地利、匈牙利和中国的传教活动，还有对耶稣会作者的支持。

1644年到达澳门后，卜弥格在那里学习了六个月的中文。之后，他被派往海南岛，在定安的耶稣会传教团中工作。他的《中国地图集》中的手绘地图可能就是在那里诞生的。我从华沙带来的材料中还包括未出版的卜弥格的《中国地图集》中几张地图的缩微胶片，其中包括海南地图。在收到我们环岛旅行的计划后，我随身携带那张地图上了飞机。

在1980年12月6日，我们乘坐螺旋桨飞机（仍然是一架老旧的苏联伊尔14飞机）飞往位于海南岛北岸的港口城市同时又是该岛首府的海口市。珠江三角洲留在了我们身后，高度仍然很低，我们越过了许多较小的河流，然后就看到了北江广阔的入海口。在沿海岸飞行一个小时后——海南海峡（琼州海峡）展现在我们面前，然后就看到了港口和海口市。我们将从那里出发进行环岛游。广州有三位领事馆负责人——日本总领事田熊、美国的威廉姆斯和我，中国陪同人员有省政府外事办公室副主任及随行人员和翻译。

现在，我们乘坐的飞机已经是定期航班，而以前只有军用飞机才能降落在海南。中国陪同人员告诉我们，最近来海南的第一批外国人中包括美国洛克菲勒家

▼ 与美国、日本驻广州的总领事威廉姆斯和田熊以及广东市人民政府外事办副主任等一起前往海南（1980年）

族的代表。偶然说出的话当然是有意为之：目的是要强调中国现在选择了与全世界做生意，而且——很快变得很明显——中国也选择了外国旅游者。

应该记住，这些仅仅是中国转型的开始。从一个生活在北京的外国人视角看，这种变化是缓慢的，但从远离首都的广州来看，就会明显得多，而如果从我当时参观的一些边远地区，如广西、云南和海南，就会有更好的观察效果。当然，我们总是需要调整对邀请我们访问各地的东道主的意图的认识，总的来说，是为了展现1978年邓小平上台后发生的变化。必须承认，在中国南部这个边远地区可能引起一名外国外交官兴趣的一切——历史、经济、政治——都已考虑到了。

晚上会有海南行政区外事办公室主任举办的招待会。像往常一样，在这种情况下，东道主首先向我们介绍该岛的大致情况，近期的发展计划，并介绍"文革"后在新形势下该地区发展的一些细节。他讲到，海南面积为三万两千平方公里，是仅次于台湾的中国第二大岛。海岸线长一千七百公里。关于向外国人开放这个岛的最好证明，就是此刻我们坐在海口并与他交谈。同时，他对我们在广州得到的旅行路线做了修正，原计划的环岛游无法实现。但是为了补偿我们的损失，他们将把我们的行程扩展到位于海南中部的黎族苗族自治州。这个地区几乎覆盖了半个岛。我们将先走南线，然后向北转到岛的中心，那里新建的中央公路将引导我们到达西海岸，再从那里沿着海滨路线返回海口。这将为我们提供更多的景点，因为在该岛内部居住的大多数是少数民族，主要是黎族。那时海南大约有七十万人口。我们所有人甚至都为这一变化感到惊喜，因为出于可以理解的原因，我们每个人都对中国当局对少数民族的新政策感兴趣。在"文革"期间少数民族受到严格的限制，迄今为止我们主要从香港出版物中获得这方面的信息。

第二天我们参观了海口，实际上，参观的是这个首府的新城部分，建设在过去的港口区以及港口区以南几公里远的原海南行政中心琼州一带。我们了解到，我们去的时候，海口有二十万人口（今天增加了十倍），其历史可以追溯到公元前一世纪，那时的名字叫珠崖（珍珠海岸）。当时在那里建立了一个小渔镇，主要是为朝廷寻找珍珠。在十五世纪的明朝，后来做了高官的海瑞出生于琼州。他在中国被认为是为官清正的典范，敢于批评皇帝忽视其职责并造成国家危机。在访问琼州时，东道主很愿意提及这个历史人物，这激起了我和田熊领事的深思。

海口市和邻近的琼州市与中国南部的其他县级城市没有太大区别，只有市场和购物街上的人流似乎可以证明，我们已经置身于新的中国现实之中。除了数量众多的私人摊位外，商品种类繁多且引人注目：从各种鱼类和海鲜到青蛙、蛇以及其他南方特色美食、药用植物和动物，再到民间工艺和真正的艺术品。工艺品主要由岛上盛产的棕榈叶、竹子、椰子和其他原材料制成，传统上当地少数民族日常就使用这些东西（尽管在海口市很少见到这些少数民族的代表）。第二天，我们乘两辆小巴出发，驶向南海岸的三亚，开始我们的环岛旅行。除去两个司机，我们一共有十八个人，所以我们三个人的中国陪同人员阵容强大：六个来自广州，就个是当地人。我们的第一站是定安县的南海国营农场。农场场长亲自带我们参观。使日本总领事高兴的是，场长能说一口流利的日语。这也是正在发生变化的迹象，因为海南在战争期间曾被日本人占领了好几年，而两三年前，还没人会透露自己能流利地说日语这件事，因为这将使他立刻被归为应该到岛上某个偏僻地方甚至东北接受再教育的人员之列。

我们被安置在政府的招待所。在休息室喝咖啡时，我看着地图，看我们的路线是否会经过卜弥格描述过的某个地方。我随身带着一张他的《中国地图集》中海南部分的照片影印件，地图很大，上面的中国地名都用拉丁文和汉字标注。过了十几分钟，一位广东来的翻译坐到我身边，问我这是什么地图、有什么用。我向他解释说，有一个十七世纪的波兰传教士对中国文化非常感兴趣，他在海南住了很长时间，并且画了十八张当时中国的地图。顺便我也提到，在地图上确定某些地名非常困难，不仅是海南的地名，因为中国很多地方经常更改地名，而且我也无法使用中国的图书馆。我们一起成功地在卜弥格的海南地图上找到了位于今天三亚的一个小地方，这使我的对话者感到十分惊讶。

在晚餐时，桌边的所有人都知道了我痴迷于卜弥格的地图。第二天，我们上车继续向南行驶时，外办副主任与我坐在一起，询问我对卜弥格这个人物的兴趣由何而来。我说我在中国出生和长大（当然他已经知道），并且一直对中国历史和文化（他可能知道也可能不知道）感兴趣。中国官员，特别是来自北方的官员，被外国人视为不善交流，封闭，而且不会在自己石头般的面孔上表达任何感情。这是一种刻板印象，在许多情况下是错误的。对那些与中国官员的接触仅限于在政府部门、购物中心或豪华餐厅的招待会上（并且总是安排得很好）的人来说，这种看法或许有道理。在旅行中，这种礼仪就较少适用了，在亚热带地区，没有西装和领带，繁文缛节就更少了。利玛窦是第一位到达帝国宫廷的传教士。他回忆说，在北京所有人都臣服于中国的万历皇帝（无权看他），但当他们在南方旅行碰到他时，他的举止就很正常和可以理解了。如他后来的回忆所说，当时的皇帝是一个很普通和充满好奇心的人。他亲自检查了传教士们的胡须是不是真的，触摸他们衣服的质地，翻看了他们的行李箱，而且像他的随从一样，对他们携带的能发出各种旋律的欧洲钟表兴趣浓厚。

事实证明，那位陪同我们的广东省人民政府的代表，在这次没有领带和西服的旅行中对我们所有人来说都是容易亲近的，甚至偶尔会在洗手间里碰到穿着背心的他。他向我询问了卜弥格的地图，以及我是否真的想使用图书馆的阅览室，他可以如何帮助我。我说是。而且，在首都期间，我多次申请进入北京图书馆，但遭到了拒绝。关于这件事的后续我只想说，那次海南之旅归来后，有人从省外办给我的办公室打电话，让我提交一个照会，请求允许我使用广州中山大学图书馆的阅览室。我写了那份照会，两天后收到答复：完全同意。

我们旅行的下一站是兴隆镇，该镇行政上隶属于小岛北部，但就气候而言，已经是真正的热带地区。当我们经过海岸附近的万宁并进入内陆时，植被立即发生变化，出现了棕榈树，地面上则覆盖着茂密的蕨类植物和藤本植物。我们住在兴隆一家由归国华侨管理的农场里。在第二次世界大战之前，海南是一个贫穷的地区，农民从那里逃亡到国外，而当合法移民成为可能时，一个一个的县几乎都走空了。其中之一是1980年有四十万人口的文昌县，当年向这里的亲朋好友汇款的华侨和华人人数是当地人口的两倍。来自十八个国家的归国华侨住在兴隆农场。他们大多数来自马来西亚，约占所有居民的四分之三，当时有二万六千名居民。二十世纪六十年代，在苏哈托发动对印尼华人的迫害时，他们中的许多人返回海南，在中越冲突和战争爆发后，也就是在我们到达广州之前，又有一批人从越南回国。来自海南及中国其他地区的华人都非常了解什么是思乡，在中国人中，思乡之情一直比其他国家的人都更加强烈。这种思念和信念是，即使一生都在国外生活，但骨头也应该回到出生的地方。这意味着许多华侨和华人就可以在晚年返回家乡。毫无疑问，经济动机也发挥了某种作用。就像波兰人民共和国最后的几年一样，中国的生活成本比国外低得多。那些在国外发了财，甚至只是在国外买了房产的中国人，回国后的生活水平可能会比他们在美国、马来西亚或新加坡等国高得多。我们有机会与那些在兴隆县居住的归国人员交谈，他们在国家少量的帮助下建造了房屋，令他们感到自豪的是，由于老年人生活需求简单，他们可以用自己的积蓄资助社区的医院、幼儿园、托儿所和养老院。我们参观了一所这样的设施，是一家医院，其设施可能会让不少波兰的医疗机构羡慕（我是从当年的角度写这本书的，但是即使在今天，这样的医院也会引起许多城市，例如比亚韦斯托克或卢布林省医生的艳羡）。有人告诉我们，几天前，德国的一个代表团访问了兴隆，讨论了一所新医院的总包项目。第二天我们一整天都在汽车上（幸好坐的是日本丰田公司带空调的中巴），前往位于海南岛南部海岸的一个渔港。现在的时间差不多是十二月中旬，晚上，我们可以在很咸但很温暖的海中游泳。而且，我们听到人们热情地宣称，已经决定在海南南部海岸建设一个全年开放的豪华海洋度假胜地。在这个季节里，这里长满了椰子树和长着蓝绿色叶片、泛着柠檬和肉桂味道的开花灌木。这个项目——像中国的一切一样——以非常快的速度完成。在1988年我随同一群电影人访问广东省的时候，那个度假胜地的多家豪华酒店就已经在接待富裕的外国人了。而2000年，三亚举办首次在中国举行的"世界小姐"比赛（组织者非常喜欢三亚的那次比赛，以至于他们在2015年再次在那里举行）。

晚餐时，我们的翻译跑到我的桌旁，用激动的声音让我赶紧给他一张卜弥格绘制的十七世纪海南地图的照片。然后让我用铅笔标出，图上的"南天"在什么地方。我不得不和他一起去我的房间，把地图给他，标明了那个村子在哪里。他说晚餐后还给我。在归还地图时他说："这个南天就在三亚旁边，向南约十公里。我们明天会去那里！"

的确，晚饭后负责落实我们旅行计划的旅行社工作人员宣布，明天早餐比平时早半个小时，我们将去南天观看"南天第一石"（南天一石）。他还向所有人宣布，三百多年前，第一名欧洲科学家卜弥格（耶稣会士来中国时通常取中国姓名，卜弥格是Michal Boym的中国名字）曾观看了这块石头。早晨，我们可以近距离观看那块巨石，并将其定格在照片上。我必须承认，看着那块石头，我感到某种满足，我坚信几个世纪之前，也许就在我所站的同一个地方，第一个波兰人写下了它的名字并将其记在他的海南地图上。在中国人的帮助下，我还成功地辨识出地图上介绍的两种植物和一种螃蟹。我不确定是否在那次海南之旅的过程中，我第一次产生了尝试将卜弥格地图集中的插图重新变成彩色的想法，而我之前一直在看的都是黑白版本。无论如何，那一定是在1980年前后，在我们第二次前往波兰休假之前。因为在那次休假期间，我已经在华沙国家图书馆订购了《中国植物志》中所有手绘插图的彩色幻灯片，这开启了我对卜弥格生平的更加系统化的研究。

随后我们回到车里，从三亚向北进发。我们离开了海岸线，前往岛屿的腹地——黎族苗族自治州的首府红旗市。这条路比沿海公路狭窄，还穿过热带雨林，而且是蜿蜒的山路。频繁遭受台风袭击后，道路上布满了折断的树木，所以晚上开车需要特别小心。因此缩短了中途休息时间，以便我们能在黄昏之前到达目的地。

该州包括八个县，人口不到八十万。汉族人在这里是明显的少数人口的民族。他们不止一次向我们强调，这里只有十一万左右的汉族人，黎族占

◤ 位于海南岛南端海滩上的"南天一柱"巨石（1980年）。卜弥格在海南地图上标注了此地

▶ 与海南岛上黎、苗等少数民族代表在一起（1981 年）

大多数。此外，苗族有两万人，回族和壮族有数千人。行驶三个小时后，天开始迅速暗下来，远处看见了最初的灯光。我们去的城市叫红旗市。典型的山城，位于平缓的斜坡上，有一条主要街道和众多陡峭的小街小巷。我们住的酒店虽然简朴但很整洁，周围环绕着一个小巧但精致的花园。

晚饭后我出去散步。街上碰到的都是穿着印花短裙的年轻女性——到膝盖以上的海南迷你裙，甚至在"中国的巴黎"——上海也难以见到。裙子上的颜色以红色为主。肩上披着深色的外套，有时甚至是深蓝色，像中国的外套一样，但又有所不同，比较短，四分之三袖长，有的光滑，有的在下摆处和袖口上绣着窄条纹装饰。头上是极具特色的彩色帽子。男人们穿着蓝色棉布裤子，接近中式服装。头上戴的是接近黑色的头巾，上边竖着一些红色的装饰。我们已经被告知，这些人是人数最多的海南本地居民，属于黎族。

第二天，我们离开红旗，一直向西南行驶。由于一直在上坡，中巴嗡嗡作响。我们沿着昌化江前行，以便在其源头附近翻越五指山，然后再向西前进。旅行的下一个目的地是那大镇。1958年那里建成了一座水库，同时还修建了一个水力发电站。发电厂、大坝和水库还是"大跃进"的成果。当时，值班工程师向我们展示了正在运转的涡轮机，他本人就是那成千上万满怀热情、赤手空拳移山倒海的人之一。那一刻红色的太阳正逐渐躲到附近的小山后面，就在那里，在西边，每个人都扛着一根竹扁担，两边挑着两个竹筐。

工程师带我们来到大坝的顶部，那里有一块刻着汉字的石碑，上面记载着周恩来总理和朱德元帅也曾在这里挑着沉重的扁担参加劳动。启动这个电厂时没有

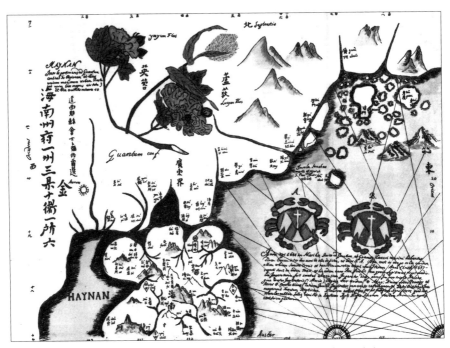

▼ 卜弥格《中国图册》中的海南岛地图，地图上绘有芙蓉花和毛蟹的图案（约1652年）

任何问题吗？当然有。他们花了很长时间修复故障，才让电流通向附近的村庄。现在（当我们在那大镇的时候）水库灌溉着近一万公顷土地。该发电厂是海南第二大发电厂，提供了海南四分之一的电能。

旅程的最后一站是回到海口，那里是海南行政区的首府，但海南还不是即将成为的省。在昌化附近，我们轻松地驶上了西线，直达该岛的首府海口。我把卜弥格的海南地图铺在自己的腿上，尝试借助坐在我旁边的译员，识别出上面标记的主要城市、河流和山脉。我们至少取得了部分成功，因为翻译不知从哪儿弄到了该岛的现代地图，我们借助它获悉，几个小时前我们离开的那大镇是卜弥格笔下的"Cheucheu"，而几天前我们经过的万宁，是十七世纪卜弥格笔下的"Vamcheu"。卜弥格的海南地图是欧洲人绘制的第一张海南地图，与他的《中国地图集》中其他的地图一样，都具有地理网格。上面主要的城市精确到半度，包括耶稣会传教士所在的Kiuncheu（海口）和Tymngan（定安）。在确定"南天"海岬的时候犯了轻微的错误。我们知道，他曾环岛旅行，绘制了植物的图样，并将其用在《中国地图集》和1656年在维也纳出版的《中国植物志》中。他可能是第一个这样做的人，因为在海南的热带气候中，出产一些在中国其他地方所未知的水果：被中国人称为波罗蜜的"面包树"果实、在印度被称为腰果的坚果、椰子、荔枝、龙眼、芒果等。在海南，卜弥格收集了《中国植物志》和《中国地图集》所需的大部分材料，还收集了岛上动植物的许多信息，包括那些用于中药的动植物，三百五十多年来都保留在手稿中，或由其他人发表。在某些情况下，他作为作者的名字并没有被提及。

1981年年中，国内做出了一个奇怪的决定，命令暂停、实际上是撤销领事馆。在广州逗留的最后几个月，我除了清点盘子和桌椅，编制领事馆中所有清算财产的清单外，不再有能力做任何事情了。

第**34**章
实施军管

　　我最后一次在广州工作期间的第二次休假，本应在1981年6月15日开始。本章出现的所有日期对我接下来的命运都有着重要的意义，尽管在我们准备回波兰度假时，对此还完全没有概念。当时波兰已完全陷入危机，商店里只剩下一瓶瓶的醋还在装点货架。这样的局势迫使人们不停地思考新的省钱办法，这在很大程度上也波及了波兰外交部及其驻外机构。来自华沙的各种公文和指令不断地传到领事馆，不是指示缩减外汇支出，就是暗示可以暂缓回应国内各机构的要求（例如从西方国家购买药物，援助儿童救助基金等）。来广州的代表团成员都提到了一些正在准备阶段的新限制措施。而那些对我们比较坦诚的人则说，在华沙越来越频繁地出现雅鲁泽尔斯基受到苏联压力的说法，要么他自己处理"团结工会"，要么苏联派军队帮助波兰解决问题。其间有一位来自格丁尼亚热带病研究所，在广州做客的医生，从他那里我们还听到了一条有趣的小道消息，他说国内成立了

453

某个由医生、地理学者和政府官员组成的专家小组，讨论把广州从亚热带"移"到温带的设想。说白了，就是找一些理由剥夺我们每年公费回国的机会。从财政角度来讲，这一想法并不能给外交部和外贸部节约预期开支，但重要的是给人一个印象，即应团结工会的要求，一些特权已经取消。而事实就像我们推测的那样，尽管代表团成员传来的消息永远不能全信，但话又说回来，无风不起浪。

多亏了医生和地理学家们逻辑缜密的论证，这个项目最终没有实施，但是他们还是找到了其他的方式剥夺我们这一特权。年初的时候就从北京传来消息说，考虑到必须进一步节省外汇开支，主要可以从驻外机构入手，所以外交部门计划减少驻外人员，甚至撤销一些大使馆和领事馆。我在1981年2月或3月曾经招待过的一位来自使馆的信使甚至还提到，广东和上海领事馆的工作人员，在"局势缓和之前"有可能只保留一位工作人员，但是这次裁员不会造成这些机构的撤销。从那些声明中我们知道，无论是部领导还是使馆领导都很清楚，在广东省建立深圳、珠海、汕头等经济特区之后，该省在中国长远规划中的地位显著提升。这一点以及与之相关的拓宽与香港、澳门乃至东南亚华侨华人之间的合作计划，立刻使日本和美国重启了驻广东的总领事馆，澳大利亚和其他资本主义国家也计划采取相同的步骤。同时，来这里的西方商人和企业家数量也显著增加。因此，各式各样来自北京的客人也越来越频繁地访问我们，说大使馆多么尽力地维护我们的现有编制，关心我们总领事馆的所有岗位能保持不变。

一些真诚待我的使馆工作人员（我在使馆可能有几个这样的朋友）说我过于轻信，或者说我过于相信许多在过去三年我必须打交道的北京使馆的人，对此我并未感到被冒犯。而且这很快便得到了印证。

计划出行前一个月左右，当我已经确认了从广州到华沙的全程机票，只等着信使将部里帮我们预订的机票送来时，电话响了（从电话铃声我猜出，那一定是城际电话），女接线员告诉我，是北京那边要和我通话。听筒中响起了大使本人的声音。这肯定是十分重要的事，因为他本人从来没有给我打过电话，而所有以他的名义下达的指令我都是从他的下属那里得到的。的确，这次谈话确实很重要，因为大使传达了奇雷克部长的请求（也许确实是部长的请求，也有可能是使馆某个工作人员自己的提议），希望我能理解国家的艰难处境，并放弃公费回波兰。当然根据规定，我有权享受假期和免费机票，而且肯定也可以享受额外的十二天假期，用于去热带病研究所做体检，但我最好能够考虑同意自己支付机票费用。

我毫不犹豫地同意了，没说任何反对的话。公务旅行的时候（我们的假期旅行也属此类），部里边是用卢布支付机票款，所以不需要美元或者英镑，而我必须在中国用可兑换货币购买机票。几个月之前开始用美元为我们发工资之后，三个人的机票价格比用兹罗提买要贵得多。但我没有兹罗提，因为我把兹罗提都给了母亲做生活费，而且我还答应两个大女儿——卡夏和哈林卡，说秋天的时候会邀请她们和她们的老公、孩子一起来广州，因为她们俩都还在攒钱。这就是为什么我之前一直注意，为以防万一而总是留一些"合法卢布"，就是有兑换证明的卢布。这次也是这样。于是我去了一趟旅行社，去查一下走哪条线回华沙最划算。

我们在波兰驻平壤大使馆里有几个要好的家庭，于是我打电话给他们，想问一问怎样才能花最少的钱过境朝鲜回波兰。这条线是可行的，但鉴于时间比较紧，可能订飞机座位比较困难。必须把经平壤转机的所有旅程的座位都订好：先乘特快列车从广州去北京（比较便宜且快捷），从北京去平壤也是坐火车（也不贵，比较快），从平壤坐飞机去哈巴罗夫斯克（用从朋友那儿得来的朝鲜元，我们受朋友之托，带了一箱在朝鲜买不到的食品，朋友付给我们的是朝鲜元），最终用那些省出来的卢布从哈巴罗夫斯克坐飞机去莫斯科，中途经停伊尔库茨克。但问题在于，十五号左右这条线上某一航段没有票。所以只剩下选择途经乌兰巴托的路线，或者放弃回波兰，而是留在几个月前刚开放的海滨城市北戴河度假。

战前的北戴河是一个非常时髦的度假胜地，是北京的外交官们夏日避暑之所，但在二十世纪三十年代伪满洲国成立后，来自哈尔滨的企业家和富商也经常拖家带口去那里度假。当然我从来没去过那里。父亲在世时，我最远去过距阿什河不足三小时车程的度假胜地横道河子，但是到北戴河坐车需要两天，我妻子的父母还算比较有钱，但也负担不起这样的旅行。尤其当我考上大学以后，曾嫉妒那些常去北戴河的同学，嫉妒他们能看到大海，回来还向我们描述海边的长城关隘、美丽的沙滩、美妙的游泳和在那儿每天享用的烤蟹肉饼。可能就是出于这个原因，我想起了不久前北京外国人服务中心发来的邀请。他们以非常低的促销价格邀请我们去北戴河。我给中心打了一个电话，预订了一个房间，从十五号到二十九号两个星期。我知道我母亲是多么想念我们可爱的小女儿奥拉，我也知道当她得知我们不能回去时会是什么感受，所以我一直在考虑从乌兰巴托飞波兰的可能性，至少在格但斯克小住几日。我们成功了。中国改革开放后，莫斯科—北京的航班（还是每星期两次）总是一票难求，因为西欧的商人们很快就发现，这条航线比西方航空公司要便宜得多，但飞乌兰巴托的航班总是有很多空位。我还接到消息说，我们的机票由在国内休假回来的孔凡参赞（未来的波兰驻华大使）带回，我可以利用在北京的时间去他那里取。

我们在北戴河期间，天气非常好。整个假期都阳光明媚，海风轻拂，海水的温度恰好适合长时间游泳（28℃，某些波兰人会说像是热汤，但对我们来说刚刚好）。尽管房间价格很优惠，但住店的外国宾客仍然很少，因为这是此地对外国人开放后的头一个旅游季。在北京，人们还不清楚这里的度假和疗养条件，但至少对我们来说条件很好。翻新的房间，虽然并不奢华，海滩基本上是空的，躺椅和遮阳伞够所有人使用，最让我们惊异的是奥地利餐厅重新开业。尽管店名里还没有他的姓氏，但至少菜单是战前的。关于这个菜单，我以前只是听说过。最主要的是我们每天都能吃到传说中的、让哈尔滨的有钱人也无比艳羡的螃蟹。把蟹肉放在精致的扇贝上一起烤熟，确实价格不菲，但既然这次我们吃得起，那就很难拒绝享受这些美食了。我们给自己留了两个盛蟹肉的扇贝做纪念，扇贝里侧的珍珠质散发出彩虹般的五彩光泽。

为了赶上从乌兰巴托飞往莫斯科的飞机，从北戴河回来的第二天我们就坐上了前往蒙古国的火车。部里边已经为我们确认了座位，所以到格但斯克一路上都没有意外状况。我在波兰待了三个星期，其间去了一次外贸部、两次外交部：第一次去外交部是在回波兰几天后，因为要到人事部门上交护照；第二次去则是在出发前，为了提交医生的检查证明。华沙两个部门的职员都突然对中国产生了兴趣，这立刻便引起了我的注意。他们纷纷询问中国的生活、气候和经济状况，这肯定与常驻中国的机构日渐"美元化"，甚至变得比驻西欧的机构更有吸引力有关。长期以来，即使相较外贸企业，这两个部的国内薪资都很低，但不管是部领导还是普通职员，都把外交人员在国内工作看作两次驻外工作之间的过渡期。只要会说西方语言，每个人都会盘算，是去布拉格、索菲亚、北京，还是继续等待外派去巴黎或者伦敦更划算。

我去外交部时拜访了地区司、行政司、领事司和干部司。在地区司，我最感兴趣的是我的那些关于经济特区的报告获得了怎样的反馈。毕竟我是波兰第一个也是唯一一个研究该题目的人，我梦想着这些报告能递交到更高层，而不仅是部里，也想象着波兰会在什切青和格但斯克港口建立自己的经济特区。然而令我深感失望。除了最初的两篇文章外，其余的都没有送达部里，既使是我亲自打包并蜡封了信使的邮件，而且将复本寄到了北京大使馆。与大使本人意见不符的调研报告可能在我不知情的情况下被直接从包裹里取了出来，然后包裹重新盖上使馆的印章，所以发往国内时邮包里已经没有我的报告了。这个消息对我来说简直糟糕透了。我花了很多时间写这些报告，而它们肯定已经被收进"存档"文件夹里，或者直接被丢进了垃圾桶。我写这些研究报告的初衷，是希望波兰也能成立经济特区，给波兰经济带来有利的变化。因为当时所有人都在讨论经济改革的必要性。可惜只是讨论而已。外交部二司中国事务处的一位官员明确地向我解释，如果我写特区，什么也得不到，而且还可能会受到"越权"的指责。我比预想的更快就领教到了这一提醒的正确性。那时我还不知道勃列日涅夫的讲话，他当时称中国的改革是尝试在复辟资本主义。当我彻底离任回国后，在《国外市场》杂志和其他一些全国发售的杂志（《每周概览》《晚间速报》）上出现了一些有关组建特区的提议，都是我在上交给部里的报告中提过的。格日瓦奇教授甚至提出了非常具体的建议，就是在什切青建立这样的经济特区，但直到波兰人民共和国结束，该提议都没有越过项目框架设计的阶段。在我彻底回国，并匆忙退休后没多久，《新路线》作为波兰统一工人党中央委员会的机关报，将建立经济特区的提议归结为"希望将资本主义引入波兰的暗度陈仓"，这使得关于该话题的讨论停止了很长一段时间。

我在1981年8月初的时候结束休假返回中国。直到那时我才在大使馆得知，我不在广州总领事馆期间，裁撤工作已经开始了。直至今日我也不知道，为什么在我离开北京前的那段时间，使馆里没有任何一个人向我透露过此事，而在休假期间部里也没有任何一个人跟我讲过准备撤销领事馆，尽管那时我可能已经不受待见，但毕竟仍是领事馆的领导啊。我当时的感觉就如五雷轰顶，但这并非因为我原本应持续到1982年6月的任期被缩短了。在与母亲通过电话后，我接受了这一决定，没有去尝试指出该决定的荒唐。我说服自己，母亲独自一人备感孤单。当时最让我痛心的是，出于一些我不知情的考虑——因为这不可能是无意之举，没有人将领事馆撤销的事通知我。

而今时隔三十七年，当我回首再看那些往事，我并不奇怪他们会选择那样的方式。首先，用裁撤广州领事馆的方式来执行华沙下达的缩减开支令是可行方法中最省事的。尽管只是表面文章，但这种方式能大大压缩开支，并且避免裁减大使馆和上海领事馆的编制。假如我提前知道要发生什么，我肯定会就这个未经深思熟虑的决定向约瑟夫·奇雷克部长申诉。我知道他比他下属的司长们更容易接近，而且他也因此深得最高层的信任（这一点得到验证，没过几年，他就成为党中央委员会的书记）。

让我们再回到1981年8月的那些事件。在休假完毕回到北京的第二天，我把娜塔莉亚和奥拉送到了机场，让她们飞回广州。我还得在中国的首都多待3天，以便了解"由于经济原因暂时中止广州总领事馆运行"的相关指令。对外是这样解释的，与我收到的未来两个月的工作指令完全相反。具体地说，我应彻底完成"领事馆财产的撤销"工作，终止租赁合同，与相应的中国机构结清账目，并在领事馆撤销后回国。此外，我还要跟刚派来不久的领事一起对撤销的财产进行盘点，对此承担全部的财务责任，并和大使馆结清账目。我试图要求解释，"中止"和"撤销"这两个概念为何被乱用，但毫无效果。

"暂时中止"我理解为保留领事馆的所有财产，将所有家具都蒙上防尘布（总领事那套闲置的住房就是这样安排的），将其他设备和设施放进柜子或者箱子里锁好。这样的话，房屋的租金还是会比重新"恢复"活动，从零开始重新配置整个领事馆要便宜得多，而且这种情况不久之后肯定会发生的（事实上几年之后就发生了）。

回广州后我意识到，在从日比科夫斯基领事那里接任领事馆负责人仅一年之后，我一下子掉进了怎样的陷阱。而且我当初迫于事务压力，没有进行任何盘点就接手了领事馆的全部财产时，是过于轻信别人了。大大小小的物件一共有几千件：家具、绘画、办公用品、水晶制品、玻璃制品、瓷器、桌布、毯子、床单还有各种各样的东西。光是图书馆里就有一千多本书，而所有这些东西我们都必须在如此短的时间内登记在案、发现缺失并解释其原因，即使那些缺失可能是在我的前任，甚至是在他们或者我休假期间发生的。因为每次领事馆的交接过程都异常简单，建立在相互信任的基础上。签收一下现金、支票、空白护照、文件夹和领事印章就行了。不会清点盘子、衣架或者椅子什么的。我甚至都不知道在存放破损家具的仓库里还有几年前从国家博物馆借来的价值不菲的两幅画，其估价远超我的想象。不仅如此，就连普通的办公桌或是餐桌，在换算成美元后，都算得上珍贵的古董了。但是之前在临时交接领事事务时，从没人想过要清点板凳、椅子，还有图书馆里的书。最糟糕的是我意识到，突然之间我落到了一直不怎么待见我的大使手里：我不知道认真盘点之后会发生什么，还有可能出现的缺失，大使馆财务处是否会入账以及会以什么方式入账（只消提一句，在换算成美元结算时，之前在国内用兹罗提购买，之后又换成人民币计价的可动产，就突然贵了好几倍）。

就这样，我有两个多月的时间用于撤销领事馆的所有财产。在我的相册里有一张照片，背景是我出发前准备寄往北京大使馆的最后一个箱子。箱子的标号为166，所以当时我们一共装了这么多箱子，并且都邮寄了出去。

研究波兰当代史的历史学家们，尤其是研究从1981年12月13日雅鲁泽尔斯基将军宣布军管起这段历史的历史学家认为，实施军管的准备工作从那一年的夏天就已经开始了，这一推断多少和我自己的观察相吻合。当时他们肯定已经预计

▼ 我正在为关闭广州总领事馆忙碌。正在打包已经取下的铜牌和旗帜

到，波兰外交官可能会从驻外机构外逃，所以从人事上"加强了管理"，把他们认为不怎么可靠的人员换成他们认为可靠的、与国防部和公务员局有关系的人。我不愿认同那些不公正的评价，但我必须承认，很长一段时间，一直到1980年春天，我都认为在十年前决定复苏经济的盖莱克及其领导的团队（"让波兰富强，让人民富裕"）会精打细算，不可能任由从西方借来的钱被浪费，直到国家面临彻底破产时才想起要改革。这么说也许不是很谦虚，但我多年来所工作的岗位，使我还是能观察到波兰经济哪里出了问题。所以我把那些与我的观点一致，并且和我一样渴望理性变革的人引为同道。与流行的观点相反，二十世纪七十年代末在两个部里，在工业、运输和贸易领域，这样的人还真不少。当时人们已经在公开谈论"融合"的必要性，也就是谈论波兰经济中哪些应该改变，哪些应该从"腐朽的西方"市场经济中借鉴，而现实社会主义的成果中哪些应该保留下来。我坚信，中国的改革正是朝着这个方向迈进，而且1979年和1980年已经足够证

明，这样的改革是多么具有前瞻性。

在大使馆的时候，他们向我保证说，新来的领事将会参与到领事馆财产登记工作中，所有关于财产完整性、造成缺失的原因以及其他的不一致之处我们都要一起确定。所有整理出来的清单都应该有我们两个人的签名。实际上，按照规定清点登记小组应该最少由三人组成，但是他们认为，两人小组就完全可以了。

这件工作是费力不讨好。我们必须自己把所有的家具搬开，以便找出背板上的登记编号，还要把电子设备拆除，把几百个瓷盘、水晶玻璃和其他办公用品从柜子里拿出来清点。只有登记结束后，我才能把要打包寄往北京大使馆和上海总领事馆（这是在准备财产运输时才决定的）的物品清单报给外国人服务局。

在登记工作进行期间我意识到，口头通知我的期限，即广州总领事馆将于1981年9月30日停止运转，正好是中国国庆节的前一天。一般在国庆节的前一天省政府会宴请外交官，我们也被邀请参加不同的体育盛会、戏剧表演或者音乐会，来表演的都是全国最好的演出团体。我意识到，我最后一次升起国旗，并将正门旁写有"波兰人民共和国驻广州总领事馆"的牌子摘下来的那一天，选得很糟糕。于是我打电话给使馆提醒他们，中国人可能将其视为不友好的举动。第二天我便得到了答复，领事馆停止办公时间推迟到10月底。

我们在广州的最后一段时间里，发生了一些足以编成畅销书的事件，而我在多年前创作《藏地公主》的时候，只在很小的程度上将这些事件用于文学虚构。在那本书里，我描写了自己与美国领事在清平路旁边旧货市场上的偶遇，关于那个市场流传着各种传说。在他购买一个中国古瓷碗时，我给他提出了专业的建议：

> 我跟他提到，我在"文革"期间认识了一名英国大使，当时我们两
> 个都在北京工作，他觉得我是专家，于是在广州购物的时候请我帮他出

主意。

在美国,您可以给中国古董收藏家写一本书。这是赚钱的行当。现在收藏中国古董在有钱人中很流行。十年前尼克松、基辛格还有布什就已经给出信号了。您去过美国吗?

我回答说在外贸部门工作时,我多次去过西欧国家,但美国倒是还没去过。

那您得去一次。或许休假的时候。

我的假期剩得已经不多了,剩下的假期我可能要在这里过了。

我说的话您认真考虑一下。趁我还在这里。我可以直接给您发签证。

这一提议让我联想起了卡特提供的信息,但马上我又放弃了这一联想。在波兰没有紧急状态,而史蒂文的提议在当时的语境下完全合情合理。

在告别午餐上,他又提了一遍那个建议。这次已经没有任何上下文语境了。

如何理解这个小插曲,我就留给读者自己思考了。他确实提了两次建议。可能是因为,他几次追问我的人生经历,而我也没有什么理由隐瞒自己在哪里、在何种环境下度过了童年和青年时期。我与日本和美国总领事都对中国文化感兴趣,这让我们有了共同之处。我与前者一样喜欢收藏中国的邮票,而和后者的联系则是钱币收藏。我对中国古钱币感兴趣,是因为它们与中国的历史和考古有着直接的联系。这些钱币由黄铜或青铜制成,而不是什么贵金属,在钱币市场上也没什么太大的价值。有一次他向我透露,对他来说,这些钱币还有着一定的经济价值，因为美国一些地方博物馆也对收藏这些硬币感兴趣。他还告诉我，如果他把这些藏品交给博物馆，那么他可以根据这些钱币在美国钱币市场上的价格，减免所得税。

回家后，我对娜塔莉亚和哈林卡提到了领事的建议。的确，假如我想逃离波兰，可能没有比此时更好的条件了。我身在广州，就像波兰人喜欢说的那样，是"农舍里的小贵族堪比省长"[1]。我要去深圳或者珠海，不需要征得任何人的同意。唯一需要做的就是去旅行社买票，然后坐上大巴。下车就能到英国管辖的香港和葡萄牙管辖的澳门。我们有外交护照，所以不需要中国签证，中国当局也不能在边境阻拦我们（更别说引渡回波兰了），而只能在护照上盖上离境日期章。从香港或者澳门我就可以给大使打电话，告知他我不回去了，跟他说"再见，大使同志"，或者good bye（英语：再见），或者adieu（法语：再见）。

为什么我没这么做？我曾在写第一本小说——《藏地公主》时尝试回答这一问题。

1981年10月中旬的时候我去服务局，告知他们我们已经准备好接待来帮我们打包并往北京和上海托运的团队了。先来了四个专门负责装箱的人。他们随身带着量尺，把所有家具都量了一遍，随后开始量冰箱、洗衣机和空调。最后他们估算了一下，需要多少个多大的箱子来打包瓷器、玻璃、书以及其他东西。数字出来了，大约两百个。

我在中国的第三次，也是最后一次常驻就这样结束了。一同结束的，还有我在战后波兰，也就是波兰人民共和国的职业生涯。它完全不像三十年前我离开哈

---

1 意为山高皇帝远。

尔滨时所想象的那样平静。我在二十六岁那年开始工作，而现在刚到五十六岁就快要退休了。我得在圣诞节前去北京，我们将和一名交好的使馆工作人员一家共度圣诞夜，但是中波轮船公司的"诺沃维耶斯基号"货船抵达黄埔港的时间延误了。这使得我必须在平安夜装运我要运往格丁尼亚的财产，还有使用到最后一刻的领事馆汽车，那辆车是要运到北京的。当我们来到黄埔港时才得知，寄往大使馆的和我们要寄回国的东西，要等到1982年1月2日才能装船，而港口管理人员要求，我们在当天早晨再把货物运来。

这一要求打乱了我们原来的计划，不仅是因为它迫使我们放弃在北京共度新年的打算。我唯一能做的是把妻子和女儿奥拉先送去北京，然后自己独自在广州过圣诞节和新年。我已经买好了火车票，必须改签到1月3日。即使是这样，我也不确定能不能按时把东西装到船上。12月31日领事馆的房屋租赁合同就到期了，而我在领事馆账户上的钱已经不够住四天酒店了。所有剩下的开支我都精确算到了一分钱，现金只够应付这些开支。

毫无疑问，这是我这三十一年来最糟糕的圣诞节和新年，甚至比1951年在格但斯克过的圣诞节还要糟，当时我们的餐桌上除了平常吃的血肠和肉酱，就只有鳕鱼和二百克的克拉科夫香肠了。但那时我们在一起，而现在只剩我一个人在广州。平安夜在波兰如同除夕在中国一样重要，而我在平安夜那天不得不自己将个人物品运到港口。那些东西随后要用"诺沃维耶斯基号"轮船运到格但斯克。一共有十三个箱子、九百公斤重。我们在广州买了一个雕刻的书架、一个梳妆台和一套桌椅，而这些东西再加上木箱子是最沉的。我把用枕头和被子包裹着的东西装进了车的后备箱，这些东西大使馆最关心，不希望在运输过程中有任何损坏。它们分别是三箱名酒、将近一百张唱片和一些汽车零件。

港口和中国货运公司拒绝接受我的物品和汽车，由于货轮到港时间延迟，它的装卸时间也延迟了一天。我花费了很多时间，才和港口当局商定了令双方都满意的解决方案。汽车必须送回广州，但我们的东西被放在了港口仓库，我花钱雇了一位值班人员，从我们的东西运到仓库里一直到装上船，由他负责看护。在节日的第二天，我正式将领事馆大楼移交给中方。在一月的前三天我还可以免费住在这栋房子里。所有中国制造的普通家具都按照指示卖给了中国的国企，这家企业专门从驻外机构收购家用和办公用的二手家具和设备。我甚至连收音机都没有，因为属于领事馆的收音机我必须连同家具一起移交，而我们的日本便携式收音机被娜塔莉亚带走了。正是由于这个原因，我滞留广州的这段时间，完全与世隔绝了。到北京我才知道，波兰驻美国大使斯帕索夫斯基和驻日本大使鲁拉日都拒绝回国，并申请了政治避难。晚上我回到空荡荡的房间，房间里只剩下了床、桌子、板凳和一个电炉。当然，还有茶壶、锅、瓷杯、两个碟子、叉子和勺子。

离开广州的那天，我把床上用品打包（毯子、床单和床罩），但枕头留下了，因为随我去北京的行李箱已经装不下了。今天听起来可能不可思议，但那个时候从广州到北京坐特快列车得几乎一天一夜的时间。在使馆秘书室，我提交了剩下的领事馆文件，交还了密码锁。大使还没来，于是我请秘书帮我安排一个见面时间。

"可能明天才行。"秘书说，"今天大使肯定没有时间见您。早上他要去机场，下午要接待客人。"

"行。我现在去一趟旅行社。"

正好有一名中国司机要去邮局发一封邮件，我就同他一起走了，中途换乘公交车去了旅行社。我已经在广州买好了全程票，但还需要在北京确认苏联火车上的座位。中国的火车当时经过乌兰巴托，而经过蒙古的路线要比从前经过东北的苏联列车快两天。

我确认了座位，然后就去逛书店。旅行社附近有三家书店：专门卖外文书籍的外文书店、卖中文图书的新华书店和一家旧书店。过了两三个小时我才从书店出来。我还去吃了午饭，然后浑身大包小包地回到了使馆。

"您这么长时间都去哪儿了？"看门人走出门廊问我，"所有人都在找您，找了好一会儿了。"

他们这么急着找我，原来是想让我把护照存在使馆里。而直到我回家吃晚饭时才得知，都是因为斯帕索夫斯基和鲁拉日大使的叛逃。如果我想叛逃，我就不会坐火车来北京，也不会提前把妻子和女儿先送到北京。我没想逃跑，我想回波兰。即便回到的是那个贫穷、负债累累还处于军管状态的波兰。

第二天，大使接待了我。对我来说，这更像是一种礼节性义务，而不是出于那一刻内心的需要，于是我履行了义务。会见不到十分钟就结束了。我说我只想来道别，而大使则回答，他希望财产的真实情况和我们在登记簿上登记的一致。我至今都不知道，是否应该将这句话视作警告，警告我别想在华沙去指控广州领事馆是怎么被关停的。我也没想这么做。

我们很好奇，这回到火车站为我们送行的人会不会更多，还是像我们第一次走的时候，来的人没多少。在广州我们热情招待了所有人，尤其是娜塔莉亚，她为招待客人花了很多时间。她协助购物，而且总是认为有义务至少请来宾到家里吃一顿午餐或晚餐。有时我会反对，因为我认为请客人去饭店吃一顿就够了。我们家中没有帮手，而在广州不管在什么季节，在厨房做饭都不是一件令人愉悦的事。如果没有人来为我们送行，她肯定非常伤心。国际列车会在发车前半个小时进站，所以我们提前上了月台，以便先把东西放上去。而当我擦着额上的汗从车厢里出来时，我真的被眼前的情景感动了，我看见娜塔莉亚和奥拉在送行的人群中。来为我们送行的人中甚至还有几个我们在广州招待过的外国人，还有前两次我在北京工作期间合作过的中国翻译。过了一会儿广播开始播放音乐，这是第一次乘客广播，提醒我们应该到自己的位置上坐好。

车开动了。又挥了几下手，我坐到窗边，或许是最后一次再看看北京的使馆区，毕竟我生命中一大部分时光都留在了这里。这时在转弯处出现了我再熟悉不过的城墙拐角，除了两三个城门以外，这是北京现代化过程中唯一保留下来的一段城墙。终于，一幢幢外国驻华使馆的建筑轮廓在雾气中显现出来，第一幢、第二幢、第三幢……我听到火车在加速，此刻正穿行在北京的郊区。四四方方的农田出现在眼前，随后景象又变成了石头山丘。这时我便知道，火车快行驶到八达岭了。在那里，我们再一次看到长城长长的影子，将它与铺满冰霜的大地区分开来。这条路线我已经走了很多次，在什么位置能看见雕刻在岩壁上的佛像，在什么地方能看到山顶的雷达，在哪儿能看见守卫的岗亭……我都一清二楚。

车轮撞击铁轨发出单调的声响，让我奇怪地想起使馆电影放映厅里放映机的声音，昨天我们还在那里看了一部什么波兰电影。而此刻，火车左右摇晃，不同的长城片段就像新的电影片段一样在车窗里闪现。出发的第二天，我们已经在戈壁中行驶，而第三天车窗外就刮起了西伯利亚一月的寒流。西伯利亚大铁路上的火车站在冬天都会被厚厚的积雪掩埋，看起来似乎千篇一律。只有一个站台不知为何深深地印在了我的脑海。那是彼得罗夫斯克·扎沃德，十二月党人的流放地。从月台上依旧能看到车站主楼外墙上钉着的铜碑，上面刻着他们每个人的姓名。

这是我们跌宕起伏、漂泊不定的人生之路上第七次，也是最后一次"搬家之旅"。粗算一下，直线长度大约是二十万公里。如果再加上所有的飞行路线，那我一共征服了大约五十万公里。我花在西伯利亚大铁路上的时间，如果加上我回哈尔滨的私人行程，最少也得有一百五十天，几乎是半年的时间。唯一的长途坐船旅行，是从中国回波兰时，"仅"花了我们两个半月的时间。长吗？所有事都是相对的。我崇拜的众多英雄中，有一位我为他写了几本书，就是耶稣会传教士卜弥格。他曾经三次征服欧洲与中国之间的漫长旅程，这三次旅程，陆路也好，水路也罢，一共花了六年多的时间！

我们在1982年1月13日晚间抵达华沙。当时觉得这座城市比平时要暗淡一些，也沉闷一些。从首都到格但斯克我总是坐卧铺车，在车还没有驶离市区之时，我总喜欢站在窗边。没有西方国家首都那样的霓虹闪烁，但我们经过市中心时仍然看到五颜六色的广告牌、灯光明亮的维斯瓦河大桥，而东站的站台则亮如白昼……我不知道为什么从莫斯科始发的火车不像往常那样停靠中央车站，而是停在了格但斯克站。当火车慢慢停靠在昏暗的车站时，我只看见火炉的光晕和围在火炉旁取暖的士兵的身影。啊，对了，现在是在军管状态。我提前把行李取下来，放在车厢门口，等待火车停稳好开门下车。但这回，有人比我更快地从外面打开了车门，一束手电筒的光打在了我脚下的台阶上。

"请出示证件。"

第35章
珠三角

在格但斯克我收到了一封来自奥尔什丁出版社的电报，让我火速前往，可能是因为他们在把已经印好的书寄往图书批发中心时遇到了困难。电报写于1981年12月初，但上面没有发往格但斯克的时间。打开来看到的第一个词就是紫色印章里的"已审查"，也就是说，这封电报是在军管状态下发给我的，应该在12月13日以后。当我打电话给奥尔什丁出版社，通知他们我计划要去的时候，听筒里先是放了一段录音："对话将被监控"。之后电话才与编辑部接通。现在已经不可能像往常一样坐一等车厢去奥尔什丁了。我必须写申请，排队等待领取通行证，而且我还得在编辑部签一个声明，同意在本人不在场的情况下，根据自我审查原则进行几处修改。书在1982年军管期间出版了。

从奥尔什丁回来以后，我还办了两次去华沙的通行证，才办理好退休的相关事宜。职业生涯突然结束所带来的"无事可干"的前景，是我从中国回来后遇到的最糟糕的事，我无法想象没有工作会怎样。我得找些事干，虽然我也想过投身绘画，但我那时候觉得，还是写作更适合自己。除此以外，写作还能保证更加稳定的收入。与人们曾认为的不同，纪实文学方面的书籍印数并不低（以我的书为例，通常会有二到三万册），而且稿酬可观。

我确定自己应该写一本关于卜弥格的书。一是因为到目前为止没有用波兰语出版过任何一本他的传记，二是因为之前出版的期刊上关于卜弥格的报道也只是只言片语，信息基于战前出版的《波兰传记词典》。在广州总领事馆工作期间，回波兰休假时我成功找到并复制了几篇战前出版的有关卜弥格的东非见闻以及在欧洲完成外交使命的文章，还有关于维也纳出版的他的《中国植物志》和没有出版的《中国地图册》的文章。写这些文章的人主要是神父或传教士，但他们都没有去过海南，甚至没有去过卜弥格曾经工作过的中国南方，而他正是在那里搜集了《中国植物志》所需的材料。有两篇文章的作者分别是纳梅斯沃夫斯基和科热梅涅夫斯基。这两篇文章分别对《中国植物志》中所描述的植物进行了鉴别，也就是说文章中给出了那些植物的现代拉丁文学名。但是我惊奇地发现，这些鉴别工作大部分都是错的。最让我感到震惊的是，这些鉴别错误不仅包括鲜为人知的中国植物，也包括一些在整个远东地区十分常见的植物。例如卜弥格是第一个描写并绘制柿子树的欧洲人，他将这些内容收入《中国植物志》中。这种植物也生长在中国北方，秋冬季节在我们哈尔滨就能买到，在中国最南边的广州也有。当我在《中国植物志》中第一次看到这幅图的时候，立刻就认了出来。卜弥格对这一植物的描述十分详细，他写道，柿子的颜色是黄中透紫，同橙子的大小相似，果肉软、橙红色，内有果核。卜弥格记录下的另一条信息也很重要，即果实风干后类似于无花果，能够保存好几年。这个描述使我想起童年时代在哈尔滨吃到的柿饼。但是卜弥格在《中国植物志》中记载该果实的名字时犯了个小小的错误，他在插图下面写了两个汉字——柿饼，但柿饼在中国仅指柿子的风干果实（柿子做的饼）。林奈无法定义这种植物。而十九世纪初，当时最博学的德国植物学家库尔特·施普伦格尔（Kurt Polycarp Joachim Sprengel）——《植物王国史》的作者，也把柿子和山竹混淆了。那时我还没有机会接触到收藏在梵蒂冈图书馆以及罗马耶稣会士档案馆里的卜弥格手稿，但是在广州中山大学图书馆里浏览各种记载卜弥格前往欧洲完成外交使命的旧出版物时，我看到了两处提到卜弥格写给托斯卡纳大公的信在意大利佛罗伦萨出版的消息，那封信是他在1657年回中国的途中寄出的。当教皇英诺森十世下令卜弥格离开罗马，并将他软禁在洛雷托修道院里的时候，这位大公照看了他。当时我记下了文章的题目和作者。当我到华沙办理自己的退休手续时，就去了华沙大学图书馆，但并没有抱太大的希望。结果我找到了：是1790年作为意大利语言学家塞巴斯蒂亚诺·钱皮（Sebastiano Ciampi）关于托斯卡纳地区物理学发展的学术文章发表的。这篇文章收录了整封信。

我相信，只要英诺森十世还在世（1655年春天逝世），而卜弥格还在洛雷托流放，那么耶稣会的高层就不会让《中国植物志》在维也纳以书籍的形式出版。出版该书是在继任教皇亚历山大七世为卜弥格平反后才可能的。而我个人认为，这本书之所以能够出版，还是得益于热爱科学和异域风情的托斯卡纳大公斐迪南二世·德·美第奇（1610—1670年）对他的眷顾。他因为自己的妻子奥地利人玛丽亚·马格达莱娜与奥地利王族有了亲缘关系。因为我们已知，卜弥格在去往洛雷托和从那里回来的时候至少两次与大公见面（一次在佛罗伦萨，一次在比萨），而且卜弥格后来在去往中国的途中，曾多次为大公寄送他嘱托的"异物"（也就是欧洲宫廷里闻所未闻、妙趣横生的东西），有东方的药物、护身符和种子。从信的内容可知，卜弥格也给大公寄了几种果树的种子，其中就有柿子的种子，这种树后来适应了意大利的土壤。关于这些我在波兰出版物中没有见过任何相关的记述，尽管卜弥格对自己在《中国植物志》中所描写的植物产生兴趣，主要是因为这些植物的药用价值。可能是由于自己半途而废的医药学学业，《中国植物志》中记述的动植物的药用功能特别让我感兴趣，而且我打算在书中用最多的篇幅去讨论这个问题。

最终我整理出了书的大纲，同时必须决定，向哪家出版社提出写作建议。我考虑过图书与知识出版社，我曾经有两本关于中国经济和外贸的书在那里出版。但军管状态一直在持续。我其实应该带着自己的写作建议去华沙，但是必须排队申请外出通行证让我望而却步。尽管一直有种种传言，但军管一直没有结束。我考虑的第二个出版社是奥索林斯基出版社，它位于弗罗茨瓦夫，因为战后苏联归还给波兰的奥索林斯基家族丰富的藏书被运到了那里。这些书原本收藏在利沃夫，其中有几部书直接记载了卜弥格家庭的情况。卜弥格的家庭在从匈牙利迁到波兰后，就定居在利沃夫。另外一个支持我选择奥索林斯基出版社的原因是，这是一家隶属于波兰科学院的学术出版社，而且它还在格但斯克有自己的分支机构。我带上自己的大纲，坐上有轨列车，去了格但斯克市中心。格但斯克分社的主任表达了对这本书的兴趣，但他提醒我，他自己做不了决定，只能把我的建议转达给弗罗茨瓦夫总部，并附上自己的支持意见。

大概过了两周，邮递员才给我送来一封寄自华沙的挂号信。信封上有带有寄件人地址的印章。寄件人是波兰科学院科技史研究所。信中说，我的提议已经被转到华沙，当时研究所的主任巴比奇教授对此非常感兴趣，于是将我的写作大纲转给了卢布林的卢布林出版社。这是因为该出版社有一个系列出版计划，是关于那些为拓宽人们对世界的认知做出了贡献的波兰旅行家和学者。我提议的书被列入该系列，但是他们建议我将大纲中笼统提到的卜弥格未出版手稿的话题再丰富一下，就是要对梵蒂冈图书馆中收藏的《中国地图册》和罗马耶稣会士档案馆的材料进行更详细的分析。这是个艰巨的任务，因为这需要到现场，也就是到罗马去查阅那些手稿。我也很快认识到，自己拥有的卜弥格《中国地图册》里几张地图的照片，并不能用于任何研究，也不适于在书中发表，因为照片中大部分地理名称，无论是用中文还是用拉丁语写的，都无法辨识。

1983年，在军管中止后，我去了一趟卢布林，在那里我补充过的大纲获得通过，终于可以签合同了。按照合同，我应该在1985年底之前把书的打字稿交给出版社。那时与二十世纪七十年代相比，正是护照发放趋紧的时期。我仍然毫不费力地通过参加"奥尔比斯"组织的旅行团拿到了护照，但如果是要单独去某个西方国家，就需要详细具体的说明，而如果是以科研为目的的出行则只需要科研机构的推荐信。1983年底，我跟随"奥尔比斯"的旅行团去了罗马，这次去的目的是了解卜弥格的手稿。波兰科学院的支持使我获得了梵蒂冈图书馆馆长的首肯，同意我在阅览室工作两天，并且可以预订卜弥格所有未出版地图的微缩胶片。而对我来说最重要的是，馆长同意我将这些微缩照片用于我的书中。在这次旅行期间，我在罗马耶稣会士档案馆里结识了一位在那里工作的波兰耶稣会士，名叫奥格拉马托夫斯基。从他那里我得到了自己感兴趣的手稿及一套幻灯片，上面有卜弥格在非洲东海岸、在莫桑比克以及当时的塞纳[1]创作的彩图。

当我还在广州总领事馆工作的时候，曾经有几次去澳门的机会，在澳门我结识了一群研究这座城市历史文化的人，同时我也去了那里的图书馆，其中包括澳门参议院图书馆。多亏了同那些人的关系，我之后才能将我最初的几篇关于卜弥格的文章发表在澳门葡萄牙语月刊《南湾》上。我在那里出版的第一批文章的题

1　莫桑比克的一个城镇。

目是：《中国医药概说，一位波兰耶稣会士的启示录》（1985年）和《中国第一
植物志》（1986年）。同样多亏了这些关系，我才受邀于1986年12月在里斯本举
行的"第四届印度—葡萄牙历史国际研讨会"上就卜弥格做了："波兰学者在葡
萄牙的亚洲：卜弥格的生平和旅行"的专题发言。然而这段时间我最重要的出版
物要数那一篇篇幅很长的科研文章。我写这篇文章时是打算将它发表在法国/荷
兰权威汉学杂志《通报》上，从十九世纪末开始《通报》就在莱顿和巴黎发行，
是欧洲读者最多的汉学杂志。我当时认为，作为一个检验，如果《通报》接受了
我的文章，那么就证明我在学术上已成熟到足以撰写卜弥格的传记。五十年前的
1937年，《通报》发表了一篇轰动一时的有关卜弥格的文章，作者是最著名的法
国汉学家之一保罗·伯希和。他在文章中对另外一位法国作者罗伯特·夏布里埃
所写的书提出了批评。那本书的题目叫《卜弥格与中国明朝的终结》。那时我就
认为，伯希和也没能避免错误的观点，特别是涉及卜弥格在医学方面的工作。卜
弥格的医学论文是其去世后在德国出版的，一经出版立刻在欧洲医生和历史学
家中间引起了激烈的争论。第一篇文章是1682年以来自印度巴达维亚（荷属东印
度）的德国医生安德列亚斯·克莱耶尔的名字发表的，第二篇文章则是在四年
后，以三个人的名字发表的，分别是之前提到的克莱耶尔、比利时耶稣会士柏应
理以及卜弥格。我之前已经得知，克莱耶尔只是卜弥格手稿的短暂持有者和出版
人，这些手稿在他本人去世之前被荷属东印度的总督收缴；而柏应理之所以参与
其中，也可能仅仅是因为他起初曾放任自己手中的卜弥格医学文献丢失散轶，而
后又将它们收集起来，并带到了欧洲。

　　当时《通报》的主编是法兰西学院的教授谢和耐，他撰写了在西方广受重
视的长篇巨制《中国文明史》。而我自己虽然在波兰的驻华机构工作了十二年，
但作为汉学研究者，我依旧籍籍无名。我投给《通报》的《卜弥格的"中医"》

▼ 我在广州工作期间，在澳门市政厅广场（1981 年）

是我当时投给外国出版社的第一篇较长的文章。我给教授写信说，我在波兰驻广州总领事馆工作了三年，几乎走遍了中国南方所有卜弥格去过的地方，而我在伯希和教授的文章中发现了几处我认为不够严谨的地方。在波兰我确实已经发表了一系列关于中国和中国文化的文章，但并非所有文章都被出版社接受，也发生过投稿石沉大海的情况。谢和耐教授立刻回复了我，而且回复得非常积极。他在信中写道，这一话题引起了他们的兴趣，并且请我将文章的英文版寄给他。这项工作花了我将近三个月的时间。我在文章中说明了卜弥格的医学著作是如何在印度巴达维亚遗失散轶的，还介绍了普鲁士皇家图书馆收购了这些资料，以及在德国（法兰克福和纽伦堡）发表的经过，此外我也对这些著作进行了学术分析。这对

▼ 澳门圣保罗教堂遗址（大三巴牌坊）正面（1981 年）

我来说并不简单，因为我的观点异于伯希和，同之前的欧洲学者一样，伯希和也认为卜弥格主要的医学著作《医学的钥匙》只是从多篇中国医学文献翻译而成的，而非他本人的著作。在哈尔滨的波兰学校里，我学习了拉丁语，所以我能够独立翻译卜弥格文章的一些片段。结果一致表明，其中一部分确实是他自中文翻译的，但这之中也有他自己创作的部分，其中阐释了对当时的欧洲读者来说难以理解的中医哲学观点，比如阴阳、五行、生命能量之"气"的循环以及人体中血的循环等理论。在十七世纪的欧洲，人们还不知道血在人体中不停地循环流动，而中国人很早以前就已经知道了这一点。另外，欧洲医生测量脉搏的方式非常简单，但在中国把脉是疾病诊断的基础方法。同样，欧洲医生不会通过观察舌头的颜色和状态来诊病，直到卜弥格的著作问世，他们才把观察舌头引入疾病诊断的方法之中。

《中国的使臣卜弥格》一书的打字机稿我在预定期限内交给了卢布林出版社，那是1985年圣诞节之前。在接下来的几个月里，这本书经过了一系列编辑工作，得到了两个积极的评审意见，并进入排版阶段。1986年年中，这本书的打字稿又发还给我进行作者校对。我不希望因为我个人的原因导致这本书延迟出版，于是我将手头的其他工作都放到一边，两周后就将自己检查好的打字稿寄回了出版社。

在那年年末，我已经听说卢布林出版社有所谓的资金流动性问题，就是说出版社无法与造纸厂、印刷厂及其他合作企业履行合约。我收到通知，说我应该有所准备，这本书不仅在即将过去的1986年出版不了，在接下来的一年可能也无法出版。出版社的领导确实向我保证，除了那部分已经支付的预付款，剩下的稿酬会如约支付给我。但对我来说，比钱更重要的是希望著作能够付梓。当时这本书被束之高阁，不知何时能出版，让我感觉既担忧又突然。

我开始考虑在哪个出版社还能有机会出版这本书。我觉得弗罗茨瓦夫的奥索林斯基出版社应该可以，它是第一家认为卜弥格的书有必要且值得出版的出版社。但很快我便得知，在最近的两三年内出版社已经有太多的出版计划，我根本不能指望将此书列入其中。于是我问了几家别的出版社，其中就有之前合作过的图书与知识出版社，我将已经完稿并经过编辑的文稿发了过去。在回信中他们请我去一趟华沙，因为他们对书的构思有一些疑问。他们建议我将其改成一部科普类读物，以符合更大读者群的口味。具体地说，就是让这本书变得更像我在广州三年生活的报告，其中穿插着我在中国南部寻找卜弥格足迹的插曲。于是我面临两个选择：要么同意新的建议，要么接受这本书在最近几年不会出版的现实。我做出决定，必须接受他们的建议。我曾为《环游世界》和《认识世界》写过报告文学，我知道自己能胜任。而这次我从广州带回来一本厚厚的笔记本，对我完成这项任务起了重要作用。在我自己收集的资料里，有大量当地报纸和香港报刊的剪报，还有美国总领事馆经济参赞豪尔先生送给我的新书《共产主义制度下的广州》。

于是我签了新的合同，且必须在接下来的十个月内把新书的打字稿交给出版社。现在我需要专注去写的话题主要是邓小平领导的改革开放，毗邻香港和澳门造成的影响，以及应出版社的要求，加入了我在中国南部寻找卜弥格足迹的经历。我将书名改为《珠三角》，因为书中描写的大部分事件就地理位置而言，都发生在珠江三角洲，在广州、香港和澳门围成的三角形区域里。这本书在1987年底出版，发行了三万册，在当时是比较高的发行量了，而且几乎被一抢而空。这大概是由于圣诞节后和新年期间在媒体上发表了大量正面的书评。

在此期间，完全出乎我意料的是，波罗尼亚出版社对卜弥格这个人物表现出兴趣，该出版社的书经常会考虑居住在国外的波兰侨民读者。它出版了系列科普读物《世界之路上的波兰人》，介绍了十七八世纪波兰杰出的旅行家们。他们提议我将《中国的使臣》缩减一半，将其中具有学术分析性质的部分删除，并将名字稍作改动，改成《卜弥格——明朝最后的使者》。我同意了，并签了合同。

图书与知识出版社于1987年出版了《珠三角》，我在该书的前言中对内容做了如下概述：

> 我现在向读者呈现的这本《珠三角》，完全不同于之前的作品，这是一本更加个性化的书，记录了我几乎一生中对中国的所有痴迷与思考。

我知道，我收集的资料纷繁复杂，有时对波兰读者来说并不那么容易理解。

本书至少包含四个层面的话题。在当代层面首先是对中国南方地区的报告。我希望展示这一地区的许多特别之处，比如在广州的"蛇餐厅"里人们都吃什么，怎样坐大巴游遍海南，怎样才能住进珠海的银海花园，以及怎样才能从那里去邻近的葡属澳门上班。

在历史层面，我简略介绍了中国南部波澜壮阔的历史，但比较详细地介绍了虽只持续了十八年但对后世影响深远的一个短暂时期，即从1644年清军攻占京城，并将自己年幼的小皇帝推上中原皇位，一直到1662年，清朝在南方最终摧毁明朝残余势力的反抗为止。

很少有人知道，那些明朝的支持者中有一位我们的同胞——卜弥格，朝廷的顾问。我不得不说，几个世纪以前中国和欧洲之间的距离之所以能拉近，卜弥格这位传教士、耶稣会士、继马可·波罗之后第二个作为皇家大使环游世界的欧洲人功不可没。我希望大家能够纪念这位介绍中国的先驱，他的作品证明了他是一个知识广博的杰出波兰人。

这本书所展示的第三个层面涉及中华人民共和国的经济问题。我希望以此展示如今在中国推行的经济政策同之前'文化大革命'时期有什么不同。

第四个层面，就是书中涉及1980年起在中华人民共和国建立起来的经济特区的参考材料，材料包含位于中国南部的特区信息，因为我在广州的那段时间里，只有那里（广东和福建省）才有经济特区。我尽可能展示中国的经济特区如何组织、如何建立、如何运作、任务是什么及其现状如何。

我觉得能够拉近波兰读者与中国的距离，并引起大家对这个历史引人入胜、文化绚丽璀璨、现代化飞速发展，但仍未被欧洲人完全理解的国家的兴趣，对我来说就是最大的满足。

《珠三角》一书的出版，恰逢波兰人越来越多地关注中国大胆且卓有成效的改革之时，这肯定也是该书得到书评者们正面评价的原因之一。因为这本书的形式是来自中国南方的报告文学，所以我可以在书中用轻快而有趣的方式，用许多篇幅来记述1978年以后中国的改革，主要是深圳、珠海、汕头经济特区的建立。

《珠三角》得到一系列熟悉该话题的知名记者的推荐，因此很快便在书店的货架上被销售一空。文化部当时还为我颁发了1987年文学基金奖。我还收到了时任文化部部长克拉夫楚克教授的贺信。在1988年发表于《对立》杂志上的一篇书评中，作者罗曼·达史耶维奇写道："可以不冒任何风险地说，比起波兰，卡伊丹斯基更了解中国。"这样说确实没有多少风险，因为比起波兰，我确实更了解中国。或者反过来，比起中国，我更不了解波兰。不会有别的可能，因为截止到离开广州的那一刻，我总共在中国待了四十年，在当时这占了我人生的三分之二。

就这样，在八年后的1989年1月，在那本《对立》杂志上，我自己描写了《珠三角》中提到的一系列事件的结尾：

> 《珠三角》是一本关于中国南方的书，是1982年写成的，那时我刚刚从广州回来，在那里我担任波兰总领事馆的负责人，也经历了总领事馆裁撤的艰难和苦涩。因为各种原因，我避免在书中直接提及这一在我的中外友人中引起震惊的决定。"出于经济原因，"我当时只能这样回

答人们好奇的提问，"我们不仅在广州，在布隆迪和尼泊尔也中止了领事馆活动。"

"中国不是布隆迪，广州也不是布琼布拉"，我听到有人这样回答。

离开这样一个完美的观察点，尤其是在广东省获得了新的地位，变化正在日新月异之时。要知道，这里，而不是几千公里之外的北京，坐落着"中国的南大门"，这是中国面向世界的窗口，直接面对的是澳门和香港。怎能从遥远的首都去观察呢？毕竟在这里划出了中国改革的试验区，在这里诞生了许多对外合作的创新模式，在这里每走一步都能听见此前还不为人知的概念：经济特区。政治家、商人和外交官就像去麦加朝圣一样，从世界各个角落前往广州。所有人都是出于各种原因对中国改革感兴趣的人，你们呢……

遗憾的是，我已经没有时间来追踪那里发生的事件。我接到指令，把钢笔换成锤子，把纸张换成箱子。我当时认为，我的中国生涯毋庸置疑地结束了，甚至后来，在书出版以后，我也不能说，恰恰是它，除了意料之外的文学基金奖以外，正是这本书为我带来了再次去中国的机会。也完全没有想到，我会以顾问以及华沙纪录片厂电影摄制组剧本合作者的身份回到中国，而且是去走一条那么长的路线，把"珠三角"的三个角都包含在内。1988年5月底，中国航空公司CAAC的航班，将我们从我的家乡哈尔滨送到了位于中国另一端的广州。我们的团队包括导演帕乌卡、摄影师帕库尔斯基、音响师洛克女士、制片人什楚德沃和我。我们在那个季节十分炎热的广东待了两周，然后我们飞往"彩云之南"，也就是风景如画的云南。

在《珠三角》一书中，我也尝试对中国经济特区的未来进行预测，因为我有幸在广东亲身见证这些经济特区的发端。必须承认，尽管我的某些预测还算准确，但我并未预见到，当时正在变成中国第一个"世界之窗"的深圳，会发生如此翻天覆地的变化。当我1979年春天来到广州的时候，那还是一个名叫宝安县的小渔村，没多久渔村就更名为深圳，成了地级市。当时它的城市人口只有三万人。在那里建设中国第一个经济特区的决定是在1980年5月1日定下的。又过了几个月，我被邀请去参观特区的基础设施建设，便有了以下几段记录，后来被收入《珠三角》：

> 如果说深圳经济特区的景象跟我读香港媒体报道时的想象一模一样，那并不符合实际情况。他们最初向我们展示的堤岸已经基本完工，但要说作为港口投入使用还太早。随后我们去了未来的工业园区。工程当然很震撼。挖掘机和推土机在巨大的广场上来回穿梭，但这并未改变一个事实——广场又大又空。
>
> 我们从组装车间来到了深圳经济特区发展集团的办公室。首席工程师向我们展示了园区的沙盘和直接铺在地上的特区发展规划图。十年后就会是这个样子。同时我们还看到了银行会在哪里，商贸公司在什么地方，五年后什么地方会有壮观的商厦。有几座楼已经接近完工，而其他的还是一片空白。
>
> 我不知道在接下来的几年，我能否再看到深圳。但有一点我能确定。按照这样的扩张速度，按照中国经济特区目前所取得的成就，尽管会有坎坷和困难，这里将会变成一个与我见过的完全不同的深圳。

当我在广州待了三年，启程回波兰的时候，深圳有二十万人口。过了十年，而不是五年，我才又一次见到了深圳。已经完全无法辨认了。人们将深圳誉为中国发展最快的城市，而它可能确实是。只不过我依然没有想到，上文的记录写下三十年后，深圳的人口将会超过一千万！

我只在1988年随同华沙纪录片厂摄制组又去了一次深圳。那时就已经完完全全变了样，但还是不能同今日的深圳相提并论。

《珠三角》的出版还在我的生命中带来两个出乎预料的事。第一件事的起因是我在书中提到了卜弥格的医学兴趣，我将其称为"波兰针灸的先驱"。针灸治疗中心和波兰针灸协会的创始人兹比格涅夫·卡努斯泽夫斯基教授对这个信息产生了兴趣。当时他在华沙为针灸学员举办培训班，所以邀请我作为讲座人参与其中。当然我只能讲一些有关卜弥格的生平事迹，以及我与中国传统医学接触的个人经历。课程期间，我结识了卡努斯泽夫斯基教授邀请来的两位来自哈尔滨的名医：黑龙江传统中医研究院院长张京教授和他的助手李尔强医生。

1988年我与中国的系列小故事中又增加了一个插曲，就是上文提到的与华沙纪录片厂摄制组一起的将近两个月的中国之旅。《珠三角》（1987年）和《卜弥格——明朝最后的使臣》（1988年）出版后，纪录片导演塔杜施·帕乌卡先生邀请我以向导、顾问以及剧本共同作者的身份参加这次中国之行。导演帕乌卡最感兴趣的是哈尔滨，那是许多波兰侨民生活过的城市，其次他也对中国南部卜弥格工作生活过的地方感兴趣。当时一共拍摄了六部短片，还有一部超过一个小时的影片，名为《中国的北方明珠——波兰往事》，讲述的是"我的"哈尔滨，之后被波兰电视台播放了很多次。剩下的影片中我觉得似乎只有《云南》那一集播放了，那是一部充满诗情画意的影片，拍摄的是我所钟爱的第二个省份——云南，摄影师帕库尔斯基充满魔力的镜头展现出那里独一无二的民俗和自然风光。至于当时拍摄的其他影片资料结果如何，我就不得而知了，其中有两部摄制于哈尔滨、一部摄制于北京以及两部摄制于中国南部（广州总领事馆附近的市场以及中国最早也是最大的经济特区——深圳）的影片。

影片的加工剪辑在制片厂进行了很长一段时间，1989年春天我还去了几趟华沙。最后一部影片是在哈尔滨拍摄的，主要介绍传统中医，我参加了该片的剪辑。在我跟随摄制组抵达哈尔滨后，我同张京教授重新取得了联系。他为我们安排了到他的传统中医研究院去拍摄，对医生进行采访，并且演示了如何诊脉和看舌苔诊病，以及用中医热敷和针灸治病。但对我来说尤为重要的是，有两家省政府投资的传统中药实验厂隶属于研究院。一家是黑龙江传统中医研究院制药厂，专门从事传统中药的生产，另一家是黑龙江天然滋补保健品厂，专门从事滋补品和保健品的生产。第二家工厂的产品中首屈一指的是一种叫"魔鬼树"的制剂。这种药是从五加皮的根以及根的表皮提取出来的，用来治疗风湿造成的各种疾病，即各种关节疼痛，是利尿补气健脾补肾的良药，也可以用来治疗体虚、腰疼以及失眠等症状。我们在哈尔滨期间，张京教授告诉我，在中国东北生长有二十六种五加属植物，但只有一种出自小兴安岭，有着十分珍贵且广泛的药用价值。

我和摄制组在中国一起度过了六周时间，我在有一百页的笔记本上记满了零散的笔记，这个笔记本是我到北京第一天买的。里面关于中国南方（广州、深圳和珠海）的笔记最多，但也有从那里去云南的几天里我的旅行记录。我做这些笔记是想之后将其用作影片里的评论，但帕乌卡导演有很多自己的想法，所以最终大部分笔记都没用到后期的音频中。

第36章

卜弥格作品选

我在学校的历史课上已经了解了关于卜弥格和他在南明朝廷里的活动，但那时我当然不可能知道，他在自然、地理、民俗和中医方面的学术作品如此广泛，而在欧洲又如此鲜为人知。我对卜弥格这个人物产生兴趣始于1978年，当时我在华沙出差期间抽空去了国家图书馆，在那里看到了卜弥格的作品《中国植物志》，里面有中国和南亚地区各种动植物的彩色插图。不久后我就到波兰驻广州总领事馆担任领事，当时邓小平的改革已经给中国带来了一些变化，其中之一就是对外开放。我们初到广州的几个月，广东省就开放了越来越多的涉外旅游地点，广东省人民政府也开始组织常驻广州的外交官们到毗邻省份参观游览，其中包括云南省、广西壮族自治区、贵州省、福建省和海南岛，而所有这些地方都以某种方式与卜弥格的生平有关。在海南岛的一周经历对我来说尤为珍贵，因为卜弥格所描写和绘制的大部分动植物都来自那里。在广州我获准利用中山大学图书馆的藏书，在那里获得了许多对我研究卜弥格生平非常有帮助的资料。

回到波兰后不久，我写了两本关于卜弥格的书——《珠三角》《明王朝的最后特使——卜弥格传》，分别于1987年和1988年出版，我在这两本书中介绍了卜弥格的许多生平细节以及他当时还不为波兰读者所熟知的科学研究。内容更丰富的卜弥格传记于1999年出版，书中包含了更多的信息，既有他一生中的重大事件，也有他的学术作品如何诞生，以及后来跌宕起伏的命运。之后我还写了一些其他的介绍中国文化的书籍。

使我对卜弥格感兴趣的另一个重要事件是1990年初，我结识了波兰文学翻译家、中国社会科学院的张振辉教授。张振辉教授当时受波兰文化艺术部邀请访问波兰，在华沙期间他得知我的书《明王朝的最后特使——卜弥格传》出版，于是来到格但斯克与我见面。他表示希望将我的书翻译成中文。在这之后，该书花了四年时间（1995—1998年）在北京外国语大学发行的《东欧》季刊上连载。大概是1998年我去中国的时候，张振辉教授告诉我，北京外国语大学海外汉学研究中心开始出版海外汉学家的一系列学术著作。他还说，研究中心的主任张西平想和我见面。在聊天过程中，张西平主任建议我在《明王朝的最后特使——卜弥格传》的基础上，写一本内容更详尽、更具学术性的卜弥格传。我接受了这一提议，主要是因为我已经有了这本书的底稿，那是我几年前给卢布林的出版社写的，只需要把内容再整理一下，补充上卜弥格手稿中的信息就可以了。那些信息是我从来自法国尚蒂伊的汉学家荣振华教授（Joseph Dehergne）以及罗马耶稣会士档案馆里获得的，书的名字是《中国的使臣——卜弥格》，但是它在波兰的出版遇到了困难，因为我找的那些出版社能否出版这本书都取决于他们能否得到补贴。

我同意了张西平教授的提议，回到波兰后，就着手对手稿进行了修改，并把一份副本寄给张振辉教授进行翻译。同时，我还联系了华沙的科学研究委员会，请求他们资助这本书在波兰的出版。可能因为我提到了这本书正准备在中国出版，所以华沙科学研究委员会很快就批准了。这本书的波兰语版本于1999年年底由图书和知识出版社出版，几个月后，也就是2001年，张振辉教授翻译的中文版由河南郑州的大象出版社出版。中译本出版时我恰巧也在北京。2001年9月，我参加了海外汉学研究中心举办的国际汉学大会，主办方很早就邀请了我。我的发言题目是《波兰人参与到欧洲发现中国的进程中》。在这一原始资料的基础上，我又出版了《长城的巨影——波兰人是如何发现中国的》。在书中我介绍了十八位波兰人，包括旅行家、作家和学者，介绍了他们的生活经历和他们与中国人的交往、他们对中国及中国人的友好态度，以及他们在波兰和欧洲推广关于中国和中国文化知识的情况。我之所以对那次北京之行印象深刻，是因为三件事，第一件是大象出版社邀请我参观出版社所在地河南省，我和张振辉教授还有他的夫人一起去了郑州，参观了之前没有机会参观的一系列古迹，除了中国著名古都洛阳外，还有唐代的龙门石窟、以"功夫"而闻名于世的少林寺，以及建于公元六十四年的中国最古老的佛教寺庙白马寺。出版社的人员告诉我们，《中国的使臣——卜弥格》在中国引起了巨大反响，被认为是全世界最好的卜弥格研究专著。因为该书包含的关于卜弥格的资料最为丰富，而且公正地评价了他在欧洲推广古代中国文明过程中所做的巨大贡献。我和张振辉教授听到这些话都很感动。

第二件令我记忆犹新的事，是当时的波兰共和国驻华大使克萨维利·布尔斯基先生在使馆为《中国的使臣——卜弥格》中文版出版举行了隆重的推介会，邀请了数十位学术界、媒体界的人士与会，还有我在北京近九年工作期间认识的很多好朋友。

第三件出乎我意料的事，是这本书出版之后，张西平教授邀请我和张振辉教授准备在中国出版卜弥格文集。我当时已经从各个图书馆、档案馆和其他地方收集到全套的卜弥格著作。这些作品都是用拉丁文出版的，还有一些只是手稿。其中有一篇《中国事务概述》，是我在法国尚蒂伊从荣振华教授那里得到的，还有卜弥格在"中国全图"上面做的亲笔题注，还有在当时波兰驻泰国大使鲍古斯瓦夫·扎科热夫斯基先生帮助下得到的《卜弥格暹罗王国旅行报告》的复制品。另外一些手稿是我请求耶稣会长柯文博给我的，其中最重要的包括《中华帝国概述》，这篇作品属于《中国地图集》中已经遗失的描述部分，还有一篇是《卜弥格从中国去欧洲旅行的报告》。之后我又从布鲁塞尔皇家图书馆得到了仅此一份的长达五十八页的手稿。这份手稿包含了卜弥格对第一位在北京朝廷里工作的传教士利玛窦的辩护，他对待中国礼仪的态度被认为与罗马教廷的观点相悖。卜弥格至少给欧洲主要的天主教高校寄送了六份辩护词，但只有一份还保留在布鲁塞尔，其余的都遗失了。这最后一份手稿是我在鲁汶参加汉学会议时，从年轻的比利时学者德梅雷尔先生那里得到的，他还给了我一份尚未发表但内容可靠的关于卜弥格医学作品散轶情况的调查报告。

我当时非常怀疑，我是否应该接受这样一份浩大的拉丁语翻译工作。虽然我在中学时学习过拉丁语，但中学毕业后，我就再也没有使用过它。第二个令我疑虑的原因是，在我收集到的卜弥格作品里，其中篇幅最大的就是《中国医生》（*Medicus Sinicus*）这部作品。对我来说，这是最难翻译的作品，因为它包含了很多我不熟悉的哲学和中医实践术语。最终在张西平教授的建议下，我接受了这份工作，大学资助我在中国工作两个月，使我能够在此期间利用国家图书馆，并咨询传统中医医生。

当时我把自己已经译完的卜弥格作品译稿都寄给了张振辉教授，以便他和他的夫人能将其翻译成中文。我则开始翻译卜弥格的医学著作，这些著作的手稿在卜弥格死后传到了德国，在那里以"作者不详"的形式出版。2003年，按照之前的安排，我在北京工作了两个月，有机会弄明白在翻译过程中出现的所有疑问，特别是涉及中医和中国哲学术语的疑问。其中有一部分是中国医生的著作，但也有卜弥格本人的作品。卜弥格的作品共二十一章，名为《中国脉搏学说的医学要诀》。这部作品向欧洲医生解释了传统中医的奥秘。对理解卜弥格的初衷和目标至关重要的是他的著作中四篇针对不同读者的序言，即分别针对普通读者、医生、植物学家和药剂师的序言，在写给欧洲医生的序言中卜弥格写道：

> 中国最早的医生黄帝的著作（卜弥格这里指的当然是在中国非常有名的作品《黄帝内经》）与希波克拉底的著作是完全不同的，他脉诊的科学和加伦的理论也是完全不同的，前者人们做梦也想象不到。此外，他的诊病的方法也和欧洲的不一样，他传给后世的这门科学正像人们所说的那样，产生于洪水泛滥以前的那个时代。最有经验的先生们，我现在把这位医生拥有的一切都扼要地介绍给你们，在我写的这部《医学的钥匙》中，我也援引了一些中国医书中所介绍的医学技艺和流传至今或者新发现的技艺。毫无疑问，他的这些著作奠定了通过脉诊料定生死的这门科学的基础，而且它不仅能料定生死，还说明了疾病发生的原因、表象和发病的经过。这些著作后来被中国的医生发现，并加以利用。一个健康的人如果生了病，医生为了了解他的病情，就要诊他的脉，通过脉诊，会知道他发病的经过，并神奇地把病治好。要是他这种病治不好，那也知道他在某年、某月或者某日会死去。[1]

---

[1] 选自《卜弥格文集——中西文化交流与中医西传》，张振辉、张西平译，华东师范大学出版社，2013年。

之后几年，我陆续把从拉丁文翻译过来的卜弥格作品的片段以及一些必要的评论发给张振辉教授，他再将这些片段翻译成中文。如果他认为对中国读者有必要的话，还会加上自己的注释。我们长达十几年的学术合作主要以通信形式进行，我认为这一合作一定程度上推动了我们实现目标。

正如张振辉教授后来提到的，这是"中国学者和西方汉学家在汉学研究和国外经典汉学作品翻译领域的第一次如此广泛的学术合作，对于汉学发展史以及中波之间科技和文化交流有着非常重要的意义"。

卜弥格在1658年写给读者的序言中写道：

> 我们可以负责任地说，或许应该没有人怀疑，我的信息有一部分是从中国人那里得来的，他们懂得一些欧洲语言和拉丁语，从而带我进入了他们那享誉世界的艺术的精微之处。我的信息也来自用中国象形文字写成的书中。我用拉丁语描述并校订了那些书的含义，我能毫不费力地理解那些书，并在文章中加入很多概念，当然这些概念也不是我凭空编造，而是来自其他的中文文献。我还给这些中文文献做了注释。无论如何，这些文章是用中国象形文字和拉丁文字母写成的（卡伊丹斯基强调），因为如果不这样做，不仅会失去真实性，还会是错误的……（被错误理解——卡伊丹斯基）。

从这些话中可以看出，卜弥格清楚地意识到，将中医术语翻译成当时的欧洲医学语言，他可能会受到各种指责，因此他坚持让中国象形文字出现在欧洲出版物中（实际上并未实现）。卜弥格在中国停留的时代，已经要求欧洲掌握更多的汉语知识了。在各种各样的罗马化过程中，缺少中国象形文字使医学著作的理解变得非常困难。毫无疑问，也正是由于这个原因，直到近年来仍然没有人愿意尝试将卜弥格那些有着三百五十年历史的文献翻译成任何一种活的欧洲语言。

在自己第一部由中文翻译成拉丁语的文献中（"西安府石碑"上的碑文翻译——该石碑出土于十七世纪，记述了唐朝时基督教在中国传播的历史。该译文由基歇尔于1652年在他的作品《埃及俄狄浦斯》中发表），卜弥格先用中国象形文字，然后用拉丁字母（象形字的罗马化和翻译）写了这篇文章。当时并非所有出版商都会应对这种情况，对他们来说直接将中国象形文字从文章中剔除掉更容易些。汉字的缺失以及在欧洲对中医基本原则的无知，使得卜弥格的医学著作在欧洲变得无法理解。我认为，这也是至今仍没有人愿意尝试将卜弥格的著作从拉丁文翻译成任何一种欧洲语言的原因。根据脉搏、舌头的颜色和形态诊病的方法，多亏两位杰出的人物——英国医生约翰·弗洛伊（1649—1734年）和法国医生、汉学家阿贝尔·雷慕沙（1788—1832年）才在欧洲得到认可，他们将这些诊病方法永久性地引入了欧洲医疗实践之中。

2013年在中国出版的《卜弥格文集》包含中国古代历史、社会关系、风俗习惯、汉语、动植物、中医和其他内容。如此完整的卜弥格作品集目前只有中文版本，因为它迄今为止没有用任何其他语言出版过。除了最早在欧洲出版且最为人们所熟知的关于中国动植物的著作外，我认为从多方面考虑，卜弥格最重要的作品是他关于中医的著作。因为卜弥格是第一位熟知中医和中药的欧洲学者，他同时掌握了中医哲学、诊病方法以及中草药方面的知识。只要看看1686年发表的卜弥格为其医学著作撰写的前言就可以确认，那里除了翻译，还有他自己的完整的研究内容，经常是触及一些很晦涩的医学问题和哲学问题，还有注释、说明、对比等。但是问题在于，卜弥格在序言中提到的文章发表于不同时期和不同文献中：那些文献发表得比较早，在1682年，而那些前言发表于1686年，这也导

致了保罗·伯希和的错误，而我1987年发表在《通报》上的一篇文章中提到了这
一点。

在《医学的钥匙》中，卜弥格提到了古代中国哲学家关于宇宙起源的观点，
以及统治宇宙的规则在人的凡间生活中所发挥的作用。这首先涉及中国的二元概
念，既相互排斥又相互补充的阴阳两种力量（或元素），它们从一开始就存在于
大自然和人体内。他还提到了五行学说和气的存在，得益于气才产生了运动，地
球上才会出现生命。

卜弥格在撰写那些医学著作时遇到的一个问题是，中国哲学家对世界起源持
唯物主义观点，没有涉及上帝创造世界的说法。卜弥格曾经学习神学和哲学，而
且是耶稣会士，自称为利玛窦的学生，他试图将这些观点与基督教哲学所接受的
观点进行调和。卜弥格在研究工作之初，就曾试图解释中国哲学中的这些概念，
如：混沌和太极。西汉史官班固，给我们留下了中国古代哲学家眼中关于宇宙起
源的集中而完整的画面：

> 起初是一片混沌。这个词不应翻译成混乱（chaos）。那是一种气态
> 物质，完全均匀分布，稀薄到里面没有任何可见或者可以触及的东西。
> 接下来物质开始凝结，保持自身单一性的同时，开始变成可见的烟或蒸
> 汽。在进一步凝结的过程中，物质变得可以触及，但仍旧保持着单一
> 性。在这种单一物质的内部，开始生成更厚重的颗粒，并且形成新的平
> 衡状态。宇宙物质开始分化，细小轻巧的颗粒往上升，更重、更稳定的
> 物质向下坠。较轻的物质形成了天空，更重的物质形成了大地。天空对
> 大地的影响立刻就开始了。天空非常活跃，大地被动地从属于天空，温
> 暖在两者之间的中间区域产生，还出现了两个循环运动：上面的是阴阳

的循环，下面的是五行的循环。

这段引文是我从德国耶稣会士戴遂良（Léon Wieger）1927年在北京出版的著作《中国宗教信仰和哲学观点通史》（第337页）上摘引的。卜弥格在《医学的钥匙》中引用了上述观点，但是没有提及世界是由至高存在，即上帝创造的，尽管耶稣会士们认为，中国人信仰一个神，而且这个至高的存在就是上帝，上帝就是最高的存在——即主或者高高在上的皇帝。梵蒂冈不同意这一观点，这也是产生争议的原因之一，这些争议被称为"礼仪之争"。在《医学的钥匙》中卜弥格表达了自己的观点，介绍了中国人对宇宙起源的看法，并将一些基督教哲学概念与中国哲学概念进行了比较：

> 中国人认为——他写道——组成世界的元素包括和天有关的阳的属性以及阴的属性，这两种属性元素源于太极，它的意思是混乱，或者处于混乱状态的物质。这些元素为数不少，这里可以举五种：土、金、水、木或空气和火。这个理论说的是，我们在世界上见到的所有东西都有这五种因素，因此叫它五种原始的因素，它们也是古时候的人就已指出的所有的东西都包含的因素。[1]

在此，我们尝试解释一下中国人对自然界中五种元素的含义是如何理解的，因为如卜弥格所说，中国人确信，宇宙万物都是在这五种元素的基础上形成的。

---

1 转引自《卜弥格文集——中西文化交流与中医西传》，著者：［波］卜弥格，波兰文翻译：爱德华·卡伊丹斯基，中文翻译：张振辉、张西平，华东师范大学出版社，2013年，第492页。

尽管除了中国人所熟知的金属（金、银、铜、锌、锡、铅和汞，以及后来的镍）外，他们并没有区分出各种化学元素，但他们将水视作生命不可缺少的物质，同时，水还将自然界中存在的物质区分为无机的（由大地象征）和有机的（由树木象征）。此外，他们还注意到，这些元素通过各种方式与自然界中的各种现象紧密相连。五行理论以前主要应用于传统中医（可能仍然会是这样）。卜弥格在《医学的钥匙》中专门有一章用来讨论这个问题。且让我们回到关于宇宙建构的中国哲学及其对人的影响：

> 我们可以在班固的作品中读到，天和地事实上不像一对夫妻。因为天是圆的，而地是方的，它们不属于同一类别。有性生物，尤其是人类，通过配对，即通过相同物种的婚姻来繁殖。通过这种方式来繁衍后代。人体内部存在的五行元素唤起性欲，这种欲望产生一些液体（这里指的是"体液"，呈黏稠的液体状，被称为精和液）——精子和血液。在这种组合在一起的液体中产生了生命能量"气"，然后"气"会根据物种的常规指导生命体的发展。在人类中，这些常规包括理智和理性行为，还有仪式和文化，其中包括文学和艺术。

卜弥格在自己的医学著作中多次写到气的循环，即在宇宙和人体中的循环运动。他试图让这一复杂的哲学理论更贴近当时欧洲的读者，他在《医学的钥匙》里写道：

> 中国人认为，在一个平面上（他们总是用罗盘来标记）的某个位置存在一个点，这个点就是世界的起点，之后世界会被创造出来，其方式是沿着轨道做倾斜的旋转运动。因此从这一运动从特定点开始的那天

起，它就均匀地在同一平面上持续运行，沿着同一条路线，而且总是回到运动开始的地方。结果就是它包括并不断开启新的旋转运动。

毫无疑问，卜弥格是一个完全意义上的文艺复兴时代的人。但是在他解释天体运动及其对人的影响时，对哥白尼及其日心说却绝口不提，他甚至没有直接运用中国古人的一些论断，如太阳（阳）居于主导地位、大地（阴）居于从属地位、大地呈方形等，这些都是他在分析中医著作时接触到的。如果我们记得以下这几件事，也就不难理解卜弥格的行为了。从1612年起，哥白尼的作品《天体运行论》（关于天体运转）就已名列天主教会的禁书书目，为哥白尼理论进行辩护的乔尔丹诺·布鲁诺（1548—1600年）被烧死，而伽利略（1564—1642年）则被终身迫害，他们的命运吓得学者们不敢公开表达自己对宇宙构造的看法。

我们再来看看卜弥格的说法，他提到了循环运动在宇宙和人体内的相似性：

> 这种形式的运动无异于我们知道得更清楚的天体运动，人们通过长时间不断地观察，已经很清楚了解到天体运动的循环性质，它也曾被人们利用，我们也知道它是永恒的。事实上，一代又一代的人对存在的永久性一直在进行研究，许多学者的学派，还有许多托马斯·阿奎那主义者也一直在讨论世界存在的永恒性，这个问题就是很好的例证。天体二十四小时总是不停地周转，我们每年所见到的不仅是太阳的周转，而且还有上帝通过无数世纪创造的那许多行星的周转，很多中国人也认为这个观点是正确的。还有许多异教徒，例如亚里士多德也证实了这种周转的永久性。不管我们是这个时代还是早先的哲学家和数学家们，都探讨过永

久的运动，认为这种运动是存在的。当然也有一些人否定它的存在。[1]

卜弥格将托马斯·阿奎那在欧洲创建的哲学流派的信奉者称为托马斯主义者。阿奎那使亚里士多德的哲学思想适应于基督教哲学的需要。然而在谈到对天体运动的模仿时，他想到的当然是钟表运转机制。在《医学的钥匙》的一章里，有一个很有趣的段落，是对其波兰时光的追忆。这一点当然引起泰奥菲尔·拜耳和其他作者的注意，这些作者都认为，正是波兰人卜弥格，而不是任何其他欧洲传教士，是被荷兰人据为己有的那些中医著作的原作者。

卜弥格在《医学的钥匙》中用了较多的篇幅去介绍作为一种永恒运动的圆周运动的概念，以及它对人类生命循环的参考价值。他举了自己在克拉科夫观察行星状时钟的例子。他写道：

> 中国人不仅通过天体的运动来测算人的生命，而且认为生命的运动和天体的运动是很相像的，他们经常指出这一点。我们根据欧洲人的观点，认为所有的一切都在进行着环形运动，我们是以年和月来计算生命的。中国人则认为从洪水泛滥的时代就开始有了环形运动。他们用年、月和昼夜来计算这个运动的时间，认为人体的运动和这是一样的。

他接着写道：

> 人体内的循环运动在不断地进行。他们说，生命在距离很远的地方

---

1 转引自《卜弥格文集——中西文化交流与中医西传》，著者：〔波〕卜弥格，波兰文翻译：爱德华·卡伊丹斯基，中文翻译：张振辉、张西平，华东师范大学出版社，2013年，第512–513页。

就开始了，胚胎形成了，每个胚胎都能够活一段时期，有的活得短些，有的活得长些。体质好一些的人的生命周期长些，体质差的就活得短些。这种周期的循环也包括生命的循环，世界总是处在成年累月和日以继夜的运动中。如果说到生命的循环，那么它也是从一个固定的地方出发，朝着一个固定的方向，后又回到它曾出发的那个地方，然后又开始它再一次的循环。天体也是一样，它周转一次后，又回到它开始周转的那个地方，然后又从那里开始它的下一次周转。

毫无疑问，如果永久的运动确实存在，就像上面所说的那样，那么天体运动就是第一位的，然后是人体的生命，它就像一个机械的装置，它的运动呈环形，没有一种东西比圆圈更易产生和持续这种运动。这里说的天体的运动和像钟一样周转着的人的生命乃一种神奇的事物，人的智慧使他能够对天体和钟的周转进行模仿。

不久前波兰有一架钟，它不仅能反映出月亮的残缺，而且能反映出行星在运转中出现的三种、四种和六种不同的形状，此外它的转动还能计算出月份和年份。最奇怪的是，它的一些特殊的零件能够显示星星的运转，显示出月、日和钟点以及月亮的运转和它运转的轨道。

从卜弥格的生平我们知道，他曾在克拉科夫居住和学习过几年的时间。这里描述的行星形状的大钟建造于1628年前后，被安置在克拉科夫圣玛利亚教堂那座较高钟塔的墙壁上，在圣福里安街一侧。根据当时的报道，这个时钟有一个机械装置，借助这个机械装置"月球仪每天都在旋转，每个完整的月都显示为半球，旁边有一些个头不小的雕像，每隔一个小时，其中一个雕像敲响大钟，而另一个则移动整个团队"。

《医学的钥匙》中这些选段显示出卜弥格是一个有着广泛和普遍兴趣的人。那些海上民族——葡萄牙人、西班牙人、荷兰人和英国人在十七世纪是第一批了解中国和中国文化的人，但是从卜弥格的著作中，欧洲得以了解到中国哲学、医学、植物学、动物学及地理学的详细内容，如中国自然资源的分布情况等。欧洲传教士们向中国人介绍了欧洲的科学成就，主要是在天文学和数学领域的成就，但是除了卜弥格以外，他们当中没有人把向欧洲介绍传统中国医学、哲学和自然作为自己的目标。卜弥格的《中国植物志》是欧洲第一部广泛讨论远东和东南亚自然环境的著作。卜弥格在中国动植物领域的入门之作——《中国植物志》和《中国地图集》是欧洲几十年里首批也是仅有的两部该类著作。因此，它们的影响范围和领域也非常广泛。关于中国哲学和医学的著述也是如此，之所以没有如此明显，是因为卜弥格的著作在他生前并不为人所知。

在《中国的使臣——卜弥格》英文版的序言中，张振辉教授这样写道：

卜弥格在将中国科学知识传播到西方的过程中所做的贡献，在以后的岁月里一直引起反响。伟大的奥地利东方学家阿塔纳斯·基歇尔、十八世纪的德国汉学家和东方学家泰奥菲尔·拜耳、法国汉学家（医生——卡伊丹斯基）阿贝尔·雷慕沙等人，都高度评价卜弥格为传播传统中医知识（在欧洲——卡伊丹斯基）所做的贡献，他们在自己的汉学和中医研究中，也借鉴了卜弥格的成果和经验。今天，我们看到中医已经在世界各地普及，并被用来改善各国人民的健康状况，我们不应该忘记卜弥格是中医在西方传播的先驱。

第**37**章

帆船和马帮之路

　　或许我出版的所有书中，只有1957年我第一次交给出版社的那本有着如此曲折复杂、迁延日久的经历，这本书的第一版在半个世纪后的2007年才得以出版。我当时给它取的书名为《沿着帆船和马帮之路》。我的初衷是希望这本书能够讲述中国古代最伟大的发明史：丝绸、纸张、火药、印刷术、瓷器以及它们通过陆上和海上的贸易之路逐渐传播到西方的过程。我在哈尔滨上初中时已经掌握了许多这方面的知识，后来从中国带到波兰的各种书籍和小册子使我这方面的知识进一步得到补充，那些材料主要是哈尔滨的东省文物研究会出版的。我在波兰期刊上也发表过几篇甚至十几篇科普类文章，这让我有足够的信心决定写一本书。我将这一想法告诉了在出版此类出版物上最负盛名的一家波兰出版社，即位于华沙的国家出版社（PIW）。虽然我当时还是一个完全不知名的作者，但是出版社给了我充满希望的回复：国家出版协会对我的想法感兴趣，并请我发送样章。我没有在自己的档案中找到给我下一封信的回复（也许我在访问编辑部时得到了口头回复），尽管我在编辑部进行了谈话并提交了一份他们当时期待的写作大纲和样章，但合同没有签成。编辑部并不完全满意，他们建议我再准备几篇样章。我不确定我是出于什么原因没有在约定期限内完成。我当时还有许多其他的事情，或许是出版社的谨慎使我感到气馁，但也可能是因为我很快就收到了一份去中国工作四年的提议。

机缘巧合之下，在北京任职期间，我的中文藏书得到充实，包括许多关于古代中国与西方关系史的珍贵书籍，其中尤以一本"珍稀本"（即很难在图书市场上找到的书）最为珍贵，即1885年在上海出版的弗雷德里希·夏德的《大秦国全录》。

刚从中国回来后的最初两年我过于忙碌，没有时间考虑提交给国家出版社的写作建议。我的岗位责任重大，我还不得不花费大量时间来安顿新的住房，此外我还和图书与知识出版社签订了一份合同，写一本介绍中国在1949—1969年经济情况的书。直到1970年，我才重新开始考虑之前发给国家出版社的书稿。当时我已经有了更丰富的经验。在北京期间，我极大地丰富了关于丝绸之路的藏书，我还参观了许多丝绸之路沿线的地方，特别是位于中国领土的部分。之后——正如我在《我的阿拉伯国家之旅》一章中提到的那样——在巴尔托纳工作期间，我有机会访问地中海沿岸的一系列国家，那里曾经有一些因为与东方国家的交往而闻名于世的贸易和生产中心。在给国家出版社的信中，我没有隐瞒这是我第二次请求签订出版"陶瓷系列"科普读物的合同。在新的出版提议中我还指出，波兰仍然还没有一本向普通读者介绍中国、蒙古、日本、苏联的中亚部分的有趣的历史书。尤其是缺少一本由波兰作家撰写的、讲述波兰人在亚洲的发现的书。

国家出版社文化史编辑部主任耶丽奇女士当时答复我说，他们对我提出的题目很感兴趣，并请我发送样章或介绍某些专题的一些片段。我在因公紧急出访伦敦之前就准备好了这些材料。我当时立刻意识到此次伦敦之行是一次良机，让我能够在大不列颠图书馆里找到那些在波兰接触不到的新文献。波兰当时出版了法国女作家露西·布尔诺伊斯的作品《丝绸之路》的译本，但我的出版提议涉及更广泛的题材，因为并非仅限于介绍丝绸沿着这条路线传播的历史，丝绸在该提议中只是一个侧面线索。

呈半圆形的非洲地中海沿岸地区，特别是它的东部，曾经是丝绸之路的西端，从工程师格罗霍夫斯基在我们初中讲授的课程中我了解了很多这方面的知识。我在英国的时候和他的儿子安杰伊就这个话题聊了几个小时，然后我们一起逛了伦敦的旧书店。格罗霍夫斯基试着帮我购买三本我寻找的书，这三本书后来极大地拓宽了我当时对丝绸之路的了解，这是一条连接中国与罗马帝国东部地区的最重要的马帮之路。这三本书分别是斯文·赫定的《丝绸之路》、奥莱尔·斯坦因的《丝国》和阿尔伯特·冯·勒柯克的《新疆的地下文化宝藏》。我们当时没有找到这几本书，但格罗霍夫斯基之后从伦敦把这几本书寄给了我。正是因为有了它们，我才能写出自己的书。我的书随着时间的推移，越来越凸显这样一种特点，即不仅介绍中国的发明，还讲到了丝绸之路的历史。时间回溯到1970—1971年，我只能承认我再次错过了出版这本书的签约机会，因为从伦敦回来后我得知，自己将要去中国工作，因而与国家出版社失去了联系。

然而丝绸之路这个题材在我的生活中就像回旋镖一样每隔几年就会回归一次。1978年我第三次给国家科学出版社（PWN）提议写这本书，这次我已经提前准备好了整本书的全面概述，将书的内容扩展到沿着丝绸之路——从地中海到中国反向传播的发明、商品和理念（玻璃、织物和瓷器颜料、蔬菜和水果种子、佛教、聂思托里安教）。我提交写作大纲的部门负责人是切莱茨卡女士，她对这个题材很感兴趣，接受了我的提纲并开启接下来的出版程序。这次合同没有签署成功完全是出于其他原因。切莱茨卡女士告诉我，因为评阅人对写作大纲的负面评价，出版社不得不放弃我的提议。令我感到既惊讶又生气的是，出版社拒绝告诉我这个评阅人的名字。过去我也遇到过自己的出版提议被拒绝的情况，但是每次审稿人都公开露面，在评审意见下签上自己的姓名。我也因此有机会和评阅人讨论给出负面意见的原因，并表达自己的想法。但是我从没遇到过像这次这样审稿人匿名的情况。更讽刺的是，几年后我在中国遇到了前面提到的那名放弃了出版我的书的编辑部主任，以及那名匿名的审稿人。我当时已经是广州总领事馆的负责人了，切莱茨卡女士和她的丈夫一起住在北京，她的丈夫当时是我们驻北京大使馆的参赞。我很轻易地就发现了他的审稿人身份，并问他为什么阻止出版我的书。他无法给我一个具体的理由，但向我道了歉。由于他已经去世了，我认为没有必要公开他的名字。

那时我们最小的女儿奥拉已经八岁了，她和我们一起住在广州。从幼年时期开始，奥拉就表现出对中国艺术，尤其是中国丝绸、女装（当时主要是旗袍）、刺绣和舞蹈的浓烈兴趣。在广州期间，省领导定期会邀请领事馆的全体人员观看各种戏剧演出，我还记得我们和女儿在广州时曾被邀请观看云南著名舞蹈家杨丽萍的演出，其中包括"孔雀舞"，我女儿在看完演出后就能准确地再现她的动作。二十世纪九十年代初我退休之后，接受了一家中波生产贸易公司驻杭州的波方代表的职务。奥拉也因此有机会在中国的北京舞蹈学院和杭州工人文化宫学习舞蹈，她学会了前面提到的孔雀舞和其他中国舞蹈，比如中国少数民族的舞蹈。然而对奥拉（以及我们）来说最深刻的艺术体验不是观看中国戏剧或外国芭蕾舞剧，而是观看在中国被称为"舞剧"的表演。但是1978年之后，舞剧开始越来越多地将数千年中国传统文化与欧洲现代舞蹈艺术潮流相结合。我从自身的经历中知道，这些演出能让人久久难以忘怀。我和妻子第一次观看这种舞剧是在回到波兰几年后。1961年中国歌剧舞剧院到华沙和格但斯克演出，他们当时表演了"魔幻灯笼"和"雷峰塔"。后来我们在中国观看了"丝路花雨"的首演，情节非常有趣，音乐悦耳动听，表演完美无缺，灯光特效令人难忘。

总而言之，我女儿很早就开始对丝绸之路感兴趣了，1997—2001年在华沙戏剧学院学习期间，她就已经非常了解这个主题。这种浓厚的兴趣甚至在她的毕业论文中也有所体现。我第一次让她读我的《丝绸——帆船和马帮之路》的旧提纲时，她立即注意到我在这本书中只是很小程度上在研究丝绸，尽管丝绸无疑是中国通过丝绸之路向西方出口的主要货物。于是就诞生了我们共同改写的项目，增加介绍中国丝绸史以及它沿着丝绸之路传播情况的内容。大概在2004年年中，我们向图书与知识出版社提交了我们的出版建议，该建议被接受了。我在这个项目中的作用仅限于根据二十世纪七十年代开展的考古研究以及1979年之后中国出版的考古文献来扩充历史背景。我女儿则专注于研究养蚕技术和丝绸生产在丝绸之路沿线的传播情况——在中亚、波斯，一直到地中海南岸，然后通过北非到达欧洲的西班牙、西西里岛、意大利和法国。这本书得到波兰科学和高等教育部的资助，于2007年出版，被认定为大学教科书。现在该书第二版的内容已经得到扩展和补充，其中涉及从欧洲角度看具有争议性的话题，如外国考古学家对中国文化瑰宝的掠夺并被运到欧美博物馆、欧洲服饰的亚洲起源等问题，特别是至少到十八世纪末东方对波兰民族服饰的影响。

古代中国人并未使用"丝绸之路"这个词。这条路对他们来说首先是一条将中国与未知的西方世界联系起来的交通线。在旧的中国编年史中，这条路被称为"路"或"道"，意思是"道路"。关于中国丝绸以及它从中国出口到中亚的最早的信息，是由张骞传送给中国朝廷的。张骞是公元前119年被派往贵霜帝国

（月氏）的皇家使者，被匈奴人关押了数年。张骞回国几年后，汉武帝派出了一个五百人的商队，带着大量的丝绸去那里。公元1世纪汉朝时期，中国将自己的边界扩展到长城以西，统治了北部天山和南部昆仑山之间的塔里木盆地。该地区主要是塔克拉玛干和罗布泊沙漠，如今后面这个名字在欧洲地理文献中已经不使用了，它曾是今天罗布泊周围的整片沙漠地区（中文名为塔克拉玛干沙漠，罗布泊）。当时有两条交通线穿过这些沙漠的边缘地带，被中国人称为"天山北路"（天山北面的路）和"天山南路"（天山南面的路）。沿着这些商队贸易路线出现并发展起来一系列繁荣的绿洲城市，确保了商队路线的稳定。它们就是后来中国新疆的一部分。然而直到七世纪中叶，另一位旅行者——佛教僧侣玄奘，才为中国提供了该地区以西中亚各国和各民族的更多信息。他在自己的《大唐西域记》中除了描述中亚各国外，还记述了位于现今阿富汗、印度、巴基斯坦、尼泊尔和锡兰（斯里兰卡）领土上的众多国家以及连接这些国家的交通路线。

在欧洲十九世纪的资料来源中，关于连接中国与中亚、印度、波斯和罗马帝国东部地区交通路线的信息一直为数寥寥。这些信息通常忽略了丝绸作为主要商品的线索，而正是因为有丝绸的存在，又得益于灌溉水渠的修建和维护，确保了当地农业和著名的葡萄种植业、养蚕业和丝绸制品生产，这些道路才能繁荣发展长达几个世纪。正是丝绸使中亚地区浩瀚沙漠中众多绿洲里的居民得以生存下来。

2004年大英博物馆举办大型丝绸之路展览时，研究东西方文明交流史的著名英国学者苏珊·怀特菲尔德写道：

> 丝绸之路——二十世纪才形成的名称——经常被说成是东西方两个文明大陆之间的纽带，还连接着两个文明大陆之间的"空虚海洋"区

域。但是这两大文明创造了能够确保旅行者安全的道路和必要的基础设施，包括休息场所、旅馆、水源和旅行者的其他需求。丝绸之路只有在整条线路由稳定的权力中心控制时才能形成，这些权力中心能够确保有足够的财富来创造剩余商品、满足对日常用品以外的奢侈品的需求。……丝绸之路沿线地区并不是"空虚海洋"，而是有文化繁荣的众多富庶国家分布其间。[1]

在中国生活、工作多年的作家乔治·弗里德里希·夏德曾于1885年在上海出版了他关于东西方之间贸易和文化交流的经典之作《大秦国全录》。夏德是第一位将中国历代史书中有关该主题的所有最重要信息都完整翻译出来的欧洲作家，但是他从未使用"丝绸之路"这个词。我们是在另一位德国地理学家费迪南·冯·李希霍芬的作品中第一次发现这个词的，他的作品比夏德的作品晚两年出版。今天，欧洲研究者们首先强调李希霍芬在他的作品中说到"丝绸之路"时没有使用单数，而是有意识地使用了复数。德国研究者赫尔曼·帕尔辛格因此写道："李希霍芬选择了复数，因为他确信丝绸之路不是一条单一的线路，而是包括广阔的支线和横贯大陆的古老运输和交通网。"

瑞典人斯文·安德斯·赫定是第一位于19世纪最后十年穿越中亚和塔克拉玛干沙漠，并造访了塔里木河谷里星罗棋布的绿洲城市的欧洲地理学家。1896年，赫定在那里发现了被沙子覆盖的丹丹乌里克城遗址，紧接着是喀拉墩和楼兰遗址。他还在丝绸之路的一条支线上挖出了另一座被沙子掩埋的城市尼雅，他在那里发现了许多佛教壁画、丝绸画和雕塑，欧洲其他的旅行家和研究者开始竞相到

---

1 苏珊·怀特菲尔德主编，《丝绸之路：贸易，旅行，战争和信仰》，大英博物馆，伦敦，2004年。

这里来。后来日本人也来了。赫定回去后不久，以主要研究佛教艺术的艺术史家阿尔伯特·格伦威德尔教授为首的德国考察队紧随他的脚步出发。格伦威德尔是第一位研究今天高昌城附近遗址的考古学家。格伦威德尔是一位画家的儿子，他自己也有出色的绘画才能，因此他回德国时带回了很少的展品，但带回了大量自己的素描、绘画和壁画摹本，以及摄影照片。作为一名真正的科学家，他并不关心是否能够声名大噪，尽管如此，德意志皇帝威廉二世对他的旅行成果很感兴趣，并为他第二次赴中国突厥斯坦考察提供了资金。格伦威德尔在出发前不久生了一场病，他的助手阿尔伯特·冯·勒柯克替代他成为考察队队长。勒柯克是一位医生，来自一个著名的啤酒酿造商和葡萄酒生产商家族。与格伦威德尔不同的是，更加年轻的勒柯克想快速取得科研方面的成就，渴望声明大噪，这对他后来在考察期间的所作所为产生了重要影响。勒柯克在柏孜克里克和克孜尔的洞穴中发现了大量保存下来的壁画，这些壁画上有许多印欧人种吐火罗人的肖像，这些人曾一度统治了库车古国（中文拼写为龟兹）。勒柯克找到一种方法能将这些壁画与底层，也就是灰泥层一起从墙上切割下来，在没有告知中国政府的情况下，准备将这些壁画运回德国。在经历了格伦威德尔事件之后，勒柯克的这一做法在喀什遭到了反对，但这未能阻止这些壁画和其他佛教艺术品被运往德国。这些艺术品一共装了三百零五个箱子。当被掠夺的壁画重新被安放到柏林民俗学博物馆时，总共占据了十三个房间，足见被掠夺的壁画数量之庞大。

中国人（而且不仅是他们）指责勒柯克对他们的艺术品进行殖民掠夺，对此勒柯克反驳说，鉴于当时发生在中国新疆的种种事件（阿古柏叛乱和农民起义后的影响），让他对这些壁画被发现后的命运产生不确定性，迫使他将它们运回德国。荒诞的是，将壁画运到柏林的做法并没有使大多数壁画免遭摧毁或遗失，柏孜克里克千佛洞里的二十八幅最大的固定壁画（约占总壁画数量的40%）在盟军轰炸城市时被摧毁，那些从展厅里取走的展品被运到了柏林动物园附近的地堡里，苏联士兵将它们从那里运走，运到了苏联，但从此再无消息。

巴兹尔·戴维森是一位英国旅行家和作家，二十世纪五十年代西方对中国进行经济封锁期间，中华人民共和国政府允许他沿着丝绸之路前往新疆旅行。他对勒柯克的行为进行了严厉批评，戴维森在《活着的"突厥斯坦"：在中国的中亚地区的新旅行》（伦敦，1957年）中写道：

> 勒柯克说他通过"鹰路"找到了这些壁画，"特别建造的墙"挡住了他的视线，将这些壁画隐藏起来——这些墙现在已经彻底被摧毁了——所以我可以想象，他是怎样沿着湍急的小溪前行，爬上岩石到达这些寺庙的。到达寺庙后，他发现自己身处一个壁画的世界，壁画上描绘了印度人、叙利亚人、土耳其人、吐火罗人、中国人，这些壁画真的令人叹为观止。然后他立即开始将它们连同灰泥基质一起从墙上切割下来，准备运回柏林。没有人阻止他或提出任何异议。他本人是最后一个可以考虑从寺庙移除壁画行为的道德方面问题的人。

这些壁画描绘了男人和女人的形象，他们无疑来自社会的上层阶级，通常正在给佛祖贡献祭品，或者有佛教僧侣陪伴左右。在敦煌的洞窟中也可以看到类似的场景，描绘的是同时期的外国供奉者。但是克孜尔壁画中的形象在服饰和面部特征方面都区别于上述的壁画，因为：

> 乍一看，那些供奉者的形象让我们想起哥特式墓地教堂里的绘画作品。男人们双腿分开站立，用脚趾尖保持平衡。他们的长衫用锦缎缝

制，或者绣着精美的图案，有一个三角形的翻领。他们佩戴着用金属圆

环制成的王公腰带，腰带上挂着细长的佩剑。

格伦威德尔—勒柯克的第二次考察恰逢英国派遣奥莱尔·斯坦因率领第二支
考察队前往中国新疆。这支考察队是印度政府出资组织的。当时的印度总督是乔
治·寇松勋爵（1919年提出"寇松线"作为波兰东部边界的就是他）。斯坦因领
导的第二支考察队的主要目标是楼兰和敦煌。当他到达敦煌时，得知有一个拥有
约一千年历史的被砖封住的佛教图书馆，是几年前被一些中国僧人在莫高窟的一
个洞窟——"千佛洞"（具体在第17号洞穴）里发现的。斯坦因贿赂了藏经洞的
看守人员，那个人需要资金重建岩石寺庙，然后从他那里收购了大量多语种的手
稿（汉语、粟特语、藏语、突厥语、维吾尔语和梵语）、丝绸绘画和佛教经幡，
以及六朝时期的丝绸面料，上面装饰着精美的飞鸟和龙。这场对敦煌石窟寺庙和
丝绸之路沿线绿洲城市的宝藏的争夺，在二十世纪前十年尤为激烈，主要参与者
来自英国、德国、法国和俄国。

和斯坦因争夺17号洞窟宝藏的下一名竞争对手是法国人保罗·尤金尼·伯里
欧，和斯坦因一样，伯里欧选择了敦煌作为自己的中国新疆之行的目的地。他于
1906年6月17日从巴黎出发，途中经过俄罗斯。他从喀什前往库车和乌鲁木齐，在
那里他也得知了敦煌有一个砖砌的藏经洞，也听说了斯坦因一年前在那里购买文
物的事。1908年4月伯里欧已经到达敦煌，他也和藏经洞的看守人就出售手稿达成
了一致。

俄国人曾向中国新疆派遣了两支由谢尔盖·奥登堡领导的考察队，第一次于
1909—1910年前往吐鲁番，第二次于1914—1915年前往敦煌。

从1902年到1914年间，在整个塔里木盆地地区还有三支日本的佛教考察队，

他们是由京都西本愿寺门主大谷光瑞组织的。大谷光瑞的藏品目前分散在中国、韩国和日本。在日本有现今世界上最多的丝绸面料藏品，这些藏品与在中国新疆的掠夺无关，而是皇室献给佛教寺庙的礼物，收藏在奈良的正仓院和法隆寺。这些藏品主要来自中国的唐朝时期，也是中日关系最好的时期。藏品中只有一小部分被编目。该目录的创建者认为，正仓院的藏品为日本与中亚、印度、萨珊王朝的伊朗以及地中海东岸的关系提供了丰富的资料，"考虑到这一点，正仓院可以说是丝绸之路的终点和七八世纪亚洲黄金时代的文化精髓"。

在第一次和第二次世界大战之间的时期，最负有成果的是由斯文·赫定组织的于1927—1934年前往塔克拉玛干沙漠地区的中国瑞典联合考察队。这支考察队得以成行，得益于住在中国的瑞典地质学家和古生物学家约翰·古纳·安特生在中国政府那里的疏通。安特生因发现了中国最古老的"仰韶文化"而世界闻名。瑞典当时被中国视为一个非殖民国家，没有参与二十世纪初期的古迹掠夺。中国政府当时同意的条件是向考察队增派中国科学家，以确保瑞典人不会在那里偷偷进行考古工作。中国考古学家黄文弼就是那位被增派的考古学家。这次考察结束后，斯文·赫定将考察结果记录在一本书中，在这本书的题目中第一次使用了"丝绸之路"一词。该词很快就在欧洲专业文献中普及开来。

仔细研究一下面料生产技术和丝绸之路沿线服饰相互渗透的历史，就可以得出结论，不论是欧洲的技术还是欧洲服饰都不是在欧洲自主发展起来的，而是借鉴了来自遥远亚洲的织布技术和服饰元素：西亚、中亚，还有一小部分来自最远的东亚。对"西方优先的欧洲中心神话论"持严厉批评态度的是曾在墨尔本、悉尼和谢菲尔德的大学任教的澳大利亚和英国教授约翰·M·霍布森，他是《西方文明的东方起源》（剑桥，2004年）的作者，这本书对东方在欧洲文明的产生和发展中扮演的角色进行了广泛研究。霍布森在书中写道："东方（在500—1800年间更加发达）在促进现代西方文明的产生和发展方面发挥了关键作用。"

如果我们观察一下东方对西方纺织工业的影响，从设备的构造，生产面料的类型和品种，他们的装饰、服装和配饰，直到千百年中时尚的变化，我们很难不承认霍布森的合理性。

他在书中写道："看来可以肯定的是，整套的纺织技术是从东方传到欧洲的，尤其是手纺车、纺纱设备、织布机和脚踏板。手纺车来自中国，并于十三世纪通过伊斯兰的西班牙传到意大利，所以说十三世纪生产丝绸织物的机器与更早的中国模型非常相似并非巧合。"

他注意到，在意大利的各个城市，用于生产丝绸产品的纺织设备与中国的设备非常相似，可以推断是这些或另外一些欧洲商人将这些设备的模型放在马鞍的捆绑袋里带回了欧洲。织布机（斜板）的关键发明是1090年在中国出现的，中国机器借助踏板和滚轮系统运行，意大利的款式哪怕在最细微之处也和中国机器非常相似，例如与曲柄连接的杠杆。

当然，这里所描述的中国织机的构造不一定是十三世纪直接从中国传到意大利的。因为当时这些机器已经远近闻名，并且在整个丝绸之路沿线被广泛应用。东方丝绸出现在欧洲市场上主要是从十字军东征时期开始的，它们来自丝绸之路沿线的不同国家，主要来自西亚的伊斯兰国家和南欧（西班牙、西西里岛）、土耳其、波斯、中亚和中国。十三世纪以前，欧洲实际上并没有参与沿着丝绸之路上所进行的全球贸易，所以很多产品，包括纺织领域的产品（主要是丝绸产品）直到最近的4个世纪才开始为欧洲人所熟知。这些机器使生产纺织品，特别是那些最珍贵、图案最复杂的丝绸成为可能，比如从七世纪起就很著名，在东西方都为人们所热衷的图案——被中国人称为"连珠图案"——圆圈里边有成对飞鸟和动物的形象。

这种用成对动物或鸟类形象装饰的丝织物在欧洲文献中通常被称为波斯或萨珊产品，但整个丝绸之路沿线，从中国开始，经过中亚、波斯和拜占庭，直到西欧都在生产这种产品。我们可以追踪到几个世纪以来东方纹饰如何不断演进，不断适应丝绸之路上各国自己的象征、传说和神话。在不同国家，之前（五世纪之前）在中国占据主导地位的龙凤图案得到替换，印度和粟特（六至八世纪）的织物上会出现鹅的图案，波斯（同一时期）的织物上会出现猎狮的场景，拜占庭（查士丁尼及以后的时期）的织物上会出现狮鹫的图案，西西里（十三至十四世纪）的织物上则会出现改良后的龙和鹦鹉的图案。

前一世纪开始，丝绸面料就成为中国向西方出口的主要产品，但是在中国，特别是从唐代开始，当丝绸产品在中亚、波斯和拜占庭等地已经普及，那些长城以西诸国生产的丝织物在中国开始大受欢迎。其结果经常是这样的，带有中国图案的丝绸出现在拜占庭、阿拉伯国家，然后出现在中世纪的欧洲，被当地艺术家为满足本国需求和出口需求而加以改造，再以这种被改造过的形象重返远东，反之亦然。

在这方面，十四世纪意大利卢卡生产的丝绸是个有趣的案例。20世纪上半叶在格但斯克圣玛利亚大教堂发现了这些丝绸，但战后不知所终。面料上的装饰与上面提到的西西里丝绸非常相似，但伊斯兰图案已经被移除，或者说已经被改造为欧洲面料。因此这种面料上出现的不再是龙和鹦鹉的图案，而是中世纪非常常见的狮鹫（长着鹰头、狮身、狮爪，带有翅膀的神奇动物）。在将它们分开的泪滴状图案中，藤蔓花纹被葡萄藤取代。书中有一幅描绘这种丝绸图案的插图，来自一家位于捷克的专门从事中世纪和文艺复兴时期丝绸复制的工作室。

收藏于华沙国家博物馆，被认为是十四世纪中叶意大利产品，用于缝制十字裰[1]的面料，是远东装饰元素流传到欧洲并被早期欧洲面料设计师所利用的一个完美例证。因为除了作为主要装饰图案的极具特色的棕榈树，以及中心位置清晰的基督标志（IHS）外，还有一些无疑是来自远东的元素。那是一对装饰性的狮子图案——这种图案至少从汉朝（前206—220年）开始就一直存在于中国的艺术和建筑中。在中国境内从来没有狮子，它们是汉朝时多次从波斯运到中国朝廷的，但是因为狮子是佛教传统的元素（智慧的菩萨——文殊菩萨的坐骑），它们的形象在中国得以普及，外形有点儿怪诞，类似于狗。欧洲作家甚至为它们创造了"佛狗"这个名字，意思是"佛祖的狗"（佛在汉语里就是佛祖）。不知道从什么时候起，这种成对的石狮子就作为守卫，被摆放在寺庙、宫殿和官署门前。它们的外形取决于艺术家的想象力，但这些狮子的共同特点是：脖子上有宝石项圈，夸张的利爪和腿上成簇的长毛。年轻的狮子经常被展示成温顺的形象，玩着带有装饰的球。在动物图案中间有佛教八宝之一的图案，极好地证明了华沙国家博物馆里的十字裰上绘制的狮子形象是来源于印度传统，具体地说，那个图案是象征福寿无边的吉祥结。狮子下面的鸟嘴里还衔着来自北印度传统的荷花。当然也可以（根据所选的布料片段）依照这些鸟是面对面还是背靠背来解释，但在印度和月氏的图案中，这种鸟被称为鹅或天鹅。它们要么将喙扭向自己，要么像鹅一样或走或飞。荷花枝和一串珠宝是它们嘴中必不可少的元素。

有很多证据说明，欧洲生产的面料借用了一些东方的称呼，我们在这里摘录一段霍布森的说法：

> 织物产品在这里尤为重要。叙利亚和伊拉克以其丝绸工厂而闻名，

---

1 亦译"祭坡"。天主教主教和神父举行弥撒时罩在外面的宽大长袍，须祝圣后才能使用。

而埃及当时是亚麻和羊毛面料制造业的领先者。穆斯林使用的染料也令人印象深刻。被欧洲语言借用的许多阿拉伯语（和波斯语）名称里，伊斯兰教的影响显而易见。作为颜色固定剂的化学品，特别是碱（来自阿拉伯语al-kali——灰），是使颜色保持持久性的必需品。明黄色（来自阿拉伯语的zarafan——藏红花），锦缎（英语damask）这个词源于大马士革的名字，平纹细布（阿拉伯语mussali）源自摩苏尔城的名字，而蝉翼纱源于中亚的乌尔根奇城的名称，马海毛一词源自阿拉伯语mukhayyr（最好的），塔夫绸源自taftan（波斯语的动词"纺纱"）一词。

这个清单里还应加上其他一些源自中东地区的名字，例如缎子（在阿拉伯语中的意思是"平滑的"），kamlot（源自土耳其语kamlet）是骆驼毛或山羊毛制成的布料，altunbas（在波兰语中普遍称作altembas）是天鹅绒锦缎（源自土耳其语altun——黄金，bas——布）。我们不应对这些在欧洲广为流传的名称源于中东语言感到惊奇，虽然大多数面料是在中国发明的。还有一些传播到欧洲的中国名称，例如czesucza是中国名称丝绸的变形，意思是"柞蚕丝"，这是一种品质较差的丝绸，是用柞树叶而非桑树养蚕获得的。锦缎（satyna）一词源于中国南方城市泉州的阿拉伯语名称，这个名字是阿拉伯商人传来的。他们称这个城市为zaitun（刺桐），欧洲语言中的nankin指的就是在中国南京生产的丝绸（或棉质）面料。

东方命名法在欧洲服饰领域也很普遍，尤其是在波兰服饰中。波兰著名东方学家扬·雷赫曼（《波兰启蒙文化中的东方元素》，弗罗茨瓦夫，1964年）写道，波兰当时主要接触的是土耳其–鞑靼世界，波兰文化中的很多元素就是从他们那里借鉴来的，尤其是这些国家中最原始和最有效的元素。所以波兰贵族从东方带回了武器（卡拉贝拉[1]、斧头、狼牙棒、秃克、萨伊达克、箭筒），还从土耳其那里吸收了马具的细节（马鞍垫、毛毡、马鞍），仿照东方的波兰服饰（长袍、斗篷）。更富有的市民甚至仿照东方的方式，用东方的织物（挂毯、基里姆地毯、地毯、矮长沙发）装饰和布置房子。同时还提到了"ułan"这个词，意思是指轻骑兵士兵，可能是源自蒙古语，因为士兵穿的是红色军服（ułan在蒙古语中意为"红色的"）。鉴于在奥古斯特二世时期的波兰军队中有鞑靼人服役，制服的特点就是区分波兰军队和敌军的最简单方法，因此这个说法并非匪夷所思。

我们掌握的介绍丝绸面料和装饰图案沿着丝绸之路，包括在中国、中亚、西亚、波斯、土耳其、拜占庭和地中海各国传播情况的西方专业文献非常丰富，与之相反，我们对十七世纪末《尼布楚条约》签署后开启的中俄商队贸易所掌握的信息极其有限，中国的面料、服装和配饰在俄罗斯从中国进口的商品中居于第二位，仅次于茶叶。

法乌斯廷·切切尔斯基神父因为参与准备科希丘什科起义，于1797年被流放到西伯利亚，在尼布楚度过了四年。尼布楚在中国边境附近，切切尔斯基教父在自己的《回忆录》（我于2005年将里面的部分片段发表在《长城的巨影——波兰人是如何发现中国的》一书中）里详细介绍了中俄两国在恰克图的贸易，恰克图是用于货物交换的地方。六十年后"一月起义"的参与者阿加顿·吉勒留下了类似的描述，他正是被流放到恰克图。

切切尔斯基写道，中国人带来寻常百姓经常喝的茶叶，半棉面料，各种颜色、种类的丝绸面料，丝绸商品，通常是丝绸制成、颜色多样的古代中国礼服，墨水，瓷器和木制餐具，冰糖和其他小物品。中国人用这些东西交换活牛角、镜

1　波兰立陶宛联盟时期流行的一种波兰军刀。

子、皮革、活猫和各种毛皮……因此，在对华贸易中令俄罗斯感到开心的是可以直接以物易物，而不用现金。

有一点被俄国和西方出版物都忽略了的重要信息，就是中国古代丝绸服装占俄国从中国进口总量的很大一部分，尤其是锦缎和刺绣真丝服装。这里面既有每年运到恰克图的"国家"出口货物，也有通过漫长的、实际上无人看守的边境非法运输到那里的私人货物。在俄罗斯，这种丝绸服装会经过再加工，用于装饰"俄罗斯风格"的成品连衣裙和发箍、手袋等。中国的图案也被俄罗斯民间艺人所接受，刺绣女工和杂货工匠大量复制这些设计，然后通过改造后的形式来装饰俄罗斯民间服装。我还想提一下从俄罗斯大量"出口"到中国的铜镜，这些铜镜是汉唐时期生产的，在西伯利亚南部被俄罗斯人挖掘出来，然后重新返销到中国。

让我们回到服装这个话题。一直不为人所知的是，中国古代丝绸服装和刺绣曾大规模参与到恰克图的贸易中，并接着远销至西方，包括波兰。在中华帝国直到1911年君主制倒台之前，下层阶级、不具备相应出身和官僚等级的人是不被允许穿戴有着特殊剪裁、颜色和图案的服装的，这方面有严格的禁令。这些穿过的旧衣服的装饰和刺绣通常都很华丽，但是被主人当作旧衣服，不适合朝廷官员和他们的家人再穿戴了，而在国内也没有很多买家。未经授权没有人敢穿这些衣服，因为会受到严厉的惩罚。衣服的主人能以合适的价格将它们卖出的唯一方法就是将这些衣服运到俄罗斯，那里对丝绸产品的需求总是很高。有专门的旧货批发商处理对俄罗斯的出口业务，他们通过小贩购买这些东西，进行分类并准备装运。也有大批的走私者，几乎毫无障碍地穿过实际上无人看管的中俄边境。

革命之后仍是如此，这些旧衣服及其配饰，以及丝绸和棉布面料是提供给在上海和哈尔滨的外国人的主要商品，我的父母还清楚地记得这些商品。康斯坦丁·西莫诺莱维奇在中国革命（1911年）期间曾在沙俄驻北京的公使馆担任文化专员，波兰恢复独立后，他在哈尔滨任波兰领事。在《我的中国人》这本书中他这样写道：

> 在北京的第一晚睡得很好，第二天早上我们走到我们家阳光明媚的阳台上，一群中国人聚拢过来，喊着一些我们听不懂的话，他们开始从旁边打开的袋子中掏出各种物品……这些袋子里有一切能使不知情的外国人眼花缭乱的东西，并迫使他打开哪怕极为羞涩的钱包。这些物品包括苎麻制成的轻盈面料和压出花朵图案的昂贵绸缎、手工蕾丝、南方刺绣、桌布、中国女人的彩色服装、景泰蓝制品、骨制品、玩偶、不同形式和品种的扇子，还有用水晶、孔雀石、玛瑙和碧玉制成的印章，琥珀、紫水晶和精雕细刻的果核制成的各种念珠串，还有成堆的描绘历史画面和民俗场景的画作。

通过将七世纪时生活在今天中国新疆地区的吐火罗人的穿戴，与十六、十七世纪欧洲画家汉斯·霍尔拜因和安东尼·范戴克画作中的服装进行对比，勒柯克得出一个结论，涉及欧洲男士常穿的西装斜翻领的起源问题，最开始由三部分构成，现在大多数是两部分。长期以来在欧洲和亚洲，大衣、男女西装外套的翻领被认为是欧洲本土元素，但实际上这恰恰是欧洲服装中被忽视的东方元素之一。一些欧洲服饰史专家（弗朗索瓦·布歇）认为，外套的斜翻领最有可能是六世纪时在萨珊波斯出现的，但是一百年后这种翻领已经在整个丝绸之路沿线普及开来，也传到了中国的唐朝（618—907年）宫廷。在那里斜翻领被视作"蛮族服装"（胡服）的元素，但很快又成为时尚，在妇女中也很流行。中亚居民的服装中有短衫的裁剪方式，尤其便于旅行。唐朝时，中国男人和女人很喜欢骑马旅行，斜翻领能够保护脖子抵御寒冷和风尘。在萨珊波斯和中亚，出于一些实际的考虑，翻领并不总是两边一样大，右边的翻领经常会明显大一些。一千年后有斜翻领的男士外套才开始在欧洲流行。这件事的早期图像证据之一是马克西米连·德·罗伯斯庇尔的肖像画，他是1792年法国大革命的主要人物之一。几年后这种时尚蔓延到女士服装中，主要是骑马服。而1999年宽翻领成为法国军队制服的一部分，翻领也越来越常出现在背心上。受到亚洲长衫的启发，翻领外套的时尚在欧洲一直持续到1840年左右，之后出现了三件套的西服套装（外套、裤子、背心），用相同的材料缝制而成，外套上的翻领不可拆卸。在英国时尚的影响下，开始流行带有可竖起衣领和翻领的风衣。这一时尚风靡整个二十世纪，获得广泛认可，人们确信这种服装就是完全的"欧洲服装"。这一时期的翻领也在形状、颜色和材质方面进行了各种改良（例如当代燕尾服的丝绸翻领）。二十世纪末，一些顶尖时尚设计师（香奈儿、卡丹、圣罗兰）在翻领的形状上做了各种改变，尤其是在女性时尚方面（延长翻领、双层翻领等），但都没有取得更大的成功。

第**38**章
重返丝绸之路

　　十九世纪和二十世纪之交，在欧洲发生了对丝绸之路（Silk Road）概念的重新定义（变化），变化方向是使用复数（Silk Roads），并承认所谓的草原丝绸之路（Grassland Silk Roads）的存在，这在过去十几年中已成为热门话题。无论在中国还是在西方，草原丝绸之路通常是指丝绸之路的东部支线，从敦煌向东经内蒙古和东北地区，通向该地区当时存在的诸国以及朝鲜和日本。这是一个重大的变化，因为如果我们在过去和目前仍在进行的语境下研究丝绸之路，那么对这些地区的历史、地理和考古研究将具有不同的维度。在日本占领朝鲜之后，以及在伪满洲国建立之后，日本人自己在这些地区进行了探索发掘，但也没有限制居住在东北的"白俄"——来自苏联的俄罗斯移民的挖掘活动。在中国东北地区（以及蒙古和朝鲜人居住的地区）的这些考古工作中，有一条有趣且完全被低估的波兰线索。在哈尔滨时我就读的那所初中的校长——工程师卡吉米日·格罗霍夫斯基，在两次世界大战期间，是唯一进行系统考古研究的波兰人。他发现在丝绸之路史无前例的发展时期，通古斯人和蒙古人建立的四个国家是丝绸之路的最大受益者。其中有北魏（386—534年）、渤海国（698—926年）、辽（契丹国，907—1125年）和当今满族的祖先女真人的金（金朝，1115—1234年）。

汉朝（前206—220年）灭亡后，中国经历了长时间的分裂时期。公元386年，在中国北部地区诞生了一个强大的国家——北魏。北魏由鲜卑族拓跋氏建立，他们来自蒙古东胡部落，在中文料中把称为"拓跋部"。从公元二世纪开始，他们就居住在中国东北和蒙古东部地区。尽管他们过着游牧生活，但他们是出色的战士，并掌握了很好的金属冶炼技术。他们的首领拓跋珪统一了十九个鲜卑部落，在将匈奴人和其他游牧部落驱逐到遥远的北方和西方后，建立了辽阔的北魏帝国，帝号为道武帝（386—408年）。北魏的疆域从西部的河西走廊一直延伸到戈壁沙漠和东北地区的南部，直到东部的朝鲜。帝国最初定都于平城（今天的大同），而在他们征服了中国北方大部地区之后，于494年迁都到汉代的都城洛阳。鲜卑人很快就喜欢上了这种定居生活，他们接受了中国的管理体系、文化和语言，但这成为之后北魏帝国衰败和隋朝（581—618年）统一中国的主要原因。北魏帝国的统治者占领了中国北方约一半的土地，并从匈奴和其他游牧民族手中夺取了河西走廊。他们还为中国开拓了"草原之路"的贸易机会，这些道路从北魏都城（大同）向东穿过东北地区，到达朝鲜和日本；或者沿着北线（天山山脉北部）向北、向西到达哈密，再到当时的大宛国以及费尔干纳盆地里的康居（今天的乌兹别克斯坦、吉尔吉斯斯坦和哈萨克斯坦的一部分）。这条路线沿着巴尔喀什湖的南岸延伸，进一步通往丝绸之路上两个比较重要的中亚城市：撒马尔罕（Afrasjabu，北魏帝国时期粟特帝国的首都）和梅尔夫（汉语里称为"马雷"，属于萨珊王朝的马尔吉阿纳地区的中心城市）。

渤海国由通古斯部落（粟末、靺鞨）和朝鲜人在中国东北地区、朝鲜和俄罗斯远东滨海地区建立。它也被中国人称为"五都国"，因为它由五个主要的都城（京）和十五个主要的城市（府）组成。在中国的王朝史书中记载，在承认自己是中国的属国之后，渤海国与中国保持了密切的文化和经济关系，派遣年轻人到中国学习。此外，在七世纪时，渤海国拥有了高度发达的铸铜技术和丝绸编织技术。在渤海国存在期间，在尼古尔斯克–乌苏里斯基（今天的乌苏里斯克）所在地曾是一个府。俄罗斯旅行者帕拉第乌斯（Palladius）几近事实地写道："我坚信，分散在乌苏里国家南部的古代遗迹主要与渤海国统治时期有关。"城市的中心是位于今天符拉迪沃斯托克附近的海参崴。

渤海国在926年被契丹人灭国后便不复存在。中国人称他们契丹，而在欧洲文献中这个名字被改写为Kitan（英语为Khitans、俄语为Kidani、波兰语为Kitanowie）。他们是源于蒙古族的游牧民族，中国作者认为他们是北魏王朝创建者鲜卑人的后裔。他们居住在长城以北的草原上，主要是今天的内蒙古地区。他们逐渐放弃了游牧生活方式，在公元后第一个千年的中期，除了养殖和渔猎外，开始从事手工业，并在一定程度上涉及农业。他们中的许多人此时已经定居在从前北魏帝国的疆域内。后来，在短暂的隋朝统一中国之后，他们就生活在中国境内，受到中国文化的影响。这时他们放弃了自己以前的宗教——萨满教，转而信仰深奥的佛教，尽管其中许多人也成为基督教的景教徒。契丹人建立了一个帝国，在中国史书中被称为"辽"——辽阔之意（而其统治者则被称为辽朝）。契丹人征服了中国北方的大部分地区，一度迫使南宋统治者归附。南宋同意每年向契丹供奉二十万匹丝绸和十万两（五吨）白银。与渤海人一样，契丹人也拥有五个主要的中心城市——都城，其中包括燕京（燕子之都），就是今天的北京。在辽国鼎盛时期，有专门的法令来规范与西方的贸易。每三年，来自波斯和中亚国家的商队和外交使节就会在契丹大军的陪同下，沿着"草原丝绸之路"旅行，到达国家的主要都城（都城的名字与渤海国的首都一样——上京）。他们会带来西方商品用于出售，还会带来各种奢侈品和各色人物作为献给帝王和朝廷官员的礼物。每个这样的商队至少有四百人，他们运送的货物包括金银制品、玻璃和宝石，驯服的狮子、猎豹和大象，甚至水果和蔬菜。正是这个时候，通过辽国，十世纪之前还无人知晓的西瓜传入了中国，而今天中国从南至北，西瓜已经随处可见。

在蒙古人入侵之前，在中国北方和东北地区建立的最后一个帝国是由满族祖先建立的"金国"。开创者是名叫阿骨打的部落首领，他在1114年宣布脱离契丹，并打败了派来镇压叛乱的辽军。一年后，他宣布自己为独立的金国皇帝。中国人把定居在松花江以西、文明程度较高的居民称为熟女真，而松花江以东未开化的女真则为生女真。击败契丹后，金人与中国进行了长期战争，其结果是1127年宋钦宗被金国俘虏。1142年，南宋被迫将淮河以北的地区交给金国，并像从前的契丹一样，每年付给金国巨额的丝绸和白银。1210年，蒙古人开始入侵"金帝国"，其结果是1234年蒙古人占领当时金国的主要都城——开封，金国和南宋先后被纳入蒙古版图。

第一个看到其中一些城市的废墟并将其画在地图上的波兰人是亚当·什德沃夫斯基，他受命于1898年从符拉迪沃斯托克率领一支探险队绘制未来东北境内中东铁路的路线图。探险队的路线穿过前面提到的利斯科耶村。经过约二百五十俄里的路程后，探险队到达了牡丹江上的宁古塔（今宁安市），在七至八世纪，渤海国的主要首都就位于附近，就是所谓的上京（至上之都）。但是，当什德沃夫斯基在松花江上选择合适的地点作为未来铁路行政中心，也就是说为尚不存在的哈尔滨选址时，探险队在阿什河县城（阿城）停留了一天，这座建于十七世纪的

▼ 格罗霍夫斯基工程师撰写的
《波兰人在中国》一书的封面。
哈尔滨，1928 年

城市位于金国故都的废墟附近。

我对格罗霍夫斯基工程师的学术遗产发生兴趣，可以追溯到1957年。那时我有几个月没有工作，于是有机会到我童年的城市哈尔滨去做一次私人旅行。很受欢迎的青年周刊《环游世界》邀请我写了几篇关于中国的报道。应该是轻松的、可读性强的、适合暑假阅读的。当时在哈尔滨我想起了格罗霍夫斯基工程师的科学活动，而且收到了一份礼物，是他1928年出版的《在远东的波兰人》一书，其中包括了他在东北地区开展发掘工作的一些信息。如我在前面的章节里提到的那样，返回波兰后，我与工程师在英国、美国的家人建立了联系，获得了很多他在西伯利亚、东北和蒙古探险时的资料和照片，还有关于他的手稿和藏品的信息。1949年，工程师的遗孀伊丽莎白·格罗霍夫斯卡女士在哈尔滨将这些资料移交给了波兰政府代表、军官耶日·科沃索夫斯基。

当然，格罗霍夫斯基知道牡丹江市有渤海国主要城市遗址的存在，并于1927年参观了这些遗址，但除了在现场收集了几枚中国铜钱外，并未在此进行任何发掘（渤海国人没有自己铸造钱币，而是在用货物交换时接受了中国人的铜钱）。一年后，他在自己的书中写道："渤海国人占领了从朝鲜几乎远达黑龙江的地区。他们的首都位于现今宁古塔附近。这座首都的遗址非常有意思，但迄今为止还没有欧洲考古学家对这里进行考察。"几年后，东北被日本占领，日本考古学家对这里进行了考察。1961年，从中国回来后，我写了另外一篇关于渤海国首都的科普文章，发表在波兰杂志《生活与知识》上，内容涉及考古和历史。事实证明，这座城市的确是仿照中国古都长安建造的，尽管规模上难以企及。长安城外墙长八十公里，而在渤海国的上京，城墙只有十六公里长。但如果比较一下人口的话，这个比例也是合理的。像长安城一样，这座城市呈长方形，有一条南北走向的中轴线，所有最重要的建筑物都位于这条中轴线上。一条宽达一百一十米的大道从城市南门一直通向主建筑群。这条轴线上分布的建筑包括北边被约五公里长的城墙环绕的内城，里边是被又一道城墙环绕的宫城以及皇家花园。在挖掘出的遗迹中，有其他建筑的地基和柱础，也许是中国资料中提到的寺庙和高塔。726年，这座城市在契丹入侵时被烧毁和破坏。

格罗霍夫斯基最有趣的发现之一，无疑是位于今天内蒙古境内、被当地人称为"成吉思汗城"的防御性城堡，尽管这位蒙古首领没有建造过任何一座城市，而是不断地破坏它们。格罗霍夫斯基在那里进行了一系列发掘，包括1924年由东省文物研究会组织和出资的一次活动。另外两次分别是1915年和1927年由他个人出资进行的。那座城堡被外边砌有灰砖的土墙包围，边长有1.7×1.2公里，因此周长约六公里。与前面提及的渤海国首都相比，这样的规模并不出奇，但应该注意的是，当地挖掘出的古钱币证明，这座城堡诞生于辽代，那时候其建造者们还过

▷ 照片摄于东北与蒙古交界处。自左至右：弗拉基米尔·萨德科夫斯基——我的中文和历史老师、蒙古向导、波兰报纸的驻华战地记者亚历山大·扬塔——波乌钦斯基、K.格罗霍夫斯基工程师

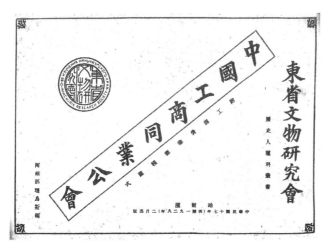

▷ 包含英文、中文和俄文的东省文物研究会标志，格罗霍夫斯基工程师是其设计者之一。此外还有研究会1928年出版物的封面，该出版物内容涉及中国手工艺的特点

着半定居的生活。这让人推测，城墙外边还有一个"外城"，但其遗迹已经荡然无存了，因为大多数契丹人都饲养马、骆驼和羊，居住在蒙古包中，根据需要随时迁移。格罗霍夫斯基将所有在1924年探险中挖掘的物品移交给了东省文物研究会博物馆（今天的黑龙江省博物馆），其中包括青铜塑像，以及712年至1189年的

币和1637年以后清朝时期铸造的较新的钱币。这些钱币证明，早在渤海国时北一带就有人类居住，后来在辽、金时期也曾有人居住。关于格罗霍夫斯基这次探险之旅，我曾写过一篇篇幅很长的文章——《成吉思汗城之谜》，发在《知识与生活》杂志上。在1927年由波兰东方学学会组织的探险活动中，格霍夫斯基在"成吉思汗城"挖到了一个大型青铜雕像（五十四厘米），是蒙古样式的中国观音菩萨。看起来，这一发现是为什么格罗霍夫斯基错误地解释了雕像的年代以及"成吉思汗城"的起源的原因之一。此外，他还认为城市中心的主要建筑呈十字形状。1928年，他认为该城是从中国元朝（1206—1368年）统治时期就有的。

他写道："按年代顺序它可能更年轻，但所谓成吉思汗城的遗址同样有趣，实际上它是由忽必烈汗的某位继任者或者亲属在大约1260年建造的。遗址位于伊敏河和海拉尔河交汇处的巴尔虎（今呼伦贝尔）北部，靠近甘河注入额尔古纳河的河口。如今的海拉尔到成吉思汗城或忽必烈城的距离约为一百五十公里（向北）。"

可以推测，格罗霍夫斯基是受到元朝史书和马可·波罗记载的影响，认为该地区在十三世纪由基督徒统治（忽必烈汗的母亲是基督教聂斯托利派的信徒），而没有考虑到他所发现的钱币并未表明"成吉思汗城"是在十三世纪建立的。这与后来的关于基督教聂斯托利派在新疆的绿洲和以东地区传播，也就是在穿越整个东北地区的"草原丝绸之路"上传播的研究结果是一致的。

格罗霍夫斯基在哈尔滨参与组织国际东省文物研究会及其博物馆（今黑龙江省博物馆）的工作，也就是他在1915至1934年之间的活动，在波兰鲜为人知，值得专文介绍。

他在1928年写道："东省文物研究会是一家国际性组织。其内部行政管理、宣读论文和论文写作的语言为中文、俄文和英文。在对外联络中，除上述语种外

▼ 东省文物研究会鸟瞰（今黑龙江省博物馆），我人从原弗瓦迪斯瓦夫·考瓦尔斯基别墅的露台拍摄
（1988 年）

还使用德语和日语。该协会成立于1922年。"

在次年寄往波兰的自传手稿中，他已经写道，他与其他几名爱好者，包括中国人、俄罗斯人和波兰人从零开始创建了这个机构：

由于身处远东的波兰侨民中，根本不存在学术生活，我在这一方向上的所有努力都未获得预期的效果，因此我和几个外国人合作，于1922年在哈尔滨成立了"东省文物研究会"，后来它成长为一个庞大的机构。代表这个学会，同时受其资助，我多次被派往东北和蒙古开展探险活动，其中一次考察期间，我找到了被流沙掩埋的"成吉思汗（铁木真）城"。

格罗霍夫斯基的日记充分证明了他曾积极参与东省文物研究会的组建、资金和展品的征集以及后来的活动。哈尔滨博物馆的创办者从中东铁路局得到很大帮助，他们将位于新城区中央地带的一座大型商业建筑拨给博物馆。1922年2月22日星期日的笔记中记载了格罗霍夫斯基参加了创办东省文物研究会的"倡议小组"会议。9月17日的记录显示，在博物馆组委会会议上，格罗霍夫斯基被任命为博物馆委员会首倡小组成员。六周后的10月29日，在东省文物研究会的全体大会上，他被任命为地质学部负责人。

格罗霍夫斯基说由几个爱好者建立起来的东省文物研究会在短短几年内取得飞速发展，成为伦敦皇家地理学会、东京远东考古学会等世界著名学会认可的合作伙伴，此话非虚。早在1926年，它就已经拥有了十个学科部门：动物学和植物学，地质学和地理学，医学和兽医学，历史和民俗学，考古学，语言学，贸易和工业，中国法律，本地出版社和马匹养殖。东省文物研究会最初的成就之一就是建立了一个博物馆。该博物馆最初只有创建人捐赠的几十件展品，然后随着考古工作的展开，标本的制作——东北地区和蒙古的动植物标本，包括一些非常稀有的品种，民俗学展品的采购——在这些地区居住的民族和部落所穿戴的服饰和家庭装饰品，展品逐渐得到丰富。在博物馆各个展厅的角落里建造了达斡尔人、蒙古人和满族人居住的茅草屋和蒙古包，并在每座房子的模型前摆放了真人大小、身着各民族服饰的一男一女和一个儿童塑像。格罗霍夫斯基记载说，在1926年，即博物馆成立四年之后，已经拥有40 973件展品。与博物馆同时建立的科学图书馆拥有藏书6018册。除博物馆和图书馆外，学会还维持着一些辅助机构：松花江上的生物站、哈尔滨植物园以及在当时具有开创意义的大豆工业实验站（其经验后来被美国大豆业广泛使用）。

从1922年到1929年的七年间，格罗霍夫斯基一直担任东省文物研究会考古部

门的负责人。在华沙国家图书馆里收藏着格罗霍夫斯基的生平，据猜测平是为《波兰传记词典》编写的，其中有记载"他曾担任学会的几任主席"我没有发现其他任何证据，证明他曾担任这一职务：

> 他以此身份接待来自世界各地的科学家。在中国，欧洲人，其中主要是斯堪的纳维亚人和法国传教士，重新开始组织探险、发掘和田野考察活动，也在"自由市场"上购买古董。斯文·赫定、拉铁摩尔、安特生、德日进、桑志华和其他许多人开展了各种研究。格罗霍夫斯基在没有获得来自欧洲的支持的情况下，自费组织了越来越多的探险活动。1927年，他发现并部分挖掘了被沙子掩埋的古城遗址。他将其确定为成吉思汗的儿子忽必烈修建的要塞。事实上，忽必烈是成吉思汗的孙子。

除斯文·赫定外，其他所有人都曾是东省文物研究会和格罗霍夫斯基亲自接待的客人。欧文·拉铁摩尔是一位极具传奇色彩的人物，他在天津长大，作为美国科学基金会奖学金生在哈尔滨和东北地区生活，他曾跟随从东北经戈壁到达中亚的商队旅行，撰写了许多关于丝绸之路的书籍。他曾在延安给毛泽东和周恩来担任翻译，战争期间还曾做过蒋介石的顾问。约翰·古纳·安特生作为有五千年历史的中国"仰韶文化"发现者而闻名于世。耶稣会士皮埃尔·泰亚尔·德·夏尔丹（中文名德日进）出名较晚，他是"北京猿人"的发现者之一，他还有一部名为《人类》的作品被翻译成波兰文。保罗·埃米尔·黎桑（中文名桑志华）在天津待了二十年，在那里他创立了后来举世闻名的北疆博物院（1952年后更名为天津自然历史博物馆）。他收集了许多史前动物的骨骼、石器时代的工具和其他藏品。日本科学家鸟居龙藏和梅本是辽朝历史的著名研究者，他们也是东省文物会格罗霍夫斯基的常客。

1958年，我回波兰后第二次去哈尔滨期间，曾尝试在哈尔滨博物馆（1945年□名称）了解格罗霍夫斯基所移交的那些展品的命运。我当时得到的答复是，□"大跃进"期间哈尔滨没有发生任何重大事件（除了洪水，而且那场洪水也□有扩散到比道里区高得多的新城区），但三十年前的文献可能已遭到破坏。也□能是当时中国博物馆和档案馆不愿意把任何东西提供给外国人，这可以从我上□时博物馆展厅里的很多展品已经不在了得到证明。1924年移交给博物馆的考古学展□也不应该消失，他在书中写道，他找到的所有具有学术价值的物品"都交给□东省文物研究会博物馆，因为考察活动的经费是他们资助的"。这些物品包括来□"成吉思汗城"的不同寻常的铜香炉、挖出来的陶瓷、中央宫殿和早期庙宇幸存下来的屋瓦、兵器、日用品、青铜镜、马镫、捕鱼工具和其他东西。我们学校不止一次组织参观博物馆时可以看到这些东西。

格罗霍夫斯基还在世时，在他的领导下为哈尔滨波兰东方学俱乐部博物馆搜集的部分展品被移交给了华沙国家博物馆，那个博物馆设于哈尔滨的"波兰之家"中。他提到说约有一千件展品，来自民俗学、考古学、地质学、钱币学和其他部门。这些东西是在1930年至1934年间收集的，但1934年9月1日，由于格罗霍夫斯基与当时的波兰领事亚历山大·克维亚托夫斯基之间的纠纷，博物馆被关闭了。他设法将一些展品随同返回波兰的归国人员运到波兰。他的笔记中有一段写于1936年12月22日的记载（格罗霍夫斯基本人当时在西里西亚），其中一个名叫安杰伊·维什瓦的先生告诉了他关于展品转移到华沙国家博物馆的信息，是两个装有来自哈尔滨波兰博物馆民俗学部的一百零三件物品的行李箱。

我没有试图考证那些物品是否还存在。像许多其他归国者一样，我感兴趣的是，格罗霍夫斯基的藏品中（不仅涉及他的藏品）那些在战后1949年由波兰政府代表科沃索夫斯基将军从哈尔滨带回的部分，后来命运如何。伊丽莎白·格罗霍夫斯卡夫人在1958年的信中写道：

> 我在这里必须说明，我丈夫的愿望是将他考古工作的全部成果转交给他亲爱的祖国波兰。我实现了他的愿望。1949年，我交给波兰委员会几个木箱和皮箱，里边存放着文件、地图、印章和"成吉思汗城"的地图，还有很多钱币和中国民间生活的片断。连同这些物品，耶日·科沃索夫斯基将军还带走了做工精美、非常珍贵的一尊东方女神铜像。科沃索夫斯基先生在对它表示赞叹的同时，请求我允许用它来装饰总统府。我想，您可以到那里去看看我丈夫挖出的这座珍贵的雕像。

在另一封晚些时候发出的信中，格罗霍夫斯卡夫人写着：

> 美妙的女神，精美绝伦，在哈尔滨美国人要给我25 000美元购买她，但我没有同意，我更希望用她来装扮波兰。我想现在弄清这尊雕像在哪儿绝非难事。

但这件事并不那么容易。1958—1959年间，我写信给各个机构，以寻找格罗霍夫斯卡夫人及其他波兰人交给波兰代表的各种博物馆藏品。我曾写信给克拉科夫雅盖隆大学图书馆，因为格罗霍夫斯基先生希望将他的手稿交给战前位于克拉科夫的波兰艺术院。一段时间后，华沙国家图书馆的复信来了，里边详细列出了1949年收到的物品清单：格罗霍夫斯基的八十六本笔记，包含他在西伯利亚、阿拉斯加、乌梁海国、蒙古和中国东北地区开展科学考察的相关信息，他挖掘的古代遗迹的地图，以及有关他为哈尔滨波兰侨民所开展的社会和教育活动的文件。对于格罗霍夫斯卡女士转交给波兰政府代表的其他东西我还是一无所知。格罗霍夫斯基的日记装在韦德尔牌（波兰最古老的巧克力品牌）的巧克力纸盒中。此外，还有一卷地图和几个文件夹，而她在信中写的是"几个木箱和皮箱"。等的最长的是华沙国家博物馆的回信，尽管我写了两封催促函，但还是等了四个月才收到回复。回信上有副馆长卡吉米日·米哈沃夫斯基教授的签名，但遗憾的是，国家博物馆没有格罗霍夫斯基先生的任何藏品。碰巧的是，二十世纪七十年代我在格丁尼亚的巴尔托纳大厦里与科沃索夫斯基将军的侄子一起工作。有一天，他告诉我，将军想见我。因此在之后的一次出差期间，我到他位于华沙的公寓里拜访了他。对他可能没有将那些东西转交给收货人的指责，让他很困扰。后来，我在华沙独立博物馆中找到了蒙古式样的观音菩萨雕像，是1989年后从总统府移交过来的。我担心所有这些物品都没有被专业地登记造册，肯定也正是由于这个原因，我后来无法在国家博物馆找到它们。在这方面我很羡慕英国人。在大英博物馆，斯坦因在二十世纪初捐赠的每一件最小的展品，都进行了仔细的描述，在一百年后都还对每个像我这样的感兴趣的人开放，而且不需要任何学术机构的推荐。2008年，我们曾带着女儿在那里寻找斯坦因在吐鲁番盆地的高昌古城发现的七世纪的绣花鞋，我那本关于丝绸、商队之路的书需要相关信息。我可以直接在馆内查询，参观博物馆非常容易，毫不费力。

既然在最近几十年里，"丝绸之路"的概念得到重新定义和拓展，我们是否可以说，格罗霍夫斯基的研究就是对丝绸之路不可分割的一部分——草原丝绸之路的研究吗？我认为确实如此。1928年，格罗霍夫斯基写道，哈尔滨的蒙古语原名是哈拉宾，意思是"渡河"，并且"一条从西向东、从东向西的重要商路在此经过"。文章接下来写道：

这条商路一定非常重要，而且可能使用了几千年。那些来自各个时代的大量出土钱币就是证明。找到的最古老的欧洲钱币是罗马货币，来自哈德良皇帝（公元117年至138年）时代。最常找到古代钱币的地方是：高高的河堤——如今上面耸立着许工纪念碑（许景澄），那里是面向所谓"第八区"的新城区边缘；还有马家沟溪谷，那里现在是城市森林苗圃。显然，这里从前有过房屋、仓库，可能还有供那些来自西方国家，前往朝鲜和太平洋沿岸城市的客商使用的客栈。

我还要补充一点，这条小溪的中文名称——马家沟可以翻译为"马群溪"（或者也可译为"马家溪"），这可以证实格罗霍夫斯基的论断，即附近曾有一个驿站，商旅们可以在那里更换休整好的马匹。松花江在最窄的地方有九百五十米宽。按照旧的习俗，商旅们会把马匹留在河北岸，只带货物过河，然后再租马去三十公里外的商业城市——阿城（白城）。在这个马家沟河以南一百米的地方，曾经有一家小电池厂，是我父亲在哈尔滨建立的。而它北边五十米的地方——是我就读的第一所大学——伪北满大学。我记不清在那里寻找古钱币的次数，当然是寻找罗马银币，但除了两枚十八世纪乾隆时期的"铜钱"外（在那个遥远的时代，这不是什么有价值的发现），我没有找到任何更有价值的东西。

在两次世界大战期间，以这样那样的方式在丝绸之路中国段获得的文化宝藏，目前存放在欧洲、美洲、俄罗斯、日本、中国和其他东亚国家的三十多座最著名的博物馆中。战后，考虑到其获取的途径、保存状态和冷战对立等原因，大部分此类藏品未在任何地方展出，而且通常，除了博物馆自己的工作人员和与之合作的研究机构的人员外，其他研究人员都无法接触到这些藏品。尽管如此，经常出现一些旨在使世界各地的科学家在这一领域开展合作的倡议。二十世纪九十年代初，伦敦国王学院的一名富有的退休教授刘锡棠就提出了一项这样的倡议，他认为，塔里木盆地周边发现的敦煌手稿和其他古代文化中心发现的手稿，应与死海古卷一样得到认真对待。他发起了旨在资助一家国际机构的活动，该机构的目的是协调在丝绸之路相关地区发现的文化遗产的保护工作，并使更多的学者及其他相关人员可以利用这些遗产。这个机构就是今天的国际敦煌项目（International Dunghuang Project，简称IDP）。在这种情况下，"敦煌"具有象征意义，这主要是由于在敦煌保存了世界上为数最多的文献、壁画和其他与"丝绸之路"相关的物品。

1993年在英格兰萨塞克斯大学举行的一次国际会议上，国际敦煌项目正式启动。伦敦大英图书馆、圣彼得堡俄罗斯科学院东方手稿研究所、法国巴黎国家图书馆和中国国家图书馆（原北京图书馆）的策展人和文物保护专家参加了这次会议。该项目面临的主要任务是开发有效保护面临风化危险的藏品（主要是手稿、绘画、织物、印刷品）的方法对其进行编目和数字化，以使学者们可以对其进行研究和翻译，并开展教育和科普活动。项目运作的最初资金来自刘教授的家庭基金、英国学院等，许多其他捐助者也加入其中。迄今为止，来自十四个国家和地区的研究机构已经加入了国际敦煌项目，即英国、冰岛、中国、中国台湾、俄罗斯、印度、日本、德国、法国、瑞典、美国、韩国、丹麦和匈牙利。在这里值得思考一个问题，即考虑到格罗霍夫斯基先生之前的一系列活动，波兰不应该加入这一组织吗？IDP计划包括在手稿、丝绸绘画、织物和印刷品保护方面交流经验，这些物品往往各具特色，用不同种类的墨水、墨汁、颜料和色素写成或者画成。这在以前造成了在采取保护措施的过程中，反而对文物造成破坏的情况。自2000年以来，每年组织一次国际文物保护大会，致力于寻找更好、更有效的保护措施，并参与丝绸之路沿线的考古工作。自2003年以来，IDP项目还出版一份英文季刊《IDP新闻》，通报各国开展考古研究的情况，以及与丝绸之路相关的出版情况。英国考古学家和丝绸之路历史研究者苏珊·怀特菲尔德博士从国际敦煌项目启动以来，一直是项目负责人。2004年由伦敦大英博物馆在伦敦出版的一本题为《丝绸之路——贸易、旅行、战争和宗教》的书中，作者写道：

> 丝绸之路是我们所有人的历史。远离大海的中亚曾是世界的中心，是许多文明的最重要发明的摇篮，也是世界上最古老的经济中心。这个地方被世界遗忘了几个世纪，但是现在，随着时代的发展，人们越来越意识到世界这一地区的重要意义，这使我们能够尝试了解这一区域、它的历史以及它是如何影响我们所有人的。

第39章
最新发现

我对卜弥格散轶作品的搜寻已经超过三十年了。我是从1983年开始的，当时我与卢布林的一家出版社签署了出版卜弥格传记的协议。其中有一章专门介绍保罗·伯希和于二十世纪二十年代在梵蒂冈图书馆发现的卜弥格的手稿《中国地图册》。那时我已经知道，卜弥格共绘制了三张中国总图。第一张是梵蒂冈图书馆提供的《中国地图册》的第十八张，也就是最后一张地图。第二份地图原本是英国收藏家菲利普·莫里森的私人收藏，而当时已经抵押给伦敦的大英博物馆了。据我所知，这些藏品后来解除了抵押，并在拍卖会上被出售了。最后第三份地图在第二次世界大战之前，收藏于巴黎海军水文和海洋学服务处图书馆。这也是卜弥格从中国回到欧洲时献给法国驻维也纳大使阿根森伯爵的那份地图。大使将其献给了法国国王路易十四，路易十四又将其交给了国王的宫廷制图师尼古拉斯·桑森。后来，桑森根据这张地图制作了铜版，由此产生了他自己的卜弥格地图，于1670年出版。这份地图在战争期间遗失。人们只知道它的尺寸巨大，有两米见方。

二十世纪八十年代，为了在波兰找到一份卜弥格地图相对清晰的复制品，我给波兰几家最大的图书馆写了信，询问他们是否藏有该图。从克拉科夫的查尔托雷斯基图书馆收到的答复是，在古旧出版物与绘图部，有两张未经确认的地图，他们认为很有可能是中国地图。随后我去了克拉科夫，发现其中一张是明朝万历十三年（即1585年）印制的原版中国地图。这幅地图的来历不清，说明上只写着它来自卢布林。当时在卢布林有一所耶稣会办的学校，因此不能排除，那张地图是由一名在中国工作的耶稣会士寄到那里的。我想，也许会是卜弥格。十七世纪上半叶前往中国的少数耶稣会士中，只有他对制图感兴趣，并亲手绘制了帝国的地图。通过与图书馆工作人员的交谈，我对这张地图接下来的命运有了更多的了解，但没人知道是谁将它寄到了波兰。唯一可以肯定的是，十八世纪初这张地图是在亚当·耶日·查尔托雷斯基手中，1804年他成了俄国的外交大臣。

在中国，波兰这段时期的历史也许不为人所熟知，所以在这里我简短介绍一下事情的缘由。1794年，为反对俄国对波兰内政的干涉，塔德乌什·科希丘什科领导了反俄起义。俄国当局怀疑亚当·耶日的父亲亚当·卡吉米日·查尔托雷斯基将军支持起义，所以没收了他的财产，并强迫他"自愿"将他的两个儿子亚当·耶日和康斯坦丁送往圣彼得堡。在那里，亚当·耶日与有改革思想的王位继承人——俄罗斯未来的沙皇亚历山大一世成为朋友。

1801年亚历山大一世即位后，将当时在撒丁岛王廷里担任大使的亚当·耶日·查尔托雷斯基召到圣彼得堡，并任命他为俄国外交副大臣。像年轻的沙皇一样，查尔托雷斯基也支持俄罗斯向东西方开放。在他担任外交副大臣和外交大臣期间，两个大型使团被派往东方：通过陆路前往中国和通过海路前往中国和日本。戈洛夫金伯爵被指定为经过西伯利亚和蒙古前往中国的陆路使团的团长，而与查尔托雷斯基有亲戚关系的波兰东方学者扬·波托茨基被任命为科考团队的负责人。随波托茨基同行的有当时还不为人所熟知的德国汉学家朱利斯·克拉普罗特，他后来在柏林皇家图书馆编制了详尽的汉文和满文典籍目录。

海上使团的团长是列扎诺夫，他是"俄属美洲"的创建者、商人奇利科夫的女婿。该使团的目标是与中国南方港口广州和日本长崎港通商。遗憾的是，俄国代表在中国和日本的举动使两次行动都功败垂成。陆路使团只到达了蒙古的首都库伦（今乌兰巴托），在那里，戈洛夫金拒绝在皇帝面前行叩头礼。

前往中国的海上使团也没有带来任何积极结果。恰恰相反，此次出使活动之后，俄日关系大为恶化，因为由于对谈判失败不满，列扎诺夫下令俄国军舰摧毁了在萨哈林岛和南千岛群岛上的日本仓库和附近船只。这导致俄日关系在很长一段时间内都彻底中断。

我对波托茨基和克拉普罗特的访华之旅感兴趣，这也使我能够确定，他们在前往中国的旅行期间拥有过上述中国地图，他们还在地图上的黄海中，发现了尚不为当时欧洲制图师所知的一组岛屿（今长山群岛）。后来，与圣彼得堡的俄罗斯帝国科学院合作的克拉普罗特，在科学院会议上提议将这些岛屿命名为"扬·波托茨基群岛"。这个名字出现在大多数俄罗斯十九世纪出版的亚洲地图以及一些法国地图上。我写了几篇文章，讨论那张地图的历史和波托茨基与克拉普罗特的中国之旅。其中尤其引起我注意的是，克拉普罗特是一名著名德国医生的儿子，而且编制了柏林普鲁士图书馆里中国手稿和书籍的目录。该目录于1820年在巴黎出版。那其中有很多医学书籍和手稿，根据我的观点和当时已经拥有的知识，这些资料之前属于卜弥格。它们后来落到荷兰东印度巴达维亚（今印度尼西亚雅加达）总督的手中，并从那里送到柏林的普鲁士皇家图书馆。意识到克拉普罗特对搜寻卜弥格手稿到柏林之后的去向意义重大，我很快去了卢布林，根据获得的信息，那里存放着波兰唯一一份克拉普罗特的目录。这个目录中一个重要的细节引起了我的注意：克拉普罗特惊讶于目录中编号为XII和XIII的手稿是写在红纸上的，其中一份包含手写的简短的中药说明，而这些说明后来出现在荷兰东印度公司的一名医生安德里亚斯·克莱尔（安德列亚斯·克莱耶尔）的书中。这我是知道的，1682年他在德国出版了一本拉丁文书名为《中药指南》（Specimen Medicinae Sinicae）的书。在这本书中，他使用了卜弥格去世后遗失的手稿。对我来说，这是至关重要的信息。我知道（或至少对此深信不疑），在中国明朝，只有皇室高级官员才有权使用红纸通信或写作，卜弥格当时是三品文官，而且是皇帝从中国派往欧洲的大使。他随身携带的明朝大臣庞天寿的信，使用的就是这种红纸，还有永历皇太后的信，是写在皇帝专用的明黄色丝绸上的。事实证明这种猜想是正确的，也最终使我得以找到那些手稿。

1986年为《通报》撰写一篇题为《卜弥格的"中医"》的文章时，我只知道，原柏林国立图书馆收藏的部分中国手稿和书籍在第二次世界大战期间遭到损毁，其中也包括克拉普罗特在十九世纪初描述过的那些书籍、手稿。早在求学期间，克拉普罗特（从1800年开始）就在这家图书馆从事编目工作，后来作为一名汉学家和满学家，他已经能够在书目的前言中明确手稿的来源，更重要的是，列出那些将手稿从东印度巴达维亚传递到柏林的相关人员名单。根据克拉普罗特的说法，这些人包括上文提到的巴达维亚荷兰公司的医生克莱耶尔、该公司另一名医生伦普，以及普鲁士图书馆的最早的两名馆长——安德列亚斯·穆勒和克里斯蒂安·曼策尔。我尝试打听这些材料是否保存在柏林，但没有成功。我得到的答案是——柏林图书馆在战争期间遭到轰炸，而中国手稿和书籍很有可能被炸毁了。

二十世纪八十年代，有一次我去克拉科夫时听说——尽管只是口头信息——

部分中国藏品保存了下来，而且很偶然地存放在波兰（因为它们恰好被送到了二战后回归波兰的德国领土上）。后来我得到确认，在1941年盟军飞机轰炸柏林图书馆之后，一部分藏品从柏林运送到了克热舒夫（今属波兰西部下西里西亚省），1945年时被波兰教育部的代表找到并加以保护。藏品从西里西亚运到克拉科夫，后在雅盖隆图书馆里保存了七十年，直到1981年都无人知晓它们的存在。波兰在战争期间失去了很大一部分文化遗产，它们或是在空袭中被摧毁，或是被纳粹分子从博物馆和图书馆抢走，所以波兰无意将德国藏品归还柏林。获得查阅手稿的许可非常困难，在提交了波兰科学院历史研究所的推荐信后，我获得了许可。当时我还可以查看临时目录的打字稿，上面非常笼统地介绍了各份手稿的内容。但我没有找到我感兴趣的内容。

回到格但斯克后，我忘掉了自己在克拉科夫的搜寻经历，但借着罗马耶稣会会长柯文博神父访问格丁尼亚的机会，我获得了翻译并出版迄今无人了解的卜弥格其他拉丁手稿的许可。我将这一许可用于自己书籍的出版。但由于各种原因，我发现这是一件既艰巨又费时的任务，最大的困难是翻译卜弥格手稿中的二百八十九种中药名称。这些中文药名仅用拉丁字母标记，用葡萄牙语拼写，因此辨别这些药物的名称花费了我很多时间（就是说在每种药物名称旁边标注上当今世界通行的拉丁文植物名称）。2009年，一本波兰杂志上刊登了一条短讯，说克拉科夫雅盖隆图书馆手稿部藏有二十四份来自前柏林普鲁士国家图书馆的中国手稿。本来我是要去克拉科夫看这些手稿的，但最终这次旅行被推迟，甚至连推迟的原因也不记得了。过了七年，2016年4月，我再次联系了克拉科夫图书馆，请求他们回复在那二十四份手稿中是否至少有一份如克拉普罗特提到的，是写在红纸上的。我本可以在几年前打电话问这个问题，就能够知道，那些手稿中确实有两份是写在红纸上的。在此之后，事情发生了飞速的变化。我的女儿去了克拉科夫，在手稿部对那些手稿进行了翻拍。基于这些材料，我毫不费力地确定了它们是由卜弥格本人撰写和绘制的。其中包括他的《中医处方大全》全文，其中部分涉及诊脉和中国解剖学。这些手稿被放置在三个独立的馆藏中，上边还编有十九世纪柏林图书馆的编号：Ms.Sin11、Ms.Sin15、Ms. Sin16。没有任何地方说明这些朱利斯・克拉普罗特提到的手稿是出自卜弥格之手，也没有任何地方提及克拉普罗特目录中题为"自然史著作和医学著作"的章节，以及关于写在红纸上这一信息。

遗憾的是，柏林图书馆在对Ms.Sin11号手稿进行编目时，手稿被冠上了一个十分带有误导性的题目——《带有注释的解剖表》。除了手稿以外，那里还收藏着十六世纪印制的中国资料，具体来说，有用来辅助中医进行针灸和艾灸的图表，但卜弥格可能是将其用来描述人体中的"气"脉。那里有四份图表，注明的时间是1577年，图表上还贴着写有拉丁文的字条："人体各部分草图以及他们（中国医生——卡伊丹斯基）进行短时间灼烧或插入金针的肌肉位置。"此描述文字后被克莱耶尔于1682年完整纳入《中药指南》之中。然而第11号手稿中最重要的部分，是题目中没有提及的卜弥格作品《单味药》的草稿，早在1820年，克拉普罗特在柏林时就注意到了它的存在。他写道，这份有关中药的手写稿出现在后来由克莱耶尔出版的关于中医的著作中。这份找到的手稿，上面有卜弥格亲手修改的痕迹，是这份著作出自卜弥格之手的最好证明，因为它包括用拉丁字母和中国汉字标注的药物和药用植物名称。这些药物就是1682年出版的书中所介绍的药物，只是删除了其中的汉字。尽管收藏于雅盖隆图书馆的手稿是写在白纸上的，但是这些白纸下面都贴有红纸条，上面抄写着纯粹的中文。11号手稿的最后部分是一组插图，共四十张，画有人体内部器官和相应的经脉，并在上面标明了用于针灸的点。克莱耶尔把所有这些插图都收入自己的书中，除了卜弥格亲手写在插图上的说明外，没有任何额外的解释。

第16号手稿——毫无疑问，是克拉普罗特所描述的："这个不大的小册子，包含有《脉诀复方》，即王叔和整理汇编的药方，写在红色的纸上。"

这份手稿一共六十六页，是卜弥格翻译的中国文本。手稿的编排方式是这样的：文章按照传统的竖排形式排列，每一个汉字旁边都用拉丁字母按照葡语注音，还有拉丁文的译文。其中写入了各种药方的简单药物，其中文名称都仅以葡萄牙语标出了发音，就像《单味药》中列出的二百八十九种药品一样。这本书在出版时遇到了很大的认定问题，因为当时林奈（1707—1778年）的植物分类系统还不存在，也未广泛使用能够帮助人们快速认定的拉丁文植物名称。

现在我们来看第三部，也就是15号手稿。那是厚厚的一大本（目测底稿有二百多页），是装订好的，使用了皮质书脊，书脊上印着书名《中药材标本集》。遗憾的是里边基本上是空的。里边只有撕下了几十页纸的痕迹，以及三张带着两幅插图的残页（上面画的是人参和乌龟——龟甲可以入药）。除此之外，书里还写有"本草纲目"的字样，《本草纲目》是李时珍撰于嘉靖三十一年（1552年）至万历六年（1578年）所著的药学巨著。标题上方的一条拉丁文注释引人注目，翻译过来是这样的："另一本《植物大标本集》的封面上有相同的字样。"这表明，还有另外一本标本集（或者是这本的第二卷），而且里边内容充实，所以对某人非常有用。我认为，这个人是安德列亚斯·克莱耶尔，他曾两度担任荷兰驻日本长崎贸易站的负责人（荷兰人在这个贸易站通常只待一年），出于这个身份，他要不断发掘可以出口到欧洲的日本货物。药品是这个清单上非常重要和可以带来最大利润的货物，而卜弥格所搜集的"植物标本"对这项活动来说就大有裨益了。

1682年4月10日，克莱尔被任命为长崎市荷兰贸易站的负责人。自五世纪以来，中医在日本已经广为人知并普遍接纳。不久之后，日本人同样接受了中国的象形文字。因此，在日本写《单味药》中所涉及药品的名称时，如果使用的是"汉字"，则与中国的写法完全相同（尽管读音不同），非常易于识别。除此之外，卜弥格本人已经辨别出了不少书中提及的药材（尽管不总正确），他在药品的中文名称旁边标上了葡语的通俗名称或拉丁语名称。

克莱耶尔是荷兰东印度公司的第一位医生，关于他我们知道，他辨认出卜弥格植物标本集中的一部分药用植物，并把对这些植物的观察记录发表在德国出版的《自然科学研究》年鉴上。荷兰东印度公司的管理层对中药材有着极大的兴趣（人参、当归、鹿角、独角兽角以及茶叶等）。由于西方对这些来自东方的药材有很大的需求，这类贸易获利巨大。从十七世纪开始，欧洲出现的此类"灵丹妙药"中最为著名的莫过于所谓的"独角兽角"（一种神话传说中的动物，相当于中国的独角兽麒麟），这种药材的价格非常高。格但斯克是当时这种药材的主要交易点之一。在《单味药》中提及"独角兽角"时，卜弥格在中文名称下用罗马字母注明了发音：lim-yam-kio（"羚羊角"）。这种药材实际上是蒙古高鼻羚羊的羊角，在中国和蒙古使用广泛。

东印度公司的另外一名医生——克拉科夫学院的毕业生恩格柏特·坎普法在《单味药》中的药用植物识别方面所取得的成就要大得多。他比克莱耶尔晚几年即于1690年抵达日本。他在日本工作的成果是1712年出版的一本书，书的倒数第五章名为《日本植物志》，里边包括了完整的日本植物谱系，包含了卜弥格著作中涉及的几乎所有植物。

我在《中国的使臣卜弥格》以及在阿姆斯特丹出版的年鉴中提出了一个推论，就是克莱耶尔在离开长崎时，将卜弥格的那本带有汉字的《单味药》留在了长崎，作为东印度公司的财产。后来坎普法也利用了它。这一推论是有证据的，但我觉得有义务提供另外的证明，来说明《日本植物》中描述的大部分植物与卜弥格的《单味药》是一致的。它源于乌特勒支皇家大学生物历史研究所J·亨尼格博士于1986年1月9日写给我的信件："我认为，您的假设是基于这样一个事实，即无论克莱耶尔、坎普法还是后来的通贝里，都从卜弥格的手稿中借用了许多植物名称。"但现在我想提出另一种可能性。众所周知，约翰内斯·坎派斯在1684—1695年担任总督期间，收集了为数众多的日本植物，在他位于巴达维亚湾的一个小岛——伊丹岛上的私人宅院里，既有栽种的活的植物，也有植物学手稿。在前往日本之前，坎普法花了大量时间徜徉在这些花卉中间，并做了观察笔记。伦敦大英博物馆的创始人之一汉斯·斯隆爵士后来购买了坎普法的私人藏品。在坎普法的藏品中，也有他和坎派斯一起在伊丹岛期间留下的笔记。通贝里在返回荷兰时造访了大英博物馆，以便将自己的研究成果与坎普法的资料进行比对。所以我也认为，有可能是坎普法在坎派斯位于小岛的藏书中读到了卜弥格的手稿。后来，通贝里在大英博物馆接触到了坎普法基于卜弥格手稿撰写的笔记。

这一论点是基于一系列事实，前后一致且合乎逻辑。卡尔·彼得·通贝里是一名瑞典医生和植物学家，是林奈的学生。1775—1777年间他在日本生活，在那里再次对《单味药》中的植物种类进行了鉴别，纠正并完善了坎普法的结论。另一名著名的医生和植物学家菲利普·弗朗兹·希保尔特十九世纪上半叶受东印度公司派遣，两度造访日本。1839年，他与德国植物学家约瑟夫·格哈德·楚卡里尼博士在莱顿合作出版了有着精美插图的《日本植物志》，里边鉴别出的植物几乎涵盖卜弥格《单味药》中涉及的全部植物。

在短短一百多年的时间里，日本有了四位医生、植物学家，并最终成功辨认出卜弥格《单味药》中几乎所有的中国药用植物。同一时间，在中国没有欧洲医生或传教士能够倾注如此多的时间和精力，进行与中药相关的研究。来自法国前往欧洲时，途中我停留在了果阿。那时我有足够的经费以供开销，我希望当地人能够为我送来一些中药材。我将我所需要的这些药材目录附在了这里，以便日后能同欧洲人就此问题进行讨论，并从实践经验中寻找类似并且同样有效的药品，从而找到这些中草药的替代品。当时我没能成功地实现这一想法。我希望能够从印度或者中国澳门的商人手中购买到这些药材，并确保在这本书中，这些药材的名称都能够用象形文字书写……

我应当在工作中周全地考虑所有这些问题。这项工作花费了我十年的时间，在完成这项工作的同时，我还有许多其他繁重的任务和职责。我将每一分每一秒的空余时间都投入于此，确保这项有价值的研究得以继续。读者们，让我们赞颂上帝吧。上帝给了人类生命，赋予了人类以灵魂深处的美德。尽管上帝没有赐予我们不朽的肉身，但他同时也为我们治愈身体的疾病准备了药材。

卜弥格深知，要在欧洲使用中药材，仅用拉丁文名称标注它们是远远不够的。没有汉字，可能会在以后的鉴别和使用中造成错误。正因如此，卜弥格确保在自己的手稿中，为每一种药材都添上了用中文象形文字书写的名称。因此我确信，不论是"植物小标本集"，还是卜弥格为"植物大标本集"（即第二卷以及从第一卷撕下的纸张）所准备的一切，都被克莱耶尔带到了日本，随后这些材料被他在长崎的继任者们所借用，这些人是上面提到的因在植物学方面成就卓著而闻名于世的东印度公司的医生：恩格柏特·坎普法、卡尔·彼得·通贝里和菲利普·弗朗兹·西博尔德。雅盖隆大学图书馆中收藏的卜弥格手稿让我能够更加准确和客观地研究，这些材料后来在多大程度上被这些作者所利用。

中国是他的故乡，更是他一生的记忆

1925-2020，他用一生书写了自己与中国的世纪情缘

谨以此书的出版纪念这位伟大的波兰汉学家

图书在版编目（ＣＩＰ）数据

我生命里的中国 / （波）爱德华·卡伊丹斯基著；
赵刚译. -- 北京 ：中译出版社，2022.3
　　ISBN 978-7-5001-6914-7

　　Ⅰ. ①我… Ⅱ. ①爱… ②赵… Ⅲ. ①爱德华·卡伊
丹斯基一自传 Ⅳ. ①K835.135.81

中国版本图书馆CIP数据核字(2021)第266414号

出版发行 / 中译出版社
地　　　址 / 北京市西城区新街口外大街 28 号普天德胜科技园主楼 4 层
电　　　话 / （010）68005858，68358224（编辑部）
传　　　真 / （010）68357870
邮　　　编 / 100088
电子邮箱 / book@ctph.com.cn
网　　　址 / http://www.ctph.com.cn

策划编辑 / 刘永淳　范　伟
责任编辑 / 吕百灵　范　伟
特邀编辑 / 李怡楠
封面设计 / 潘　峰
排　　　版 / 柒拾叁号工作室
印　　　刷 / 北京中科印刷有限公司
经　　　销 / 新华书店

规　　　格 / 710毫米 × 1000毫米　1/16
印　　　张 / 35
字　　　数 / 450千字
版　　　次 / 2022年3月第一版
印　　　次 / 2022年3月第一次
ISBN 978-7-5001-6914-7　　定价：198.00元